51

W0108020

Reclam
Bibliothek

PHILOSOPHIE
GESCHICHTE · KULTURGESCHICHTE

Ludwig Feuerbach

GESCHICHTE DER NEUERN PHILOSOPHIE VON BACON VON VERULAM BIS BENEDIKT SPINOZA

1990

Reclam-Verlag Leipzig

Herausgegeben von Joachim Höppner

ISBN 3-379-00521-5

© Reclam-Verlag Leipzig 1990 (für diese Ausgabe)

Reclam-Bibliothek Band 647
2. Auflage
Reihengestaltung: Lothar Reher
Printed in Germany
Dresdner Druck- und Verlagshaus GmbH
Gesetzt aus Garamond-Antiqua
LSV 0136
Bestellnummer: 6607182
8,50

Einleitung

§ 1.

Das Wesen des Heidentums war die Einheit von Religion und Politik, Geist und Natur, Gott und Mensch. Aber der Mensch im Heidentum war nicht der Mensch schlechtweg, sondern der nationell bestimmte Mensch: der Grieche, der Römer, der Ägyptier, der Jude, folglich auch sein Gott ein nationell bestimmtes, besonderes, dem Wesen oder Gotte anderer Völker entgegengesetztes Wesen – ein Wesen also im Widerspruch mit dem Geiste, welcher das Wesen der Menschheit und als ihr Wesen die allgemeine Einheit aller Völker und Menschen ist.

Die Aufhebung dieses Widerspruchs im Heidentum war die heidnische *Philosophie*; denn sie riß den Menschen heraus aus seiner nationellen Abgeschlossenheit und Selbstgenügsamkeit, erhob ihn über die Borniertheit des Volksdünkels und Volksglaubens, versetzte ihn auf den kosmopolitischen Standpunkt.[1] Sie war daher als die das beschränkte Volksbewußtsein zum allgemeinen Bewußtsein erweiternde Macht des denkenden Geistes gleichsam das

---

[1] Diese Behauptung bedarf wohl keiner besonderen Belege. Es ist hier genug zu erinnern, daß schon *Thales* sich zu einer wissenschaftlichen Anschauung der Natur erhob, die im Volksglauben als Götterwesen vorgestellten Gestirne zum Gegenstande des Denkens und Berechnens machte (*Diogenes Laertes,* I. Segm. 24, ed. Meibomii), daß schon *Anaxagoras* die von der Superstition als besondere omina [Vorzeichen] gedeuteten Erscheinungen aus rein physischen Ursachen ableitete (*Plutarchus,* „Vitae", V. Periclis, c. 6), daß schon *Xenophanes,* der Zeitgenosse *Pythagoras'* und Stifter der eleatischen Schule, den großen Gedanken der Einheit zur Anschauung brachte, einen Gott lehrte, der „weder am Leibe den Sterblichen ähnlich, noch ähnlich am Geiste", und mit der Begeisterung des Gedankens und dem Zorne der Vernunft gegen die homerischen und hesiodischen Göttervorstellungen als Gottes unwürdige Bestimmungen eiferte. *Sextus Empiricus,* „Adv. Mathem.", IX, 193, und *Fülleborns* „Beiträge zur Geschichte der Philosophie", Stück VII.

verhängnisvolle Fatum über den Göttern des Heidentums und der *geistige* Grund des Untergangs der heidnischen Volksbesonderheiten als weltbeherrschender göttlicher Mächte. Aber die Philosophie hob diesen Widerspruch nur im Denken, nur also auf abstrakte Weise auf.

Seine wirkliche Lösung fand dieser Widerspruch erst im Christentum; denn in ihm wurde der Λόγος [das Wort als Ausdruck der (göttlichen) Idee] σάρξ [Fleisch], d. h. die allgemeine Vernunft, das alle Völker und Menschen umfassende, alle feindseligen Differenzen und Gegensätze zwischen den Menschen auflösende, allgemeine und reine, deshalb mit dem göttlichen Wesen identische Wesen der Menschheit Gegenstand unmittelbarer Gewißheit – Gegenstand der *Religion. Christus* ist nichts anderes als das Bewußtsein des Menschen von der Einheit seines Wesens mit dem göttlichen Wesen, ein Bewußtsein, welches, als die Zeit gekommen war, weltgeschichtliches Bewußtsein zu werden, sich als unmittelbare Tatsache aussprechen, in *eine* Person sich zusammenfassen, zunächst als *ein* Individuum sich verwirklichen, und der ganzen, noch in der Finsternis des alten Widerspruchs der Volkspartikularitäten liegenden Welt als Schöpfer eines neuen Weltalters entgegensetzen mußte.

Im Christentum wurde darum Gott als Geist Gegenstand des Menschen; denn erst Gott in dieser Reinheit und Allgemeinheit gefaßt, in der er im Christentum gefaßt wurde, erst das allgemeine, von aller nationellen und sonstigen natürlichen Differenz und Besonderheit gereinigte Wesen ist Geist. Der Geist aber wird nicht im Fleische, sondern nur im Geiste ergriffen. Mit dem Christentum war daher zugleich der Unterschied zwischen Geist und Fleisch, Sinnlichem und Übersinnlichem gesetzt – ein Unterschied, der aber, als die Momente des Christentums in der Geschichte zu bestimmter Entwickelung kamen, sich bis zum Gegensatze, ja Zwiespalt von Geist und Materie, Gott und Welt, Übersinnlichem und Sinnlichem steigerte. Und da in diesem Gegensatze das Übersinnliche als das nur Wesenhafte, das Sinnliche als das nur Unwesenhafte bestimmt ward, wurde das Christentum in seiner geschichtlichen Entwickelung zu einer *antikosmischen* und *negativen*, von der Natur, dem Menschen, dem Leben, der Welt überhaupt, und nicht etwa dem Eitlen, sondern dem *Positiven* der Welt abziehenden, ihr wahres Wesen verkennenden und verneinenden Religion.

§ 2.

Als dieser negativ religiöse Geist sich als das wahre, absolute Wesen, vor dem alles andere als ein Eitles und Nichtiges verschwinden müsse, geltend machte, herrschender Zeitgeist wurde, war es daher eine unausbleibliche Folge, daß nicht nur die Kunst und die schönen Wissenschaften, sondern überhaupt die *Wissenschaften an und für sich* zugrunde gingen. Nicht die vielen Kriege und Stürme damaliger Zeiten, nicht die natürliche Roheit damaliger Völker, nur jene negativ religiöse Tendenz war der *eigentliche*, wenigstens *geistige* Grund ihres Verfalls und Untergangs, denn für den Geist von dieser Tendenz subsumieren sich selbst die Künste und Wissenschaften unter den Begriff eines nur Eitlen und Weltlichen, eines bloßen Menschentandes.[2]

---

[2] „Quae enim communicatio", sagt z. B. Hieronymus („Epist.", XXII, c. 13), „luci ad tenebras? Qui consensus *Christo* cum *Belial?* quid facit cum psalterio *Horatius?* cum evangeliis *Maro?* cum apostolis *Cicero?* Nonne scandalizatur frater, si te viderit in idoleo recumbentem? Et licet omnia munda mundis et nihil rejiciendum, quod cum gratiarum actione percipitur, tamen simul bibere non debemus calicem *Christi* et calicem *Daemoniorum* ... Domine si unquam habuero codices saeculares, si legero, te negavi. [Was hat denn das Licht mit der Finsternis gemein? Worin stimmt *Christus* mit *Belial* überein? Was hat *Horaz* mit dem Psalter zu schaffen? Was *Maro* (Virgil) mit den Evangelien? Was *Cicero* mit den Aposteln? Würde sich ein Bruder nicht empören, sähe er dich vor einem Götzenbild niederknien? Und ist auch dem Reinen alles rein und nichts verwerflich, was er sich auf dem Wege der Gnade aneignet, so dürfen wir doch nicht zugleich aus dem Kelche *Christi* und dem Kelche der *Dämonen* trinken ... Herr, sollte ich je weltliche Schriften besitzen und sie lesen, so hätte ich dich verleugnet.]" – In den Regeln des h. *Isidorus* wurde ausdrücklich geboten: „Gentilium autem libros vel haereticorum volumina monachus legere caveat. [Der Mönch hüte sich, Bücher der Heiden oder Schriften der Ketzer zu lesen.]" *Gregor der Große* machte dem Bischof von Vienne, *Desiderius*, große Vorwürfe darüber, daß er die Grammatik (klassische Literatur) lehre und mit jungen Leuten heidnische Dichter lese. „Quia in uno ore

Besonders war es auch die *Natur*, die bei der Herrschaft jener Tendenz in die Nacht der Vergessenheit und Ignoranz sinken mußte. Wie konnte der beschränkte, der nur in seinem von dem Wesen der Welt abgezogenen Gotte lebende Christ einen Sinn für die Natur und ihr Studium haben? Die Natur, deren wesentliche Form die Sinnlichkeit ist, die er gerade als das zu Verneinende, als das vom Göttlichen Abziehende faßte, hatte für ihn nur die Bedeutung eines Endlichen, Eitlen, Wesenlosen. Wie kann aber der Geist sich auf das konzentrieren, das zum Gegenstande ernster, anhaltender Beschäftigung machen, was ihm nur die Bedeutung eines Endlichen und Eitlen hat? Was hat es überdem für ein Interesse, die zeitliche Kreatur, das elende Geschöpf zu erkennen, wenn man den Schöpfer kennt? Wie kann der, der im vertrauten Umgange mit dem Herrn lebt, sich so herabwürdigen, in dasselbe Verhältnis zu seiner Dienstmagd zu treten? Und was hatte auf jenem Standpunkte negativer Religiosität die Natur für eine andere Stellung und Bedeutung als die einer Dienstmagd Gottes? Die theologisch te-

se cum *Jovis* laudibus *Christi* laudes non capiunt, et quam grave nefandumque sit episcopis canere, quod nec laico religioso conveniat, ipse considera ... Si posthac evidenter ea, quae ad nos perlata sunt, falsa esse claruerit, nec vos nugis et saecularibus litteris studere constiterit, Deo nostro gratias agimus. [Da es sich nicht verträgt, *Christus* und *Jupiter* in einem Atem zu preisen, so wirst du selber einsehen, wieviel schwerwiegender und ruchloser es für einen Bischof wäre, das zu predigen, was sich nicht einmal für einen gläubigen Laien gehört.]" Die Gebildeteren und Humaneren unter den Christen des Mittelalters schätzten wohl auch das Studium der profanen Literatur, aber nicht um seiner selbst willen. Vgl. *Heeren*, „Geschichte des Studiums der klassischen Literatur", I. Bd. – Selbst *Alcuin* billigte im späten Alter nicht einmal das Lesen der heidnischen Dichter und Schriftsteller. – Aus demselben Prinzipe kommt es, wenn selbst unter den Protestanten manche die Wissenschaften verschmähten, z. B. *Joh. Amos Comenius* die Metaphysik, den *Aristoteles und Cartesius,* die Kritik und Philosophie wegwirft und darauf den Vers macht: „Du lernest, liesest, schreibst, und gleichwohl kommt der Tod; studiere Jesum selbst, dies eine ist dir not." Man sehe hierüber auch *Arnold* an und seine und andere Urteile in seiner „Kirchen- und Ketzerhistorie", T. II, Bd. XVI, c. X. Von dem Schul- und akademischen Wesen sonderlich bei den Lutheranern.

leologische Betrachtungsweise der Natur ist die einzige diesem Standpunkte gemäße, aber eben diese ist keine objektive, physikalische, in die Natur selbst eindringende Betrachtungsweise derselben.

Die Natur war daher dem menschlichen Geiste auf jenem Standpunkte wie aus den Augen verschwunden. Gleichwie in die geweihten Andachtsstätten jener Zeiten das Licht nicht durch ein rein durchsichtiges Medium, sondern durch buntbemalte Fenster getrübt fiel, gleich als wäre das reine Licht für die fromme, von der Welt und Natur sich zu Gott hinwendende Gemeinde etwas Abziehendes und Störendes, gleich als könnte sich nicht das Licht der Natur mit dem Lichte der Andacht vertragen, nur im Dunkel, nur in der Verschleierung der Natur der Geist in die Lichtflamme der Andacht auflodern, so fiel selbst da noch in jenen Zeiten, wo der Geist wieder zum Denken erwachte, den Blick auf die Natur wieder richtete, das Licht der Natur nur getrübt und gebrochen durch das Medium der aristotelischen Physik in den Menschen, weil er, von jener negativen Religiosität beherrscht und bestimmt, sich gleichsam scheute, die eigenen Augen aufzutun und mit eigener Hand die verbotene Frucht vom Baume der Erkenntnis zu brechen.

Wenngleich einzelne im Mittelalter sich besonders eifrig mit dem Studium der Natur beschäftigten, wenngleich überhaupt sogenannte weltliche Gelehrsamkeit noch in Klöstern und Schulen sich erhielt und geschätzt wurde,[3] so blieben doch immer die Wissenschaften eine untergeordnete Nebenbeschäftigung des menschlichen Geistes, hatten nur eine kümmerliche, beschränkte Bedeutung und mußten sie so lange haben, als der religiöse Geist die oberste geschichtliche Behörde, die Legislativgewalt, und die Kirche seine Exekutivgewalt war.

§ 3.

Die einzige, dem exklusiv religiösen Geiste immanente, d. i. von ihm unabweisbare, seinem Wesen konforme Wis-

---

[3] Vgl. z. B. *Heeren*, „Geschichte des Studiums der klassischen Literatur", I. Bd., und *Meisners'* „Historische Vergleichung der Sitten und Verfassungen des Mittelalters", II. Bd., IX. Abschnitt.

senschaft war die *Theologie,* in der der Glaubensinhalt vor das Bewußtsein des Verstandes gebracht, von ihm zergliedert, bestimmt, geordnet und beleuchtet wurde. Indem aber mit dem Bestimmen des Glaubensinhaltes durch Gedanken dieser Inhalt Objekt des denkenden Bewußtseins wurde, Objekt des analytischen, auflösenden Verstandes, wurde mit ihm zugleich das *denkende Bewußtsein* unabhängig von dem Stoffe des Glaubens *sich selbst* Objekt, innerhalb des Inhalts des Glaubens zugleich der *Gedanke als solcher* Gegenstand, und die Theologie ging so über in *Philosophie.* Da aber das *Denken* gleichsam nur so unter der Hand getrieben wurde, weil es kein öffentliches Privilegium hatte, d. h., in dem religiösen Prinzip, das für das oberste Prinzip, für die letzte, höchste Autorität galt, nicht sanktioniert war und die Gegenstände der Dogmatik, des kirchlichen Lehrbegriffs der terminus a quo und ad quem [Ausgangs- und Endpunkt], das non plus ultra [Unüberbietbare], die letzte Grenze des menschlichen Geistes waren, wenngleich einzelne sie übersprangen,[4] so blieb der Inhalt der Theologie

---

[4] Zum Beispiel *Almarich* oder *Amalrich* von *Chartres, David* von *Dinant* und sein Schüler *Balduin,* welche dem sogenannten Pantheismus, den sie jedoch, nach den von *Thomas a Aquino* und *Albertus Magnus* angeführten Stellen zu schließen, zum Teil ziemlich roh aufgefaßt und anstößig ausgesprochen zu haben scheinen, huldigten, sich dabei auf alte heidnische Philosophen als Autoritäten beriefen und, wie *Albertus Magnus* in seiner „Summa Theologiae", T. II, Tract. I, Quaest. IV. memb. III, Fol. 25 sagt, sogar die auctoritates sanctorum [Autoritäten der Heiligen] nicht gelten ließen. Natürlich wurden ihre Sätze verdammt. Wie groß und stark die Macht und Herrschaft der kirchlich-dogmatischen Vorstellungen selbst über freie und für ihre Zeit philosophische Köpfe war, beweist unter andern dieser Umstand, daß selbst Gegenstände, die an und für sich oder wenigstens in *der* Bedeutung, in welcher sie sie für wirkliche hielten, die hypothetischsten und willkürlichsten von der Welt sind, ihnen für reale Denkobjekte, für ausgemacht wirkliche Gegenstände galten, deren Eigenschaften, aber keineswegs deren Dasein sie in Untersuchung zogen, die sie auf die genaueste, detaillierteste Weise beschrieben und charakterisierten und die daher auch, eben weil sie in ihrer geistigen Vorstellung, im Gedanken selbst als wirkliche Wesen fixiert waren, als Visionen, als Apparitionen individueller Wesen ihrer Sinnlichkeit oder Phantasie erscheinen konnten. Selbst der denkende und gelehrte *Albertus Mag-*

immer noch der Hauptinhalt des denkenden Geistes, und die Philosophie als solche konnte für ihn im wesentlichen nur eine *überlieferte* sein; es mußte ihr daher auch jene freie Produktivkraft, jene grundschöpferische Tätigkeit, jene Autopsie der Natur und Autonomie der Vernunft, welche die Philosophie Griechenlands und der neuern Zeit auszeichneten und den eigentümlichen Charakter der Philosophie überhaupt konstituieren, abgehen. Daher jener Geist der Abstraktion, jene logisch metaphysische Denkart, die allein das Wesen und den Geist der sogenannten scholastischen oder scholastisch aristotelischen Philosophie ausmachte; denn wurden gleich außer der damaligen Logik und Metaphysik auch noch andere philosophische Wissenschaften gepflegt, so war doch der Geist, in dem alles behandelt und betrachtet wurde, der *formelle*, der logisch metaphysische Geist. Daher die langweilige Einförmigkeit und Gleichheit ihrer Geschichte, welche nicht durch qualitative, Schlag auf Schlag sich einander folgende und erst durch diese lebendige Sukzession eine eigentliche Geschichte begründende Differenzen in ihrem trägen Laufe unterbrochen ist wie die Geschichte der alten und neuern Philosophie und daher einem stehenden Wasser gleicht, wenn jene einem reißenden Strome. Daher jene aller höhern Genialität und Originalität ermangelnde Beschränktheit des Geistes und Geschmacklosigkeit in Ansehung der Form; daher der gänzliche Mangel an Prinzipien, die die organisierenden und belebenden Seelen eines mit sich kohärenten und übereinstimmenden Ganzen wären, und der daraus hervorgehende, ohne Notwendigkeit, ohne ein bestimmendes und beschränkendes Maß bis ins Unendliche fort rastlos teilende und atomisierende Distinktionsgeist, der endlich zu einem bloßen Formalismus, zur Auflösung alles Inhaltes, einer völligen Leere und einem damit verbundenen Ekel und Widerwillen an der Scholastik führen mußte.

nus „erhielt Offenbarungen und übernatürliche Hülfe von der heiligen Jungfrau. Seine Schriften und Gedichte auf die heilige Jungfrau machen einen ganzen Band aus. Die heilige Jungfrau stattete *Albert* dem *Großen* in eigner Person für seine Lobgedichte und Schriften Dank ab und hatte sogar die besondere Gnade, sich ihm zur genauen Besichtigung darzustellen, als er sich vornahm, alle Körper- und Seelengaben der Mutter Gottes als Dichter auszumalen.“

§ 4.

Als der negativ religiöse Geist in der Kirche sich zu einer weltbeherrschenden Macht erhoben, die anfangs nur innerliche, in der Gesinnung existierende Verkennung und Verachtung alles sogenannten Weltlichen endlich bis zur *weltlichen*, gewaltsamen Unterdrückung des Weltlichen gesteigert, selbst die Oberherrschaft der Kirche, als des Inbegriffs des Geistlichen, über den Staat, als den Inbegriff des Weltlichen, sich angemaßt hatte, bestand seine Negativität gegen Künste und Wissenschaften näher darin, daß er sie band und gefangennahm, sie nicht frei gewähren, ihnen keine Selbständigkeit angedeihen ließ, sondern sich ihrer nur als Mittel einerseits zu seiner Verherrlichung, andererseits zu seiner Befestigung bediente. Allein gerade diese scheinbar nur dienstfertigen Geister führten notwendig den Sturz der Herrschaft jenes negativ religiösen Geistes und seiner äußern Existenz, der Kirche, von innen aus herbei, ein Sturz, der die unvermeidliche Folge eben dieser seiner beschränkten Einseitigkeit, seiner unterdrückenden Negativität war.

Obgleich nämlich die scholastische Philosophie im Dienste der Kirche stand, inwiefern sie ihre Sätze anerkannte, bewies und verteidigte, ging sie doch hervor aus einem wissenschaftlichen Interesse, weckte und erzeugte sie doch freien Forschungsgeist. Sie machte die Gegenstände des Glaubens zu Gegenständen des Denkens, hob den Menschen aus der Sphäre des unbedingten Glaubens in die Sphäre des Zweifels, der Untersuchung, des Wissens, und indem sie die Sachen des bloßen Autoritätsglaubens zu beweisen und durch Gründe zu bekräftigen suchte, begründete sie gerade dadurch, größtenteils wohl wider Wissen und Willen, die *Autorität der Vernunft* und brachte sie so ein anderes Prinzip in die Welt, als das der alten Kirche war, das Prinzip des *denkenden Geistes,* das *Selbstbewußtsein der Vernunft,* oder bereitete sie es doch wenigstens vor.[5] Selbst die Mißgestalt und Schattenseite der Scholastik, die vielen absurden Quästionen, auf die die Scholastiker zum Teil verfielen, selbst ihre tausendfältigen, unnötigen und zufälligen

[5] Auch *Tennemann* gibt in seiner „Geschichte der Philosophie" diese Bedeutung der Scholastik.

Distinktionen, ihre Kuriositäten und Subtilitäten müssen aus einem vernünftigen Prinzipe, aus ihrem Lichtdurste und Forschungsgeiste, der sich aber eben in jenen Zeiten und unter der drückenden Herrschaft des alten Kirchengeistes nur so und nicht anders äußern konnte, abgeleitet werden. Alle ihre Quästionen[6] und Distinktionen waren nichts anderes als mühsam eingegrabene Ritze und Spalten in dem alten Gemäuer der Kirche, um zum Genusse des Lichtes und frischer Luft zu gelangen, nichts anderes als Äußerungen eines Tätigkeitstriebes des denkenden Geistes, der, wenn er entzogen dem Kreise vernünftiger Gegenstände und angemessener Beschäftigungen in einem Gefängnisse eingesperrt ist, jeden Gegenstand, den er eben zufällig findet, er sei auch noch so geringfügig, noch so unwürdig der Aufmerksamkeit, zu einem Objekte seiner Beschäftigung macht, aus Mangel an Mitteln selbst auf die an sich absurdeste, kindischste und verkehrteste Weise seinen Tätigkeitstrieb befriedigt. Erst da, wo die Scholastik selbst nur noch eine tote historische Reliquie war, schmolz sie ganz im Widerspruch mit ihrer ursprünglichen Bedeutung und Bestimmung mit der Sache des alten Kirchentums in eins zusammen und wurde sie die heftigste Gegnerin des erwachten besseren Geistes.[7]

[6] Selbst die absurdesten und frivolsten Quästionen der Scholastiker, wie z. B.: „an asinus possit bibere baptismum? an corpus Christi potuerit esse in Eucharistia ante incarnationem eodem modo, quo nunc est? num Deus potuerit suppositare mulierem (i. e. personam assumere mulieris) num diabolum, num asinum, num cucurbitam, num silicem? et quemadmodum cucurbita fuerit concionatura, editura miracula, figenda cruci? [Ob ein Esel Taufwasser trinken könne? Ob der Leib Christi vor der Menschwerdung in derselben Weise wie jetzt bei der Eucharistie (beim Abendmahl) gegenwärtig sei? Ob Gott sich an die Stelle einer Frau setzen, d. h. die Rolle einer Frau spielen könne oder die des Teufels, eines Esels, eines Kürbis oder eines Steins? Und wie er als Kürbis prophezeie, Wunder tue und ans Kreuz geschlagen werde?]", müssen hier gerechnet werden.
[7] Ähnliche Erscheinungen sind sehr häufig in der Geschichte. Aber exempla odiosa [Beispiele sind unbeliebt].

§ 5.

Wie die scholastische Philosophie, so erzeugte auch die *Kunst*, obwohl auch sie zunächst nur im Dienste der Kirche stand, von ihr nur als ein Erbauungs- oder Verherrlichungsmittel der Kirche angesehen wurde, das dem antikosmisch religiösen Geiste entgegengesetzte Prinzip. Die Stellung eines dienenden Mittels konnte die Kunst nur so lange haben, als sie unvollkommen war, aber nicht auf dem Gipfel ihrer Vollendung.[8] Denn diente sie auch gleich da noch zum Teil und äußerlich Zwecken der Kirche, hatte sie auch da noch die Gegenstände des kirchlichen Glaubens hauptsächlich zu ihrem Objekte, so wurde doch jetzt das *Schöne als solches* Gegenstand des Menschen, es trat das künstlerische Interesse *als solches,* als *Selbstzweck* hervor; es erwachte das unabhängige, das lautere, durch keine fremden Beziehungen getrübte Gefühl der reinen Schönheit und Menschlichkeit, es bekam jetzt wieder der Mensch in der Anschauung der herrlichen Schöpfungen seines Geistes Selbstgefühl, das Bewußtsein seiner Selbständigkeit, seines geistigen Adels, seiner immanenten, seiner Natur eingeborenen Gottähnlichkeit, Sinn für die Natur und ihr Studium, Beobachtungsgabe, eine richtige Anschauung des Wirklichen und die Anerkennung von der Realität und Wesenhaftigkeit alles dessen, was von dem negativ religiösen Geiste als ein nur Eitles und Ungöttliches bestimmt war. Die Kunst war daher die reizende Maja, welche dem finstern Geiste der Kirche wie einst dem alten Brahma seine Melancholie und Misanthropie aus dem Kopfe trieb, die *scheinheilige* Verführerin, die den Menschen *auf die obersten Zinnen* der Kirche führte, um hier seiner beengten und gepreßten Brust freien Atem zu verschaffen, ihn die frischen Himmelsdüfte rein menschlicher Gefühle und Anschauungen einsaugen zu lassen und ihm die reizende Aussicht in die Herrlichkeiten der irdischen Welt zu eröffnen und eine andere Welt,

---

[8] Schon die *äußere* Geschichte der Kunst deutet dies an. Anfänglich waren die Klöster die einzigen Sitze der bildenden Künste, später die Städte und Freistaaten, und erst in diesen, wo sich selbständiger Weltsinn und konkreter Weltgeist entwickelten, bekam die Kunst ein ihrem Wesen, dem Begriffe der Schönheit, adäquates, ein klassisches vollendetes Dasein.

die Welt der Freiheit, Schönheit, Humanität und Wissenschaft, aufzuschließen.[9] Sowenig der Baum, der auf einem

[9] Scheinheilig ist die Kunst deswegen, weil ihre Devotion nur ein Schein ist, weil sie, während sie der Kirche zu dienen scheint, nur in ihrem eigenen Interesse arbeitet. Dem Menschen, der z. B. die Maria zum Gegenstand seiner Kunst macht, ist sie nicht mehr ein religiöser, sondern ein Kunstgegenstand; außerdem hätte er nicht den Mut, die Kraft und Freiheit, sie aus der Sakristei seiner religiösen Gesinnung und Vorstellung herauszulassen, sie aus sich zu entäußern, aus dem geheimnisvollen, jede Begrenzung und Gestaltung fliehenden und verwischenden Dunkel, dem unantastbaren, unsagbaren Heiligtum des religiösen Glaubens in die Sphäre der Begrenzung und Deutlichkeit, in die Sphäre der *profanen*, sinnlichen Anschauung zu versetzen, die Geliebte des Herzens zum *Freudenmädchen des sinnlichen Wohlgefallens* zu machen, seinen Lüsten zum Opfer zu bringen. Die Kunst ist wohl ein Engel, aber der Engel Luzifer (Lichtbringer). Die Kunst hatte daher auch ebensowohl allgemeine und heidnische als christliche Gegenstände zu ihrem Objekte. Auch hob sie sich besonders durch das Studium der Antike. Vgl. z. B. „Leben *Lorenzo* von Medici", aus dem Englischen des William *Roscoe* von Kurt *Sprengel*, S. 372. – Die Zeit der höchsten Ausbildung und Blüte der Kunst fällt daher mit der Zeit zusammen, wo die katholische (hierüber z. B. *Voltaire*, „Essai sur les mœurs et l'esprit des Nations", Tom. II, chap. CV, und Tom. III, chap. CXXVII, und „Acta Philosophorum", neuntes Stück, An. 1718, § IV–VII) Kirche und ihr Glaube in den größten Verfall gerieten, wo die Wissenschaften wieder aufblühten und der Protestantismus emporkam. *Raffael* wurde in demselben Jahre geboren, in welchem *Luther*, 1483. Sehr richtig sagt daher *Leo* in seiner „Geschichte von Italien" (I. Bd., S. 37): „Die großen italienischen Künstler haben ebensoviel getan für die geistige Befreiung und Entwicklung der Welt als die deutschen Reformatoren; denn solange jene alten, düstern, strengen Heiligen und Gottesbilder noch die Herzen der Gläubigen fesseln konnten, solange in der Kunst die äußere Ungeschicklichkeit noch nicht überwunden war, war darin ein Zeichen gegeben, daß der Geist selbst noch in einer engen Beschränkung, in drückender Gebundenheit beharrte. Die Freiheit in der Kunst entwickelte sich mit der Freiheit des Gedankens in gleichem Maße, und beider Entwicklung war gegenseitig bedingt. Erst als man in der Kunst wieder ein freies Wohlgefallen fand, war man auch wieder fähig, die Klassiker der alten Welt aufzunehmen, sich an ihnen zu erfreuen und in ihrem Sinne weiterzuarbeiten, und ohne die Aufnahme der alten klassischen Literatur wäre die Reformation nie etwas anderes als ein kirchliches Schisma geworden, wie es das der Hussiten war."

Kirchturme steht, aus seinem harten Gesteine entsprossen ist, sowenig kam die Kunst aus der Kirche und ihrem Geiste; der schlaue Vogel des Verstandes trug das Samenkorn auf sie hinauf; als es aufging und zum Pflänzchen gedieh, war es freilich noch unschädlich, als es aber groß, als es Baum wurde, zersprengte es den alten Kirchturm.

Gerade also die scheinbar nur dienstbaren Geister des negativ religiösen Geistes waren es, die ein ihm entgegengesetz-

Der berühmte Andrea *Orcagna*, der um die Mitte des 14. Jahrhunderts in Florenz blühte, war unter allen neuern Künstlern der erste, der sein eignes Porträt malte. Der berühmte Kirchenvater *Clemens* Alexandrinus, dieser sonst so aufgeklärte Mann, hält es dagegen sogar für Sünde (in seinem „Paedagogos", I, III, c. 2), sein Bild im Spiegel zu beschauen. So entgegengesetzt ist die Kunst in ihrer Freiheit und die Religiosität in ihrer Befangenheit und Beschränktheit. *Tertullian* („De spectaculis", cap. 23) und eben dieser *Clemens* halten es sogar für eine frevelhafte Eigenmächtigkeit, eine gottlose Kritik der Werke Gottes, sich den Bart abzuscheren oder gar auszureißen, denn, sagt Clemens 1. c., cap. 3: „Quin etiam vestri quoque capitis omnes capilli numerati sunt; sunt autem etiam pili in barba numerati atque adeo etiam, qui sunt in toto corpore: non est ergo vellendus praeter Dei institutum, qui voluntate ejus annumeratus est. [Wie selbst alle Haare auf eurem Haupte gezählt sind, so auch die Haare im Bart und am ganzen Körper; also darf ohne göttliche Weisung nicht ausgezupft werden, was durch seinen Willen gezählt ist.]" So sehr widerspricht das negativ religiöse Gefühl dem ästhetischen. Ja, *Clemens* sagt ausdrücklich („Cohort. ad gentes", c. IV): „Nos enim clare prohibemur, fallacem hanc artem [picturam] exercere. Non facies enim, inquit Propheta, cujusvis rei similitudinem eorem, quae sunt in coelo et quae sunt in terra infra. [Denn uns ist ausdrücklich verboten, jene Gauklerkunst (die Malerei) zu treiben. Sagt doch der Prophet: Du sollst dir keinerlei Bildnis machen von dem, was im Himmel und was auf der Erde ist.]" Vgl. auch *Tertullian*, „De idolol.", c. 3, c. 4, c. 5 usw. Mag man dagegen einwenden, was man wolle, als z. B., daß diese Kirchenväter gegen die heidnischen Götterbilder und Idolatrie polemisieren; so viel ist gewiß, daß das Kunstgefühl und die Kunstanschauung als solche dem religiösen Prinzipe der früheren Zeiten, wenn es in seiner Bestimmtheit und Echtheit, wenn es so erfaßt wird, wie die es erfaßten, welche für die klassischen Exemplare und Musterbilder dieser religiösen Richtung gelten, radicitus [von Grund aus] entgegengesetzt sind. – Bekannt ist, daß auch das Theater erst da wieder emporkam, als im 15. Jahrhundert an die Stelle der geistlichen Schauspiele die Komödien des *Terenz* und *Plautus* traten.

16

tes Prinzip aus ihm erzeugten, nämlich den rein menschlichen, freien, selbstbewußten, alliebenden, alles umfassenden, allgegenwärtigen, den *universellen*, den *denkenden, wissenschaftlichen Geist*, der den negativ religiösen Geist degradierte, vom Throne seiner Weltherrschaft stürzte, in die Grenzen eines engen, jenseits des sich fortbewegenden Stromes der Geschichte liegenden Gebiets verwies und sich dafür zum Prinzipe und Wesen der Welt machte, zum Prinzipe der neuern Zeit.

§ 6.

Was als ein *neues* Prinzip in die Welt tritt, muß sich zugleich als ein *religiöses* Prinzip aussprechen; nur dadurch schlägt es als ein zerschmetternder und erschreckender Blitz in die Welt ein, denn nur dadurch wird es eine gemeinsame, die Gemüter beherrschende Weltsache. Nur dadurch, daß das Individuum, durch welches sich der Geist ins Werk setzt, diesen Geist in Gott erkennt, seine Tat, seinen Abfall von dem frühern Prinzip, welches sich gleichfalls als Religion aussprach, als eine göttliche Notwendigkeit, als einen religiösen Akt anschaut, bekommt es jenen unwiderstehlichen Mut, vor dem alle äußere Gewalt als ein Machtloses verschwindet. Der *Protestantismus* ist das neue Prinzip, wie es sich als religiöses Prinzip aussprach. *Derselbe* Geist, der die *scholastische Philosophie*, inwiefern sie ein *Befreiungsmittel* von äußerer Autorität und bloßem positiven Kirchenglauben war, hervorrief; der in der Kunst die Idee der *Schönheit* in ihrer *Unabhängigkeit* und *Selbständigkeit* zur Wirklichkeit und dem Menschen seine göttliche Produktivkraft zur Anschauung brachte; der die alten, vom negativ religiösen Geiste in die Hölle verstoßenen und verdammten *Heiden* wieder zum Leben erweckte und bewirkte, daß die Christen sie als ihre nächsten *Blutsverwandten*, die sie nach langer schmerzlicher Trennung endlich wiedergefunden, erkannten und umarmten; der das *freie bürgerliche Leben* erzeugt hatte, wodurch praktischer Weltsinn, sinnreich erfinderische, mit der Gegenwart versöhnende, das Leben verschönernde und veredelnde, das Selbstbewußtsein des Menschen erhöhende und erweiternde Tätigkeit und Regsamkeit sich entfaltete; der in den Kämpfen der *Fürsten* gegen die anmaßende Herr-

schaft der *Hierarchie* die absolute Spontaneität, Autonomie
und Autarkie des Staates und folglich seines Oberhauptes,
in dem er in *eine* Person sich konzentriert, errang; *derselbe*
und kein anderer Geist, *der* Geist, der sich in dem Individuum als Unabhängigkeits- und persönliches Freiheitsge-
fühl äußert, der ihm das Bewußtsein oder Gefühl von der
seinem Wesen eingeborenen Göttlichkeit gibt und dadurch
die Kraft, keine äußere, das Gewissen bindende Macht an-
zuerkennen, aus sich selbst zu entscheiden und zu bestimmen, was für ihn die bindende Macht der Wahrheit sein
soll, *dieser* und *kein anderer* Geist, sage ich, ist es, welcher
auch den *Protestantismus* hervorrief, der daher nur als eine
besondere, eine partikuläre Erscheinung von ihm anzuse-
hen ist.[10] Da der Protestantismus aus dem Wesen desselben
Geistes hervorging, aus welchem die neuere Zeit und Philosophie entsprang, so steht er zu dieser in der innersten Beziehung, obgleich natürlich ein spezifischer Unterschied
zwischen der Art, wie der Geist der neuern Zeit sich als religiöses Prinzip, und der Art, wie er sich als wissenschaftli-
ches Prinzip verwirklichte, stattfindet. Wenn es bei *Cartesius*
heißt: Ich denke, ich bin, d. h. *mein Denken ist mein Sein,* so

---

[10] Wenn Luther kein aus sich selbst entscheidendes und bestimmendes Prinzip in sich gehabt hätte, wenn er in jenen religiösen
Materialismus versunken gewesen wäre, der den Geist zum allerun-
tertänigsten Diener des geschriebenen Wortes macht, so würde er
einerseits bei der Befangenheit und Beschränktheit, die seinem
Geiste großenteils noch anklebte, andrerseits bei seinem deutschen, offenen, redlichen Sinn und Charakter die in der Bibel nie-
dergelegte Ansicht des Apostels Paulus von der Ehe gewissenhaft
zu der seinigen gemacht und die große, historisch bedeutsame Tat
seiner Heirat nicht verrichtet haben; so würde er ferner nicht der
Apokalypse und dem Briefe Jacobi seine Anerkennung versagt haben mit dem Bemerken, „sein Geist könne sich in dies Buch nicht
schicken, und die Ursache sei ihm genug, daß er es nicht groß
achte, daß Christus darin weder gelehrt noch erkannt werde"; so
würde er endlich nicht auf dem Reichstage zu Worms, wo er in seinem vollen Glanze dasteht, den Ausspruch, er widerrufe nicht, er
werde denn durch Zeugnisse der Schrift oder „durch *evidente Vernunftgründe*" widerlegt, getan, nicht die Macht des Gewissens gegen
die äußere Macht und Autorität der Kirche geltend gemacht haben;
so würde er überhaupt nicht Luther gewesen sein.

heißt es dagegen bei *Luther: Mein Glauben ist mein Sein.* Wie jener die Einheit von Denken und Sein und als diese Einheit den Geist, dessen Sein nur das Denken ist, erkennt und als Prinzip der Philosophie setzt, so erfaßt dagegen dieser die Einheit von Glauben und Sein und spricht diese als Religion aus.[11] Wie ferner das Prinzip der neuern Zeit, wie es sich als Philosophie aussprach, mit dem *Zweifel* an der Realität und Wahrheit der sinnlichen Existenz anhob, so begann eben dasselbe, wie es als religiöser Glaube sich aussprach, mit dem *Zweifel* an der Realität einer *historischen* Existenz, an der Autorität der Kirche. Und eben diese intensive Geistesstärke, diese Gewißheit des Geistes von seiner Objektivität ist es, die den Protestantismus in eine nahe Verwandtschaft mit der neuern Philosophie setzt.

In dem Protestantismus wurde daher sozusagen der λόγος des Christentums erst σάρξ, wurde der λόγος, der in der früheren Zeit ἐνδιάθετος [in sich enthaltener], verborgener, abgezogener, jenseitiger war, προφορικὸς [aus sich herausgesetzter], Weltgeist, d. h., in ihm verlor das Christentum seine Negativität und Abgezogenheit, wurde es *im* Menschen, als eins mit ihm erfaßt, als identisch mit seinem eigenen Wesen, Willen und Geiste, als nicht beschränkend und verneinend die wesentlichen Bedürfnisse seines Geistes und seiner Natur.[12]

[11] So du *glaubst*, sagt z. B. *Luther*, daß Christus deine Zuflucht ist, so *ist* er es, so du es nicht glaubst, ist er es nicht.

[12] Wie verschieden ist z. B. der Geist eines *Thomas a Kempis,* den man als ein in seiner Art klassisches Produkt des echten und reinen Geistes des frühen Katholizismus ansehen kann, von dem Geiste *Luthers.* Die Substanz beider ist die Religion, aber diese Substanz ist bei jenem eine zurückgezogene, sich und nicht nur sich, sondern dem tiefen Wesen und der inhaltsreichen Bestimmung des Weibes absterbende, Christus als ihren einzigen Bräutigam umfassende, schmachtende, etwas zur Schwindsucht geneigte Nonne; bei *Luther* dagegen ist diese Substanz eine lebensfrohe, an Leib und Geist kerngesunde, höchst ehrbare und vernünftige Jungfer, begabt mit geselligen Talenten, selbst mit Witz, Humor und praktischem Weltverstand, und die von dem Manne, der sie sich zu seiner Hausfrau und Lebensgefährtin nimmt, als Bein von seinem Bein, und Fleisch von seinem Fleische erkannt wird und ihn zwar von den Exzessen, die mit einem Garçonleben verbunden sind, keineswegs aber von dem Leben selbst abzieht.

Das Prinzip des denkenden Geistes, auf dem der Protestantismus beruht und aus dem er hervorging, offenbart sich in ihm näher darin, daß er mit jener Einsicht und Kritik, die allein Sache des Denkens ist, das Unwesentliche von dem Wesentlichen, das Willkürliche von dem Notwendigen, das nur Historische von dem Ursprünglichen scheidend, den Inhalt der Religion vereinfachte, auf seine einfachen, wesentlichen Bestandteile analysierend zurückführte, die frühere bunte, zerstreuende Vielheit und Mannigfaltigkeit von religiösen Gegenständen auf *einen* Gegenstand reduzierte und durch diese Reduktion auf die Einheit, durch diese Hinwegräumung aller die Aussicht des Menschen verhindernden Gegenstände den Blick in die Nähe und Ferne erweiterte, dem *Denken Raum* machte; daß er die Religion von einer Menge sinn- und vernunftloser Äußerlichkeiten befreite, sie zu einer Sache der Gesinnung, des Geistes erhob und dadurch die von der Kirche absorbierte und konsumierte Lebenskraft und Tätigkeit des Menschen wieder dem Menschen, vernünftigen, reellen Zwecken, der Welt und Wissenschaft zuwandte und in dieser Emanzipation des Menschen die weltliche Macht statt der Kirche als bestimmende, gesetzgebende Autorität anerkannte. Es war daher auch keineswegs nur Folge äußerer Umstände und Verhältnisse, es war eine *innere*, im Protestantismus selbst gelegene Notwendigkeit, daß sich in ihm erst die *Philosophie* der neuern Zeit *welthistorisch bedeutsames* Dasein gab und zu freier, fruchtbarer, immer weiterschreitender Entwickelung heranwuchs. Denn die Reduktion der Religion auf ihre einfachen Elemente, die der Protestantismus einmal begonnen, aber bei der Bibel abgebrochen hatte, mußte notwendig weiter fortgesetzt und bis auf die letzten, ursprünglichen, übergeschichtlichen Elemente, bis auf die sich als den *Ursprung* wie aller Philosophie so aller *Religion* wissenden *Vernunft*[13] zurückgeführt werden, mußte daher notwendig aus dem Protestantismus die Philosophie als seine wahre Frucht erzeugen, die sich freilich sehr von ihrem Samenkorne unterscheidet und für das gemeine Auge, das nur nach äußern Zeichen und handgreiflichen Ähnlichkeiten

[13] Man erinnere sich hierbei vorzüglich der tiefen und denkwürdigen Worte *Lessings* und *Lichtenbergs* über das historische Christentum und so manche sich hierher beziehende Gegenstände.

die innere Verwandtschaft bemißt, in keiner innern wesentlichen Beziehung zu ihm steht.

§ 7.

Ehe aber der neuerwachte denkende, selbstbewußte Geist zu der Kraft und Fähigkeit kam, aus sich selbst zu schaffen, aus sich selbst neuen Stoff und Inhalt zu schöpfen, mußte er erst *empfangend* sich verhalten und eine empfangene, schon fertige und vollbrachte Welt, in der ihm schon als *Wirklichkeit* entgegentrat, was in ihm nur noch als *Streben* und *Verlangen* vorhanden war, als belebenden, entwickelnden und bildenden Stoff in sein Wesen verwandeln. Wie die erste Anschauung des Menschen von sich die Anschauung seiner als eines andern ist, d. h., er zuerst nur in einem andern, ihm gegenständlichen Menschen den Menschen, sein Wesen und damit sich selbst anschaut und erkennt, der Mensch daher nur an einem andern, der seinesgleichen und seines Wesens ist, zu seinem Selbstbewußtsein gelangt, so gelangte der menschliche Geist auch in neuerer Zeit nur durch die Anschauung seiner als eines Objektes, d. i. die Erkenntnis und Assimilation des ihm im Innersten verwandten Geistes der Werke des *klassischen Altertums* zum Selbstbewußtsein und damit zur *Produktivität.* Ehe er produktiv wurde, mußte er in sich eine Welt reproduzieren, die seines Geistes, seines Wesens und Ursprungs war. Plato, Aristoteles und die übrigen philosophischen Systeme und sonstigen Werke der klassischen Welt wurden nur deswegen mit so großem Enthusiasmus aufgenommen, mit solchem Heißhunger verschlungen und assimiliert, weil die von diesem Enthusiasmus ergriffenen Geister die Befriedigung ihres *eigenen innersten* Geistesbedürfnisses in ihnen fanden, die Erlösung und das Auferstehungsfest ihrer *eigenen Vernunft* in ihnen feierten, weil der neu erwachte freie, universelle, denkende Geist in jenen Werken die Produkte seiner selbst erkannte.[14] Nur durch diese Anschauung und An-

[14] Das Studium der römischen und griechischen Literatur war daher im Zeitalter der wiedererwachten Wissenschaftlichkeit keine äußerliche, den Geist, die Gesinnung, das Herz, die innersten Angelegenheiten des Menschen gleichgültig lassende, nur die Zeit, sonst aber auch gar nichts vertreibende Beschäftigung; es wurde im

eignung einer Welt, die dem Geiste, obwohl eine objektive, eine gegebene Welt, ein überliefertes Wort, doch ein aus der Seele gesprochenes Wort war, das vollkommen das sagte, was er selbst auf dem Herzen hatte und sagen wollte, aber noch nicht die Kraft und Kunst hatte, selbst zu sagen, kam er zu sich selbst, stieg er in seine eigene Tiefe hinab, zu jener innersten Einheit mit sich selbst, die allein die Quelle der Selbsttätigkeit und Produktivität ist; denn ein produzierender Geist ist eben nur der, welcher nicht bei einem gegebenen Stoffe stehenbleibt, sich nicht in einer überkommenen Welt, die, wenn er sie auch als die seinige empfindet und erkennt, doch immer noch eine andere und äußere bleibt und insofern außer sich selbst befindet, sondern mit sich selber eins geworden ist.

§ 8.

Als der denkende, freie, universelle Geist wieder erwacht war und sich objektives Dasein gab, war es eine notwendige Folge, daß wie die alte heidnische Welt, so auch vor allem die *Natur* wieder zu Ehren kam, die elende Stellung einer bloßen Kreatur verlor und in ihrer Herrlichkeit und Erha-

Gegenteil mit jener Andacht, mit jener unbedingten Hingebung, jener religiösen, selbstaufopfernden Verehrung und Liebe betrieben, die allein der Segen und der wahren Erfolg sichernde und gewährende Schutzgeist einer Beschäftigung sind und ein Studium nicht zu einer Geistesmarter und leerem Zeitvertreib machen. Der Zweck des Studiums der klassischen Literatur war, wie *Heeren* in seiner Geschichte desselben (II. Bd., S. 278) sagt, „zur *großen Ehre des Zeitalters* zunächst derjenige, der er eigentlich sein sollte, *Bildung des Geistes*". „Es ward lebendig", sagt *Kreuzer* (in jener ersten Periode, die er als die der Nachahmung bezeichnet), „die Idee von der Würde des Lebens unter den gebildeten Heiden, man ward berührt von der Größe ihres Denkens und Redens. Jene Vollendung des Lebens, der Gedanken, der Dichtung, der Rede sollte zurückgeführt werden." Vgl. „Studien" von *Daub* und *Kreuzer*, I. Bd., S. 8, und des letztern „Akademisches Studium des Altertums", S. 80 und 81. Das Zeitalter *Lorenzos* von Medici war daher auch nichts anderes als das glänzende Auferstehungsfest, die feierliche Wiederkehr und Wiedergeburt der klassischen Welt in Wort und Tat, Empfindung und Anschauung, im Denken wie im Leben, Florenz selbst nichts anderes als das wiedergekehrte Athen.

benheit, in ihrer Unendlichkeit und Wesenhaftigkeit zur Anschauung kam. Die Natur, die im Mittelalter einerseits in die Nacht gänzlicher Ignoranz und Vergessenheit versunken, andererseits nur mittelbar, durch das trübe Medium einer überlieferten und überdies noch übelverstandenen Physik Gegenstand war, wurde daher jetzt wieder *unmittelbarer* Gegenstand der Anschauung, ihre Erforschung ein *wesentliches Objekt* der Philosophie und die *Erfahrung*, weil die Philosophie oder Erkenntnis der Natur als eines vom Geiste unterschiedenen Wesens keine unmittelbare, mit dem Geiste identische, sondern durch Versuche, sinnliche Wahrnehmung und Beobachtung, d. i. die *Erfahrung* bedingte und vermittelte Erkenntnis ist, eine Sache der Philosophie selbst, eine allgemeine wesentliche Angelegenheit der denkenden Menschheit.[15]

Die Naturwissenschaften bekamen erst in neuerer Zeit welthistorische Bedeutung, bildeten erst in ihr eine zusammenhängende Geschichte, eine fortlaufende Reihe von Entdeckungen und Erfindungen. Eine Sache tritt aber nur dann erst in welthistorische Bedeutung und Wirksamkeit, wird erst dann mit wahrem Erfolge betrieben und bringt erst dann eine zusammenhängende, qualitativ fortschreitende, mit innerer Notwendigkeit vor sich gehende Geschichte hervor, wenn sie ein *objektives Weltprinzip* zu ihrem *Grunde* hat, denn nur dann ist sie *notwendig,* und diese objektive *Notwendigkeit* allein ist der Grund, daß sie in produktiver, frucht- und erfolgreicher Entwickelung fortschreitet, eben weil sie nicht von bloß subjektiven Bestrebungen und partikulären Neigungen ausgeht und abhängt. Dieses objektive Geistes- und Weltprinzip der neuern Zeit, in dem die Notwendigkeit und der Grund der neuern Erfahrungswissenschaften lag, war aber im allgemeinen kein anderes als eben der zur *Selbständigkeit* und zum *freien Bewußtsein* gelangte *denkende Geist.*

Die Erfahrung (im Sinne wissenschaftlicher Erfahrung, nicht im Sinne der Erfahrung, die eins mit dem Leben, Er-

[15] Die ersten eigentlichen Anfänge der neuern Philosophie liegen daher auch in den naturphilosophischen Anschauungen der Italiener *Cardanus, Bernardinus Telesius, Franz Patritius, Jordano Bruno,* der die Anschauung der Natur in ihrer göttlichen Fülle und Unendlichkeit auf die geistreichste und bestimmteste Weise aussprach.

leben ist) ist nämlich nicht, wie man es sich bisweilen vorzustellen pflegt, ein unmittelbar sich von sich selbst ergebender und verstehender, ein kindlicher, ebensowenig ein ursprünglicher, durch sich selbst begründeter, sondern wesentlich ein *bestimmtes Geistesprinzip* als seinen Grund voraussetzender Standpunkt. Der Standpunkt der Erfahrung setzt, wie sich von selbst versteht, zunächst den Trieb voraus, die Natur erkennen und ergründen zu wollen, ein Trieb, der selbst wieder hervorgeht aus dem Bewußtsein über den Zwiespalt von Sein und Schein, aus dem Zweifel, daß die Dinge so sind, wie sie erscheinen, daß das Wesen der Natur so geradezu und ohne weiteres bei der Hand ist und in die Sinne fällt, setzt also Kritik, Skepsis voraus; daher auch die Anfänger der neuern Philosophie, *Bacon* und *Cartesius*, ausdrücklich mit ihr anhuben, jener, indem er zur Bedingung der Naturerkenntnis die Abstraktion von allen Vorurteilen und vorgefaßten Meinungen macht, dieser in seiner Forderung, daß man im Anfange an allem zweifeln müsse. Diese Skepsis setzt aber selbst wieder voraus, daß der *Geist im* Menschen und *mit ihm* das menschliche *Individuum* sich im *Unterschiede* von der *Natur* erfaßt, daß der Geist eben diesen seinen Unterschied von der Natur als sein Wesen erkennt und in dieser Unterscheidung wie sich, so die Natur zum wesenhaften Objekte seines Denkens macht. Nur auf Grund dieses Prozesses hat der Mensch erst wahrhaftes Interesse, Trieb und Lust, erfahrend und erforschend an die Natur zu gehen, denn eben in dieser Unterscheidung frappiert ihn erst der Anblick der Natur wie den Jüngling der Anblick der Jungfrau, wenn er in das Bewußtsein des Unterschieds gekommen ist, ergreift ihn erst der unwiderstehliche Trieb und Reiz, sie zu erkennen, und wird die Erkenntnis der Natur sein höchstes Interesse.

Der Standpunkt der Erfahrung setzt daher als seinen Grund *das* Geistesprinzip voraus, das auf bestimmte, wenngleich höchst unvollkommene und subjektive Weise in Cartesius sich aussprach und vor das denkende Bewußtsein des Menschen gebracht wurde. Der geistige, der mittelbare Vater der neuern Naturwissenschaft ist daher Cartesius. Denn Bacon, obwohl er etwas früher ist und in einem sinnlich und sichtbar näheren Zusammenhang mit dem Standpunkt der Erfahrung, in einer augenscheinlicheren Beziehung zu ihm

steht, setzt doch dem Wesen nach das Prinzip des selbstbewußten, sich im Unterschiede von der Natur erfassenden
und sie als sein wesentliches Objekt sich gegenübersetzen-
den Geistes, also *das* Prinzip voraus, das *als solches* Cartesius
zuerst zum Objekte der Philosophie machte. Der unmittelbare oder sinnliche Vater der neuern Naturwissenschaften
ist Bacon, denn in ihm machte sich das Bedürfnis und die
Notwendigkeit der Erfahrung rein für sich und unbedingt
geltend, sprach sich zuerst das Prinzip der Erfahrung als
Methode mit rücksichtsloser Strenge aus.[16]

[16] Die Reduktion der Naturwissenschaft auf das Cartesische Geistesprinzip läßt sich nur insofern rechtfertigen, als die ersten Prinzipien unserer bisherigen Naturwissenschaft im wesentlichen mit
dem Prinzip der Cartesischen Philosophie übereinstimmen – mathematische, mechanische Prinzipien sind. Abgesehen davon aber
ist Bacon nicht nur der sinnliche, wie es im Paragraphen heißt, sondern der *wahre* Vater der Naturwissenschaft, denn *er* ist es, der zuerst die *Originalität* der Natur erkannte – erkannte, daß die Natur
nicht aus mathematischen, logischen und theologischen Voraussetzungen, Antizipationen, sondern nur aus sich selbst begriffen und
erklärt werden könne und dürfe, während Cartesius seinen mathematischen Kopf zum Original der Natur macht. B. nimmt die Natur, wie sie ist, bestimmt sie positiv, durch sich selbst, C. nur negativ, nur als das Gegenteil des Geistes; B. hat zu seinem Gegenstand
die wirkliche Natur, C. nur eine abstrakte, mathematische, gemachte Natur.

I. FRANZ BACON VON VERULAM

§ 9. *Das Leben Franz Bacons von Verulam*

Franz Bacon, Sohn Nicolaus Bacons, Großsiegelbewahrers von England, wurde in London 1561 den 22. Januar geboren. Schon in seiner frühesten Jugend verriet er Geist. Im 12. Jahre seines Lebens ging er auf die Universität Cambridge, und schon im 16. fing er an, die Mängel der damals noch allgemein herrschenden scholastischen Philosophie einzusehen. In demselben Jahre begab er sich, um sich für den Staatsdienst auszubilden, mit dem englischen Gesandten am französischen Hofe nach Paris. Während des Aufenthalts daselbst verfertigte oder entwarf er wenigstens, damals 19 Jahre alt, seine *„Beobachtungen über den Zustand von Europa"*. Der unerwartete Tod seines Vaters nötigte ihn aber, nach England zurückzukehren und sich zu seinem Lebensunterhalte auf das Studium des vaterländischen Rechtes zu legen. Er begab sich deswegen in das Collegium Grays-Inn, wo er dieses Studium mit großem Fleiße und glänzendem Erfolge betrieb, ohne darüber jedoch die Philosophie zu vergessen; vielmehr faßte er daselbst in den ersten Jahren seines Rechtsstudiums den Plan zu einer universellen Reform der Wissenschaften. Er erwarb sich bald einen so ausgezeichneten Namen als Rechtsgelehrter, daß ihn die Königin Elisabeth zu ihrem Rat in außerordentlichen Rechtssachen ernannte und ihm hernach noch die Anwartschaft auf eine Stelle in der Sternkammer gab. Weiter brachte er es aber nicht unter Elisabeth – offenbar eine Folge seines freundschaftlichen Verhältnisses zu dem Grafen Robert von Essex; denn durch dieses machte er sich besonders seinen ohnedies wegen seiner Talente auf ihn eifersüchtigen Vetter Robert Cecil Burleigh, der am Hofe eine einflußreiche Rolle spielte und der heftigste Feind des Grafen von Essex und seiner Freunde war, zu seinem Gegner.[17]

---

[17] *Mallet*, „Histoire de F. Bacon", Traduction de l'Anglois, à la Haye 1742, p. 30.

Den Vorwurf der Undankbarkeit lud Bacon bei Mit- und Nachwelt dadurch auf sich, daß er, als eben diesem Grafen von Essex als einem Staatsverbrecher der Prozeß gemacht wurde, als Rechtsanwalt der Königin es übernahm, den Prozeß zu führen und, als über die Hinrichtung dieses unglücklichen Grafen unter dem Volke der größte Unwille laut geworden war, noch überdies sich dem Auftrage der Regierung, ihr Verfahren in dieser Sache in den Augen des Volks zu rechtfertigen, unterzog, ob er gleich früher sein vertrauter Freund gewesen und von ihm auf die edelmütigste Weise unterstützt worden war.[18]

Glücklichere Verhältnisse begannen für Bacon nach dem Tode der Elisabeth unter der Regierung Königs Jakob I. von England, der ihn nacheinander zu den höchsten Stellen beförderte. Auch hatte er jetzt durch eine Heirat seine Vermögensumstände verbessert. Ungeachtet aber der vielen verwickelten und wichtigen Geschäfte, die Bacon unter Jakob infolge seiner hohen Stellung im Staate oblagen, arbeitete er doch zugleich unablässig an der Ausführung seines großen Plans einer allgemeinen Reformation der Wissenschaften. So erschien 1605 die erste Probe von seinem großen Werke *„De Dignitate et Augmentis Scientiarum* [Von der Würde und Vervollkommnung der Wissenschaften]" unter dem Titel: „The two Books of Franc. Bacon of the Proficience and Advancement of Learning Divine and Human [Die beiden Bücher von Francis Bacon über Wachstum und Fortschritt des Wissens von Gott und den Menschen]", eine Schrift, die er später mit Hilfe einiger Freunde ins Lateinische übersetzte, beträchtlich erweiterte, in 9 Bücher einteilte und in dieser neuen Gestalt etwa zwei oder drei Jahre vor seinem Tode drucken ließ; 1607 seine Schrift: *„Cogitata et Visa* [Gedanken und Ansichten (sc. über die Naturauffassung)]", offenbar die Grundlage oder vielmehr der erste Entwurf seines *„Novum Organum* [Das neue Erkenntnisinstrument]", 1610 seine Abhandlung *„Of the Wisdom of the Antients (De Sapientia Veterum)* [Von der Weisheit der Alten]", welche sinnreiche Auslegungen von verchiedenen Gegenständen aus der griechischen Mythologie enthält, 1620 das wichtigste seiner Werke, das *„Novum Organum"*.

[18] S. *Mallet*, p. 39–43.

1617 wurde Bacon Lordsiegelbewahrer, 1619 Großkanzler, bald darauf zum Freiherrn von Verulam, 1620 zur Würde eines Vizegrafen unter dem Titel Vizegraf von St. Albans erhoben. Auf diese glänzenden Auszeichnungen erlebte er aber eine schmähliche Demütigung. Er wurde nämlich bei dem Parlament des Amtsmißbrauchs, namentlich der Bestechung angeklagt – ein Vergehen, das man übrigens bei ihm nicht aus niedriger Gewinnsucht, sondern nur aus einer gewissen Charakterschwäche, allzu großer Weichheit und Nachgiebigkeit ableitet und ableiten muß.[19] B. gestand selbst demütig seine Fehler und unterwarf sich gänzlich der Gnade und dem Mitleid seiner Richter. Aber diese Demut rührte nicht, wie er erwartet hatte, seine Richter. Er wurde seiner Würden für verlustig erklärt, zu einer Geldstrafe von 40000 Pfund Sterling verurteilt und in dem Tower gefangengesetzt. Der König erließ ihm zwar alsbald die Gefängnis- und Geldstrafe und hob zuletzt das Strafurteil in seiner ganzen Ausdehnung auf; aber gleichwohl trat jetzt B. vom politischen Schauplatz ab und beschäftigte sich von nun an in stiller Zurückgezogenheit einzig mit der Wissenschaft und Schriftstellerei, nicht ohne Reue darüber, daß er die viele Zeit, die er dem Hof- und Staatsleben gewidmet, der edelsten Beschäftigung, der Beschäftigung mit den Wissenschaften, entzogen hatte.[20] Er starb am 9. April 1626.

Sein Leben beschrieben *Rawley, Mallet, Stephens.* Von seinen vielen verschiedenen Schriften, von denen hier in bezug auf die Geschichte der Philosophie nur noch zu erwähnen

[19] Man vergleiche über diese trübselige Geschichte die ausführlichen Nachrichten in der Lebensbeschreibung Franciscus Bacons in: „Sammlung von merkwürdigen Lebensbeschreibungen, größtenteils aus der britanischen Biographie übersetzt", D. Siegmund Jac. *Baumgarten,* 1754, I. T., S. 420–445.

[20] „C'est ainsi que Bacon passa du Poste éclatant, qu'il occupoit, à l'Ombre de la Retraite et de l'Etude, déplorant souvent, que l'Ambition et la fausse Gloire du Monde l'eussent détourné si longtemps de l'Occupation la plus noble et la plus utile, à laquelle puisse s'appliquer un Etre raisonnable. [So zog sich Bacon von dem glänzenden Amt, das er bekleidete, ins Privatleben zurück, und oft beklagte er, daß Ehrgeiz und eitle Sucht nach öffentlichem Ruhm ihn so lange von der edelsten und nützlichsten Beschäftigung abgehalten hätten, der sich ein vernünftiges Wesen widmen könne.]" *Mallet,* l. c., p. 126.

sind seine *„Sylva Sylvarum sive Historia Naturalis* [sinngemäß: Die vorzüglichsten Elemente oder Naturkunde]", *„Parmenidis, Telesii et Democriti Philosophia* [Die Philosophie des Parmenides, Telesius und Demokrit]", seine *„Historia Vitae et Mortis* [Wissenschaft von Leben und Tod]", seine *„Historia Ventorum* [Wissenschaft von den Winden]", seine *„Sermones fideles* [Aufrichtige Gespräche (sc. über Ethik, Politik und Ökonomie)]" (politischen und ethischen Inhalts), gibt es mehrere Sammlungen und Ausgaben, eine in 4 Bänden in Folio, die 1730 in London, eine vollständigere, die ebendaselbst 1740 herauskam; andere minder vollständige Editionen erschienen: 1665 zu Frankfurt, zu Leipzig 1694.

§ 10. *Reflexion über Bacons Leben und Charakter*

Um Bacons Leben und Charakter sowohl von seiner Licht- als Schattenseite gehörig würdigen und seine bei seinem an sich unverkennbar edlen Charakter außerdem unerklärlichen Fehler begreifen zu können, muß man erkennen, daß er einen Urfehler beging, und diesen Urfehler als den Grund seiner moralischen Fehler erfassen. Dieser Urfehler bestand bei ihm darin, daß er ebensowohl der schmeichlerischen Sirenenstimme der äußerlichen Notwendigkeit Gehör geben wollte und wirklich gab als der Gottesstimme der innerlichen Notwendigkeit, der Stimme seines Genius, seines Talentes, daß er dem Studium der Natur und Philosophie, zu dem er sich berufen fühlte, sich nicht ausschließlich widmete, sondern noch dazu ein sogenanntes Brotstudium betrieb, und überdies ein Studium, das ihn in die zwar glänzende, aber von der Wissenschaft abziehende Laufbahn des Hof- und Staatslebens hineinwarf, daß er dadurch sich zersplitterte, die Einheit seines Geistes mit sich zerstörte. Bacon sagt selbst von sich: „Me ipsum autem ad *veritatis contemplationes quam ad alia magis* fabrefactum deprehendi, ut qui mentem et ad rerum similitudinem (quod maximum est) agnoscendum satis mobilem, et ad differentiarum subtilitates observandas satis fixam et intentam haberem, qui et quaerendi desiderium et dubitandi patientiam et *meditandi voluptatem* et asserendi cunctationem et resipiscendi facilitatem et disponendi sollicitudinem tenerem, quique nec novitatem affectarem, nec antiquitatem admirarer et omnem imposturam odissem. Quare naturam meam cum veritate quandam familiaritatem et cognationem habere judicavi. [Ich hielt mich zur *Ergründung der Wahrheit mehr als zu anderem geschaffen.* Denn mein Verstand ist beweglich genug, die Analogie der Dinge (die Hauptsache) zu erkennen, aber auch beharrlich und aufmerksam genug, die feinsten Unterschiede festzustellen; ich besitze Neigung zum Forschen und Geduld beim Zweifeln, *Freude am Denken* und Vorsicht bei Behauptungen, Mut, etwas von neuem zu durchdenken, und Sorgfalt beim Ordnen; mich treibt weder Neuerungssucht noch Traditionsgeist, und jede Unaufrichtigkeit ist mir verhaßt. Daraus schloß ich, daß zwischen meiner Natur und der Wahrheit eine gewisse Vertrautheit und Verwandtschaft besteht.]"[21] In einem Briefe an Thomas Bodley gesteht er selbst, daß er gar keinen Hang zu Staatsgeschäften habe und nicht ohne Überwindung sich mit ihnen abgeben könne. In einem Briefe an den König *Jacob,* den er nach seinem Sturze schrieb, ersucht er ihn, ihm doch seine Pension ausbezahlen zu lassen, damit er nicht genötigt sei, zu studieren, um zu leben, er, der nur zu *leben* wünsche, *um zu studieren.*

Galilei, der Zeitgenosse B.s, wohnte in seinen spätern Jahren fast alle Zeit „ferne von dem Getümmel der Stadt Florenz, entweder auf den Gütern seiner Freunde oder auf einem von den benachbarten Gütern D. Belloguardo oder D. Arcetri, woselbst er um desto lieber sich aufhielt, weil ihm deuchte, die Stadt sei gleichsam ein Gefängnis spekulativischer Gemüter, hingegen das freie Landleben sei ein Buch der Natur, so einem jeden immerdar vor Augen liege, der mit den Augen seines Verstandes darin zu lesen und zu studiren beliebe".[22] *Spinoza* sagte: „Nos eatenus tantummodo *agimus,* quatenus *intelligimus* [Nur soweit wir *begreifen, wirken* wir]", und nicht nur sein, das Leben aller Denker bestätigte die Wahrheit dieses Satzes. *Leibniz* sagt irgendwo:

---

[21] Impetus Philosophici: „De interpretatione naturae Prooemium", coll. 744, ed. Francof. 1665. Dieses ganze Proömium ist von Wichtigkeit für den gegenwärtigen Gegenstand.

[22] Lebensbeschreibung des Galilei in „Acta Philosophorum", T. III, 15. Stück, 1724, und „Lettres philosophiques à Mad. ... etc." par Charle *Pougens,* Lettre sur *Galilée.*

„Nous sommes *faits* pour *penser*. Il n'est pas nécessaire de vivre, mais il est nécessaire de penser [Wir sind zum *Denken geschaffen*. Es ist nicht notwendig, daß wir leben, wohl aber, daß wir denken]", und sein Wahlspruch, den gleichfalls sein Leben bewährte, war: „Pars vitae, quoties perditur hora, perit [Mit jeder vergeudeten Stunde geht ein Stück Leben verloren]." Der echte Denker, der echt wissenschaftliche Mensch dient aber nur der Menschheit, indem er zugleich der Wahrheit dient; er hält die Erkenntnis für das höchste Gut, für das wahrhaft Nützliche; ihre Förderung ist sein praktischer Lebenszweck; jede Stunde, die er nicht dem Dienste der Erkenntnis widmet, betrachtet er daher als einen Lebensverlust. Wie konnte also B. bei seiner entschiedenen Neigung zum Studium der Natur und der Wissenschaft überhaupt, die nur gedeiht in der Eingezogenheit und Beseitigung aller disparaten Beschäftigungen, sich in eine ihr geradezu entgegengesetzte Bahn, in die Bahn des Staatslebens werfen? Und was war die unausbleibliche Folge davon? Ein so geschickter und gewandter Staatsmann er auch war, was bei seinen ausgezeichneten Talenten nicht anders zu erwarten war, so war er doch in dem Staatsleben gleichsam außer sich, nicht in seinem Wesen; es fand in dieser politischen Tätigkeit sein Geist, der nur das Bedürfnis der Wissenschaft hatte, keine Befriedigung; er hatte in dieser Sphäre notwendig keinen Mittelpunkt, keinen Halt, keinen festen Charakter, denn wo einer nicht sein Wesen hat, da hat er auch nicht seinen Schwer- und Mittelpunkt und wankt und schwankt deswegen hin und her; er war in dieser Sphäre nicht mit seiner Seele, nicht mit seinem ganzen Wesen, mit ganzer Fassung gegenwärtig,[23] und er mußte daher in diesem Widerspruche, in einer Sphäre zu sein, die nicht wahrhaft *seine* war, die dem wahren Triebe seiner Intelligenz widersprach, auch Fehltritte tun, die selbst seinem moralischen Wesen, das offenbar edler Natur war, wider-

[23] „Wenn er eine Beförderung im bürgerlichen Leben verlangte oder sich darnach bemühte, so geschahe es bloß in der Absicht, um dadurch die Mittel zu erhalten, sein Lehrgebäude zu verbessern und zu vollführen. Denn selber die allerprächtigsten Handlungen in seinem Leben mußten ihm nur dazu behülflich sein. Mit einem Worte, die Einführung dieser neuen Art, die Weisheit zu erhalten, war seine *herrschende Neigung* und die große Quelle seiner Handlun-

sprachen. Wenn einer wirklich sich berufen fühlt, produktiv, und zwar nicht in einer besondern Sphäre des Wissens, sondern in der Wissenschaft überhaupt, zu sein, Großes und Ewiges in ihr zu leisten, wenn er solche umfassende, universale Pläne faßt wie B., wenn er sich bestrebt, neue Prinzipien zu finden und noch dazu ein Wissen zu fördern und zu treiben, das eine unendliche Ausdehnung in die Breite und Weite erfordert, wenn er in sich den Trieb hat, die Wissenschaft selbst als solche zum Zweck und Ziel seines Lebens zu machen, so ist die Wissenschaft seine Seele, sein Mittelpunkt, die wissenschaftliche Tätigkeit die ihm angewiesene Sphäre; er ist außer ihr außer sich, in der Irre und Fremde, und läßt er sich durch irgendwas für äußere Reize und Motive verführen, sich in ein von der Wissenschaft abziehendes, entgegengesetztes Element zu begeben, so hat er den ersten und wahren Grund zu seinen spätern Mißgriffen und Fehltritten gelegt, er hat eine Sünde gegen den heiligen Geist begangen, denn er hat das der Wissenschaft allein rechtmäßig zukommende Geistesvermögen ihr, wenn auch nicht entzogen, doch ihren Anteil geschmälert, er hat einen Ehebruch begangen, indem er seine Liebe, die er allein seiner gesetzmäßigen Gattin, der Wissenschaft, zuwenden sollte, an die Welt verschwendet. Gerecht, ja, man könnte sagen notwendig war daher auch der schmähliche Sturz B.s, denn durch diesen Sturz büßte er für seinen ersten Sündenfall, für den Abfall von dem wahren Berufe seiner Intelligenz, und kehrte er wieder in sein ursprüngliches Wesen zurück.

Wenn B. bewiesen hat, daß auch die Gelehrten große Staatsmänner sein können, so hat er auch zugleich, wenigstens von sich, bewiesen, daß die Wissenschaft im höchsten Grade eifersüchtig ist, daß sie die letzte Gunst nur dem gewährt, der sich ihr ungeteilt hingibt, daß der Gelehrte, wenn er sich wenigstens eine solche Aufgabe stellt, wie B. sich stellte, nichts auf das Weltwesen verwenden kann,

gen sein Leben hindurch. Es machte ihn geschwind in der Bemühung nach Bedienungen; es tröstete ihn, wenn ihm solche Bemühungen fehlschlugen; da er den höchsten Grad seiner Größe erreicht, beschäftigte es ihn auf eine höchst angenehme Weise in seinen müßigen Augenblicken." „Biogr. Britan." in *Baumgartens* Sammlung, S. 313.

ohne dadurch in das Hauswesen seiner wissenschaftlichen Tätigkeit eine Störung zu bringen.[24] Hätte B. sein Leben nicht zersplittert, hätte er nach dem Beispiel anderer großer Gelehrten sein ganzes Leben dem Dienste der Wissenschaft geweiht, so hätte er es nicht bei dem bloßen Kommandowort, bei dem vornehmen Überblick über den großen Bau der Wissenschaft bewenden lassen, ohne irgendeinen Teil daran auszuarbeiten; so würde er in die Tiefe besonderer Materien sich versenkt und bei der Masse von Kenntnissen, Versuchen und Beobachtungen, die ihm zu Gebote standen, und bei seinen ausgezeichneten Geistesfähigkeiten es zu bestimmten Resultaten gebracht, bestimmte Naturgesetze wie ein Galilei und Cartesius gefunden haben; so würde er die Universalität seines Geistes nicht in dem bloßen Entwerfen von Plänen, sondern auch in der Durchdringung und Bewältigung des Besondern, in der Erhebung des Besondern zum Allgemeinen, worin sich der wahre universale Geist bewährt, bewiesen und über so viele Gegenstände nicht so leichtfertig dahingefahren, kurz, unendlich mehr geleistet haben, als er wirklich geleistet hat.[25]

Wenn aber B. eine wahre Neigung zum spekulativen Leben in sich hatte, wie war es möglich, daß er sich dennoch in das politische Leben hineinwarf, daß er einen solchen Widerspruch beging? Nur dadurch, daß in seinem Wesen selbst, in seinem Geiste oder metaphysischem Geistesprinzip ein Dualismus lag. Obgleich nämlich B., wie sich zeigen wird, fern davon war, *der* Empiriker zu sein, der später aus ihm gemacht wurde, ob er gleich Sinn und Fähigkeit für metaphysisches Denken und seine Einfachheit hatte und selbst tiefe metaphysische Gedanken hervorbrachte, ob-

---

[24] Mit Recht sagt daher D. Peter *Heylyn*: „Es war schade, daß er nicht mit einem freien Solde unterhalten wurde und von allen Geschäften, beides bei Hofe und in den Gerichten, abgezogen lebte und mit hinlänglichen Mitteln und Hülfe versehen wurde, in seinem Vorhaben fortzufahren." L. c., S. 455.

[25] B. hat geleistet, was er leisten wollte, und er hat genug geleistet. Er wollte nur den Grundriß des aufzuführenden Gebäudes geben; den Bau selbst überließ er andern. Er wußte, daß das, was er wollte, nicht von einem allein, sondern nur von Unzähligen, nicht von seiner Zeit, sondern nur von den kommenden Jahrhunderten aufgeführt werden könne. Er appelliert daher stets an die Zukunft.

gleich die Empirie ihm nicht die Sache, sondern nur das notwendige Mittel, nicht das Wesen, sondern nur ein Moment ist, so ist doch zugleich der Geist des Materialismus, wie er sich später entfaltete, der in die Sinnlichkeit ausströmende, nur nach außen gerichtete, von der sinnlichen, nur das Sinnliche für Realität haltenden *Einbildungskraft* beherrschte oder wenigstens affizierte Geist auch schon in ihm und seinem Geistesprinzipe enthalten. Mag B., um sich vor seinem eigenen Gewissen zu rechtfertigen, als Motiv seiner Bewerbungen um Staatsämter anführen, was er will, sogar den frommen Zweck der Seelsorge, den er am besten in einer hohen Stellung im Staate erreichen zu können geglaubt hätte; es war nur der aus sich herausströmende und herausgerissene, von dem Glanze weltlicher Größe geblendete Geist des Materialismus, der ihn über seine wahre Bestimmung, wenigstens anfangs, nicht zur Besinnung kommen ließ, aus der metaphysischen Einfachheit des wissenschaftlichen Lebens herauslockte und in den glänzenden Bilderreichtum des Staatslebens hineinzog. Es war also nur der Dualismus in seinem geistigen Wesen – ein Dualismus, der sich bei ihm auch darin äußert, daß er, während er eine rein unabhängige und selbständige Anschauung der Physik hatte und begründete, die Physik, die übrigens allerdings nach ihm nur einen Teil ausmachen soll, von der Theologie ganz losriß, alle Beziehungen, die die Physik in ein Verhältnis zur Religion setzen, abschneidet, dennoch wieder aus Frömmigkeit seine rein physikalischen Gedanken im Geschmack seiner und der nächstfolgenden Zeiten mit den Aussprüchen der Bibel in Parallele setzt und so über die im Herzen ganz irdisch gesinnte Weltdame seiner Physik einen Heiligenschein verbreitet,[26] es war, sage ich, nur jener metaphysische oder geistige Dualismus, der den Dualismus seines Lebens erzeugte.

[26] Nur eine Stelle zum Belege dieses Widerspruchs. In das Reich der Natur, sagt er (oder des Menschen oder der Wissenschaft, denn es ist eins), kann man nur, wie in das Himmelreich, als ein Kind kommen. Wie fromm klingt diese Vergleichung! Aber auch nur ein wenig analysiert, zeigt sie gerade das rein Entgegengesetzte. Ist es nicht die ausschließliche, nur ihm zukommende, es von jedem andern Reich unterscheidende Eigenschaft des Himmelreichs, daß man in dasselbe nur als ein Kind kommen kann? Kann ich mich

§ 11. *Bacons philosophische Bedeutung*

Die wesentliche Stellung und Bedeutung Bacons in der Geschichte der Wissenschaft der neuern Zeit ist im allgemeinen die, daß er die *Erfahrung*, die früher nur Sache des Zufalls war, ohne Unterstützung von oben herab, von den obersten Behörden der Geschichte und des Denkens, nur von der zufälligen Partikularität und Neigung einzelner abhing, zu einer unerläßlichen Notwendigkeit, zur Sache der Philosophie, zum Prinzip selbst der Wissenschaft machte. Bestimmter ist aber seine Bedeutung die, daß er namentlich die Naturwissenschaft auf die Erfahrung gründete, somit an die Stelle der frühern phantastischen[27] oder scholastischen Betrachtungsweise der Natur eine *objektive*, rein *physische* Anschauung derselben setzte. Denn wenngleich B. das ganze Gebiet der Wissenschaften mit enzyklopädischem, die Gesamtmasse aller zu seiner Zeit vorhandenen Kenntnisse überschauendem Geiste umfaßte und auf eine eigene geistreiche Weise ordnete und bestimmte, mit trefflichen Anweisungen, Gedanken und Bemerkungen bereicherte, die noch unbebauten Gegenden des Wissens bezeichnete,

denn mit derselben Stimmung des Gemütes, mit derselben Gesinnung den gemeinen sinnlichen und natürlichen Dingen nähern und hingeben, mit denen ich mich Gott hingebe? Was habe ich denn für ihn, womit ich ihn ehren und verehren kann, wenn ich nicht das Beste in mir, das kindliche Gemüt, für ihn allein aufbewahre und ihm ausschließlich hingebe? Nehme ich nicht gerade dadurch dem Himmelreich, was ich dem irdischen Reiche gebe? Doch es ist hier der Ort nicht, ins einzelne weiter einzugehen. Gleichwohl sieht der Verfasser der Schrift „Le Christianisme de François *Bacon* etc." à Paris An VII, 2 Bände, es als ein besonderes Zeichen der Frömmigkeit B.s an, daß er so häufig Bibelsprüche anführt.

[27] Aufs heftigste spricht sich daher B. gegen Paracelsus aus. Er sagt von ihm z. B., daß er das Licht der Natur, dessen heiligen Namen er so oft mißbrauche, nicht verborgen, sondern ausgelöscht habe, daß er nicht nur ein Deserteur, sondern Verräter der Erfahrung wäre. Die Dreiheit seiner Prinzipien nennt er jedoch – gewiß eine den spekulativen Trinitariern interessante Bemerkung! – ein „commentum haud ita prorsus inutile et rebus aliqua ex parte finitimum [eine gar nicht so wertlose, sondern der Wirklichkeit irgendwie nahekommende Idee]". S. Imp. Philos., „De Interpret. Nat. Sent.", c. II.

so besondere Zweige von Wissenschaften entdeckte und zu ihrer Kultur die Geister aufmunterte und anregte, wenn er gleich der Naturwissenschaft innerhalb des Ganzen der Wissenschaften eine besondere Stelle anwies, so stand doch auf dem großen Terrain der Wissenschaften, das er mit dem Überblick eines Befehlshabers aufnahm und beschaute, das Zentrum seiner Gedanken und Bestrebungen einzig und allein in der Richtung auf die *Naturwissenschaft*, so war doch das wesentliche Ziel, Objekt und Interesse seines Geistes eine mittelst der Erfahrung aus der Quelle der Natur selbst geschöpfte, durch keine fremden, seien sie nun logische, theologische oder mathematische, Ingredienzen getrübte Naturwissenschaft. Die historische Bedeutung B.s also ist, daß er ganz im Unterschiede von der frühern Zeit, wo der Geist, auf übersinnliche und theologische Gegenstände gerichtet, kein reines Interesse an der Natur hatte, das Studium derselben daher vernachlässigt und verfälscht, eine partikuläre Nebenbeschäftigung war, die auf die Erfahrung gegründete Naturwissenschaft zum Studium aller Studien, zum Prinzipe selbst, zur Mutter der Wissenschaften machte.[28] So groß aber auch der Umfang seiner Versuche und Andeutungen, seiner Beobachtungen und Kenntnisse auf dem Gebiete der Naturwissenschaft ist, so ist doch dieses nur das Wesen von ihm, daß er eine *Methode*, ein Organon, eine *Logik* der Erfahrung gab, eine bestimmte Anweisung zu sicherer und erfolgreicher Erfahrung, daß er das blinde Erfahren und Herumtappen im Felde des Besondern zu einer auf logischen Gesetzen und Regeln beruhenden Experimentierkunst zu erheben und so gleichsam der bisher ungelenkigen, zur Erfahrung ungeschickten und ungeübten Menschheit die Werkzeuge derselben in die Hand zu

---

[28] B. nennt selbst die Naturwissenschaft die Mutter der übrigen. Ob er gleich der Philosophie von Gott, der Natur und dem Menschen eine allgemeine Wissenschaft, die philosophia prima, voraussetzt, deren erster Teil von den mehreren Wissenschaften gemeinschaftlichen Grundsätzen handeln soll, so bestimmt er doch sogleich, daß in dem andern Teile der philosophia prima, der von den conditionibus adventiis rerum [äußeren Verhältnissen der Dinge] handelt, z. B. der Gleichheit und Ungleichheit, diese Gegenstände nicht logisch, sondern *physikalisch* betrachtet werden sollen. „De Augm. Scient.", III, c. 1, und V, c. 4.

geben sich bestrebte. Von einem *Inhalte* Bacons kann man daher in dieser Rücksicht, strenggenommen, nicht sprechen, als seinen Inhalt könnte man alle physikalischen Experimente und Entdeckungen der neuern Zeit, selbst wenn sich auch keine bestimmten Andeutungen darauf in ihm finden sollten, ansehen; sein Wesen liegt nur in der Methode, in der Art und Weise, die Natur zu betrachten und zu behandeln, in der Hinweisung auf die Erfahrung. B. war deswegen jedoch nichts weniger als ein Empiriker im gewöhnlichen Sinn, geschweige ein gegen das Tiefere, gegen die Philosophie negativer Empiriker. Bestimmte er gleich, und zwar mit vollem Rechte, auf dem Gebiete der Natur die Erfahrung, die nach ihm übrigens die innigste Verbindung von *Denken* und sinnlicher *Wahrnehmung*[29] ist, als die einzige Quelle der Erkenntnis, bewirkte er gleich in der Folge und bezweckte er selbst *zunächst* nur Empirie und konnte er auch bei der Zerstreutheit seines Lebens und Wesens nicht die Muße haben, die einzelnen sinnlichen Wahrnehmungen und Versuche zu Erkenntnissen zu erheben, so war ihm doch die *Empirie* nur Mittel, nicht *Zweck*, nur der *Anfang*, nicht das *Resultat*, welches vielmehr nur die Philosophie oder *philosophische Erkenntnis* sein sollte; so bestimmte er doch als das Ziel und *Objekt* der Naturwissenschaft die Erkenntnis „der *ewigen* und *unveränderlichen Formen* der Dinge" und beherrschte ihn daher in dem, was er als das Objekt der Naturwissenschaft, und in der Weise, wie er es bestimmte, ein *echt philosophischer* Gedanke, der freilich bei ihm nur ein so hingestellter, nicht zur Ausführung und Verwirklichung gebrachter Gedanke blieb. Das Objekt und Ziel des Wissens und der Erfahrung nämlich ist nach ihm die Erkenntnis der Formen der Dinge. Die Form eines Dinges ist aber nach ihm das Allgemeine, die Gattung, die Idee eines Dinges, aber nicht eine leere, vage Idee, ein schlechtes, ein formelles Allgemeines, eine unbestimmte, abgezogene Gattung, sondern ein solches Allgemeines, welches, wie er sagt, der fons emanationis [der Springquell], die natura naturans [die Natur in ihrer Schöpferkraft], das Prinzip der besondern Bestimmungen eines Dinges, die Quelle, aus der seine wahre Differenz, seine Beschaffenheiten entsprin-

---

[29] Vgl. z. B. „Nov. Org.", I, Aph. 95.

gen, das Erkenntnisprinzip also des Besondern ist, kurz, ein Allgemeines, eine Idee, die zugleich *materiell bestimmt,* nicht über und außer der Natur, sondern der Natur immanent ist. So ist z. B. nach B. der Begriff, die *Idee,* die Gattung der Wärme die *Bewegung;* die Bestimmung aber oder Differenz, die die Bewegung zur Wärme macht, ist die, daß sie eine *expansive* Bewegung ist, im Unterschiede von den übrigen Arten der Bewegung.

B. war daher frei von jenem *Scholastizismus,* jener Spitzfindigkeit der Empirie, die vom Besonderen immer wieder nur ins Besondere sich hineinwühlt, ins Unendliche fort rastlos nur distinguiert, subtilisiert und spezifiziert, in der Irre uns herumführt, aus der Natur ein Labyrinth ohne Ausgang macht, vor lauter Bäumen uns nicht den Wald in ihr sehen läßt. Denn wie nach ihm nur *das* Allgemeine das wahre Allgemeine ist, welches so in sich bestimmt, differenziert und materialisiert ist, daß es das Erkenntnisprinzip des Besonderen und Einzelnen enthält, so ist ihm auch nur *das* Besondere das wahre Besondere, welches Licht und Erkenntnis gewährt, welches von der Vielfachheit zur Einfachheit, von der Mannigfaltigkeit zur Einheit hinaufführt, durch und aus sich das Allgemeine erkennen oder entdecken läßt. Die Materie des Besondern soll daher nach ihm nicht ein bloßer, ungeheuer großer Sandhaufen sein, in den wir, wenn wir ihn ersteigen wollen, nur immer tiefer und tiefer hineinsinken, ohne einen höhern und festen Standpunkt zu erreichen, und dessen einzelne Körner immer wieder aus einer besondern Steinart bestehen, so daß vor dem flimmernden Flitter dieser Mannigfaltigkeit uns die Augen überlaufen, uns das Sehen vergeht, sondern ein Berg, auf dem die verschiedenen Steinarten der Natur in großen, festen, zusammenhängenden Schichtenmassen aufgehäuft sind und uns zur festen Basis dienen, einen freien, philosophischen Überblick über das Ganze zu gewinnen.

Es war daher auch fern von B., nach jener beliebten dogmatisch skeptischen Weise, die ein Nichtkönnen, ein Unvermögen zu einer positiven Eigenschaft des Menschen macht, zu behaupten, daß der Mensch nicht die Natur erkenne; vielmehr hat er das ganz bestimmte Bewußtsein, daß es einzig und allein von der Methode, der Art und Weise unsers intellektuellen Verfahrens abhängt, ob wir etwas Reales von ihr wissen können oder nicht.[30] Deswegen begnügt sich sein Geist auch nicht mit der Schale der Natur, er begehrt noch mehr von ihr, er verlangt, daß die Naturwissenschaft sich nicht auf die Oberfläche der Phänomene beschränke, sondern die Ursachen und selbst die Ursachen der Ursachen zu erkennen bestrebt sein müsse.[31]

Der Grund, daß B. meistens nur als Empiriker aufgefaßt, von den bloßen und selbst antiphilosophischen Empirikern zu ihrem Schutzpatron erhoben wurde, daß die tiefen spekulativen Gedanken, die sich in seinen Schriften finden, bei der Beurteilung desselben nicht in Anschlag kamen und ohne allen Einfluß blieben, liegt übrigens allerdings in B. selbst, und zwar darin, daß er die Metaphysik und Philosophie der Griechen so sehr verkannte[32] und verachtete und die Empirie, obwohl er sie nur zu dem mittleren, ja untersten Stockwerk in dem Gebäude der Wissenschaften macht, das obere Stockwerk, von dem erst allein eine Aussicht in die Natur gegeben wird, der aus der Erfahrung eruierten Philosophie einräumt, dennoch allein zu seinem Wohn- und Arbeitszimmer machte, bei ihr stehenblieb, hauptsäch-

---

[30] Zum Beispiel „Nov. Org.", Aph. 37: „Illi enim nihil sciri posse, simpliciter asserunt; Nos non multum sciri posse in natura *ea*, quae nunc in usu est, *via*. [Jene nämlich behaupten einfach, es gebe keinerlei Wissen, für uns dagegen gibt es *durch die* jetzt gebräuchliche *Methode* nicht viel Wissen auf dem Gebiet der Natur]"; und „De Augm. Scient.", III, c. 4.

[31] Zum Beispiel „Recte ponitur: Vere scire esse per causas scire. [Mit Recht erklärt man: Wahres Wissen ist Wissen aus Ursachen.]" „Nov. Org.", II, Aph. 2. – „Satis scimus nullum de rebus raris aut notabilibus judicium fieri posse, multo minus res novas in lucem protrahi, absque vulgarium rerum causis et *causarum causis* rite examinatis et repertis etc. [Wir wissen sehr wohl, daß man über seltene oder merkwürdige Dinge kein Urteil fällen und noch weniger Neues ans Licht ziehen kann, ohne die Ursachen der gewöhnlichen Dinge und *die Ursachen von deren Ursachen* gehörig zu untersuchen und auszumitteln usw.]" Ebendaselbst, I, Aph. 109. – Gegen die Art und Weise, wie die französischen Empiristen und Enzyklopädisten B. auffaßten, ist dieser Punkt besonders hervorgehoben von *Le Sage* und *De Luc*, vgl. dessen „Précis de la Philosophie de Bacon etc." à Paris 1802, T. I, S. 60 etc.

[32] Mit Recht sagt daher *Goethe* (zur Farbenlehre): „Höchst unerfreulich (ist) die Unempfindlichkeit (B.s) gegen Verdienste der

lich aber darin, daß überhaupt sein Geist weder ein echt philosophisch noch mathematisch spekulativer Geist, daß sein Geist ein sinnlicher, rein physikalischer Geist war.

B. war daher auch hauptsächlich dazu bestimmt und berufen, das Studium der Physik, inwiefern sie Physik, nicht bloß „angewandte Mathematik" ist, zu erwecken; sein Geist war eben wegen seiner inneren Verwandtschaft mit dem Wesen der Sinnlichkeit ein auf die Besonderheit und Differenz, die *Qualität* der Dinge gerichteter, die Dinge in ihrem spezifischen, qualitativen Sein und Leben zu erfassen bestrebter Geist. Der ihn beherrschende und bestimmende *Begriff* ist der der *Qualität*; daher er auch die Erfahrung so hervorhebt, so dringend auf sie hinweist. Denn die Qualität in der Natur ist nur Gegenstand der sinnlichen Empfindung, der Erfahrung, sie wird nur mittelbar erst Gegenstand des Denkens; in ihrem eigentümlichen Wesen ist sie aber immer nur Gegenstand der unmittelbaren sinnlichen Empfindung und Wahrnehmung. Daher B. auch der Mathematik nur eine untergeordnete Stelle in der Physik anweist und sich also über sie äußert: „Quantitas (quae subjectum est Mathematicae) materiae applicata veluti dosis Naturae est, et plurimorum effectuum in rebus naturalibus causativa, ideoque inter Formas essentiales numeranda est. Illud interim verum est, quantitatem inter formas naturales (quales nos eas intelligimus) omnium maxime esse *abstractam et a materia separabilem,* quod ipsum in causa fuit, cur et diligentius exculta et acrius inquisita ab hominibus fuerit, quam *aliae quaecunque formae,* quae omnes in *materia magis* sunt *immersae* ... Nescio quo fato fiat, ut Mathematica et Logica, quae ancillarum loco erga Physicam se gerere debebant, nihilominus certitudinem suam prae ea jactantes dominatum contra exercere praesumant. [Die Quantität (der Gegenstand der Mathematik) stellt als Attribut der Materie

Vorgänger, gegen die Würde des Altertums. Denn wie kann man mit Gelassenheit anhören, wenn er die Werke des Aristoteles und Plato mit gleichen Tafeln vergleicht, die eben, weil sie aus keiner tüchtigen gehaltvollen Masse bestünden, auf der Zeitflut gar wohl zu uns herüber geschwemmt werden können." Übrigens ist B. hauptsächlich nur auf Plato und besonders Aristoteles erpicht; den ältern Philosophen, welche materielle sinnliche Prinzipien der Natur zugrunde legten, läßt er volle Gerechtigkeit widerfahren.

gleichsam eine Gabe der Natur dar und verursacht die meisten Wirkungen im Bereich der Natur; sie ist daher zu den wesentlichen Formen zu rechnen. Indessen ist die Quantität von allen natürlichen Formen (wie wir sie verstehen) *die abstrakteste und am leichtesten von der Materie zu trennende,* und aus diesem Grunde wurde sie von den Menschen aufmerksamer betrachtet und genauer untersucht als *jede andere Form,* die allesamt *enger mit der Materie verknüpft* sind … Irgendwie ist es dahin gekommen, daß Mathematik und Logik, die der Physik gegenüber eine dienende Stellung einnehmen sollten, sich nichtsdestoweniger vor ihr mit ihrer Zuverlässigkeit brüsten und die Vorherrschaft beanspruchen.]" („De Augm. Scient.", III, c. 6) Darum steht auch B. in dieser Beziehung einzig in seiner Art da. Denn der den Hobbes und Cartesius und andere Naturforscher seiner und späterer Zeiten in ihren Anschauungen von der Natur beherrschende Begriff ist der der *Quantität,* ihnen ist die Natur nur von Seite ihrer mathematischen Bestimmbarkeit Gegenstand. B. dagegen hebt die *Form* der *Qualität* hervor, die Natur ist ihm nur unter dieser Form Gegenstand, sie ist ihm die primitive Form der Natur. Daher er auch sagt, daß selbst die *erste Materie* mit der Bewegung und *Qualität* in Verbindung gedacht werden müsse. Deswegen interessieren ihn auch die Gegenstände der Astronomie nur als physikalische Gegenstände, will er das Hauptaugenmerk auf ihre physikalische Beschaffenheit gerichtet wissen. „Neque enim *calculos* aut praedictiones tantum meditamur, sed Philosophiam, eam scilicet, quae de superiorum corporum non motu solummodo, ejusque periodis, sed *substantia quoque et omnimoda qualitate,* potestate atque influxu intellectum humanum informare secundum rationes naturales atque indubitatas possit, atque rursus in motu ipso invenire, atque explicare, non quid phaenomenis sit consentaneum, sed quid in Natura penitus repertum atque actu et re ipsa verum sit. Itaque plurimum et Praesidii ad contemplationem coelestium in Physicis rationibus collocamus. [Denn nicht *Berechnungen* oder Voraussagen lassen uns so viel nachdenken, sondern die Philosophie, das heißt jene, die dem menschlichen Geist nicht lediglich über Bewegung und Umläufe der Himmelskörper, *sondern auch über ihre Substanz und jedwede Eigenschaft,* ihre Kräfte und Wirkungen mit natürlichen und unzweifelhaften Gründen Aufschluß gibt und die zugleich in das Wesen der Bewegung eindringt und erklärt, nicht was in den Erscheinungen übereinstimmt, sondern was im Innern der Natur vorgeht und was wirklich und der Sache nach wahr ist.]" („Descript. Glob. Intell.", cap. V) Darum sagt er auch von sich selber, daß er die passiones oder *appetitus* materiae [die Leidenschaften oder *Begierden* der Materie] besonders zu erforschen suche.[33] („Nov. Org.", Aph. 48)

Bacons Gedanken im besondern, dargestellt aus ihm selbst

§ 12. *Das bisherige Elend der Wissenschaften*

Die Wissenschaften befanden sich bisher in einem höchst traurigen, kläglichen Zustande. Kein Wunder; unsere Wissenschaften sind griechischen Ursprungs; denn die Zusätze der römischen oder arabischen oder neuern Schriftsteller sind von geringer Anzahl und Bedeutung und haben wenigstens, es mag auch ihre Beschaffenheit sein, welche sie wolle, zu ihrer Basis die Erfindungen der Griechen. Der griechischen Weisheit fehlt es nun zwar nicht an Worten, aber an Werken.[34] („N. O.", I, A. 71)

---

[33] Unter diesen Passionen und Begierden der Materie versteht B. hier nichts anderes als die Erscheinungen der Expansion, Kontraktion, Attraktion usw., welche ebensowohl auf den Himmelskörpern als auf der Erde stattfänden, also allgemeine Eigenschaften der Materien wären, auf welche die Ortsdifferenz keinen Einfluß hätte.

[34] Ein für allemal muß ich hier bemerken, daß ich bei der Übersetzung jeder Stelle mich nicht bloß nach dieser, sondern nach andern ähnlichen Stellen, die sich in B. finden, richte, daß ich überhaupt bei jeder Stelle eines Schriftstellers den Schriftsteller *in seiner Totalität* in mir gegenwärtig habe. B. hat so viele sonderbare, wunderliche Ausdrücke, gebraucht viele Worte in einem so ganz eigentümlichen Sinne, daß man ihn nur aus sich selbst verstehen und übersetzen kann. Bemerken muß ich ferner, daß meine Übersetzung, je nachdem es mir notwendig schien, bald eine Paraphrase und Erläuterung zugleich ist, bald nur ein kurzer Extrakt der Essenz des Textes.

Die Wissenschaft befand sich bei ihnen noch in der Kindheit; daher die Griechen so plauderhaft sind wie die Kinder, aber auch ebenso unreif und unfähig zur Erzeugung. Ein Beweis hiervon ist, daß die Philosophie der Griechen und die aus ihr abgeleiteten Wissenschaften durch den Zeitraum so vieler Jahrhunderte hindurch kaum ein einziges Werk oder Experiment hervorbrachten, welches dem menschlichen Leben einen reellen Nutzen brachte und aus ihren Dogmen und Spekulationen abgeleitet werden könnte.[35] Nichtig ist aber eine Philosophie, die keine Werke hervorbringt. Denn wie der Glaube muß auch die Philosophie nur nach ihren Werken beurteilt und geschätzt werden. (l. c., A. 71, 73 und Praefatio)

Die Wissenschaften in ihrem bisherigen Zustande haben daher eine wahrhaft sprechende Ähnlichkeit mit jener fabelhaften Scylla, die von Gesicht eine Jungfrau war, am Leibe aber in bellende Untiere überging. Oben nämlich im Gesichte, d. h. in ihren allgemeinen Sätzen betrachtet, haben sie wohl ein schönes, verführerisches Aussehen, aber wenn man auf die besonderen, speziellen Sätze kommt, die gewissermaßen die Zeugungsorgane der Wissenschaft bilden, so findet man, daß sie zuletzt in bloßen Wortstreitigkeiten endigen wie der Leib der Scylla in bellenden Hunden. (l. c., Praef.)

Die Wissenschaften waren daher zeither eine tote Sache, sie blieben unbeweglich wie Statuen immer auf derselben Stelle stehen, sie machten keine erheblichen, bedeutenden Fortschritte. (l. c.)

Wie unsere Wissenschaften überhaupt nur Zusammenstellungen sind von bereits längst erfundenen Dingen, keine Anweisungen zu neuen Erfindungen, daher zur Erfindung neuer Werke oder Künste völlig unbrauchbar, so hilft uns auch unsere bisherige Logik gar nichts zur Erfindung neuer Kenntnisse und Wissenschaften, ja, sie dient mehr zur Befestigung des Irrtums als zur Erforschung der Wahrheit, sie ist daher mehr schädlich als nützlich. (l. c., I, A. 11, 8, 12)

[35] Das französische Sprichwort: „Il veut apprendre à sa mère à faire des enfants [Er will seine Mutter lehren, wie man Kinder macht]", paßt ganz auf B., wie er hier und anderwärts über die griechische Wissenschaft räsoniert. Denn selbst, daß er wider sie ist und spricht, verdankt er nur ihr, verdankt er nur dem Geiste, aus dem die griechische Philosophie entsprang.

Der Syllogismus nämlich besteht aus Sätzen, der Satz aus Worten, die Worte aber sind Zeichen der Begriffe. Wenn nun die Begriffe verworrene und übereilte Abstraktionen von den Dingen sind, so taugen auch die darauf gebauten Schlüsse und Folgerungen nichts. In unsern logischen und physikalischen Begriffen ist aber gar keine gesunde Vernunft, sie sind alle imaginär und schlecht bestimmt. (l. c., A. 14, 15)

Bisher hatten wir noch keine echte, reine Naturphilosophie, die doch die Mutter aller Wissenschaften ist. Sie war vielmehr bisher immer verfälscht und verdorben, und zwar durch die Logik in der Schule des Aristoteles, durch die natürliche Theologie in der Schule des Plato, in der zweiten Schule des Plato, der des Proklus und anderer, durch die Mathematik, die die Naturphilosophie nur beschließen oder begrenzen, aber nicht anfangen und erzeugen soll.[36] (l. c., A. 96, u. II, A. 8)

§ 13. *Die Ursachen des bisherigen Elends der Wissenschaften*

Der allgemeine, wesentliche Grund, warum die Wissenschaften sich bisher nicht heben konnten, ist nur ein einziger, nämlich dieser: daß sie sich von ihrer Wurzel, der Natur und Erfahrung, losgerissen haben, denn was die Natur zu seiner Grundlage hat, das wächst und gedeiht, was aber nur auf Meinungen sich stützt, das erleidet wohl mannigfache Veränderungen, hat aber keine fortschreitende Bewegung. („N. O.", I, A. 74)

Die besondern Ursachen aber des bisherigen traurigen Zustandes der Wissenschaften, namentlich der Naturphilosophie, ihrer Mutter, sind verschiedene, unter andern folgende: das alte eingewurzelte *Vorurteil*, daß der menschliche Geist sich von seiner Würde etwas vergäbe, wenn er sich mit Experimenten und den besondern, sinnlichen, in die Materie versenkten Dingen viel und anhaltend beschäftige;

[36] „... Per Mathematicam", heißt es im Text, „quae Philosophiam naturalem terminare, non generare aut procreare debet." Brück in seiner Übersetzung des „Nov. Org.", Leipzig 1830, übersetzt es also: „durch die Mathematik, welche zwar feststellen, aber nichts Neues aufstellen kann".

der *Aberglaube* und blinde *unvernünftige Religionseifer,* von jeher der lästigste und unversöhnlichste Gegner der Naturphilosophie, der schon bei den Griechen diejenigen der Irreligiosität beschuldigte, die vor den noch ungewohnten Ohren der Menschen Blitz und Donner aus natürlichen Ursachen ableiteten, und bei manchen Kirchenvätern diejenigen verketzerte, welche bewiesen, daß die Erde rund sei und es folglich notwendig Antipoden gäbe; die *ausschließliche Beschäftigung* mit der *Moral* und *Politik,* welche die Römer, und mit der *Theologie,* welche seit den christlichen Zeiten allein die vortrefflichsten Köpfe ganz in Anspruch nahm; *der* Übelstand, daß die Naturphilosophie bisher selbst unter den Männern, die sich ihrem Studium widmeten, keinen *freien* und *ganzen* Menschen fand, besonders in neuern Zeiten, wo man die Naturphilosophie endlich nur als Brücke, als Übergangspunkt zu andern Gegenständen betrachtete und behandelte; die große *Autorität,* die gewisse Philosophen erhielten, und die *Verehrung* des *Altertums,* die aus einer ganz verkehrten Ansicht der Welt hervorging; denn die Zeit, die in Rücksicht des Weltalters, welches doch allein den richtigen, objektiven Maßstab zur Schätzung des Alters der Menschheit abgibt, die jüngere ist, betrachteten sie als das Altertum, dagegen unsere Zeit, die doch in Rücksicht des Weltalters die ältere ist und der daher auch wegen ihrer größeren Reife und Menge von Kenntnissen und Erfahrungen der Vorrang vor der früheren gebührt, als das jüngere Zeitalter; endlich eine gewisse *Mutlosigkeit* und *Verzweiflung* an der Möglichkeit der Überwindung der vielen und großen Schwierigkeiten bei der Erforschung der Natur, eine Verzweiflung, die sich auch der ernstesten und besonnensten Männer bemächtigte, daher die Meinung bei ihnen entstand, die Wissenschaften hätten periodenweise ihre Ebbe und Flut, zu gewissen Zeiten stiegen sie, zu andern Zeiten sänken sie, bei einem gewissen Grade aber trete endlich ein völliger Stillstand ein. (l. c., A. 79–92)

§ 14. *Die Notwendigkeit und die Bedingungen einer totalen Reformation der Wissenschaften*

Es handelt sich daher jetzt um eine radikale Kur der Wissenschaften, eine völlige Erneuerung, Wiedergeburt und Reformation derselben von ihren untersten Grundlagen an, es gilt jetzt, eine neue Basis des Wissens, neue Prinzipien der Wissenschaft zu finden; denn das würde wenig die Wissenschaft fördern, wenn man das Neue auf das Alte pfropfen wollte. (l. c., A. 31, 97)

Die *objektive* Bedingung aber einer gründlichen Reformation der Wissenschaften ist, daß sie wieder auf die *Erfahrung* und die *Naturphilosophie*, von der sie sich zeither losgerissen haben, zurückgeführt werden. Denn alle Künste und Wissenschaften, die sich von ihrer Wurzel, der Erfahrung und Naturwissenschaft, abreißen, können wohl eine äußerlich polierte und zum gemeinen Schul- und Lebensgebrauch hinreichende Form erhalten, aber nichts an Umfang und Inhalt gewinnen. Nur diese Abtrennung von der Natur ist schuld daran, daß die Astronomie, die Musik, die meisten mechanischen Künste und selbst die Medizin und (was noch mehr auffallen kann) sogar die Moral und Politik und die logischen Wissenschaften in ihrer Grundlage aller Tiefe ermangeln und sich nur auf der Oberfläche der äußerlichen Verschiedenheit der Dinge aufhalten, denn sie holen ihren Nahrungsstoff nicht aus der Natur, die ihnen doch allein die Säfte und Kräfte zum Wachstum geben kann. (l. c., A. 79, 80, 74)

Die *subjektive* Bedingung der Restauration der Wissenschaft ist, daß der Geist sich von allen Theorien und Vorurteilen reinige und so mit einem ganz leeren Verstande die Beschäftigung mit dem Besondern wieder von vornen anfange. Denn man kann in das Reich der Menschheit, welches auf der Wissenschaft beruht, wie in das Himmelreich nur als ein Kind kommen. (l. c., A. 68, 97)

Es gibt aber vier Hauptklassen von Götzenbildern oder Vorurteilen, von denen sich vor allem der Mensch befreien muß, wenn er zur wahren Naturphilosophie kommen will.

Die erste Klasse derselben, die idola tribus, die Stamm- oder Geschlechtsvorurteile, haben ihren Grund in der menschlichen Natur selber, denn die menschliche Natur ist nicht, wie fälschlich behauptet wurde, das Maß der Dinge, im Gegenteil, alle unsere, sowohl sinnliche als geistige Vorstellungen sind nur nach der Analogie des Menschen, aber nicht des Universums gebildet, und der menschliche Verstand nimmt die Strahlen der Dinge nur wie ein krummer, ungleicher und trüber Spiegel auf, mischt sein Wesen in das Wesen der Dinge ein und verdreht und entstellt so die Natur. (l. c., A. 41, und „De Augm. Sc.", V, c. 4)

Die hauptsächlichsten Vorurteile nun der ersten Klasse, die wichtigsten von allen, sind folgende:

Der menschliche Verstand setzt seiner eigenen Natur zufolge leicht eine größere Ordnung und Gleichheit in den Dingen voraus, als sich wirklich vorfindet, und erdichtet daher selbst bei den disparatesten und unvergleichbarsten Dingen noch Vergleichungspunkte und Ähnlichkeiten. („N. O.", I, A. 45)

Der menschliche Verstand berücksichtigt immer nur *die* Instanzen in der Natur, die ihm zur Bestätigung irgendeiner beliebten und als wahr angenommenen Meinung dienen, aber nicht die entgegengesetzten, verneinenden Fälle, wenn diese auch noch so oft vorkommen. So bemerken z. B. die Menschen nur die Träume, die in Erfüllung gingen, aber über die unzähligen Träume, wo das Gegenteil stattfindet, gehen sie leichtfertig hinweg. Der menschliche Verstand zieht daher irrtümlich aus einer besondern Neigung die affirmativen Instanzen den negativen vor, während er doch beiden gleiche Aufmerksamkeit schenken, ja, sogar den negativen Instanzen eine größere Bedeutung geben sollte als den affirmativen, wofern er einmal eine allgemeine Wahrheit feststellen und begründen will. (l. c., A. 46)

Der menschliche Verstand weiß nirgends bei seiner unersättlichen, nie zu befriedigenden Neugierigkeit die schicklichen Grenzen einzuhalten und am gehörigen Orte unnützes Weiterfragen und aberwitziges Forschen einzustellen. Daher er selbst noch bei den allgemeinsten Prinzipien der Natur, die doch schlechthin positiv und unmittelbar, durch keine weiteren Ursachen vermittelt sein dürfen, nach Ursachen und noch allgemeineren Prinzipien fragt. (l. c., A. 48)

Der menschliche Verstand hat einen besondern Hang zu der Abstraktion und dem Abstrakten und gibt daher dem Veränderlichen der Natur willkürlich Bestand. (l. c., A. 51)

Der menschliche Verstand wird besonders irregeführt von der Stumpfheit, der Unzulänglichkeit und Trüglichkeit der Sinne, so daß ihm die grobsinnlichen Dinge bei weitem wichtiger erscheinen als die feinsinnlichen, die doch von größerer Bedeutung und Wichtigkeit sind, und allein seine Aufmerksamkeit fixieren. Wo daher das Unsichtbare anfängt, da hört er auf, nachzuforschen. Deswegen ist selbst die Natur der gemeinen Luft und aller Materien, die noch bei weitem feinsinnlicher sind als die Luft und deren es eine große Anzahl gibt, bis jetzt fast noch gänzlich unbekannt.[37] (l. c., A. 5 und „Hist. Nat.", Cent. I, art. 98)

Die zweite Klasse der Vorurteile, die Vorurteile der Höhle, idola specus, haben ihren Grund in der dunkeln Höhle oder Grotte der Individualität, der besondern Natur des einzelnen, seinem Temperamente, Erziehung, Gewohnheiten usw. Die dritte Klasse der Vorurteile, die Vorurteile des öffentlichen Marktplatzes, idola fori, entspringen aus der Konversation, der Sprache, dem willkürlichen Gebrauche der Worte. Die vierte Klasse, die Vorurteile der Theater oder Theorien, die idola theatri, kommen her von den verschiedenen Dogmen der bisherigen Philosophen und den Gesetzen der bisher geltenden Beweisarten. („N. O.", I, A. 52–63)

---

[37] Es erhellt, daß, was hier B. dem intellectus [Verstand] schuld gibt, nicht auf den intellectus, sondern den homo [Menschen] in seiner unverständigen Partikularität paßt. Denn wenn die angegebenen Fehler Fehler der Natur und der Intelligenz selbst wären, so würde B. sie nicht als solche einsehen und verwerfen können; dadurch, daß B. sie als solche erkennt und sich von ihnen befreit, beweist er eben, daß sie die Fehler einiger Menschen, aber eben deswegen noch nicht notwendig die Fehler anderer sind, daß sie also keinen objektiven und allgemeinen, sondern nur einen partikulären Grund, daß sie nur in der Trägheit, Eilfertigkeit, Bequemlichkeit, Gedankenlosigkeit, denn nur diese unterlassen es z. B., die negativen Instanzen zu berücksichtigen, nur in den der Verstandestätigkeit entgegengesetzten oder sie hemmenden Eigenschaften der Individuen, also in dem *Unverstande*, aber nicht im *Verstande* ihren Grund haben.

§ 15. *Die Methode der Naturwissenschaft*

Die Naturwissenschaft stützt sich, wie die übrigen Wissenschaften überhaupt, nur auf die Erfahrung; ihr Glück und Gedeihen hängt daher von dem der Erfahrung ab. Deswegen ist es notwendig, daß an die Stelle der bisherigen Weise der Erfahrung eine andere und ·vernünftigere Weise trete. Bisher schweiften nämlich die Menschen im Gebiete der Erfahrung nur flüchtig herum, ohne einen bestimmten Weg und Plan zu verfolgen. So hat z. B. der Fleiß der Chymiker manche Entdeckungen gemacht, aber gleichsam nur zufällig und unabsichtlich oder nur durch gewisse Veränderungen der Experimente, nicht in Folge einer bestimmten Methode oder Theorie. Eine Erfahrung aber, die durch keine bestimmte Methode geleitet wird und nur sich selbst überlassen ist, ist nur ein blindes Herumtappen. (l. c., A. 73, 70, 108, 82)

Der Sinn nämlich ebensowohl als der Verstand sind für sich allein nicht hinreichend zur Erfahrung und Erkenntnis; sie bedürfen bestimmter Hilfsmittel, d. i. einer bestimmten Aufsicht und leitender Regeln, einer bestimmten gesetzmäßigen Anweisung und Methode. Denn der Sinn für sich selbst ist schwach und täuscht, selbst Werkzeuge erhöhen nicht um einen bedeutenden Grad seine Kraft, daher alle wahre Erfahrungserkenntnis der Natur, die keine willkürliche Deutung der Natur nach vorausgesetzten Meinungen (keine anticipatio), sondern eine getreue Übersetzung (interpretatio) der Natur ist, nur durch eine genaue, spezielle Beachtung aller Instanzen und die Anwendung geschickter Experimente, wo der Sinn bloß über das Experiment, das Experiment aber über die Sache selbst urteilt, zustande kommt. Der Verstand aber, wenn er sich selbst nur überlassen ist, nicht unter der Leitung einer bestimmten Methode steht, fliegt unmittelbar vom Sinnlichen zum Übersinnlichen, vom Besondern zum Allgemeinen empor, um sich daran zu laben und zu begnügen, indem er bald der Erfahrung überdrüssig wird. (l. c., A. 50, 37, 19, 20)

Wie die bloße Hand ohne Instrumente wenig ausrichtet, so auch der sich selbst überlassene Verstand; er bedarf daher wie sie Instrumente. Nur durch die *Kunst* wird der *Geist* den *Dingen gewachsen*. (l. c., A. 2; „De Augm. Sc.", V. 2)

Dieses Instrument der Instrumente, dieses geistige Organ, diese Methode, die allein die Erfahrung zu einer sichern und erfolgreichen Experimentierkunst erhebt, ist die *Induktion*[38], von der daher allein das Heil der Wissenschaften abhängt.

Die Induktion aber, die allein den Wissenschaften eine glückliche Zukunft verbürgt, ist wohl zu unterscheiden von der bisher üblichen Induktion, denn diese eilt im Fluge von dem Sinnlichen und Besondern hinauf zu den allgemeinsten Axiomen, stellt sie sogleich als unerschütterlich wahre Sätze auf und macht sie dann zu den Prinzipien, aus denen sie die mittleren oder besonderen Sätze ableitet; die neue, bisher noch unversuchte, aber allein wahre Induktion dagegen kommt erst ganz zuletzt zu den allgemeinern Sätzen, steigt vom Sinnlichen und Besondern nur nach und nach, in einem ununterbrochenen Stufengange zu ihnen hinauf. („N. O.", I, A. 19)

Die Induktion, die übrigens nicht bloß die Methode der Naturwissenschaft, sondern aller Wissenschaft, wurde bisher nur zur Auffindung der Prinzipien angewandt, die mittlern und untern Sätze aber wurden dann aus ihnen vermittelst des Syllogismus abgeleitet. Allein es ist offenbar, daß wenigstens im Gebiete der Naturwissenschaft, deren Gegenstände materiell bestimmt sind, die untern Sätze durch den Syllogismus nicht sicher und richtig abgeleitet werden können; denn im Syllogismus werden die Sätze durch Mittelsätze auf die Prinzipien zurückgeführt, aber eben diese Methode des Beweisens oder Erfindens hat nur in den populären Wissenschaften wie Ethik, Politik seine Anwendung. Die Induktion muß daher ebensowohl zur Entdeckung der allgemeinen als der besondern Sätze angewandt werden. (l. c., A. 127; „De Augm. Sc.", V, c. 2)

Die ältere und neuere Induktion haben zwar das miteinander gemein, daß beide mit dem Besondern anfangen und im Allgemeinen endigen, sie unterscheiden sich aber wesentlich dadurch, daß jene nur in aller Eile das Gebiet der Erfahrung durchstreift, diese aber mit der gehörigen Umsicht und Ruhe in ihm verweilt, jene schon gleich vom Anfang an

---

[38] „Spes est una in inductione vera. [Die einzige Hoffnung liegt in der wahren Induktion.]" „N. O.", I, A. 14.

unfruchtbare allgemeine Sätze aufstellt, diese aber nur stufenweise sich zum wahrhaft Allgemeinen erhebt und so die Wissenschaft fruchtbar macht, denn nur die Axiome, die im gehörigen Stufengange und mit der erforderlichen Umsicht vom Besondern abgezogen werden, entdecken uns wieder Besonderes, führen uns zu neuen Erfindungen und machen so die Wissenschaft fruchtbar und produktiv. („N. O.", I, A. 22, 24, 104)

Die wahre Induktion ist also eine ganz andere als die bisher gebräuchliche. Denn die bisherige Induktion, deren Verfahren in einer simplen Aufzählung von Exempeln besteht, ist etwas Kindisches, erbettelt nur ihre Schlüsse, hat von jeder widersprechenden Instanz eine Widerlegung ihrer Schlüsse zu befürchten und richtet sich in ihren Aussprüchen nach viel zu wenigen Fällen, als sich gehört, und selbst unter diesen nur nach solchen, die eben gerade bei der Hand sind, nach den ganz gemeinen und gewöhnlichen Fällen. Die wahre Induktion dagegen zergliedert und trennt die Natur durch gehörige Ausschließungen und Ausscheidungen und schließt auf die affirmativen Bestimmungen einer Sache erst dann, wenn sie eine hinreichende Anzahl verneinender Instanzen gesammelt und untersucht und alle Bestimmungen, die nicht wesentlich zur Sache gehören, von ihr ausgeschlossen hat. (l. c., A. 105, 69; „De Augm. Sc.", l. c.)

Gott und vielleicht auch den Geistern kommt wohl die Kraft zu, unmittelbar auf dem Wege bloßer Affirmation, schon mit dem ersten Blicke die Dinge zu erkennen, wie sie sind, aber dem Menschen ist es nur vergönnt, erst durch vorausgegangene Unterscheidung und Ausschließung der negativen Fälle die affirmativen Bestimmungen einer Sache zu ermitteln. Die Natur muß daher förmlich anatomiert und zerlegt werden, freilich nicht vermittelst des Feuers der Natur, sondern des göttlichen Feuers des Geistes. Die Aufgabe der wahren Induktion ist also, das Ja erst auf das Nein, die Affirmation erst auf die Negation folgen zu lassen, erst dann eine Sache positiv zu bestimmen, wenn sie alle Bestimmungen, die nicht zu ihr gehören, von ihr abgesondert und weggeworfen hat. („N. O.", II, A. 15, 16)

Wenn also irgendein konkreter Gegenstand, z. B. die Wärme, untersucht und ihr Wesen aufgefunden werden soll, so muß nach den Gesetzen der wahren Induktion diese

Untersuchung folgendermaßen angestellt werden. Zuerst muß ein Verzeichnis von allen Dingen gemacht werden, die ungeachtet der verschiedenen Materie, woraus sie bestehen, die Beschaffenheit der Wärme miteinander gemein haben, d. i. warm oder doch empfänglich für die Wärme sind, wie z. B. die Strahlen der Sonne, zumal im Sommer und mittags, die reflektierten und kondensierten Sonnenstrahlen, die feurigen Meteore, die zündenden Blitze, die erwärmten Flüssigkeiten, kurz, alle Körper, sowohl feste als flüssige, sowohl dichte als dünne (wie z. B. die Luft selbst ist), die auf eine Zeit dem Feuer genähert wurden, usw. („N. O.", II, A. 11)

Dann muß das Verzeichnis von den entgegengesetzten, den negativen Instanzen gegeben werden, d. h. nicht nur überhaupt von den Dingen, denen die Beschaffenheit der Wärme abgeht, die aber übrigens die größte Verwandtschaft mit den Dingen haben, welchen die Beschaffenheit der Wärme zukommt,[39] wie z. B. die Strahlen des Mondes, der Sterne und Kometen, die für das Gefühl keine Wärme haben, sondern auch von den besondern Einschränkungen oder Limitationen der affirmativen Instanzen.

Hierauf muß eine Vergleichung zwischen den warmen oder wärmefähigen Materien angestellt und die Verschiedenheit der Wärmegrade derselben bemerkt werden, und zwar stufenweise von den Materien an, die durchaus keinen bestimmten Wärmegrad für das Gefühl, nur die Möglichkeit

---

[39] Es stand hier in der ersten Ausgabe ebenso wie am Schlusse des § 11 eine tadelnde Bemerkung über die Methode B.s Ich habe sie aber gestrichen, nach abermaliger Lektüre des „Neuen Organs" und anderer Schriften B.s von ihrer Unrichtigkeit und Oberflächlichkeit überzeugt. Es wurde nämlich bemerkt, daß B. „uns dem Zufall preisgebe und, statt die langen Wege der Erfahrung zu verkürzen, sie bis ins Ziellose ausdehne". Allerdings ist die Erfahrung ein langsamer Weg; aber eben die „contractio inquisitionis [Verkürzung des Forschungsprozesses]" ist selbst ein Moment der B.schen Methode. Das ganze II. Buch des „Nov. Org." beschäftigt sich mit den Prärogativen der Instanzen, d. h. mit solchen Instanzen, welche die Induktion abkürzen, den Nagel auf den Kopf treffen. Nur das dürfte in dieser Beziehung an B. auszusetzen sein, daß er nicht das Talent, das Ingenium mit in Anschlag bringt, gleich als könnte dieses durch eine Methode ersetzt oder gar überflüssig gemacht werden.

der Wärme oder Empfänglichkeit für sie haben, bis zu den Materien hinauf, die wirklich oder dem Gefühl nach warm sind. (l. c., A. 13)

Nachdem dieses geschehen ist, folgt erst der wichtigste Akt, mit dem daher auch erst eigentlich das Geschäft der *Induktion* angeht, der Akt der Ausschließung aller Bestimmungen, die nicht zum Wesen der Wärme gehören, z. B. der Bestimmung der Himmlischkeit, weil sie nicht nur den Himmelskörpern, sondern auch dem gemeinen, irdischen Feuer zukommt, der Bestimmung der Dünnheit, weil auch die dichtesten Materien, wie das Metall, warm sein können, der Bestimmung der örtlichen Fortbewegung, usw. (l. c., A. 18 et 20). Erst nach diesen Negationen kommt dann endlich die wahre Induktion zur Position, zur affirmativen Bestimmung des Wesens der Wärme.

Sosehr sich aber die wahre Induktion von der bisher üblichen unterscheidet, sosehr unterscheidet sie sich auch von der *Methode* der *Empirie*. Denn die Empirie kommt nicht über das Besondere hinaus, sie schreitet immer nur von Erfahrungen zu Erfahrungen, von Versuchen zu neuen Versuchen fort; die Induktion dagegen zieht aus den Versuchen und Erfahrungen die Ursachen und allgemeinen Sätze heraus und leitet dann wieder neue Erfahrungen und Versuche aus diesen Ursachen und allgemeinen Sätzen oder Prinzipien ab. Die Induktion bleibt daher nicht auf der Ebene stehen, sie steigt gleichsam immer bergauf, bergab, hinauf zu den allgemeinen Sätzen, herab zu den Experimenten. (l. c., I, A. 117, 103, 82)

§ 16. *Das Objekt der Naturwissenschaft*

Die menschliche Macht oder Praxis hat zu ihrem Ziel oder Objekt, irgendeinem gegebenen Körper [eine] oder mehrere neue Beschaffenheiten beizubringen; das menschliche *Wissen* aber hat zu seinem Ziele oder Objekte die Erkenntnis der *Form* oder *wahren Differenz* oder *erzeugenden Natur* oder *Emanationsquelle* irgendeiner gegebenen einfachen Beschaffenheit oder Qualität. (l. c., II, A. 1)

Die wesentlichen Eigenschaften der Form sind erstlich, daß mit ihrem Dasein untrüglich zugleich das Dasein der Qualität oder Natur, deren Form sie ist, gesetzt ist, daß sie daher durchgängig da ist, wenn jene Qualität da ist, und umgekehrt, daß mit ihrer Abwesenheit auch zugleich die Abwesenheit der Qualität gesetzt ist, sie daher durchgängig fehlt, wenn diese fehlt; zweitens, daß sie eine Qualität aus einer andern Qualität, die allgemeiner als sie selbst (als die Form selbst) ist, ableitet. Die Form einer Sache oder Qualität findet sich daher ohne Ausnahme in allen einzelnen Instanzen vor, in denen sich die Sache oder Qualität vorfindet, denn sonst wäre sie nicht die Form, obgleich die Form in einigen Instanzen offenbarer hervortritt, nämlich in denen, in welchen sie durch andere Beschaffenheiten weniger beschränkt, zurückgestellt und gehemmt ist. Es kann sich daher auch in dem ganzen Umfang der Instanzen, in denen die Form erscheint, auch nicht *eine* kontradiktorische Instanz vorfinden, sie wird von jeder ohne Unterschied bejaht. (l. c., A. 20)

Ein Beispiel von dem Wesen der Form sei die Form der *Wärme*. Durch alle einzelnen Instanzen hindurch, d. h. an allen auch noch so verschiedenen Dingen und Stoffen, in denen die Wärme erscheint und sich äußert, zeigt sich, daß ihre Form offenbar nichts anderes ist als eine *Begrenzung* oder besondere *Bestimmung* der *Bewegung*. Die Bewegung steht also zur Wärme im Verhältnis der Gattung, nicht als wenn die Wärme die Bewegung erzeuge oder die Bewegung die Wärme (wiewohl auch dieses teilweise seine Richtigkeit hat), sondern so, daß die Wärme selbst oder das *eigenste* Wesen der Wärme gar nichts anderes ist als die *Bewegung, begrenzt* durch gewisse *Differenzen*, daß sie also eine *bestimmte Art der Bewegung* ist. Diese Differenzen aber sind erstlich die Bestimmung, daß die Wärme eine *expansive Bewegung* ist, durch welche sich der Körper eine größere Ausdehnung zu geben sucht; zweitens die Bestimmung, eine Modifikation der ersten, daß die Wärme, obwohl eine expansive Bewegung, doch zugleich aufwärts strebt; drittens die, daß die Wärme nicht eine gleichförmig ausdehnende Bewegung des ganzen Massenumfangs, sondern nur der kleineren und inneren Teile eines Körpers und zugleich eine stets gehemmte und zurückgetriebene Bewegung ist, daher die Wärme eine stets in sich abwechselnde, gleichsam flackernde, beständig zitternde und weiterstrebende und durch den Rückstoß gereizte Bewegung hat, welche die Ursache der Heftigkeit und Wut des Feuers und der Wärme ist; viertens die Bestimmung, daß diese penetrante und irritierte Bewegung keine langsame, sondern heftige und selbst durch die kleineren, wenn auch nicht die allerkleinsten und feinsten Teile des Körpers hindurchgehende Bewegung ist. (l. c.)

Die Form ist daher nicht etwa eine abstrakte Idee oder nicht materiell oder schlecht bestimmt. Die Formen sind nichts anderes als die Gesetze und Bestimmungen der reinen Naturwirksamkeit oder Wirklichkeit, welche das eigentümliche Wesen irgendeiner Qualität, wie z. B. der Wärme, des Lichts, der Schwere, in allen für sie empfänglichen Dingen, sie seien auch sonst noch so verschieden, auf eine identische Weise bestimmen und konstituieren. Die Form der Wärme und das Gesetz derselben ist daher dasselbe. Die Form einer Sache ist eben das eigenste Wesen einer Sache, ist nichts anderes als sie selbst; Sache und Form unterscheiden sich nicht anders, als sich Erscheinung und Existenz, Äußeres und Inneres, Subjektives und Objektives unterscheiden. (l. c., A. 17, 13)

Wenn einem die Formen deswegen etwas abstrakt erscheinen sollten, weil sie Einheiten sind, verschiedenartige Dinge verbinden und in eine und dieselbe Gattung oder Kategorie stellen, wie z. B. die Wärme der himmlischen und irdischen Körper, so bemerken wir ihm nur noch, daß es allerdings gewiß ist, daß in der Natur die *verschiedenartigen Dinge* durch bestimmte Formen oder Gesetze zu einer gemeinschaftlichen *Einheit* verbunden sind und daß die Emanzipation der menschlichen Macht von dem gemeinen Lauf der Natur und die Erweiterung und Erhöhung der menschlichen Erfindungskraft einzig und allein von der Erkenntnis dieser Einheiten oder Formen abhängt. (l. c., A. 17)

Das wesentlichste Objekt der Naturphilosophie muß daher überall die *Einheit* sein, denn alles, was die Natur *eint*, bahnt uns den Weg zur Erkenntnis der Formen. Selbst die Instanzen in der Natur, die ganz isoliert für sich allein dastehen, nichts gemein zu haben scheinen mit andern Dingen derselben Gattung, wie z. B. der Magnet unter den Steinen, das Quecksilber unter den Metallen, der Elefant unter den vierfüßigen Tieren, müssen uns dazu dienen, die Natur zu einen, um die Gattungen oder die allgemeinen Qualitäten zu finden, die erst nachher durch wahre Differenzen zu bestimmen sind. Man muß so lange rastlos fort untersuchen, bis man irgendein bestimmtes, allgemeines Gesetz oder eine Form aufgefunden hat, auf welche sich die besondern Eigenschaften dergleichen seltsamen Dinge, die für Wunder der Natur angesehen werden können, reduzieren lassen, alle ungewöhnlichen oder einzig in ihrer Art dastehenden Erscheinungen in die Abhängigkeit von irgendeiner *allgemeinen Form* gebracht und so erkannt hat, daß das Wunder einzig und allein nur in den *speziellen Differenzen* dieser Form, nur im Grad und dem seltenen Zusammentreffen noch anderer Bestimmungen, nicht aber in der Art oder dem Wesen selbst liegt. Aus demselben Grunde muß man auch bei Mißgeburten und anderen ähnlichen Verirrungen der Natur nicht eher von der Untersuchung abstehen, als bis man die *Ursachen* dieser Abweichungen gefunden hat. (l. c., A. 26, 28, 29)

Darum hat sich auch der menschliche Verstand besonders davor zu hüten, daß er nicht etwa nur bei besondern, untergeordneten, beschränkten Einheiten oder Formen stehenbleibe und eine größere Einheit zu suchen unterlasse, in der Voraussetzung, *als* wäre die *Natur* gleichsam *schon von der Wurzel* an ein *Geteiltes* und *Vielfältiges* und eine höhere, umfassendere Einheit der Natur eine bloße Subtilität, ein reines Abstraktum. (l. c., A. 26)

Die Naturphilosophie hat daher die Einheit auch der Dinge, die bisher für ganz heterogen galten, nachzuweisen, diese vermeintliche Ungleichartigkeit nicht als einen wesentlichen, substanziellen Unterschied, sondern nur als eine *Modifikation* einer *gemeinsamen Qualität* aufzuzeigen und durch diese Reduktion der Verschiedenheit und Besonderheit auf die Einheit der Natur gleichsam die *Masken*, die sie in den besondern *konkreten* Körpern verhüllen und unerkenntlich machen, herunterzuziehen. So hielt man bisher, um nur ein Beispiel anzuführen, die Sonnenwärme, die animalische Wärme und die Wärme des Feuers für wesentlich verschiedene Arten, in der Meinung, daß nur die himmlische und animalische Wärme Leben zeugten und erhielten, die Wärme des Feuers dagegen nur Verderben und Vernichtung bewirke. Allein die Erfahrung, daß eine Weinrebe auch in einem Hause, wo beständig das Feuer erhalten wird, reife Trauben hervorbringt, beweist, daß auch die Wärme des Feuers dasselbe bewirkt, was die Sonnenwärme. Die Naturphilosophie hat daher ihre vermeintliche wesentliche Verschiedenartigkeit zu verwerfen und ihre, obwohl sehr bedeutend unterschiedenen Wirkungsweisen oder Eigenschaften doch nur als besondere Bestimmungen oder Modifikationen einer und derselben Natur oder Wesenheit zu erkennen. (l. c., A. 35)

Selbst bloße Analogien darf darum die Naturphilosophie nicht etwa als bloße Absurditäten verwerfen; im Gegenteil, sie muß sie aufsuchen, denn sie sind die untersten Stufen in der Erkenntnis der Einheit der Natur. Eine solche, und zwar nicht absurde, Analogie ist z. B., daß der *Mensch* eine *umgekehrte Pflanze* ist; denn bei der Pflanze ist die Wurzel, gleichsam ihr Haupt, unten, die Samenteile aber oben, dagegen bei den Menschen ist das Haupt, gleichsam die Wurzel der Nerven und Lebensfunktionen, oben, die Samenorgane aber sind unten. (l. c., A. 27)

Also das wesentliche Objekt der Naturphilosophie ist und bleibt die Erkenntnis der Formen. Denn wer sie erkannt hat, begreift die Einheit der Natur auch in den verschiedensten Materien. Nur wer sie findet, ist daher auch allein im Besitze der wahren Anschauung der Natur und hat die Macht, frei und unbeschränkt auf sie einzuwirken und Werke hervorzubringen, die weder der verändernde Wechsel der Natur noch der nur ins einzelne gehende Fleiß der Empirie noch der Zufall selbst würde je hervorgebracht haben und die nie einem Menschen auch nur in den Sinn gekommen wären. (l. c., A. 3)

Wer die allgemeinen, wesentlichen Formen der Materie erkennt, ist gewissermaßen allwissend, denn durch sie weiß er, was sein kann, und daher auch im wesentlichen, was war, was ist und was sein wird. („Descript. Globi Intell.", c. 5)

§ 17. *Die Einteilung der Naturwissenschaft*

Der höchste Rang im Reiche der Naturwissenschaften gebührt daher auch nur jener Wissenschaft, die zum Gegenstande ihrer Untersuchung die wahren Differenzen oder

Bestimmungen, d. i. die in ihrer Art ewigen und unveränderlichen Formen hat und die darum auch *Metaphysik*[40] heißt. Die ihr untergeordneten Wissenschaften sind die *Physik* und *Naturgeschichte*. Die Physik jedoch steht wieder über der Naturgeschichte und macht zugleich mit der Metaphysik die theoretische *Naturphilosophie* aus; denn wie die Wissenschaften überhaupt in Geschichte oder Erfahrung und Philosophie, so wird auch die Naturwissenschaft in *Naturgeschichte* und *Naturphilosophie* eingeteilt. („De Augm. Sc.", II, c. I)

1. Die *Naturgeschichte* hat drei Teile. In dem ersten handelt sie von der Natur im Stande der Freiheit, d. h. von allen ihren Produktionen in ihrer ungestörten, freien, gesetzmäßigen Entwickelung; im zweiten von den *Verirrungen* der Natur, d. h. den Mißgeburten und andern abnormen Erscheinungen, in denen sie durch die Bosheit und den Übermut der hartnäckigen Materie und andere gewaltsame Hindernisse aus ihrer gesetzmäßigen Laufbahn herausgestoßen wird; im dritten von der Natur im Stande der *Knechtschaft*, in die sie die menschliche Tätigkeit oder Kunst versetzt, welche die Natur von Grund aus umbilden, verwandeln und in ihrem Innern erschüttern kann und sie wie einen Proteus zu tun zwingt, was sie außerdem zu tun würde unterlassen haben. (l. c., II, c. 2; „Descript. Gl. Int.", c. 2)

Denn die Kunst ist nicht etwa bloß so ein oberflächlicher Zusatz zur Natur, sie hat nicht etwa bloß die Bestimmung und Bedeutung, ihre Entwürfe auszuführen oder ihre Fehler zu korrigieren oder sie von allenfallsigen Hemmungen in ihrer Tätigkeit zu befreien. Die Produkte der Kunst oder Empirie (z. B. der Agrikultur, der Chymie, der Koch- oder Färbekunst usw.) unterscheiden sich von den Produkten der Natur nicht der Form oder dem Wesen, sondern nur dem Produzenten, der äußern, wirkenden Ursache nach; denn der Mensch vermag weiter nichts über die Natur, als die Körper einander zu nähern oder voneinander zu entfernen, er hat also von der Natur nur die *Bewegung* in seiner

[40] „Inquisitio formarum (seu verarum differentiarum, ‚Aug. Sc.', III, c. 4) quae sunt (ratione certe et sua lege) aeternae et immobiles, constituit Metaphysicam. [Die Untersuchung der Formen (oder der wahren Artunterschiede), die ewig und unveränderlich sind (wenigstens nach aller Vernunft wie nach ihrem eigenen Gesetz), begründet die Metaphysik.]" „N. O.", II, A. 9.

Gewalt, alles übrige vollbringt die Natur selbst von innen aus eigener Kraft. (l. c.)

Die *Naturgeschichte* muß aber jetzt in einem ganz andern Geiste behandelt werden als bisher, nämlich nur in Beziehung auf die *Philosophie*, nicht mehr aber für sich und um ihrer selbst willen; denn die Naturgeschichte hat keinen andern Zweck, als Vorrat, Material für die Philosophie herbeizuschaffen; alle Bäche der Empirie müssen sich in den Ozean der Philosophie ergießen. Daher muß man auch nicht mehr, wie bisher geschah, in der Naturgeschichte so vielen unnützen Fleiß auf die Beschreibung und genaue Angabe der Mannigfaltigkeit der Dinge, der Verschiedenheiten der Tier-, Pflanzen- und Fossilienarten verwenden. Denn dergleichen kleinliche Verschiedenheiten sind meistens weiter nichts als Spielereien, als Possen der Natur, und ihre Beschreibung gewährt wohl Vergnügen, bisweilen auch einigen Nutzen, aber fördert nicht die Erkenntnis und Wissenschaft. Man muß sich daher vielmehr bemühen, die *Ähnlichkeiten* und *gemeinschaftlichen Verhältnisse* der Dinge sowohl in ihrem ganzen Wesen als in ihren besondern Teilen aufzusuchen. Denn nur diese bringen *Einheit* in die Natur und legen so den *Grund* zur *Wissenschaft*. („N. O.", II, A. 27; „Parasceve ad Hist. Nat.", A. 3)

2. Die *Naturphilosophie* aber hat zwei Hauptteile, nämlich einen *theoretischen* und einen *praktischen* Teil. („De Augm. Sc.", III, c. 3)

a) Der *theoretische* Teil der *Naturphilosophie* zerfällt wieder in zwei Teile, nämlich in die *Metaphysik* und *Physik*. Die *Physik* hat zu ihrer Aufgabe die Erforschung der Materie und der äußeren, wirkenden Ursache, zu ihrem Objekte daher die veränderlichen und unbeständigen Ursachen, die so mannigfach und verschieden sind als die Materien, die der Gegenstand ihrer Wirkungen sind, wie z. B. das Feuer in der einen Materie die Ursache ihrer Verhärtung, in der andern wieder die Ursache ihrer Flüssigkeit ist. Die Physik hat daher zu ihrem Gegenstande das ganz in die Materie Versenkte und Veränderliche, die *Metaphysik* dagegen, als die Wissenschaft von den Formen und Zweckursachen, das *Abstraktere* und *Beständige*. Die Physik setzt in der Natur nur Dasein, Bewegung und Notwendigkeit voraus, die Metaphysik aber auch *Geist* und *Idee*. (l. c., c. 4)

Der erste und hauptsächlichste Teil der Metaphysik hat zu seinem Objekte die Gesetze oder Formen der einfachen Qualitäten (wie z. B. der Wärme, Kälte, Dichtigkeit, Schwere usw.) und ihrer Bewegungen und Prozesse, durch die sie sich zu konkreten Körpern gestalten, also *die* Formen, die ungeachtet ihrer geringen Anzahl doch die *Grundlage* und das *Wesen* der Beschaffenheiten und Bestimmungen aller *konkreten Körper* ausmachen. Die Metaphysik hat daher insofern dieselben Objekte wie die Physik, aber diese betrachtet sie nur als äußerliche, veränderliche Ursachen oder nur die causa efficiens [bewirkende Ursache], die das bloße Vehikel der Form ist. („N. O.", II, A. 9, 7)

Die Metaphysik, inwiefern sie die Wissenschaft von der Form ist, ist die vortrefflichste aller Wissenschaften; denn die Aufgabe der Wissenschaften, durch Verkürzung der langen Umwege der Erfahrung dem alten Lamento über die Kürze des Lebens und die Langwierigkeit der Kunst ein Ende zu machen, löst nur sie allein am besten, und zwar dadurch, daß sie die besondern Sätze verbindet und in allgemeine Sätze oder Gattungen, welche das ganze Gebiet aller Einzelwesen umfassen, ihre Materie mag auch noch sosehr verschieden sein, zusammenfaßt. Daher ist es ein vortrefflicher Gedanke *Platos* und *Parmenides'* (wenn er gleich bei ihnen bloße Spekulation war), daß *alles stufenweise* zur *Einheit emporsteigt.* Deswegen eben ist auch die *Metaphysik* die *herrlichste* Wissenschaft, weil sie den menschlichen Geist *am wenigsten mit der Vielheit* der *Dinge* belastet, denn sie betrachtet hauptsächlich nur die *einfachen Formen* der Dinge, die, so *wenige* ihrer auch sind, doch durch die verschiedenen *Grade* und *Weisen* ihrer *Verbindung* untereinander alle *Mannigfaltigkeiten* der *konkreten Körper* begründen. (l. c.)

Der zweite Teil der Metaphysik hat zu seinem Objekte die *Zwecke* oder *Zweckursachen* in der Natur. Die Erforschung der Zwecke nämlich gehört nicht in die Physik, ob sie wohl bisher in ihr Gebiet aufgenommen war, leider aber nur zu ihrem größten Nachteil, denn sie hielt die Menschen ab, den realen und wahrhaft physischen Ursachen nachzuforschen. Daher war die Naturphilosophie Demokrits und anderer, welche bei der Konstruktion der Natur nicht die Ideen von Gott und Geist zugrunde legten, den Bau des Universums aus unzähligen Vorspielen und Versuchen der

Natur und die Ursachen der besondern Dinge nicht aus Zwecken, sondern nur aus der Materie und dem Laufe der Notwendigkeit ableiteten, viel gründlicher als die Naturphilosophie Platos oder Aristoteles'. Die Teleologie ist unfruchtbar und gebiert nichts, gleich einer gottgeweihten Jungfrau. (l. c.)

b) Die *praktische* Naturphilosophie hat auch zwei Teile, nämlich die *Mechanik* und die *Magie.* Jene wird von der Physik als der Wissenschaft der wirkenden und materiellen, äußerlichen Ursachen, diese von der Metaphysik als der Wissenschaft der wahrhaften Ursachen und allgemeinen Formen hervorgebracht. Denn die Magie ist die Wissenschaft oder Kunst, welche aus der Erkenntnis der verborgenen Formen erstaunenswürdige Wirkungen oder Experimente ableitet und durch die gehörige Annäherung der wirkenden Kräfte an die empfänglichen Gegenstände die großen Taten der Natur ans Licht bringt, eine Kunst, die wie so viele andere bis jetzt noch vermißt und von der bisher sogenannten Magie gänzlich verschieden ist. Übrigens ist auch die ältere Magie keineswegs so ohne weiteres zu verwerfen, sondern es ist vielmehr genau und sorgfältig zu untersuchen, ob nicht unter dem vielen abergläubischen, lügen- und märchenhaften Zeuge so manches, wie die Verzauberung, die Erhöhung und Verstärkung der Imaginationskraft, die Sympathie auch entfernter Dinge, die magische Einwirkung der Geister auf Geister und der Körper auf Körper, seinen Grund in wirklichen Naturkräften hat. („N. O.", II, A. 31; „Hist. Nat.", Cent. X)

§ 18. *Gedanken Bacons über einige allgemeine Naturgegenstände*

Von der ersten Materie und ihrer Beschaffenheit und Tätigkeit kann es in der Natur keine Ursache geben; sie ist (Gott natürlich ausgenommen) das allererste. Von welchem Stoffe, welcher Kraft und Tätigkeit daher auch immer die erste Materie sein mag, sie ist eine unmittelbare, schlechthin positive Tatsache, ganz so zu nehmen, wie sie gefunden wird, aus keiner vorausgefaßten und voreiligen Meinung abzuleiten und zu beurteilen. Denn ist auch ein Wissen von ihr möglich, so kann sie doch nicht aus einer Ursache erkannt werden, da sie nach Gott die Ursache der Ursachen ist, ohne selbst eine Ursache zu haben. In der Natur nämlich kann man nicht von Ursachen zu Ursachen bis ins Unendliche fortgehen, denn die Ursachen gehen in ihr nicht über eine gewisse festbestimmte Grenze hinaus; wer daher diese Grenze überschreitet und nach einer Ursache fragt, wenn er schon an die letzte Kraft gekommen ist, das schlechthin positive Prinzip und Gesetz der Natur, ist ein ebenso oberflächlicher Philosoph wie der, welcher bei den untergeordneten Dingen stehenbleibt, ohne nach einer Ursache von ihnen zu fragen. („Parmenidis Philos.", p. 650, et „N. O.", I, A. 48, II, A. 48)

Die erste Materie oder das erste Prinzip muß ebenso wirklich in der Natur existieren als die aus ihm entsprungenen Dinge. Eine Materie daher ohne Form und Bewegung ist eine Fiktion, eine unwirkliche Abstraktion. Vielmehr muß die erste Materie schlechterdings mit der ersten Form und dem ersten Prinzip der Bewegung in Verbindung gedacht werden. Materie, Form und Bewegung muß man wohl unterscheiden, aber nicht trennen oder auseinanderreißen, und die Materie (wie sie auch immer beschaffen sein mag) so bestimmt, ausgerüstet und geformt sich denken, daß alle Beschaffenheit, Kraft, Tätigkeit und Bewegung der Natur eine Folge und Emanation von ihr sein kann. Die alten Philosophen Griechenlands kamen daher fast alle in der Annahme miteinander überein, daß die Materie tätig sei, irgendeine Beschaffenheit oder Form habe, diese ihre Form weiter verteile und besondere und das Prinzip der Bewegung in sich habe. („Parmenid.", p. 653–654)

Das wahre Prinzip erzeugt übrigens nicht nur aus sich die Dinge, sondern löst sie auch in sich auf. Auch hat es nicht nur mit den größten, zahlreichsten und auffallendsten und sichtbar-mächtigsten Substanzen, wie z. B. Feuer, Luft, Wasser, sondern auch mit den geringsten, seltensten, unscheinbarsten und gleichsam ganz einsam und verlassen dastehenden Substanzen eine gewisse innere Homogenität und Verwandtschaft. (l. c., p. 658–659)

Die Kraft des Widerstandes der Materie, wodurch auch noch der kleinste Teil derselben sich in seinem Dasein behauptet und sich nicht durch die Gewalt auch des größten

Massendruckes noch der stärksten und heftigsten Agentien zerstören oder vernichten und aus dem Raum verdrängen läßt, sondern ihr mit undurchdringlicher Ausdehnung Widerstand leistet und seinerseits gleichsam allerlei Aus- und Schlupfwege, um sich selbst zu behaupten, ausfindig macht und einschlägt, ist nicht etwa ein Leiden, wie man bisher irrtümlich angenommen hat, sondern vielmehr die allertätigste, allmächtigste Kraft, eine unüberwindliche Kraft, eine Kraft fast wie die Kraft des Schicksals und der Notwendigkeit. (l. c., p. 673, et „N. O.", II, A. 48)

Die totale Summe der Materie bleibt sich immer gleich, ohne vermehrt oder vermindert zu werden. Aber die Körper, unter die diese Summe nach gewissen Verhältnissen verteilt ist, enthalten die einen mehr, die andern weniger Materie. („Hist. Densi et Rari", p. 482, et „N. O.", II, A. 40)

Alle Körper haben den Trieb nach Kohärenz in sich, d. h. eine Scheu und Abneigung, sich zu trennen und ihre Teile auseinandergehen zu lassen. Daher sind die Begriffe vom Flüssigen und Konsistenten oder Festen ganz populäre, oberflächliche Begriffe. Denn die flüssigen Körper unterscheiden sich von den festen Körpern nur dadurch, daß in jenen, weil sie homogene Körper sind, jener Trieb matter und schwächer, in diesen aber, weil sie aus heterogenen Teilen zusammengesetzt sind, kräftiger und stärker ist. („N. O.", II, A. 25 et 48)

Alle Körper, ohne Unterschied, haben einen Assimilationstrieb in sich oder den Trieb, sich selbst zu vermehren und zu vervielfältigen, ebenso wie den Trieb, mit dem Gleichartigen sich zu vereinigen. (l. c. et „Hist. Mortis et V.", c. VII)

Alle Körper haben ferner ein gewisses Wahrnehmungs- oder Vorstellungsvermögen, ja, auch ein gewisses Wahlvermögen, durch das sie das Verwandte anziehen, das Fremde und Feindliche fliehen. Und dieses Vorstellungsvermögen zeigt sich nicht etwa bloß in solchen, durch die Feinheit der Vorstellung auffallenden Erscheinungen, wie daß z. B. der Magnet das Eisen anzieht, die Flamme zur Naphta hinzuspringt, sondern auch in den allerordinärsten Erscheinungen; denn kein Körper, der einem andern genähert wird, verändert ihn oder wird von ihm verändert, ohne daß eine

gegenseitige Wahrnehmung dieser Veränderung voraus-
geht. So nimmt z. B. der Körper die Gänge wahr, in die er
eindringt, den Stoß des Körpers, dem er weicht, usw., kurz,
überall ist Wahrnehmung. Die Luft aber nimmt Kälte und
Wärme bei weitem feiner wahr als das Gefühl des Menschen, welches doch für das Maß der Kälte und Wärme gilt.
Die *Vorstellung* oder Wahrnehmung kann daher *getrennt* von
der *Empfindung* existieren, denn diese haben die unbeseelten Körper nicht; beide müssen daher streng unterschieden
werden. („De Augm. Sc.", IV, c. 3, et „Hist. Nat.", C. IX)
Die verschiedenen Körper in der Natur haben eine gleichsam aus ihrer innern Armut und Dürftigkeit hervorgehende
unersättliche Begierde in sich, andere Körper in sich aufzunehmen. So verschlingt die Luft das Licht, den Schall, die
Dünste und Gerüche, und zwar mit einer wahren Begierde,
als wäre sie mit sich selbst und ihrem eigenen Inhalt nicht
zufrieden; außerdem würde sie sie nicht mit solcher Leichtigkeit und Heftigkeit verschlingen. So verschlingt das Wasser trockene Körper und der trockene Körper Flüssigkeiten.
Und diese Aufnahme scheint nicht mit Gewalt, sondern
gleichsam mit einer gegenseitigen Übereinstimmung zu geschehen. Dieser Gegenstand verdient daher, aufmerksam
erforscht zu werden. Denn der artige Gedanke, daß die Materie eine gemeine Metze ist, die alle Körperformen in sich
aufnimmt, ist ein vager Begriff. („Hist. Nat.", C. VIII, § 800,
et „N. O.", II, A. 48)
Zwischen den Beschaffenheiten der Körper mit Sinnen und
der Körper ohne Sinne findet eine große Übereinstimmung
und Ähnlichkeit statt; der einzige Unterschied ist nur, daß
bei den empfindenden Körpern noch Geist hinzutritt. Die
Pupille z. B. gleicht einem Spiegel oder dem Wasser und
empfängt und strahlt auf gleiche Weise die Bilder der sichtbaren Dinge zurück. So viele Sinne daher in den belebten
Körpern sind, so viele ihnen entsprechende Bewegungen
und Bestimmungen finden in den unbeseelten Körpern
statt, denen der Lebensgeist abgeht, ob es gleich offenbar
mehrere Arten von Bewegungen in den unbeseelten Körpern geben muß, als Sinne in den beseelten sind, da die Anzahl der Sinnesorgane so gering ist. Ein offenbares Beispiel
hiervon gibt der Schmerz ab. Die verschiedenen Arten, Formen oder Charaktere des Schmerzes, wie der Schmerz beim

Brennen, der Schmerz der Kälte usw., existieren sicherlich der bloßen Bewegung nach in den unbeseelten Körpern, wie z. B. in dem Steine oder Holze, wenn es gebrannt oder durch strenge Kälte zusammengezogen wird, usw.; nur fehlt hier natürlich die Empfindung. („Impet. Phil.", p. 722, u. „N. O.", II, A. 27)

Unter den verschiedenen Arten von Bewegungen in der Natur gibt es eine ganz eigentümliche Art, die Bewegung des Zitterns (Motus trepidationis), die da stattfindet, wo ein Wesen sich gewissermaßen in dem Zustand einer immerwährenden Gefangenschaft und Beklemmung befindet, in einer beengenden, mißbehaglichen Schranke, und daher in eine unaufhörliche Angst und Unzufriedenheit, in eine immerfort tobende und bebende Unruhe gerät. Diese Bewegung findet nicht nur statt in dem Herzen und dem Pulsschlag der lebendigen Wesen, sondern in allen Körpern, die zwischen den Extremen der Behaglichkeit und Unbehaglichkeit, zwischen dem Verlangen, eine freiere, unbeschränktere und ausgedehntere Existenz sich zu verschaffen, und zwischen der Furcht, die Klemme und Schranke ihrer äußeren Existenz und Lage zu durchbrechen, hin und her oszillieren.[41] („N. O.", II, A. 48)

§ 19. *Der Zweck der Wissenschaft, namentlich der Naturwissenschaft*

Der wahre und vernünftige Zweck der Wissenschaft ist, dem menschlichen Leben Nutzen zu bringen, es mit neuen Erfindungen und Schätzen zu bereichern. Ihr Zweck ist da-

---

[41] Über B.s Standpunkt im Verhältnis zur spätern Physik und besonders physikalischen Gegenständen vergleiche man *Fischer*, „Geschichte der Physik seit der Wiederherstellung der Künste und Wissenschaften etc.", Bd. I, S. 35–40, 54–58, 62–67 usw. B. ist da freilich noch sehr weit zurück. Auffallend ist es jedoch, wie auch *Fischer* bemerkt, daß B., dem doch Galileis Entdeckungen bekannt waren, von der Schwere, der mechanischen Bewegung, dem Druck und Stoß ganz schlechte oder gar keine bestimmten Begriffe hat und daß er auch noch die Unbeweglichkeit der Erde annimmt („Hist. Nat.", Cent. VIII, p. 791; „Nov. Org.", II, Aph. 48) oder wenigstens hierüber keine entschiedene Meinung zu haben scheint. Vgl. „Descript. Globi Intell.", cap. VI.

her nicht etwa Befriedigung der Neugierde oder Amüse-
ment oder Ruhm und Ansehen oder die Fertigkeit, gut zu
parlieren und disputieren, oder Geld und Brot uns zu verschaffen. Die Wissenschaft soll nicht sein ein Ruhebett für
den von Neugierde gequälten Geist oder ein Spaziergang
zum Vergnügen oder ein hoher Turm, von dem man ver-
ächtlich herabblickt, oder eine Burg und Schanze für Streit
und Hader oder eine Werkstatt für die Gewinnsucht und
den Wucher, sondern ein reicher Warenbehälter, eine
Schatzkammer zur Ehre des Werkmeisters aller Dinge und
zum Nutzen der Menschheit. Der Zweck der Wissenschaft
ist daher die Verbindung der ruhigen Betrachtung mit der
praktischen Tätigkeit, eine Verbindung, die der Konjunk-
tion der beiden höchsten Planeten gleicht, des Saturnus,
des Fürsten (des Prinzipes) der ruhigen Beschauung, und
des Jupiter, des Fürsten des tätigen Lebens. („N. O.", I,
A. 81; „De Augm. Sc.", II, c. 2)
Die Naturwissenschaft hat darum auch keinen andern
Zweck, als die Macht und Herrschaft des Menschen über
die Natur fester zu begründen und zu erweitern. Die *Herrschaft* des Menschen über die Natur beruht aber allein auf
der Kunst und *Wissenschaft*. Der Mensch *vermag* ja nur *soviel*,
als er *weiß*; sein Wissen und Können fällt in eins zusammen; denn nur der bemeistert und beherrscht die Natur,
der ihr gehorcht (ihr seinen Verstand unterwirft); denn
ohne die Erkenntnis der Ursache kann man keine Wirkung
hervorbringen, weil das, was für uns in der Erkenntnis die
Bedeutung der Ursache hat, uns in der Anwendung zum
Mittel dient oder zur Regel und Anweisung, eine Sache
richtig hervorzubringen. („N. O.", I, A. 3, 116, 129; „Cog. et
Vis.", p. 592; „Imp. Ph.", p. 684)

§ 20. *Das Wesen der Wissenschaft überhaupt, ihre Herrlichkeit und ihre Wirkungen auf den Menschen*

Das Wesen der Wissenschaft besteht darin, daß sie das Abbild des Seins ist. Alles, was daher würdig ist zu existieren,
ist auch würdig, gewußt zu werden; die niedrigsten und
häßlichsten Dinge sind darum ebensogut Gegenstand der
Wissenschaft als die herrlichsten und kostbarsten; denn das

Niedrige und Gemeine hat ebensogut Existenz als das Herrliche. Auch befleckt sich dadurch nicht die Wissenschaft, sowenig als die Sonne, die ebenso über Kloaken hinwegschreitet als über Paläste. Die Wissenschaft ist kein Kapitolium noch eine Pyramide, dem Menschen zur Ehre und zum Stolze errichtet, sondern ein heiliger Tempel, nach dem Muster der Welt in dem menschlichen Geiste aufgebauet. („N. O.", I, A. 120)

Die Wissenschaft ist das Abbild der Wahrheit. Denn die Wahrheit des Seins und die Wahrheit des Erkennens sind identisch und unterscheiden sich nicht mehr voneinander als der gerade und reflektierte Strahl. („De Augm. Sc.", I, p. 18)

Nicht weniger erhaben als das Wesen der Wissenschaft sind ihre Wirkungen auf den Menschen. Die Wissenchaft nämlich erfüllt den Menschen mit dem Bewußtsein seiner Gebrechlichkeit, der Unbeständigkeit des Glücks, der Würde seiner Seele und seiner Bestimmung und Pflichten; daher die wissenschaftlichen Männer sich nicht die Vergrößerung ihres Vermögens als ein besonderes Gut zum Zwecke machen und die Sorge für sich der Sorge für das Allgemeine nachsetzen, während der Haufe der Politiker, die nicht eingeweiht sind in die Wissenschaft der Moral und die Betrachtung des allgemeinen Guts, sich als das Zentrum der Welt betrachten, auf das sie alles beziehen, und selbst bei allgemeiner Not nur an sich und die Errettung ihrer Güter denken. (l. c.)

Die Wissenschaft macht den Menschen frei von kindischer und übertriebener Bewunderung der Dinge; denn wir bewundern die Dinge nur entweder wegen ihrer Neuheit oder ihrer Größe, die Erkenntnis aber bringt eben den Menschen zu der Überzeugung, daß es nichts Neues unter der Sonne gibt. Wie kann nun aber der noch besonders ein Puppenspiel bewundern, der die Werkzeuge und Fäden kennt, durch die die Puppen bewegt werden? Und was ist irdische Größe für den, den die Wissenschaft zur Anschauung des Universums führt? Selbst der Erdball samt dem Treiben der Menschen auf ihm erscheint ihm nur als ein Ameisenhäuflein. (l. c.)

Die Wissenschaft benimmt oder vermindert doch wenigstens die Furcht vor dem Tode und dem Unglück, die das größte Hindernis eines tugendhaften Charakters ist, und macht das Gemüt des Menschen so bildsam und beweglich, daß er nie in einen Zustand moralischer Erstarrung gerät und gleichsam in seinen Fehlern einfriert, ohne sich selbst mehr anzuregen und dem Bessern nachzustreben. Davon weiß freilich nichts der unwissenschaftliche Mensch, er weiß nicht, was das heißt, in sich selbst hinabsteigen und bei sich selbst zu Rate gehen, und was das für ein süßes Leben ist, welches von dem Bewußtsein seiner von Tag zu Tag zunehmenden Verbesserung und Vervollkommnung begleitet ist. Aus den Wirkungen der Wissenschaft auf den Menschen ergibt sich daher, daß sich das Wahre und das Gute nur unterscheiden wie das Siegel und sein Abdruck, denn die *Wahrheit* ist das *Siegel* der *moralischen Güte.* (l. c., p. 34)

Die erhabenste Macht auf Erden, die höchste, die würdigste Herrschaft ist daher auch die Herrschaft der Wissenschaft; denn die Würde und der Wert der Herrschaft richtet sich nach der Würde und dem Werte des Beherrschten. So bringt es keine Ehre, über Sklaven zu herrschen oder über ein knechtisches Volk; wohl aber ist es ehrenvoll, freie Menschen zu beherrschen, wie es in freien Monarchien und Republiken der Fall ist. Noch weit herrlicher jedoch und erhabener als die Herrschaft des Staates ist die der Wissenschaft, denn der *Staat* gebietet nur über den *Willen*, die *Wissenschaft* aber über den *Verstand*, die Überzeugung, die Intelligenz, die der *höchste* Teil der Seele ist und selbst über den Willen gebietet. (l. c.)

§ 21. *Die Einteilung der Wissenschaft*

Am richtigsten teilt man die Wissenschaft nach den drei Fähigkeiten der vernünftigen Seele ein, in welchen sie ihren Sitz und Ursprung hat, folglich in Geschichte, die in dem Gedächtnis, in Poesie, die in der Phantasie, in Philosophie, die in der Vernunft ihren Sitz und Ursprung hat. („De Augm. Sc.", II, c. 1)

Die Geschichte hat es eigentlich nur mit den durch Zeit und Raum beschränkten Individuen zu tun; denn wenn sich gleich die Naturgeschichte auch mit den Arten abzugeben scheint, so kommt das nur daher, daß die Individuen in der Natur, die unter *einer* Art stehen, eine solche Ähnlichkeit miteinander haben, daß, wer *eines* kennt, *alle* kennt. Daher gehört auch ebensogut die Beschreibung solcher Individuen, die einzig in ihrer Art dastehen, wie die Sonne und der Mond, oder auf eine besondere Weise von ihrer Art abweichen, wie die Mißgeburten, in die Naturgeschichte. Alle diese Objekte beziehen sich aber auf das Gedächtnis. (l. c.)

Die Poesie, unter der hier weiter nichts verstanden wird als die Erdichtung von Geschichten oder Fabeln, hat es auch mit Individuen zu tun; aber die Individuen der Poesie sind erdichtete Wesen; sie bildet sie zwar nach dem Muster der wirklich existierenden Individuen, jedoch so, daß sie dabei sich gar nicht an die Gesetze der Wirklichkeit kehrt und Dinge nach Belieben ersinnt und einführt, die nie in der wirklichen Welt vorfallen könnten. Aber eben dies ist die Sache der Phantasie. (l. c.)

Die Philosophie läßt die Individuen fahren und macht nicht die ersten Eindrücke der Sinne, sondern die von ihnen abgezogenen Begriffe zu ihrem Gegenstand und beschäftigt sich mit ihrer Verbindung und Trennung, wobei sie sich nach den Gesetzen der Natur und der Evidenz der Sache selbst richtet. Dieses tut aber nur die Vernunft. (l. c., c. 2)

Die besondern Hauptteile dieser verschiedenen Wissenschaften sind folgende: Die Geschichte ist entweder Naturgeschichte, deren Teile schon früher angegeben wurden, oder Staatsgeschichte (historia civilis). Diese zerfällt wieder, abgesehen von den speziellen Unterabteilungen, in Kirchengeschichte, allgemeine Geschichte der Künste und Wissenschaften, eine bis jetzt noch vermißte Wissenschaft, endlich in eigentliche Staatsgeschichte. Die Poesie aber ist entweder erzählende (narrativa) oder dramatische (dramatica) oder parabolische (parabolica). („De Augm. Sc.", II)

§ 22. *Die Philosophie*

Die *Philosophie*[42] hat drei Teile, da sie *Gott*, die *Natur* und den *Menschen* zu ihrem Objekte hat, und ist daher *Theologie* (nämlich naturalis [natürliche], im Unterschiede von der inspirata [geoffenbarten], die auf der Bibel beruht), *Naturphilosophie* und *Philosophie vom Menschen*.

Die Erkenntnis der Natur gleicht einem geraden Strahle, die Erkenntnis Gottes wegen des ungleichen Mediums, nämlich der Kreaturen, vermittelst welcher Gott erkannt wird, einem gebrochenen Strahle, die Erkenntnis des Menschen aber, der sich selbst vorstellt, sich in sich selbst zurückstrahlt, einem reflektierten Strahle. (l. c., III, c. 1)

Diesen drei Disziplinen muß nun aber eine allgemeine Wissenschaft vorangehen, welche die Mutter aller übrigen Wissenschaften ist und mit dem Namen der ersten Philosophie, philosophiae primae, bezeichnet werden kann. Diese muß solche Grundsätze enthalten, welche nicht das Privat-

---

[42] Über die Bedeutung der Philosophie und ihre Notwendigkeit zur Erkenntnis des Besondern spricht sich B. also aus: „Qui in Philosophia et Contemplationibus universalibus positum omne studium inane atque ignavum arbitratur, non animadvertit, singulis Professionibus et Artibus exinde succum et robur suppeditari. [Wer alles auf Philosophie und allgemeine Betrachtungen gesetzte Studium für leer und nichtig hält, sieht nicht, daß von dort her die einzelnen Tätigkeiten und Fertigkeiten Kraft und Saft erhalten.]" („De Augm. Sc.", II, p. 39) – „Alius error est, quod post singulas scientias et artes suas in classes distributas, mox a plerisque universali rerum cognitioni et Philosophiae primae renuntiatur, quod quidem profectui doctrinarum inimicissimum est. Prospectationes fiunt e turribus aut locis praealtis et impossible est, ut quis exploret remotiores interioresque scientiae alicujus partes, si stat super plano ejusdem scientiae, neque altioris scientiae, veluti speculum adscendat. [Ein weiterer Irrtum besteht darin, daß die meisten nach der Klassifizierung der einzelnen Wissenschaften und Fertigkeiten alsbald auf allgemeine Kenntnis der Dinge und Grundlagenphilosophie verzichten, was doch den Fortschritt der Wissenschaft am meisten hemmt. Ausblicke gewinnt man von Türmen und Gipfeln, und unmöglich kann jemand die entfernteren und die inneren Bereiche irgendeiner Wissenschaft erforschen, wenn er auf der Ebene dieser Wissenschaft bleibt und sich nicht zu einem höheren Wissen gleich einem Reflektor erhebt.]" (l. c., I, p. 21.)

eigentum irgendeiner besondern Wissenschaft, sondern das Gemeingut mehrerer Wissenschaften zugleich sind. Ein solcher allgemeiner Grundsatz ist z. B.: Dinge, die mit einem Dritten übereinstimmen, stimmen mit sich selbst überein; denn er gilt ebensowohl in der Mathematik als in der Logik, wo er die Grundlage des Syllogismus bildet. (l. c.)

Die erste Philosophie hat aber auch noch in einem besondern Teile von den relativen oder hinzukommenden Beschaffenheiten der Dinge, z. B. der Wenigkeit und Vielheit, der Gleichheit und Ungleichheit, der Möglichkeit und Unmöglichkeit, zu handeln. Diese Gegenstände müssen aber ganz anders als bisher behandelt und untersucht werden. Bisher hat man z. B. noch nie, so viele Worte man auch über das Viele und Wenige gemacht hat, den Grund zu ermitteln gesucht, warum in der Natur die einen Wesen in so zahlreicher, die andern in so geringer Menge vorhanden sind. Ebensowenig wurde je bei der Materie von der Ähnlichkeit und Verschiedenheit ein genügender Grund angeführt, warum die Natur beständig zwischen verschiedene Arten gewisse Mittelwesen einschiebt, die von beiden etwas an sich haben. Diese Gegenstände dürfen also nicht logisch, sondern müssen physisch betrachtet und untersucht werden. (l. c. u. V, 4)

Die *Naturphilosophie* und ihre Teile sind bereits schon dargestellt worden; die natürliche Theologie oder die Philosophie von Gott bestimmt Bacon im gewöhnlichen Sinne, nämlich als die Erkenntnis Gottes aus der natürlichen Vernunft und Betrachtung der Welt, als welche uns seine Attribute, wie Allmacht, Weisheit, Güte, Gerechtigkeit, Anbetungswürdigkeit, hinlänglich offenbaren. Es ist also nur noch übrig die Philosophie vom Menschen und die Angabe ihrer besondern Zweige. (l. c., IV)

Die *Philosophie* vom *Menschen* betrachtet diesen entweder im isolierten Zustande oder in der Verbindung (segregatum aut conjugatum) und ist darnach entweder Philosophie des Menschen, phil. humanitatis, oder Philosophie des Staates, philos. civilis. Beiden voran geht aber eine allgemeine Wissenschaft, nämlich die von der Natur und dem Stande des Menschen (de natura et statu hominis), welche aber wieder in zwei besondere Wissenschaften als ihre Teile zerfällt, in die Wissenschaft von der ungeteilten Natur (natura homi-

nis indivisa) oder der Person des Menschen, welche hauptsächlich ebensowohl von dem Elend als den ausgezeichneten Eigenschaften oder Vorzügen des Menschen handelt
(de miseriis humani generis et praerogativis sive excellen-
tiis), und in die Wissenschaft von dem Bündnisse oder der
Gemeinschaft der Seele mit dem Leibe (de foedere sive de
communi vinculo animae et corporis), welche teils betrachtet, wie sich Leib und Seele gegenseitig offenbaren, d. h.
wie die Seele aus der Beschaffenheit und Gestalt des Leibes
und umgekehrt der Leib aus den Eigenschaften der Seele
beurteilt und erkannt wird, und so die Lehre von der An-
zeigung oder den Zeichen ist (de indicatione), teils aber davon handelt, wie Leib und Seele gegenseitig aufeinander
einwirken, und daher die besondere Lehre von den Eindrücken (de impressione) bildet.

Die Philosophie vom Menschen im isolierten Zustande
aber besteht aus ebensoviel Teilen als der Mensch, also aus
Wissenschaften, die sich mit der Seele und dem Körper beschäftigen. („De Augm. Sc.", IV, 1) Die Wissenschaft vom
Körper besteht aus ebenso vielen Teilen, als es Güter des
Menschen gibt, folglich aus der Medizin, die die Gesundheit, aus der Kosmetik, welche die Schönheit, aus der Ath-
letik, welche die Stärke, und der Vergnügungskunst (volup-
taria), welche das Vergnügen zum Gegenstande hat. (l. c.,
c. 2)

Die Wissenschaft von der Seele handelt teils von der Substanz und den Fähigkeiten der Seele, teils von dem Gebrauch und den Gegenständen ihrer Fähigkeiten (c. 3). Der
letztere Teil enthält die Logik und Ethik. Die Logik selbst
aber besteht aus vier Teilen, aus der Kunst der Untersuchung oder Erfindung (ars inquisitionis seu inventionis),
der Kunst der Prüfung oder Beurteilung (ars examinis seu
judicii), der Aufbewahrung im Gedächtnis (ars custodiae
seu memoriae), endlich aus der Kunst des Vortrags oder
Unterrichts (ars elocutionis seu traditionis). (l. c., V, c. 1)
Die Ethik aber zerfällt in die Lehre vom Ideale oder der
Idee des Guten oder der moralischen Glückseligkeit (de
exemplari sive imagine boni) und die Lehre von der Leitung und Kultur des Gemüts (de regimine et cultura animi,
georgica animi). (l. c., VII, c. 1–8)

Die Philosophie, die den Menschen in der Verbindung

oder Gesellschaft betrachtet, die philosophia civilis, begreift in sich die Lehre vom Umgang, von den Geschäften, vom Staate und dessen Verwaltung. (l. c., VIII)

§ 23. *Bacons Verhältnis zum Christentum*

Den Schluß in der Baconschen Enzyklopädie der Künste und Wissenschaften bildet die *„heilige“* oder *„inspirierte Theologie“*. B. bezeichnet sie als den Hafen, den Ruhesitz und Kulminationspunkt des menschlichen Geistes, denn hier stütze sich der Geist nicht wie außerdem auf das Zeugnis der Sinne, welche von den materiellen Dingen in Bewegung gesetzt werden, sondern auf das Zeugnis einer geistigen Substanz, die ein weit edleres Wesen sei als eine körperliche Substanz. Aber der Gegenstand dieser Wissenschaft ist keine Sache der Vernunft, sondern des *Glaubens*. „Wie wir“, sagt B. („De Augm. Sc.“, IX), „dem göttlichen Gesetz ungeachtet des Widerstrebens unseres Willens gehorchen müssen, so müssen wir dem Worte Gottes ungeachtet des Widerstrebens unserer Vernunft glauben. Je absurder und unglaublicher ein göttliches Mysterium uns erscheint, desto größere Ehre erweisen wir Gott, wenn wir es glauben.“ Die große Reformation, die B. im Schilde führt, erstreckt sich daher nur auf die Philosophie, nicht Theologie, d. h. nur auf die weltlichen, materiellen, nicht auf die göttlichen, geistigen Dinge. Er beginnt seine Reformation ausdrücklich mit dem Gebete an die Gottheit, sie möge verhindern, daß sein Unternehmen keine üblen Folgen für die Religion habe, daß nicht die Menschen die Grenzen desselben verkennen, nicht das Licht, das er in der Natur anzünde, zur Beleuchtung der Glaubensgeheimnisse anwenden und dadurch sie profanieren und zweifelhaft machen. Wegen dieser seiner frommen Gesinnungen und Gedanken gilt B. für das Muster eines christlichen Naturforschers. Man lese De Lucs schon oben angeführten „Précis de la Philosophie de B.“ und die gleichfalls schon erwähnte Schrift „Le Christianisme de F. B. ou Pensées et sentimens de ce grand homme sur la Religion“. Beide Schriften haben den Zweck, im Gegensatz zu den französischen Empiristen und Atheisten, welche B. zu ihrem Anführer machten, sein religiöses oder christliches Wesen hervorzuheben.

Allerdings hatten diese Schriftsteller recht, wenn sie den Unterschied B.s von den französischen Empiristen und Atheisten hervorhoben, aber ebenso recht hatten diese, wenn sie B. mit sich identifizierten. B. ist ein dualistisches, widerspruchsvolles Wesen. B. ist unstreitig ein frommer, gläubiger, ja recht- und vollgläubiger Christ, und doch ist er zugleich *nicht* gläubig, *nicht* Christ. Seine Gebete, sein Glaubensbekenntnis, seine Bibelzitate, sein letztes Buch „De Augmentis Scientiarum", seine übrigen in seinen Werken zerstreuten religiösen Gedanken sind wohl schöne Zeugnisse und Produkte seines Christentums; aber sein Hauptwerk, seine Physik, sein „Organum novum" ist das Produkt und Zeugnis eines unchristlichen, ja dem Wesen des Christentums geradezu widersprechenden Geistes.

Was ist B.s Haupttendenz? Die Natur aus der Natur zu erkennen, die Natur durch sich selbst zu fassen, die Natur unentstellt durch Einmischungen des menschlichen Geistes oder Wesens überhaupt ans Licht zu ziehen. Das Experiment oder Instrument, dessen Notwendigkeit B. so hervorhebt, hat eben keinen andern Zweck, als die Natur nicht aus ihren *unmittelbaren* Beziehungen und Wirkungen auf den Menschen und seine Sinne,[43] sondern aus ihren Beziehungen und Wirkungen auf sich selbst kennenzulernen, so daß, wie er sagt, der Sinn nur über das Experiment, das Ex-

---

[43] „Docebimus … quomodo Testatio Sensus, quae semper est ex Analogia hominis, ad Analogiam Mundi reducatur et rectificetur; neque enim multum Sensui tribuimus in perceptione *immediata*, sed quatenus motum sive alterationem rei manifestat. [Wir werden darlegen …, wie das Zeugnis der Sinne, das immer von einer Analogie zum Menschen ausgeht, wieder in Analogie zur Welt gebracht und berichtigt wird; denn wir geben nicht viel auf die Sinne bei der *unmittelbaren* Wahrnehmung, wohl aber darauf, daß sie Bewegung oder Veränderung offenkundig machen.] („Imp. Phil. Indic. Vera de Int. Nat.") Ich war gerade an diesem Paragraphen, als ich die Kritik *Hayms* über mich erhielt. Ich bemerke dem Verfasser, daß *die* Natur, die ich in dem von ihm so sehr beanstandeten § 48 („Wesen der Religion") im Auge und Sinne hatte, bereits seit Bacon kein „Abstraktum" mehr ist, sondern *Existenz* hat, und verweise zugleich auf § 7, „Grundsätze der Philos." (S. 275, II. Bd.). Doch das Nähere hierüber vielleicht bei einer andern Gelegenheit. Hier sei B., dessen hohe und originale Bedeutung übrigens noch heute den spekulativen Philosophen ein Rätsel ist, mein Fürsprecher.

periment aber über den Gegenstand urteilt. Wenn ich z. B. die warme Hand in laues Wasser stecke, so behauptet mein Gefühlssinn kategorisch: Das Wasser ist kalt; aber mein Auge belehrt mich vermittelst des Thermometers von dem Gegenteil. Mein Urteil über die Temperatur des Wassers stützt sich daher jetzt auf die Wirkung, welche dasselbe auf das Quecksilber äußert; ich bin nur Zuschauer, habe aber eben deswegen ein objektives Urteil.

Die Natur ist aber ein physisches, sinnliches, materielles Wesen. Die Natur folglich auf eine ihrem Wesen adäquate Weise, also durch sinnliche, physische, materielle Mittel, zu erkennen, ist B.s Hauptendenz. Aber eben diese *sinnliche, physische* Tendenz B.s steht im direkten Widerspruch mit dem Wesen oder Geiste des Christentums. Das Christentum lehrt, daß Gott ein Geist ist, daß dieser Geist durch das Wort oder den Gedanken die Welt erschaffen und daß unter allen erschaffenen Wesen der Mensch allein wegen seines Geistes das Ebenbild Gottes sei. Wenn aber der Geist, der Gedanke, das Wort der Schöpfer der Natur ist, wie kann B. als Christ dem Aristoteles und Plato darüber einen Vorwurf machen, daß sie aus Worten, Kategorien, Ideen die Welt konstruierten? Waren sie nicht gerade hierin Vorläufer des Christentums? Warum soll das Ebenbild nicht in Gedanken tun, was das Urbild in Wirklichkeit tut? Warum nicht das Prinzip des Seins das Prinzip des Erkennens sein? Warum nicht der Geist das Prius der Natur subjektiv, in der Erkenntnis, sein, wenn er es in Wirklichkeit ist? Ist nicht dieser Gang der göttlichen Ordnung der Dinge gemäß? Wie kann also B. als Christ den entgegengesetzten Weg, den Weg der Induktion, der das Geistige aus dem Sinnlichen entspringen läßt, einschlagen und als den wahren Weg anpreisen? Führt dieser Weg nicht *notwendig* zum Sensualismus, Materialismus, Atheismus? Komme ich nicht auf diesem Wege unvermeidlich dahin, das Materielle, Sinnliche als das Erste, Unmittelbare, Unableitbare zu fassen und auszusprechen? Hat nicht schon B. selbst behauptet, daß es in der Natur Unverursachtes, incausabilia, eine Grenze der Ursachen gebe, daß es töricht sei, wenn man an die letzte, positive Ursache oder Materie, sie sei nun, wie und welche sie wolle, gekommen sei, noch weiter nach einer Ursache zu fragen? Wie nahe liegt der Schritt, die Schöpfung dieser natürlichen Ursache oder Materie aus nichts, d. h. aus dem Gedanken oder Willen, die B. selbst als eine übernatürliche, unbegreifliche, geoffenbarte Lehre bezeichnet, zu verwerfen und bei der Natur allein stehenzubleiben? Und was heißt denn der Satz: Gott, der Geist hat die Natur oder Welt aus nichts erschaffen, anders als: Die Welt oder Natur ist *nichts für den Geist?* Wie kann also B. das, was für das Urbild des menschlichen Geistes, folglich für diesen selbst nichts ist, zum *wesentlichen* Gegenstand desselben machen, zu *dem* Gegenstand, von dessen Erkenntnis allein das Wohl des Menschengeschlechts abhänge? B. sagt: „Wer den materiellen Himmel und die Erde in dem Worte Gottes sucht, in *dem* Worte, von dem es heißt: *Himmel und Erde werden vergehen, aber meine Worte werden nicht vergehen,* der sucht unbesonnenerweise die *vergänglichen* Dinge unter den *ewigen,* und wenn es wahr ist, daß der, welcher die Theologie, d. h. die Wissenschaft der geoffenbarten Dinge, in der Philosophie suchte, gerade so verfahren würde wie ein Mensch, welcher die *Lebenden unter den Toten suchte,* so ist es nicht weniger wahr, daß der, welcher im Gegenteil die Philosophie in der Theologie suchte, dem gleicht, der die *Toten unter den Lebenden suchte.*" Wie kann aber der Geist, wenn er die Wahl zwischen Lebenden und Toten, zwischen Ewigem und Vergänglichem hat, sich auf dieses konzentrieren? Wird er nicht notwendig das Vergängliche mit Verachtung wegwerfen, um sich nur dem Ewigen zu widmen? Wie kann also B. als ein Christ die Meinung, daß der Geist sich von seiner Würde etwas vergebe, wenn er sich mit den besondern, sinnlichen, in die Materie versenkten Dingen beschäftige, als ein verwerfliches Vorurteil bezeichnen? Ist nicht der Geist, wie er selbst sagt, ewig, unsterblich? Wie kann er also mit vergänglichen Dingen, mit Dingen, die unter seiner Würde sind, sich abgeben? Ist nicht der einzige seiner würdige Gegenstand Gott oder, was ziemlich eins ist, er selbst? Und wie kann B. die Meinung, daß dem menschlichen Geiste die Wahrheit eingeboren sei, daß die Sinne nur die Funktion hätten, den Geist zu erregen, aber nicht zu unterrichten, als eine törichte, dünkelhafte Einbildung bezeichnen?[44]

[44] „Opinione elata et commentita, qua veritas humanae mentis veluti indigena, nec aliunde commigrans, et sensus intellectum magis

Findet sie nicht ihren Grund oder wenigstens ihre Bestätigung und Rechtfertigung in der Lehre daß der menschliche Geist das Ab- oder Ebenbild Gottes, also das Ebenbild des höchsten, wahren Wesens sei? Hat denn nicht der Mensch in der Gottähnlichkeit seines Geistes einzig die Quelle der Wahrheit? Wie soll er sie also außer sich suchen? B. sagt, daß die Natur nicht den Willen, sondern nur die Macht Gottes offenbare, daß sie wohl zur Widerlegung des Atheismus, aber nicht zur Begründung der Religion hinreiche, daß sie also nichts Positives von Gott aussage, ja, daß man eigentlich, strenggenommen, von der Natur auf Gott nicht schließen könne, denn zwischen dem materiellen Wesen der Natur und dem geistigen Wesen Gottes sei keine Analogie, keine Ähnlichkeit, Gott sei nur sich selbst gleich, daß die Natur oder Welt nicht, wie die Alten sagten, das Bild, sondern das Werk Gottes, der Mensch aber nicht, wie gleichfalls die Alten sagten, das Bild der Welt, sondern Gottes sei.[45] Wie kann also B. als Christ dem Gottesbild zumuten, daß es die Schleusen der profanen Sinne öffnen, sich in den Kot der gottlosen Materie versenken solle? Heißt das nicht, das *Licht unter den Scheffel stellen?* Stimmt aber das mit den Lehren und Geboten des Christentums überein? Nein, es widerspricht dem Christentum. B. hebt auf dem Gebiete der Physik, der Naturwissenschaft die Wahrheit und Gültigkeit des Christentums auf. Nichts hat die Menschheit mehr von der Natur abgezogen als das Christentum, nichts mehr *die* Gesinnungen und Vorurteile erzeugt oder doch genährt, die B. für die größten Hindernisse des Naturstudiums erklärt. Indem er daher diese Hindernisse beseitigt, beseitigt er indirekt das Christentum selbst; aber natürlich nur als Physiker, als naturwissenschaftlicher Reformator, denn außerdem und nebenbei ist er Christ comme il faut [wie es sich gehört].

excitare, quam informare asserebatur. [In der dünkelhaften Einbildung, nach der man behauptete, die Wahrheit sei dem menschlichen Geiste gleichsam eingeboren und nicht von außen hereingekommen und die Sinne regten den Verstand eher an, als daß sie ihn unterrichteten.]" („Cog. et Vis.")

[45] Diese Stellen stehen „De Augm. Sc.", III, 2, et I; „Imp. Phil. de Interp. Nat.", S. XII; „Cog. et Vis.".

II. THOMAS HOBBES

§ 24. *Übergang von Bacon zu Hobbes*

Mit der Erfahrung, der Wahrnehmung der sinnlichen Wirklichkeit, die Bacon als den wahren Weg zur Erkenntnis anpries, wurde das, was wir überhaupt das Materielle, Sinnliche oder Erscheinende nennen, das Ziel und wesentliche *Objekt* des Geistes, ganz im Gegensatze gegen jenes innerlich religiöse und metaphysische Leben des Mittelalters, wo der Geist jenseits der Natur, jenseits der gegenwärtigen, sinnlichen Wirklichkeit einerseits in die Anschauung des göttlichen Wesens, wie im Mystizismus, andererseits in die Betrachtung der abstrakten Bestimmungen des Wesens überhaupt, wie in der scholastischen Metaphysik, vertieft war; und der Geist, der nur das und nur so ist, was und wie sein Objekt ist, wurde dadurch selbst sinnlich, materialistisch. Wie der Mensch, wenn er aus der Schule, wo er entfernt vom Leben in der Zucht unter strengen Regeln und Gesetzen gehalten wird, heraustritt, jetzt im Bewußtsein oder Gefühle seiner Selbständigkeit sich in das Leben hineinwirft, so wurde der menschliche Geist, als er das Gymnasium des Mittelalters verließ und, befreit von der Zucht der Kirche und dem Formenwesen der alten Metaphysik, auf die Universität der neuern Zeit zog, jetzt, in der Absonderung von allem Höhern und Übersinnlichen, gleichsam vom Rausche der Sinnlichkeit ergriffen, in den Materialismus hinuntergerissen, seiner selbst entleert.

Diese Geistesausleerung zeigt sich zuerst in der Form eines Systems des Empirismus und Materialismus in *Hobbes*, der Unmögliches wollte, nämlich die Empirie als Philosophie selbst aussprechen und geltend machen,[46] dessenungeachtet

---

[46] Allerdings ist es ein Widerspruch, die Empirie, wenigstens die rohe, unausgebildete, unvollendete Empirie als Philosophie aussprechen zu wollen. „Wird denn aber je die Empirie fertig, verläuft sich nicht ins Unendliche?" Aber, frage ich dagegen, wird denn je die Philosophie fertig? *Für sich* freilich ist der Philosoph fertig, seine Bestimmungen gelten ihm für die absoluten, adäquaten, letz-

aber unstreitig einer der interessantesten und geistreichsten Materialisten der neuern Zeit ist. Wie die Philosophie oder richtiger der Materialismus Hobbes' nichts Ursprüngliches, nichts Unbedingtes und Absolutes, nichts aus sich selbst Bestimmendes und Bewegendes zum Inhalt und Objekt hat, so ist auch der Form nach seine Philosophie oder sein System (wenn man anders nur diese Worte bei H. anwenden darf) kein System, sondern eine Gedankenmaschine, sein Denken reiner Mechanismus, ebenso äußerlich, so locker zusammengehalten wie eine Maschine, deren Teile trotz ihres Zusammenhangs ein unlebendiges, einheitsloses Außereinander bleiben, ebenso langweilig, einförmig, trocken wie eine mechanische Operation, so indifferent und blind wie der Zufall oder die äußerliche, mechanische Notwendigkeit, indem er gleichgültig gegen den differenten, spezifischen Inhalt der Dinge alles nivelliert, d. i. ohne Unterscheidung, ja, mit der Negation der Differenz bestimmte Gesetze oder Kategorien, die nur innerhalb der beschränkten, untergeordneten Sphäre bestimmter Objekte gelten, die Gesetze des *endlichen* oder äußerlichen Mechanismus auf alle Objekte ausdehnt. Der *logische Begriff*, der den Empirismus oder Materialismus des Hobbes wie der spätern Empiristen beherrscht, ist daher, weil er eine Verneinung alles Substantiellen und Unbedingten ist, allein der Begriff der *Relativität* oder *Bedingtheit*. Denn selbst der Geist ist in ihm

ten, schlechthin notwendigen und allgemeinen; aber sind sie es auch für die andern, für die Zukünftigen? Mitnichten; das „absolute Wissen" dieser Philosophie erweist sich mit der Zeit als endliches Wissen, ihr Allgemeines als Partikuläres, ihr absolut Notwendiges nur als zeitlich, historisch Notwendiges. Und die Philosophie wird sich so lange ins Unendliche verlaufen, solange es einen empirischen Verlauf ins Unendliche gibt, d. h. so lange, als Zeiten auf Zeiten, Menschen auf Menschen folgen. Die Vorwürfe, die die spekulative Philosophie dem Empirismus macht, treffen daher sie selbst. Übrigens ist der Hobbessche, überhaupt moderne Empirismus keineswegs der absolute, sondern ein endlicher, beschränkter Empirismus, denn überall macht er *bestimmte Erscheinungen* zum *absoluten Wesen*. So macht H. das Rechnen zum Wesen des Denkens, so die Erscheinung des Menschen im Bürgerkrieg zum ursprünglichen Wesen des Menschen. Im „Leviathan", c. 13, führt er selbst ausdrücklich den Bürgerkrieg als ein Beispiel von dem Naturstand des Menschen an.

kein Ursprüngliches, von sich selbst Anfangendes, Erstes, sondern ein lediglich Gesetztes und Bedingtes;[47] alle seine Erkenntnisse und Begriffe entspringen aus den Bildern und Vorstellungen der Sinne, diese aber sind Wirkungen der Bewegungen zwischen den Organen und der einwirkenden Objekte, diese Bewegung der einwirkenden Objekte ist aber selbst wieder eine von einer andern bedingte, diese letztere wieder und so fort bis ins Unendliche; denn im Begriffe der mechanischen Bewegung liegt nicht der Begriff der Ursprünglichkeit, des Selbstanfangs, sondern der der Bedingtheit. Der Empirismus hat daher keinen Anfang, keine Mitte, kein Ende, d. h. überhaupt kein *Prinzip*, denn er hat keine substantiellen Begriffe zu seinem Prinzip, sondern wie sein Objekt, so sind seine Begriffe selbst relativ, bedingt; er ist und kann daher nie sein ein *System*; wenn auch äußerlich konsequent, ist er doch innerlich halt- und zusammenhanglos.

Aber gerade in dieser Entleerung und Entäußerung des Geistes, in dieser exzentrischen Materialität des Denkens liegt das Interessante und historisch Bedeutsame des Hobbesschen Systems, liegt seine Notwendigkeit, sein Zusammenhang mit der Geschichte der neuern Zeit und in diesem seine Rechtfertigung und Würdigung. Denn es war ganz in der Ordnung, daß der menschliche Geist, als er aus dem engen und dumpfen Gymnasium des Mittelalters, aus dem beschränkten Kreise seiner frühern klösterlichen Eingezogenheit und Abgeschiedenheit von dem Leben und der Welt in das freie Universitätsleben der neuern Zeit überging, in das entgegengesetzte Extrem verfiel und alles Ideale, Übersinnliche, alle Metaphysik jetzt als ein Nichtiges verwarf. Der Empirismus und Materialismus ist im Lebenslauf des denkenden Geistes, was im Lebensgang des einzelnen die Periode ist, wo er von der Höhe seiner ersten, nur noch subjektiven, durch keine Erfahrung begründeten idealen Anschauungen in die Fluten des sinnlichen Lebens sich hinabstürzt. Erst *der* Idealismus, welcher aus den Zerstreuungen dieser erfahrungsreichen Periode zurückkehrt, ist be-

---

[47] Der Geist ist nichts anderes, sagt H. in seinen Einwürfen gegen Cartesius, als eine Bewegung in gewissen Teilen des organischen Körpers.

währter, seiner selbst gewisser Idealismus. Daher wurde auch der abstrakte, subjektive Idealismus der Cartesischen Philosophie erst auf der Rückkehr aus dem Empirismus der Engländer in Kant und Fichte, in denen der Geist wieder zu sich selbst kam, sich in sich sammelte, inhaltsreicher, bewährter Idealismus.[48]

§ 25. *Hobbes' Leben*

Thomas Hobbes wurde 1588 geboren zu Malmesbury in der Grafschaft Wilton, wo sein Vater Prediger war. Er verriet frühzeitig lebhaften Geist und bezog daher schon im zarten Jünglingsalter die Universität Oxford, wo damals noch die scholastisch aristotelische Philosophie herrschte. Mehr als die Schule trug daher zur Entwickelung seiner Geistesrichtung eine Reise durch Frankreich und Italien bei, wo er durch die Bekanntschaft und den Umgang mit den Gelehrten dieser Länder zu eigenem Nachdenken und dem Zwei-

---

[48] Gegen die Bedeutung, die hier dem Empiris- und Materialismus gegeben wird, wird man wohl nicht einwenden, daß ja auch die Materialisten zum Teil vom Sinnlichen als einem bloßen Scheine, wie Hobbes von dem great deception of sense [der großen Sinnestäuschung], sprechen, die Realität der Sinnenvorstellungen aufheben; denn der Idealismus, wie er sich innerhalb des Empirismus findet, ist selbst Materialismus. Auch ist wohl zu merken, daß hier der Empirismus überhaupt nach seinen allgemeinen Begriffen bezeichnet wird. Hobbes ist ein ganz *abstrakter* Materialist, d. h. der Begriff, der seine Philosophie beherrscht, ist der Begriff der bloßen *Materie*, des bloßen *Körpers*, oder richtiger des abstrakten, mathematischen Körpers, dessen *wesentliche* Bestimmung allein die Quantität ist. Dieser reine gedankenhelle Körper ist das Substantielle in seiner Philosophie, in dieser Reinheit und Abstraktion ist er aber die Negativität und Idealität aller sinnlichen Akzidenzen, d. i. *aller Qualität,* d. h., ist nur die durch den Gedanken allein wahrnehmbare Beschaffenheit, die ganz *abstrakte* Qualität, die Quantität die substantielle Bestimmung des Körpers; bei spätern Materialisten dagegen, besonders französischen, ist der Begriff, der sie beherrscht, der der *sinnlichen* Materie, des sinnlichen Körpers, die Versenkung in die abstrakte Körperlichkeit der Materialität ist bei ihnen zur Versenkung in die Sinnlichkeit, in das Wesen der sinnlichen Vorstellung und Empfindung geworden.

fel an der Nützlichkeit und dem Werte der bestehenden Schulweisheit erwachte. Nach der Rückkehr in sein Vaterland warf er daher mit Ekel und Widerwillen die damalige Metaphysik, Logik und Physik weg, weil sie für das Leben unbrauchbar und durch die Erfahrung nicht begründet wären, und las dafür fleißig die griechischen und lateinischen Philosophen, Dichter und Geschichtsschreiber, von denen er den *Tukydides* selbst ins Englische übersetzte. Obgleich sein Haß gegen die Schulweisheit durch diese Lektüre nur noch stärker wurde, so hatte er doch noch nicht sich selbst eine bestimmte philosophische Methode oder Anschauung angeeignet, sondern huldigte dem Eklektizismus, zu dem ihn ebensowohl eigene Neigung als der freundschaftliche Umgang mit *Bacon* brachte, der von ihm rühmte, daß keiner mit solcher Leichtigkeit wie er in seine Gedanken eingehe. Auf einer zweiten Reise aber überzeugte er sich durch die Lektüre des *Euklides*, dessen Studium er erst begann, als er schon über 40 Jahre alt war, von der Nützlichkeit und Zweckmäßigkeit der mathematischen Methode und ihrer Anwendung auf die Philosophie. Eine dritte Reise durch Italien und Frankreich wurde für ihn durch seine Bekanntschaft mit *Galilei, Peter Gassendi* und *Mersenne* und das Interesse, das er jetzt an der Physik nahm, von noch größerer Wichtigkeit. Nach der Rückkehr in sein Vaterland im Jahre 1637 veranlaßten ihn jedoch die dortigen Volksbewegungen, sich zunächst hauptsächlich auf die Politik zu legen, in der Absicht, aus der Philosophie her ein Heilmittel gegen die demokratischen Tendenzen in seinem Vaterlande zu holen. Dem Elend eines Bürgerkrieges zu entgehen, verließ er sein Vaterland und begab sich wieder nach Paris, wo er in vertrauter Freundschaft besonders mit *Gassendi* lebte und auch mit *Cartesius* durch die Vermittelung *Mersennes* bekannt wurde. Hier gab er aus Teilnahme an dem Schicksal seines Vaterlandes, um die Rechte des Königs und die Notwendigkeit einer unumschränkten obersten Gewalt zur Erhaltung des Friedens zu erweisen, von neuem, mit Noten vermehrt, sein Buch „De *Cive*" heraus, das schon 1642, aber nur in wenigen Exemplaren, zu Paris erschienen war.

Die politischen Grundsätze, die H. in dieser Schrift aussprach, bildeten daher auch den schneidendsten Gegensatz zu den demokratischen und revolutionären Prinzipien, die zu seiner Zeit in seinem Vaterlande hausten. Während dort die Demokratie das monarchische Moment aus dem Staate ausschied, alles nur in das Volk konzentrierend, macht er dagegen jenes Moment zum einzigen, ausschließlichen Prinzip des Staates, faßt es sogar als den Staat selbst auf und bildet so aus seinem Staate einen Kopf ohne Körper.[49]

Von Paris begab sich H. wieder in sein Vaterland zurück, wo er sich jedoch keiner politischen Partei anschloß, sondern nur in der Verbindung mit Gelehrten wie *Harvey, Selden, Cowley* lebte und sich mit der Ausarbeitung seiner Philosophie beschäftigte.

H. machte sich durch seine Schriften, besonders seine Schrift „De Cive" und seinen *„Leviathan"*, die sogar noch nach seinem Tode von der Universität Oxford zum Feuer verdammt wurden, eine Menge nicht nur wissenschaftliche, sondern auch persönliche Feinde. „Es streiten mit mir", schreibt er selbst an Samuel Sorbiere, „die Mathematiker" – er hatte sie durch seine Kritik der Mathematik gegen sich aufgebracht –, „es streiten mit mir viele Politiker und der Klerus über das Recht des Königs. Ein Teil des Klerus zwang mich, aus England nach Frankreich zu flüchten, und ein anderer Teil des Klerus zwang mich wieder, aus Frank-

[49] *Villemain* äußert sich in seiner „Histoire de Cromwell", 2. vol., über Hobbes sowohl in politischer als religiöser Hinsicht also: „… c'etoit dans le spectacle de la révolution anglaise, qu'il avait surtout puisé l'amour du despotisme, le mépris de la religion, profanée par tant de folies, et ce culte honteux de la fatalité et de la force, auquel il a reduit toutes les croyances et tous les droits. Embrassant le pouvoir absolu par haine pour les fureurs populaires, se réfugiant dans l'athéisme pour échapper aux absurdités des sectes, ce philosophe incrédule avait été l'un des hommes les plus dévoués à l'autorité royale et l'un des plus ardents ennemis de toute réforme politique etc. [… vor allem aus dem Schauspiel der englischen Revolution hatte er seine Liebe zum Despotismus geschöpft, seine Verachtung der Religion, die durch so viel Blödsinn entweiht war, und jenen schädlichen Kult des Fatalismus und der Gewalt, auf den er allen Glauben und alles Recht reduzierte. Dadurch, daß er sich aus Haß auf die Volkswut dem Absolutismus in die Arme warf und sich in den Atheismus flüchtete, um den Albernheiten der Sekten zu entgehen, war dieser ungläubige Philosoph einer der ergebensten Diener der königlichen Macht und einer der glühendsten Gegner jeder politischen Reform usw.]"

reich nach England zu flüchten." Aber auch hier ließ ihm die Geistlichkeit keine Ruhe, indem sie ihn der Ketzerei und selbst des Atheismus beschuldigte. Seine letzten Schriften waren eine Übersetzung des Homers, ein Dialog über den Bürgerkrieg in England, der übrigens ohne sein Wissen veröffentlicht wurde, ein physiologisches Dekameron oder zehn Bücher von der Naturphilosophie, endlich eine Streitschrift über die Notwendigkeit und Freiheit der menschlichen Handlungen.

H. hatte das Glück, bis an sein Lebensende die Kraft seines Geistes und seiner Sinne ungeschwächt zu behalten. Sein Tod erfolgte 1679 im 91. Jahre seines Lebens, das er im Zölibate zugebracht hatte, den er für den dem Studium der Philosophie angemessensten Stand hielt, ob er gleich in seinen jüngern Jahren nichts weniger als ein Weiberfeind war.

H. las nur sehr gute und eben darum sehr wenige Bücher. Ja, er pflegte oft zu sagen, wenn er soviel über den Büchern gelegen wäre als andere Gelehrte, so wäre er ebenso unwissend wie sie geblieben.

Seine für die Geschichte der Philosophie wichtigsten Schriften sind *„Elementorum philosophiae Sectio prima de Corpore* [Grundzüge der Philosophie, Erster Abschnitt, Vom Körper]", *„De Homine sive Elementorum Philosophiae Sectio secunda* [Vom Menschen oder Zweiter Abschnitt der Grundzüge der Philosophie]", *„Elementorum Phil. Sectio tertia de Cive* [Grundzüge der Philosophie, Dritter Abschnitt, Vom Bürger]", *„De Libertate et necessitate* [Über Freiheit und Notwendigkeit]", *„Leviathan sive de Materia, Forma et Potestate Civitatis Ecclesiasticae et Civilis* [Leviathan oder von Wesen, Form und Macht eines kirchlichen und staatsbürgerlichen Gemeinwesens]", *„Opera philosophica, quae latine scripsit, omnia* [Sämtliche in Latein geschriebenen philosophischen Werke]", Amstelodami 1668. Die Hauptquelle für sein Leben ist „Thomae Hobbes Angli Malmesburiensis philosophi Vita", Carolopoli 1681, dessen Verfasser John Aubrey, Hobbes' Freund, ist.

§ 26. *Hobbes' Gedanken über die Philosophie, ihre Materie,*
Form und Einteilung

Objekt der Philosophie ist jeder *Körper*, der als irgendwie
entstanden vorgestellt und irgendwie verglichen werden
kann, d. i. alles, was zusammengesetzt und aufgelöst werden kann, was eine Entstehung oder Eigenschaft hat. Was
daher unentstanden ist oder keine Beschaffenheit hat, ist
nicht Gegenstand der Philosophie, denn sie beschäftigt sich
damit allein, die Eigenschaften aus der Ursache oder die Ursache aus den Eigenschaften zu erkennen. Die Philosophie
als bloße Körperlehre schließt daher von sich die Theologie
aus, die Lehre von der Natur und den Eigenschaften Gottes
als des Ewigen, Unerzeugten, Unbegreiflichen, kurz, alles,
was nicht Körper oder Körperbeschaffenheit ist. ([„De Corpore", Sect. I:] „Logica", c. 1, § 8)
Unendliches ist also nicht Gegenstand der Philosophie.
Vom Unendlichen gibt es keine Vorstellung; nicht der
Mensch noch sonst ein endliches Wesen, nur das Unendliche selbst kann vom Unendlichen einen Begriff haben. Alles, was wir wissen, haben wir nur von unsern sinnlichen
Vorstellungen oder Bildern. Das Wissen und der Verstand
sind selbst weiter nichts als eine von dem Drucke der äußern Objekte auf die Organe erregte Bewegung des Gemütes. Alle unsere Begriffe sind darum nur Begriffe vom Endlichen. Von Gott wissen wir nur so viel, daß er existiert, daß
er schlechtweg ist und in Beziehung auf uns Gott, d. i. König, Herr und Vater, ist. ([„De Corp.", Sect. IV:] „Physica",
c. 26, § 1, u. „De Cive", c. 15, § 14)
Die Philosophie ist daher nichts anderes als die durch
richtiges Denken oder Schließen erlangte Kenntnis der
Wirkungen oder Erscheinungen aus ihren Ursachen und
der möglichen Ursachen aus ihren Erscheinungen oder Wirkungen. Sie hat auch keinen andern *Zweck*, als dem menschlichen Leben Nutzen und Vorteil zu bringen. („Log.", c. 1,
§ 2 u. 6)
Da die Philosophie bloße *Körperlehre* ist, es aber zwei voneinander verschiedene Gattungen von Körpern gibt, wovon
der eine, durch die Natur zusammengefügt, der *natürliche*
Körper, der andere aber, durch den Willen der Menschen
vermittelst Verträge gemacht, *Staat* heißt, so sind die *Natur-*

und *Staatsphilosophie* die zwei Hauptteile der Philosophie. Da aber die Erkenntnis des Staates die Erkenntnis von den Neigungen, Affekten und Sitten der Menschen voraussetzt, so zerfällt die Staatsphilosophie wieder in zwei Teile, nämlich in die *Ethik*, die von den Neigungen und Sitten, und in die *Politik*, die von den Pflichten der Bürger handelt. (l. c., § 9)

Die Naturphilosophie aber besteht aus der *Ontologie* oder philosophia prima, welche von dem allgemeinsten Gegenstand, dem Körper und dessen Akzidenzen, der Größe und Bewegung, handelt, der Lehre von den *Verhältnissen*, der *Bewegung* und der *Größen* (der angewandten Mathematik und Geometrie) und der eigentlichen *Physik* oder der Lehre von den Naturerscheinungen. („Leviath.", c. 9, und überhaupt Sect. I, „De Corp.") Voran geht aber als das „Licht der Vernunft" (ad lectorem[50] [an den Leser]) *die Logik*, deren Gegenstand die Zeichen und Merkmale der Gedanken, die Namen oder Worte sind, weil ohne sie sich keine Wissenschaft erwerben läßt und von ihrem richtigen Gebrauch allein die Richtigkeit unsers Denkens und Schließens abhängt.

Die Tätigkeit der Philosophie, das Denken oder Schließen, ist nichts weiter als ein *Rechnen*. Das Rechnen nämlich besteht in der Erkenntnis der Summe, wenn mehrere Dinge gleichzeitig zueinander hinzugesetzt werden, und des Restes, wenn eines von dem andern abgezogen worden ist. Alles Denken reduziert sich daher auf die Operationen des Addierens oder Subtrahierens; denn das Rechnen beschränkt sich nicht bloß auf Zahlen, es kann auch die Größe zur Größe, die Bewegung zur Bewegung, die Zeit zur Zeit usw. hinzugesetzt und wieder davon abgezogen werden. („Log.", c. 1, § 2 et 3)

Da das Denken überhaupt nur eine ganz äußerliche Operation ist, nichts weiter als ein Addieren und Subtrahieren, und die Philosophie nur erzeugbare und auflösbare Dinge zu ihrem Objekte hat, so ist sie ganz in dem Sinne wie die Mathematik eine demonstrative Wissenschaft, und dieselbe

---

[50] Sehr interessant ist dieses kurze Vorwort, worin er den genetischen Gang seiner Philosophie nach dem Vorbild der mosaischen Genesis zeichnet.

Gewißheit der Beweise, die das Eigentümliche der Geometrie ausmacht, kann auch in der Philosophie stattfinden, wenn nur die Definitionen (d. i. die ersten Sätze, die Prinzipien der Demonstration) richtig sind. (l. c., c. 6, § 16 et 13)

Bei den Dingen, die eine Ursache und Entstehung haben, muß daher die Philosophie in der Definition derselben die Ursache oder Entstehungsweise angeben, also z. B. den Kreis definieren als eine Figur, die aus der Umdrehung einer geraden Linie in der Ebene entsteht, denn der Zweck der Demonstration ist die Erkenntnis der Ursachen und Entstehungsweisen der Dinge. (l. c.)

Durch diese Demonstration jedoch, die aus ihrer Entstehung eine Materie ableitet und daher eine Demonstration a priori ist, können wir nur die Dinge erkennen, deren Erzeugung von unserer eigenen Willkür abhängt. Die meisten die Größe betreffenden Lehrsätze können daher bewiesen werden; denn da die Ursachen der Eigenschaften, welche die einzelnen Figuren haben, in den Linien liegen, die wir selbst ziehen, und die Entstehung der Figuren also von unserm Willen abhängt, so wird zur Erkenntnis jeder eigentümlichen Beschaffenheit einer Figur weiter nichts erfordert, als daß wir genau alles erwägen, was sich aus der Konstruktion ergibt, die wir in der Zeichnung der Figur selbst machen. Die Ursachen der natürlichen Dinge aber sind nicht in unserer Gewalt und überdem noch ihr wichtigster Teil (der Äther nämlich) unsichtbar; bei ihnen können wir daher ihre Eigenschaften nicht aus ihren Ursachen, sondern wir müssen vermittelst der Demonstration a posteriori aus den Wirkungen und Erscheinungen ihre Ursachen ableiten. Indes, da sich auch die Physik, die Wissenschaft von der Natur, auf die Geometrie, die Größenlehre, stützt, indem die Erkenntnis der Bewegung, die alles in der Natur bewirkt, die Erkenntnis der Quantität voraussetzt, so gibt es auch in der Physik manche a priori demonstrierbare Gegenstände. Die Politik und Ethik dagegen als die Wissenschaften vom Gerechten und Ungerechten, vom Billigen und Unbilligen können a priori demonstriert werden, weil wir selbst die Urheber der Verträge und Gesetze sind, welche die Prinzipien und Ursachen des Rechten und Billigen sind; denn ehe es Gesetze und Verträge gab, war weder Recht noch Unrecht.[51] („De Homine", c. 10, § 5)

Das Eigentümliche der methodischen Demonstration besteht nun näher darin, daß 1. die ganze Reihe der Schlüsse den Gesetzen des Syllogismus gemäß ist, 2. daß die Prämissen der einzelnen Schlüsse bis auf die ersten Definitionen vorher demonstriert sind, 3. daß nach den Definitionen der weitere Fortgang in der nämlichen Weise geschieht, in der der Lehrende jedes einzelne gefunden hat, daß also zuerst *die* Gegenstände demonstriert werden, welche den allgemeinsten Definitionen am nächsten liegen und den Inhalt *der* Philosophie, welche die *erste Philosophie, philosophia prima,* heißt, ausmachen; hierauf *die* Gegenstände, welche durch die Bewegung schlechtweg demonstriert werden können, also die Gegenstände der *Geometrie*; nach diesen die Dinge, welche durch *sichtbare Bewegung* wie Stoß und Zug bewiesen werden können. Von hieraus wird fortgegangen zur *Bewegung* der *unsichtbaren Teile* oder der *Veränderung* und zur Lehre vom *Sinne* und der *Einbildungskraft*, d. i. zur *Physik*, und von dieser endlich zur *Moral*, die die Bewegungen der Seele betrachtet, wie Hoffnung, Begierde, Liebe, Haß, Furcht, worin die ersten Gründe der Pflichten oder *Politik* enthalten sind. („Log.", c. 6, § 17)

§ 27. *Kritische Übersicht der Hobbesschen Naturansicht*

Wie das Denken, die innigste Tätigkeit des Geistes, bei Hobbes weiter nichts ist als die ganz äußerliche, mechanische Operation des Rechnens, so ist ihm die *Natur* auch nicht Gegenstand als ein lebendiges Wesen, als Natur, sondern, um einen Ausdruck aus der neuern Philosophie zu

[51] Die Art, wie H. das Denken und die Demonstration auffaßt, ist nicht nur deswegen interessant, weil sie die mechanische Äußerlichkeit seiner Denkweise deutlich darstellt, sondern auch deswegen, weil in ihr schon die *Kantische* Ansicht vom Denken enthalten ist, namentlich wie sie *Jakobi* aussprach und erfaßte, demzufolge das Denken ein äußerlicher Mechanismus ist, sich nur begreifen läßt, was sich konstruieren läßt, nur das aber konstruiert werden kann, was man selbst erzeugen, *machen* kann, und daher ein begreifendes Wissen vom Ewigen, Unendlichen unmöglich ist.

nehmen, als ein totes Objekt, und seine Naturphilosophie daher nicht Naturphilosophie, sondern nur *Körper-* und *Bewegungslehre*; denn dem, was in der neuern Philosophie Objekt genannt wurde, entspricht das, was in der frühern *Körper* oder *Materie* hieß. H. legt bei seiner Naturphilosophie einzig und allein die mathematische Anschauung zugrunde, die Mathematik hat bei ihm nicht wie bei Bacon sekundäre, sondern primitive, produktive Bedeutung; aus ihr allein erzeugt er sozusagen die Natur. Demzufolge ist notwendig das einzig Substantielle und Wirkliche von der Natur bei ihm der *Körper als Körper* lediglich und allein in der Bestimmung der *Quantität* oder *Größe*.[52] Diese ist das einzig wesentliche und reale Prädikat, ohne das der Körper nicht sein noch vorgestellt werden kann. Und da als das Substantielle von der Natur lediglich der Körper als Körper zugrunde gelegt ist, der Körper als solcher aber ein Totes, ein Gleichgültiges, ein Auseinandergetrenntsein ist, so kann die Aufhe-

[52] Intelligendum est ... Accidentia quidem ea, propter quae aliam rem animal, aliam arborem, aliam aliter nominamus, generari et interire et proinde nomina illa non amplius ipsis convenire, quae prius conveniebant, *non autem generari aut perire magnitudinem,* propter quam nominamus aliquid *corpus.* Philosophi, quibus a ratione naturali discedere non licet, supponunt, *corpus generari* aut *interire non posse,* sed tantum sub diversis speciebus aliter atque aliter nobis apparare ... Accidentia autem caetera praeter magnitudinem sive extensionem omnia generari et interire posse, manifestum est ... Corpora itaque et accidentia, sub quibus varie apparent, ita differunt, ut *corpora* quidem sint *res non genitae,* accidentia vero genita, sed non res. [Man muß begreifen ...: Die Akzidenzen, wegen derer wir das eine Ding Tier, das nächste Baum, das dritte noch anders nennen, entstehen und vergehen, und deshalb passen für die Dinge selbst nicht ferner jene Namen, die früher Anwendung fanden; *die Größe jedoch,* derentwegen wir etwas einen *Körper* nennen, *entsteht und vergeht nicht.* Da die Philosophen nicht von der Naturgesetzlichkeit abgehen dürfen, nehmen sie an, daß *ein Körper nicht entstehen* oder *vergehen kann,* sondern uns nur unter immer anderen Gestalten erscheint ... Offenkundig können aber die anderen Akzidenzen außer der Größe oder der Ausdehnung allesamt entstehen und vergehen ... Die Körper und die Akzidenzen, unter denen sie in verschiedener Gestalt erscheinen, unterscheiden sich daher folgendermaßen voneinander: Die *Körper* sind die *nicht erschaffenen Dinge,* die Akzidenzen hingegen sind entstanden, aber auch keine Dinge.] ("„De Corpore", Sect. II:] „Philosoph. prima", c. 8, § 20.)

bung dieser Gleichgültigkeit und Getrenntheit der Körper, eine Aufhebung, durch welche Verbindung und Zusammenhang und durch diese erst Leben und Bestimmung entsteht, der Körper ein bestimmter Körper, die Größe eine qualitative wird, nur die Bewegung, und zwar die mechanische, in Druck, Stoß, Zug sich äußernde Bewegung sein. Das *Prinzip* der *Bestimmung* ist also die Bewegung.[53] Da aber jede Bewegung bei diesen Voraussetzungen nur eine andere Bewegung zum Grunde hat, diese wieder eine andere und so fort, da das Prinzip und der Anfang der Bewegung nicht in der Natur als bloßem Körper liegen kann, so ist die Bewegung nur von dem denkenden Subjekte, das sie als eine Tatsache aus der Erfahrung aufgenommen, in die Natur hineingetragen, sie ist ihr nicht immanent. Die sinnlichen Qualitäten, welche aus dem *mathematischen* Körper erst den *sinnlichen* und empfindlichen, den physikalischen machen, welche die Dinge differenzieren und spezifizieren und durch diese Besonderung und Unterscheidung Geist und Seele in den Körper hauchen, die sinnlichen Qualitäten sind daher auch, eben weil nur der mathematische Körper, der Körper als Körper, als das Reale und Wirkliche bestimmt ist, notwendig nach H. weiter nichts als *wesenlose Akzidenzen,* Produkte der Bewegung des einwirkenden Objektes und des rückwirkenden, dagegenstrebenden Subjek-

[53] Causae Universalium (z. B. lineae, planianguli) (eorum quorum causae aliquae omnino sunt) manifestae sunt per se sive naturae (ut docunt) notae, ita ut nulla omnino Methodo indigeant; *causa enim eorum omnium Universalis una, est motus.* Nam et figurarum omnium varietas ex varietate oritur motuum quibus construuntur, *nec motus aliam causam habere intelligi potest praeter alium motum,* neque varietates rerum sensu perceptarum ut colorum, sonorum, saporum, etc. aliam habent causam praeter *motum.* [Die Ursachen der Universalien (z. B. der Linie, des ebenen Winkels) (dessen, was überhaupt irgendeine Ursache hat) sind durch sich selbst offenkundig oder sozusagen von Natur bekannt, so daß sie gar keine Methode nötig haben, *weil für sie alle die Bewegung die einzige Universalursache ist.* Denn die Vielfalt aller Figuren entspringt der Vielfalt der Bewegungen, durch die sie gebildet sind, und *wie die Bewegung keine andere verständliche Ursache haben kann als eine andere Bewegung,* so hat auch die Vielfalt der sinnlich wahrnehmbaren Dinge wie die der Farben, der Töne, der Geschmacksunterschiede usw. keine andere Ursache als *die Bewegung.*)" („Log.", c. 6, § 5.)

tes, d. i. *Erscheinungen, Bilder, Vorstellungen* (phantasmata) des empfindenden Subjektes.

Es ist allerdings ein hoher und wahrer Gedanke, daß die Bewegung das Prinzip der Natur ist, aber wie nach Aristoteles die ältern Naturphilosophen Griechenlands darin fehlten, daß sie ein *bestimmtes* Element zum Prinzip der Dinge machten, das eben als ein bestimmtes nicht das allgemeine Prinzip der so sehr unterschiedlich bestimmten natürlichen Dinge sein kann, so fehlten Hobbes und Cartesius, der im wesentlichen wie H. über die Natur dachte, zwar nicht darin, daß sie die Bewegung zum Prinzip der Bestimmung und Differenzierung der Materie, damit zum Prinzip der Dinge selbst machten, aber wohl darin, daß sie eine *besondere*, die mechanische, nur mathematisch bestimmbare Bewegung zum allgemeinen Prinzip erhoben. Solange daher die mathematischen Anschauungen den Geist beherrschten, konnte keine wahre Anschauung vom Leben, von der Natur der Qualität, dem eigentlich Physikalischen, entstehen. Der Mathematiker muß die mechanische Bewegung zum allgemeinen Prinzip, die Natur zu einer Maschine machen, sonst ist sie ihm nicht mathematisch konstruierbar. Die Qualität, die gerade die Natur beseelt, das Physikalische, das Feuer des Lebens in sie haucht, ist in der quantitativen Anschauung der Natur ein Aufgehobenes, Ideelles, ein bloßes Akzidenz, ein Unreales, und selbst das Leben kommt in ihr nur als Maschine in Betracht, sie mag nun als hydraulische oder sonstwie bezeichnet werden.

§ 28. *Hobbes' philosophia prima*

Wenn wir uns von einer Sache nicht ihre Beschaffenheit, sondern nur ihre *Existenz* außer unserer Seele vorstellen, so haben wir die Vorstellung oder das Bild des *Raums*. Der Raum ist daher die Vorstellung einer existierenden Sache lediglich als existierenden, d. i. ohne die Vorstellung irgend-*eines* andern Akzidenz außer ihrer Erscheinung außer der Seele. („Phil. prima", c. 7, § 2)

Wie der Körper von seiner Größe, so läßt auch der bewegte Körper von seiner Bewegung eine Vorstellung in der Seele zurück, nämlich die Vorstellung eines jetzt diesen, jetzt einen andern Raum in ununterbrochener Sukzession durchlaufenden Körpers. Diese Vorstellung ist die *Zeit*, die Zeit daher die Vorstellung der *Bewegung*, inwiefern wir in ihr Sukzession vorstellen. Nicht ganz richtig nennt daher Aristoteles die Zeit das Maß der Bewegung, denn wir messen die Zeit durch die Bewegung, nicht aber die Bewegung durch die Zeit. (§ 3)

Körper ist das, was unabhängig von unserer Vorstellung, für sich selbst bestehend existiert und mit irgendeinem Teile des Raums zusammenfällt oder sich mit ausdehnt. Körper ist daher das, dem Ausdehnung, Substantialität und Existenz zukommt. (c. 8, § 1)

Das Akzidenz dagegen ist die *bestimmte Art* und *Weise*, wie wir den Körper vorstellen. Das Akzidenz ist wohl, wie man sich auszudrücken pflegt, in dem Körper, aber nicht so, wie ein Teil im Ganzen, denn sonst wäre das Akzidenz ein Körper, sondern so, wie die Größe oder Ruhe oder Bewegung in dem ist, was groß ist, was ruht, was sich bewegt. Die Akzidenzen, die nicht allen Körpern gemein, sondern nur einigen eigen sind, können untergehen, ohne daß der Körper untergeht. Aber ohne Ausdehnung oder Figur kann der Körper weder sein noch vorgestellt werden. (§ 3)

Die *Ausdehnung* des Körpers ist dasselbe, was seine *Größe*, oder das, was einige den *wirklichen* Raum (spatium reale) nennen. Diese Größe aber hängt nicht von unserer Vorstellung ab wie der imaginäre Raum, denn die Größe ist die Ursache von diesem, sie ist das Akzidenz eines außer der Seele existierenden Körpers, er ein Akzidenz der Seele. (§ 4)

Der Raum (nämlich der Raum der Vorstellung, der imaginäre Raum), der mit der Größe eines Körpers zusammenfällt, heißt der Ort dieses Körpers und der Körper selbst örtlich. Der Ort ist aber unterschieden von der *Größe*, denn der Körper behält immer dieselbe Größe, aber nicht denselben Ort. Der Ort ist nur die Vorstellung irgendeines Körpers von dieser oder jener Größe und Gestalt, die Größe aber sein eigentümliches Akzidenz, der Ort nur die eingebildete Ausdehnung, die Größe die wirkliche Ausdehnung oder ein Ausgedehntes. (§ 5)

Die *Bewegung* ist die kontinuierliche Verneinung oder Verlassung eines Orts und die Erlangung eines andern. Die Bewegung kann nur in der Zeit vorgestellt werden. Denn da die Zeit die Vorstellung der Bewegung ist, so hieße die Bewegung nicht in der Zeit vorstellen so viel, als die Bewegung ohne die Vorstellung der Bewegung vorstellen. (§ 10)

Ein Körper *ruht*, wenn er eine Zeitlang an denselben Orten ist. Was sich bewegt, das ist nie an einem bestimmten Orte auch nur die geringste Zeitlang; dasselbe hat sich bewegt, denn es ist jetzt an einem andern Orte, als es früher war, und wird sich bewegen, denn es verläßt den Ort, wo es ist, und wird daher einen andern erlangen. In jedem Teile des Raumes daher, durch den die Bewegung geht, können drei Zeitmomente, *Gegenwart, Vergangenheit* und *Zukunft*, unterschieden werden. (§ 11)

Was ruht, würde immer ruhen, wenn nicht etwas anderes außer ihm wäre, welches es außer den Zustand der Ruhe versetzte. Ebenso würde sich alles, was sich bewegt, immerfort bewegen, wenn nicht etwas anderes außer ihm seine Bewegung verhinderte. Denn wenn man kein äußeres Hindernis annehmen wollte, so wäre kein Grund einzusehen, warum es jetzt vielmehr als zu einer andern Zeit ruhen müßte; seine Bewegung würde daher in jedem Zeitpunkt zugleich aufhören, was undenkbar ist. Alles, was sich bewegt, würde immer mit derselben Geschwindigkeit und in derselben Richtung sich fortbewegen, hinderte es nicht daran ein anderer bewegter und es berührender Körper. (§ 19 et c. 15, § 1)

Die unmittelbar wirkende Ursache jeder Bewegung (nach vorausgegangener Ruhe) ist daher ein anderer bewegter und berührender Körper. Oder allgemeiner: Jede Bewegung hat nur wieder eine andere zur Ursache. („Phys.", c. 26, § 1)

Nach seiner Geometrie, den mathematischen Abhandlungen von dem Verhältnisse der Bewegung und Größen, geht nun Hobbes zur eigentlichen *Physik* über, die er mit der *Empfindung* beginnt. Der alles nivellierenden Indifferenz seines Denkens gemäß legt er auch bei der Empfindung die mechanischen Gesetze der Bewegung zugrunde; aber dessenungeachtet sind auch hier berücksichtigungswerte Gedanken zu finden.

Da die Vorstellungen und Bilder in dem *Empfindenden* nicht
immer dieselben sind, sondern neue von Zeit zu Zeit entstehen, die alten aber vergehen, je nachdem die Organe der
Empfindung bald auf dieses, bald auf jenes Objekt gerichtet
sind, so sind sie eine *Veränderung* des Empfindenden. Jede
Veränderung ist aber eine Bewegung in den innern Teilen
des Veränderten; die *Empfindung* kann daher nichts anderes
sein als eine *Bewegung* der *innern Teile* des Empfindenden.
Da aber die Bewegung nur von einem Bewegten und Berührenden erzeugt wird, so liegt die unmittelbare Ursache der
Empfindung in dem, was das Organ derselben berührt und
drückt. Die Empfindung ist also eine innere, von der Bewegung der innern Teile eines Objekts in dem Empfindenden
erzeugte und durch die Mittelteile bis zum innersten Teile
des Organs fortgepflanzte Bewegung. Gegen diese vom Objekt erzeugte und vermittelst der Nerven und Häute bis
zum Gehirn und von da bis zum Herzen, welches der Ursprung aller Empfindung ist, fortgepflanzte Bewegung erhebt sich aber ein *Widerstand* und *Gegendruck* oder ein Streben des Herzens, sich vom Eindrucke des Objekts zu
befreien durch eine nach *außen dringende Bewegung*, die eben
deswegen als etwas *Äußerliches* erscheint. Bei jeder Empfindung finden also zwei sich *entgegengesetzte* Bewegungen statt,
das Eindrücken oder Einwirken des Objekts und die Rück-
wirkung oder Reaktion des Organs, und erst aus dieser eine
Zeitlang anhaltenden Reaktion entsteht das *Bild* oder die
sinnliche Vorstellung. („Phys.", c. 25, § 1, 2, 3, 10, et „Leviath.", c. 1)
Unter der Empfindung oder sinnlichen Wahrnehmung versteht man gewöhnlich zugleich eine Beurteilung der Objekte durch die Bilder, nämlich durch die Vergleichung und
Unterscheidung derselben. Mit der Empfindung in diesem
Sinne, in dem sie auch hier genommen wird, ist notwendig
Gedächtnis verbunden, um das Frühere mit dem Spätern vergleichen und eins vom andern unterscheiden zu können.
Zur *Empfindung* wird daher auch erfordert eine *Mannigfaltigkeit* von Bildern, um eines vom andern unterscheiden zu
können. Ein Mensch z. B., der keinen andern Sinn als den
des Sehens hätte und immer nur ein und dasselbe Objekt

ohne alle Verschiedenheit und Mannigfaltigkeit der Gestalt und Farbe ansähe, würde wohl klotzen und stieren, aber nicht sehen oder anschauen. Denn es ist eins, *ob ich immer dasselbe empfinde oder gar nicht empfinde.*[54] („Phys.", l. c., § 5)

Da das Wesen der Empfindung in der Bewegung besteht, so können die Empfindungsorgane nicht zugleich von zwei Objekten so bewegt werden, daß zwei Bilder von beiden Objekten entstünden. In einer und derselben Zeit kann nur ein einziges Objekt wahrgenommen werden. (§ 6)

Die Bewegung des Organs, aus welcher das Bild entspringt, heißt, solange das Objekt gegenwärtig ist, *Empfindung,* ist es aber abwesend, jedoch das Bild noch da, *Phantasie* oder *Einbildung.* Die Einbildung ist daher eine wegen der Entfernung des Objekts geschwächte und abgemattete Empfindung. (§ 7)

Das *Subjekt* der Empfindung ist das Empfindende selbst, nämlich das Lebendige, und richtiger sagt man daher: Das Tier oder Lebendige sieht, als: Das Auge sieht. Das *Objekt* ist das, was empfunden wird. Daher sehen wir nicht eigentlich das Licht, sondern die *Sonne,* denn Licht, Farbe, Ton, Wärme und die übrigen sinnlichen *Qualitäten* sind nicht *Objekte,* sondern *Vorstellungen* oder *Bilder* des *Empfindenden.* Die sogenannten sinnlichen Qualitäten sind im Objekte selbst weiter nichts als eine *Bewegung der Materie,* wodurch das Objekt auf die Empfindungsorgane auf verschiedene Weise einwirkt, und ebenso in uns nur *verschiedene Bewegungen;* denn die Bewegung erzeugt nur Bewegung, und die Erscheinungen oder Qualitäten sind sowohl im Schlafen als im Wachen bloße Bilder, Akzidenzen des *Empfindenden,* nicht des *Objektes.* Wie der Druck auf das Tastorgan die Vorstellung der Reibung, der Druck auf das Auge die des Leuchtenden und der Druck auf das Ohr den Ton hervorruft, so erzeugen auch die *Objekte,* die wir sehen oder hören, die Vorstellung durch den Druck, aber einen unbemerkbaren. Denn wenn die Farben und Töne in den Objekten selbst wären, so könn-

---

[54] Mehrere solcher trefflichen Gedanken und Bemerkungen finden sich bei Hobbes besonders in seiner Physik und empirischen Psychologie. Vortrefflich sind das elfte bis vierzehnte Kapitel „De Homine".

ten sie von ihnen nicht getrennt werden, was doch wirklich der Fall ist bei der Reflexion der sichtbaren Objekte durch Spiegel und der hörbaren durch gebirgige Orte. Die sichtbaren Objekte erscheinen oft an Orten, wo sie, wie wir bestimmt wissen, nicht sind, verschiedenen in verschiedener Farbe und oft auch zugleich an mehreren Orten. (§ 9 und 10) Die Entstehung nun der Qualitäten, z. B. des Lichtes, geschieht folgendermaßen. Der Sonnenkörper stößt durch seine Bewegung den ihn umgebenden Äther von sich weg, so daß dadurch die der Sonne zunächst liegenden Teile des Äthers von ihr selbst bewegt, von diesen aber dann wieder die entfernteren Teile so lange fortgetrieben und gestoßen werden, bis endlich diese Bewegung das vordere oder äußere Auge berührt und drückt und von da sich bis zum Herzen, dem innersten Lebenspunkte, fortpflanzt. Die widerstrebende Bewegung des Herzens geht nun auf demselben Wege, wie die eindringende Bewegung hereinkam, wieder zurück und endigt in der nach außen strebenden Bewegung der Netz- oder Nervenhaut. Und diese Bewegung nach außen ist eben das Licht oder die Vorstellung des Leuchtenden. (c. 27, § 2)

§ 30. *Übersicht und Kritik der Hobbesschen Moral und Politik*

Die Hobbessche Philosophie oder richtiger Empirie weiß nichts von Geist und Seele; in ihr, die einzig auf das Materielle das Gebiet des Denkens beschränkt, einzig den Körper zum Objekt der Philosophie macht, bloß ihn als das Denkbare kennt, kommt ja allein dem Körper Wirklichkeit und substantielles Dasein zu; in ihr kann daher auch von keiner Psychologie, d. i. Seelenlehre, die Rede sein, sondern nur von einer empirischen Anthropologie. Nur als sinnliches, einzelnes, empirisches Individuum kann daher auch bei ihr in der Moral der Mensch Objekt sein. Indem aber in ihr das *einzelne sinnliche Individuum* zugrunde gelegt und als solches fixiert wird als ein Reales, ist die Basis der Moral, der *Wille*, als Wille des sinnlichen Individuums, als eins mit seiner Sinnlichkeit und Einzelexistenz, notwendig auch ein sinnlicher, d. i. ungeistiger, unmoralischer Wille,

d. h. *Begierde*, Verlangen. Und da der Träger und das Subjekt des Willens, das einzelne Individuum, bedingt, von außen bestimmt, den mechanischen Eindrücken und Einwirkungen der Objekte preisgegeben, kurz, ein schlechtweg und durchaus determiniertes ist, so ist auch der Wille notwendig hier ein Determiniertes, Abhängiges; er ist nichts als eine von den Objekten des Willens selbst hervorgebrachte Bewegung des Bluts und der Lebensgeister. So wie ferner das Individuum nicht nur ein einzelnes, sondern notwendig auch ein besonderes, von andern Individuen unterschiedenes ist, so ist auch das *Objekt* des Willens, der zu seiner Grundlage das einzelne und besondere, unterschiedene Individuum hat, das *Gute,* nur ein *besonderes*, verschiedenes, rein individuelles, nur *relatives*. Nichts ist an und für sich gut oder böse; das Maß dessen, was gut oder böse ist, ist das sinnliche Individuum. Das Gute hat daher nur die Bedeutung des Wohltuenden, Angenehmen, Lusterweckenden, Nützlichen, das Böse die Bedeutung nur eines Übels, des Unangenehmen, Schädlichen. Das größte aller Güter ist auf diesem Standpunkt notwendig die Selbsterhaltung, das größte aller Übel der Tod.[55]

Da der Mensch nur als sinnliches, d. i. einzelnes Individuum Gegenstand und Grundlage der Hobbesschen Empirie und in dieser sinnlichen Einzelheit als ein Selbständiges und Reales fixiert ist, so ist es daher auch notwendig, daß der Staat in ihr nichts Ursprüngliches und Ansichseiendes, sondern nur etwas entweder durch Gewalt und Unterwerfung oder durch freiwillige Übereinkunft und Verträge von den Individuen selbst Hervorgebrachtes und Gemachtes[56] und ihm daher der Zustand der unbeschränkten Selbstän-

---

[55] „Bonorum primum est sua cuique conversatio. Malorum omnium primum Mors." [Deutsch im obigen Satz.] („De Hom.", c. 9, § 4, 6.)

[56] „Magnus ille Leviathan, quae civitas appellatur, opificium Artis est, et Homo artificialis; quamquam Homine naturali (propter cujus protectionem et salutem excogitatus est) et mole et robore multo major. [Jener große Leviathan, der Staat heißt, ist ein künstliches Gebilde, ein künstlicher Mensch; gleichwohl ist er dem Naturmenschen (zu dessen Schutz und Sicherheit er ersonnen wurde) an Kraft und Stärke weit überlegen.]" („Leviath.", P. I, S. 1.) „Si homines propriis singulorum imperiis regere se possent, h. e. vivere se-

digkeit und Freiheit der einzelnen Individuen als der sogenannte Naturzustand vorausgesetzt ist. Der Staat, die Vereinigung der in ihrer sinnlichen Einzelheit und Individualität
als selbständig und real vorausgesetzten, in dieser Selbständigkeit und Realität ihrer sinnlichen Einzelheit nicht nur
gegen alle Verbindung und gegeneinander selbst gleichgültigen, sondern auch feindseligen Individuen kann daher
nur ein *gewaltsamer* Zustand sein, die Einheit nicht des Organismus, sondern der erdrückenden, nicht unterordnen-
den, sondern unterwerfenden, d. i. der blinden, rohen, mechanischen Gewalt. Da der Staat nur eine äußere
Verbindung ist, nicht aus innerer Notwendigkeit hervorgeht, so bleiben die Individuen, obwohl sie im Staate das
Prädikat und die Bestimmung *Bürger* bekommen und in bezug auf den tyrannisch unterdrückenden Staat alle Rechte
verlieren, in bezug auf ihre Mitbürger statt des Rechts auf
alles, welches ein jeder einzelne im Naturzustande hatte,
nur das beschränkte Recht auf einiges behalten,[57] dennoch

cundum leges naturales, opus omnino civitate non esset, neque
communi imperio coerceri. [Könnten die Menschen sich durch die
eigene Gewalt der einzelnen regieren, d. h. nach natürlichen Gesetzen leben, so brauchten sie keinen Staat und keinerlei allgemeine
Gewalt.]" ("De Cive", c. 6, § 13, annot.) "Duo sunt genera civita-
tum: alterum naturale, quale est Paternum et Despoticum; alterum
institutivum, quod et politicum dici potest. In primo *Dominus* ac-
quirit sibi cives *sua voluntate;* in altero *cives arbitrio suo* imponunt si-
bimet ipsis Dominum. [Es gibt zwei Arten von Staaten: den natürlichen, der patriarchalisch und despotisch ist, und den institutionel-
len, den man auch den politischen nennen kann. Im ersten gewinnt
der *Herrscher* Bürger *durch seinen Willen,* im zweiten setzen die *Bürger
nach eigenem Willen* einen Herrscher über sich.]" ("Leviath.", l. c.)

[57] "Civitate constituta unusquisque civium tantum libertatis sibi *retinet,* quantum sufficit ad bene et tranquille vivendum, tantum item
aliis adimitur, ut non sint metuendi. Extra civitatem unicuique ita
jus est ad omnia, ut tamen nulla re frui possit. In civitate vero unusquisque *finito* jure secure fruitur. [Ist der Staat begründet, so *behält*
ein jeder Bürger so viel Freiheit für sich, wie zu einem guten, ungestörten Leben ausreicht, und ebenso wird den anderen so viel entzogen, daß sie nicht zu fürchten sind. Außerhalb des Staates besteht für jeden ein Recht auf alles, doch kommt er eben dadurch
nicht zum Genuß einer Sache. Im Staat erfreut sich ein jeder sicher
seines *beschränkten* Rechtes.]" ("De Civ.", c. 10, § 1.)

im Staate *außer* dem Staate, *in* der Verbindung *außer* der Verbindung, im sogenannten Naturzustande, d. i. einzelne für sich selbständige Individuen; denn an sich, ihrer *Natur* nach, sind sie gegen alle Staatsverbindung und Einheit gleichgültig, nur insofern sind sie es nicht, als sie im Staate den im allgemeinen Krieg des Naturzustandes unerreichbaren Zweck eines amönen Lebens erreichen können. Notwendig kann daher diese Masse, diese aufgelöste Menge der gegeneinander indifferenten Individuen nur durch eine unumschränkte Zwingherrschaft zusammengehalten werden und die Einheit, der Staat, nur in der obersten absoluten Staatsgewalt Existenz haben, so daß sie allein, sei sie nun die Herrschaft mehrerer oder eines Zwingherrn, das Volk, der *Staat* selbst ist.[58] Der status civilis [staatliche Zustand] ist nun zwar ein von dem status naturalis [Naturzustand] unterschiedener Zustand, ja eine gewaltsame Negation, Verneinung desselben, indem er die in der Moral und im status naturalis vorausgesetzte Realität der einzelnen Individuen aufhebt, sie in bezug auf den Staat aller Rechte, Freiheit und Selbständigkeit beraubt; aber zugleich bleibt doch der *Staat*, obwohl gerade nur die Zwingherrschaft den Staat und folglich den *Unterschied* des status civilis vom st. naturalis ausmacht, im *Naturzustande*.[59] Denn der Zwingherr

[58] „Quod de civitate verum est, id verum esse intelligitur de eo homine vel coetu hominum, qui summam habet potestatem; illi enim civitas sunt, quae nisi per summam eorum potestatem non existit. [Was vom Staat gilt, das gilt vernünftigerweise auch von jenem Menschen oder Menschenkreis, der die höchste Gewalt besitzt; denn dieser ist der Staat, der nur durch dessen höchste Gewalt existiert.]" („De Civ.", c. 12, § 4.) „Civitatem in persona Regis contineri. [Der Staat besteht in der Person des Königs.]" (l. c., 6, § 13, annot.)

[59] Dies ist schon im Ursprung der obersten Staatsgewalt enthalten, wie sie Hobbes ableitet. Die andern übertragen nämlich auf die einigen oder den einen, der herrschen soll, alle ihre Macht und Gewalt, d. i. alle ihre Rechte. Die Gewalt, das Recht des Herrschers, ist nun zwar der *Form* nach, insofern es nämlich ein übertragenes ist, vom Recht der andern, das ein angeborenes, *natürliches* ist, unterschieden; aber dem *Inhalt* nach ist es dasselbe Recht, das die andern hatten, nämlich das unbeschränkte, unbedingte Naturrecht. Wir, so könnte man etwa jene Überträger sprechen lassen, geben das Recht, das uns die Natur gab, dir Einem, damit du mit diesem

hat das Recht auf alles, welches im Naturzustande jeder einzelne, hiermit alle hatten und wodurch der Naturzustand eben ein Naturzustand war; der status civilis unterscheidet sich daher nur darin vom status naturalis, daß in jenem auf einen einzelnen oder auf einige konzentriert und gehäuft ist, was in diesem alle hatten. Die absolute Unbeschränktheit, welche die oberste Staatsgewalt hat, macht diese gerade zu jener *natürlichen Freiheit,* die jeder einzelne im Naturzustande hat; sie bleibt, weil sie nicht beschränkt und bestimmt ist, unsittlich, ungeistig, unorganisch, den Begriff des Staats aufhebend, eine rohe Naturgewalt.

Dieser Widerspruch, der aus der ganzen Grundlage der H.s Staatsrechtslehre hervorgeht, beruht besonders darauf, daß H. unter *Recht* nichts versteht als die *natürliche* Freiheit, den Begriff des Rechts von dem des Staates absondert und außer den Staat hinaus in den fingierten Naturzustand hineinträgt. Der Staat hat dagegen nur die Bedeutung einer Aufhebung oder Einschränkung der unbeschränkten Naturfreiheit oder des Naturrechtes.[60] In der obersten Staatsgewalt

übervollen Schatz, mit dieser zusammengedrängten, kompakten Masse von Recht *die* Gewalt habest, die erfordert wird, Friede und Ordnung zu bringen; damit wir in einen Stand des Friedens und der Ordnung kommen, treten wir aus dem Naturstande heraus, nur dich *allein* lassen wir in demselben zurück, damit du aus der reichen Schatzkammer deiner Rechtsfülle deine ehemaligen, jetzt aber ausgeleerten, bettelarmen Duzbrüder mit Pfennigs- und Groschenrechten versorgest und so mit der unbeschränkten Macht des Naturrechts einen die andern ihrer Rechte beraubenden, sie kümmerlich einschränkenden Zustand, den status civilis, möglich machest.

[60] „Est jus libertas naturalis, a legibus non *constituta* sed *relicta.* Remotis enim legibus libertas integra est; hanc primo restringit naturalis lex et divina; residuam restringunt leges civiles ... Multum ergo interest inter legem et jus; lex enim *vinculum,* jus *libertas* est, differuntque ut contraria. [Das Recht ist die natürliche Freiheit, durch die Gesetze nicht *begründet,* sondern *belassen.* Denn zieht man die Gesetze ab, so ist die Freiheit vollständig, zuerst wird sie durch das natürliche und das göttliche Gesetz, danach die staatlichen Gesetze beschränkt ... Zwischen Gesetz und Recht liegt daher ein weiter Abstand; denn das Gesetz ist *Fessel,* das Recht *Freiheit,* und beides sind Gegensätze.]" ([„De Cive", sect.:] „Impet.", c. 14, § 3; „De Cive", c. 13, § 15.)

ist zwar noch die ganze überschwengliche Fülle des unbeschränkten Naturrechts unverkümmert zusammen- und aufeinandergehäuft, aber eben wegen dieser Zusammenhäufung auf *einen* Punkt das Recht des Volks, der unter der Staatsgewalt Stehenden, nur der dürftige Rest, das magere, armselige Überbleibsel von dem, was von der anfangs unbeschränkten, durch den Staat aber eingeschränkten Sphäre des Rechts übrigbleibt, so daß der Staat zwar einerseits dem Naturzustande entgegengesetzt erscheint, andererseits aber doch wieder nicht qualitativ von ihm unterschieden ist, die Menschen nicht in einen dem Begriff und Inhalt nach qualitativ und spezifisch vom Naturzustande unterschiedenen Standpunkt auf eine sittliche und geistige Stufe versetzt, sondern nur als *limitierter Naturzustand* erscheint.

Dies erhellt auch aus dem, was *Hobbes* als Zweck des Staates setzt. Der Zweck des Staates ist der Friede und das auf ihm beruhende Wohl des Volkes, d. i. der Bürger oder vielmehr der Menge. Das Wohl aber ist die Selbsterhaltung und der physisch angenehme Lebensgenuß. Das Leben im Staate ist als ein Leben, in dem die an sich gegeneinander gleichgültigen Individuen als beschränkt und gehemmt durch die Staatsgrenze friedlich neben- und außereinander bestehen, ein angenehmes und vorteilhaftes Leben, das Leben im Naturzustande, in welchem die Individuen als unbeschränkt, feindlich gegeneinander dastehen und sich daher in einem allgemeinen Kriege befinden, ein unangenehmes und nachteiliges Leben. Das angenehme Leben unterscheidet sich nun freilich wohl vom unangenehmen, aber beide haben doch gemein den Begriff, die Sphäre der sinnlichen Subjektivität des Menschen als einzelnen, natürlichen Individuums; im angenehmen Leben bin ich ebensogut noch im status naturalis als im unangenehmen Leben. Der Staat daher, indem er zum Zwecke das physische Wohlsein der einzelnen, der dissolutae multitudinis [der zerstreuten Menge] hat, ist nur eine Limitation des Naturzustandes, d. h., er hemmt und beschränkt nur die Individuen, so daß sie ebenso ohne alle geistige und sittliche Bestimmung und Qualität, ebenso außereinander, nur auf sich selbst und ihr sinnliches Selbst bezogen, ebenso viehisch und brutal bleiben, wie sie es im statu naturali waren, nur daß sie jetzt ihre Brutalität nicht mehr in der Form eines den Frieden, die Selbsterhaltung und das angenehme Leben aufhebenden Krieges äußern. Wohl entsteht mit dem Staate und in ihm der Unterschied zwischen allgemeinem Willen, allgemeiner Vernunft und einzelnem Willen, einzelner Vernunft und wird somit die im Naturzustande und in der Moral stattfindende Unbestimmtheit und Relativität dessen, was gut und böse ist, aufgehoben; aber dieser allgemeine Wille und diese allgemeine Vernunft sind nur allgemein durch die Gewalt, als der sich als der alleinige Wille geltend machende, ausschließende und unterdrückende Wille der einen obersten Staatsgewalt, die sich wegen ihres unbeschränkten Rechtes im status naturalis befindet. Er ist nur allgemeiner Wille, weil er die Macht zu gebieten hat, aber nicht seines Inhalts wegen, der ein ganz Gleichgültiges ist und folglich selbst von der *Willkür* des Machthabers nicht unterschieden.[61] Was die oberste Staatsgewalt gebietet, ist (gleichviel, ob seiner Natur, seinem Gehalte nach allgemein, d. i. wahr und recht, oder nicht) recht, was sie verbietet, unrecht und hiermit das Prinzip der Willkür, welches dem Naturzustande zugrunde liegt, auch das oberste Prinzip des Staates.[62]

[61] „In Monarchia" (und die Monarchie ist die beste Staatsform, „De cive", „Imp.", c. 10) „voluntas civilis eadem est cum naturali. [In der Monarchie (…) ist der staatliche Wille mit dem natürlichen Willen identisch.]" (c. 7, § 14.)

[62] „Reges legitimi, quae imperant, justa faciunt imperando, quae vetant, vetando injusta. [Wenn legitime Könige gebieten, setzen sie durch ihr Gebot Recht, wenn sie verbieten, durch ihr Verbot Unrecht.]" („De Civ.", c. 12, § 1.) „Neque igitur tenetur is, cui summum imperium commissum est, legibus civilibus. [Derjenige, dem die oberste Gewalt übertragen wurde, ist also nicht durch staatliche Gesetze gebunden.]" („Imp.", c. 6, § 14.) Wie daher die Rechtlichkeit und Gerechtigkeit, die Tugend der Bürger lediglich in unbedingtem Gehorsam (obedientia simplex, „De Civ.", c. 6, § 13, c. 12, § 2), d. i. im blinden, nicht unterscheidenden, durch keinen Inhalt bestimmten Gehorsam besteht, so ist das Prinzip der Gesetze, dessen, was Recht und Unrecht ist, hiermit das Prinzip des Staates selbst, der bloße, nackte, inhaltslose, bloß formelle Wille des Gebietenden, der bloß unter den subjektiven und unbestimmten Gesetzen der Moral steht, d. i. eben die bloße Willkür, deren Gebote allgemeine objektive Gültigkeit haben nicht wegen ihres Inhalts oder Grundes, sondern nur deswegen, weil sie gewollt und geboten sind.

Von den früher betrachteten sinnlichen Vorstellungen oder Empfindungen unterscheiden sich die *Empfindungen* des *Schmerzes* und der *Lust*, die nicht von einer Reaktion des Herzens nach außen entspringen, sondern von einer von dem äußersten Teile des Organs gegen das Herz zu fortgesetzten Bewegung. Denn da das Herz das Prinzip des Lebens ist, so muß notwendig die vom Empfindenden bis zum Herzen fortgepflanzte Bewegung die Lebensbewegung, d. i. die Bewegung des Bluts, irgendwie erleichtern oder erschweren und sich daher als Vergnügen oder Mißvergnügen und Schmerz äußern. Wie die Vorstellungen, die von einer auswärtsgekehrten Bewegung entspringen, äußerlich zu existieren scheinen, so scheinen dagegen die Empfindungen des Schmerzes und der Lust wegen der *einwärtsgekehrten Bewegung,* von der sie kommen, *innerlich* zu existieren. (["De Corp.", sect. IV:] "Phys.", c. 25, § 12)
Wie die *sinnlichen Objekte* die Ursachen der Vorstellungen sind, so sind sie auch die *Ursachen* der *Lust* und *Unlust* oder des *Verlangens* und *Abscheus*; denn das Verlangen und der Abscheu oder Widerwille unterscheiden sich von der Lust und Unlust nur so, wie sich Verlangen vom Genießen und das Zukünftige vom Gegenwärtigen unterscheidet. Auch das Verlangen ist ja Lust und der Abscheu Unlust, aber jenes Lust an einem Angenehmen, dieser Unlust an einem Unangenehmen, das noch nicht gegenwärtig, sondern erst erwartet wird. Daher *verlangen* wir *nicht deswegen, weil* wir *wollen*, denn der *Wille* ist selbst das *Verlangen*, noch *verabscheuen* wir, *weil* wir *nicht wollen,* sondern weil das Verlangen wie der Abscheu von den verlangten oder verabscheuten Objekten selbst bewirkt, eine notwendige Folge von der vorgestellten Lust oder Unlust sind, die die Objekte bewirken werden. Die Vorstellung ist früher als das Verlangen; denn ob das, was wir sehen, angenehm oder nicht sein wird, können wir ja nur durch die Erfahrung oder Empfindung wissen. Wenn dem Verlangen Überlegung vorangeht, so heißt es Wille. *Wille* und *Verlangen* sind übrigens der *Sache* nach *eins*, nur der Betrachtung nach verschieden. (l. c., § 13, u. "De Hom.", c. 11, § 1, 2)
Die *Freiheit* des Wollens und Nichtwollens ist daher im

Menschen nicht größer als in den Tieren; denn in dem Verlangenden ging die vollständige Ursache des Verlangens voraus, und das Verlangen selbst ist daher notwendig erfolgt. Eine Freiheit daher, die von der Notwendigkeit frei wäre, kommt weder dem Willen der Menschen noch der Tiere zu. Das, was innen im Menschen vorgeht, wenn er etwas will, ist nicht unähnlich dem, was in andern Tieren vorgeht, wenn sie etwas nach vorangegangener Überlegung begehren. Wenn wir jedoch unter Freiheit die Fähigkeit verstehen, zu tun, was sie wollen, aber nicht die Fähigkeit, zu wollen, so können wir sie beiden einräumen. ("Phys.", l. c.)

Alles, was wir begehren, heißt gut, alles, was wir fliehen, böse, d. i. übel. Nichts kann jedoch schlechtweg gut genannt werden, denn alles Gute ist immer nur für einige gut und relativ; je nach der Person, der Zeit, dem Ort und anderen Umständen und Verhältnissen heißt es gut oder übel. ("De Hom.", l. c., § 4)

Das höchste Gut oder die Glückseligkeit und der letzte Endzweck sind im gegenwärtigen Leben unerreichbar; denn *mit der Erreichung des letzten Zweckes hört alles Verlangen auf;* würde ihn der Mensch erreichen, so gäbe es daher kein Gut mehr für ihn, ja, er würde selbst *aufhören zu empfinden,* denn alle *Empfindung* ist mit irgendeinem *Verlangen* oder *Abscheu* verbunden, und nicht empfinden heißt nicht leben. Das größte Glück aber besteht darin, ungehemmt immer weiter von einem Ziele zum andern Ziele fortschreiten. *Selbst* im *Genießen ist noch der Genuß des Ersehnten Verlangen,* nämlich eine Bewegung der Seele des Genießenden durch die Teile der genossen werdenden Sache hindurch; denn *das Leben ist beständige Bewegung,* die, wenn sie nicht in gerader Linie fortschreiten kann, sich immer im Kreise herumdreht. (l. c., § 15)

§ 32. *Hobbes' Politik*

Von *Natur* sind *alle Menschen gleich* und haben alle das *Recht* auf *alles.* Solange die Menschen daher außer dem Staate leben, im bloßen Stande der Natur sich befinden, ist es notwendig, daß wegen der Leidenschaften der Menschen, ihrer

Gleichheit und wegen ihres Rechtes auf alles ein *Krieg aller* gegen *alle* stattfinde, ein Zustand, in dem alles erlaubt, nichts recht oder unrecht ist. Keineswegs ist aber ein solches Recht den Menschen nützlich; denn es hat fast die *nämliche Wirkung,* als wenn es gar *kein Recht* gäbe. Die gegenseitige Furcht der Menschen voreinander, die ein solcher Zustand notwendig mit sich bringt, und die Einsicht, daß der Krieg aller gegen alle höchst nachteilig sei und die Erreichung des Zweckes der Lebenserhaltung, den ein jeder von Natur sich vorsetzt, unmöglich mache, bewegen daher die Menschen, aus diesem Zustande zu treten und Frieden zu suchen; die Menschen geben daher ihr Recht auf alles auf, verpflichten und verbinden sich durch *Verträge,* welche das *Natur-* oder *Moralgesetz* zu halten gebietet, zur Aufrechthaltung und Bewerkstelligung des *Friedens,* welchen die Vernunft oder das Natur- oder Moralgesetz gleichfalls rät und gebietet, gemeinschaftlich mitzuwirken. Zu diesem Zwecke aber, nämlich zu dieser Sicherheit, die die Ausübung der von der Natur oder Vernunft gebotenen, den Frieden bedingenden Gesetze erfordert, reicht nicht hin eine bloße Übereinkunft oder *Gesellschaft* ohne eine *gemeinsame Macht,* der sich die einzelnen aus Furcht vor der Strafe fügen. Zu diesem Zwecke wird erfordert eine förmliche *Einigung* (unio), die die gänzliche *Unterwerfung* des Willens der einzelnen unter *einen* Willen erheischt. Das einzige Mittel zur Begründung und Erhaltung des Friedens ist daher, daß ein *jeder* seine ganze *Macht* und *Gewalt* auf *einen* Menschen oder *eine* Versammlung von Menschen überträgt und dadurch *alle Willen* sich auf einen *einzigen reduzieren,* d. h., daß *ein* Mensch (oder eine Versammlung) die Person eines jeden einzelnen Menschen übernimmt und daß ein jeder sich für den Urheber aller Handlungen bekennt, welche jene Person ausübt, und seinen Willen ihrem Willen und Urteil unterwirft. So vereinigen sich nun alle in *eine Person.* Und diese Vereinigung geschieht durch den *Vertrag,* den jeder mit jedem schließt, gleich als sagte jeder zu jedem: *Ich übertrage diesem Menschen* (oder dieser Versammlung) *meine Macht und mein Recht, mich selbst zu regieren, unter der Bedingung, daß auch du deine Gewalt und dein Recht auf ebendenselben überträgst.* Darum wird die Menge jetzt *eine Person,* und es entsteht der *Staat,* jener große Leviathan oder *sterbliche Gott,* dem wir allen Frieden und allen Schutz unter dem unsterblichen Gott zu danken haben. („De Cive", c. 1–5, u. „Leviath.", c. 17)

Weder irgendein Bürger noch alle zusammen (mit Ausnahme dessen, dessen Willen für den Willen aller gilt) sind für den *Staat* zu halten. Der Staat ist nur die *eine Person,* deren *Willen,* den Verträgen mehrerer Menschen gemäß, für den *Willen aller* gilt, damit sie sich zum gemeinsamen Frieden und Schutz der Kräfte und Fähigkeiten der einzelnen bediene. („De Civ.", c. 5, § 9)

Die Versammlung oder der Mensch, dessen Willen die einzelnen ihren Willen unterwarfen, hat *absolut-unumschränkte, unteilbare Macht* im Staate. Denn er hat in seiner Hand das Schwert der Gerechtigkeit, er ist Gesetzgeber, er ernennt die Magistrate und Staatsdiener, er bestimmt, was recht und unrecht, bös oder gut ist, und verbietet die dem Frieden schädlichen Lehren und Meinungen. Alles, was er tut, muß ungestraft bleiben. Er ist nicht gebunden an die Gesetze des Staates, da sie seine Gebote sind. Nichts haben die Bürger eigen, worauf er nicht Recht hätte; denn sein Wille enthält den Willen aller einzelnen, und der Staat erst ist der Ursprung des Eigentums. Diejenigen, welche die höchste Gewalt im Staate haben, können den Bürgern kein Unrecht tun, denn das Unrecht besteht nur in einer Verletzung der Verträge; die oberste Staatsgewalt aber ist durch keine Verträge irgendeinem verpflichtet; denn wird auch z. B. die Monarchie von der Gewalt des *Volkes,* das sein Recht, d. i. die höchste Gewalt, auf *einen* Menschen überträgt, abgeleitet, so hört doch in dem Augenblick, wo der Monarch seine Macht vom Volke erhalten hat, das *Volk* auf, *Volk,* d. i. eine *Person,* zu sein, indem aber die *Person* aufhört, hört auch die *Verpflichtung* gegen die Person auf. (l. c. u. c. 6, 7, 12)

Der Staat ist daher allein in dem Könige oder überhaupt in der höchsten Staatsgewalt enthalten. Um den Begriff des Staates zu fassen, ist es daher wesentlich, zwischen *Volk* und *Menge* zu unterscheiden. Das Volk ist *eines,* hat *einen* Willen, und es kann ihm *eine* Handlung zugeschrieben werden, dies kann aber nicht von der Menge gesagt werden. Das *Volk regiert in jedem Staate;* denn auch selbst in den *Monarchien herrscht das Volk,* denn es will durch den Willen *eines* Menschen; die *Menge* aber sind die *Bürger,* die Untertanen.

In der *Demokratie* und *Aristokratie* ist die *Kurie* das *Volk*, die Menge aber sind die Bürger. Und in der Monarchie sind die Untertanen die *Menge*, und der *König ist das Volk*. Daher ist es ganz falsch, wenn man sagt, der Staat habe sich gegen den König empört; denn dieses ist unmöglich, es kann sich nur die *Menge* gegen das *Volk* empören. (c. 12, § 8)

Da übrigens der Staat nicht seinetwegen, sondern der Bürger wegen gegründet ist, denn deswegen begaben sich freiwillig die Menschen in den Staat, um so angenehm als möglich zu leben, so ist die einzige und höchste Pflicht der Herrscher die Sorge für das *Wohl des Volkes*. (c. 13, § 2–4)

§ 33. *Kritischer Rückblick auf das Hobbessche Staatsrecht*

Das *Hobbes*sche Staatsrecht zerfällt wie seine ganze Empirie in lauter Gegensätze und Widersprüche. Selbst die *an sich* tiefen und wahren Gedanken, die sich unstreitig in demselben finden, lösen sich durch die Art und Weise, wie sie gefaßt und ausgesprochen sind, sich selbst widersprechend auf. Unter diese an sich wahren und tiefen Gedanken können z. B. zweifelsohne gerechnet werden: der Gedanke, daß der Staat nicht bloß eine Gesellschaft, eine Sozietät, sondern eine Einheit ist; der, daß die Moral nur im Staate (natürlich den Staat in seinem Wesen, an sich gedacht) wirklich ist, in ihm nur allgemeine, objektive, bestimmte Existenz hat oder daß erst mit dem Staate ein allgemeines Maß dessen, was recht und unrecht, gut und böse ist, gegeben und somit ein Unterschied zwischen allgemeinem Willen und einzelnem Willen gesetzt ist; endlich der damit zusammenhängende Gedanke, daß die Vernunft nur im Staate existiert und der Mensch außer dem Staate in einem bestialischen Zustande sich befindet.[63] Der Gedanke der Einheit wird aber durch die Bestimmung derselben wieder zuschanden, indem sie nicht die Einheit der im Einen unterscheidenden, gewährenden, ordnenden, d. i. organisierenden

---

[63] „Status naturae ad statum civilem h. c. libertas ad subjectionem eam habet proportionem, quam cupiditas ad rationem vel bellua ad hominem. [Zwischen Naturzustand und staatlichem Zustand, d. h. zwischen Freiheit und Untertänigkeit, besteht das gleiche Verhältnis wie zwischen Begierde und Vernunft oder zwischen Tier und Mensch.]" „De Civ.", „Imp.", c. 7, § 18. Über den Unter-

Vernunft ist, sondern die Einheit der Arroganz, die nur dadurch Einheit ist, daß sie sich allein an die Stelle des zu Vereinigenden setzt, die Einheit der ausschließenden und sich dadurch als allgemein geltend machenden Einzelheit oder Willkür. Die cives [Bürger] bleiben daher dieser unio [Einheit] gegenüber eine bloße Menge, eine multitudo dissoluta [zerstreute Menge]. Durch diese Bestimmung der Einheit und des Staates geht gleichfalls der zweite Gedanke zugrunde; denn das Prinzip des Rechten und Unrechten, Guten und Bösen, die allgemeine Vernunft oder der allgemeine Wille, ist der nur formelle Wille, d. i. die durch zwar übertragene, in Wahrheit aber höchst arrogante und rohe Gewalt als Einheit und Allgemeinheit sich geltend machende Willkür, sie mag nun als ein corpus [eine Körperschaft] mehrerer, als eine Kurie, oder nur als *eine* Person gedacht werden. Die Bürger, deren Willen und Vernunft nicht etwa in dem Willen und der Vernunft des Herrschers *enthalten*, sondern vielmehr *verschlungen*, deren Rechte in den Untiefen des Rechts der Staatsgewalt ertrunken und versunken sind, kommen wohl am Ende in dem Zwecke des Staates an das Sonnenlicht des Daseins auf einmal wieder hervor, indem das Wohl der Bürger der Zweck des Staats ist, aber eben dadurch, daß der Staat, der die Existenz der Vernunft, der objektiven Moral sein soll, wieder zu einem bloßen Mittel herabgesetzt wird, das seinen Zweck nur in dem physischen Wohl der einzelnen hat, heben sich nicht nur die beiden ersten, sondern auch der dritte Gedanke auf. Denn der *Zweck* des Staates, dessen Anfang doch mit der Verneinung des Naturzustandes gemacht wurde, ist dadurch eben, daß das physische Wohlsein der *Menge*, d. i. die empirische angenehme Existenz der Menschen als einzelner, sinnlicher Individuen, als dieser Zweck gesetzt ist, im wesentlichen doch wieder der *Naturzustand*, obwohl jetzt als ein amöner, von den Lästigkeiten und Schädlichkeiten eines allgemeinen Krieges befreiter, und dem wesentlichen Begriff nach ist also insofern der Unterschied zwischen Staat und Naturzustand wieder aufgehoben.

schied zwischen der cognitio privata [Erkenntnis des Individuums] und der allgemeinen, der Vernunft des Staates vergl. z. B. l. c., 12, § 1, und „Leviathan", c. 29. Über den Staat als das allgemeine Maß der Moral aber siehe „De Homine", c. 13, § 8, 9.

„Es ist ein problema, ob H. ein *Atheist* gewesen?" Einige haben ihn „unter die Atheisten-Rotte gezählet und darinnen
gelassen", *Gundling* aber hat ihn davon freigesprochen.[64] „H.
war kein Freund von der hohen Geistlichkeit und also auch
nicht von der englischen. Sein Reich der Finsternis (die
Herrschaft der Geistlichkeit, insbesondere der katholischen,
‚Leviath.', c. 44–47) stunde derselben so wenig an als dem
Papst." Wer aber diesem und jener etwas nimmt, ist ein
Ketzer und Atheist. Seldenus mußte in eben dieser Klasse
stehen, weil er ihren geistlichen Zehenten angefochten;
und H. ging noch weiter als Seldenus: „Er schmisse das
Kind mit dem Bade weg; er hatte eine besondere Philosophie und Theologie."
Der Vorwurf des Atheismus gründete sich erstlich darauf,
daß nach H. das Materielle, Körperliche allein das Wirkliche, Gott also nach ihm ein Körper sei. Dagegen verteidigte
sich selbst H. im Anhang zum „Leviathan" folgendermaßen:
„Zeige mir, wenn du kannst, das Wort *unkörperlich* oder *immateriell* in der Schrift. Ich aber zeige dir, daß die Fülle der
Gottheit *leibhaftig* in Christo wohnte. Wir alle sind und bewegen uns in Gott, sagt der Apostel. Wir alle aber haben
eine Größe. Kann aber das, was Größe hat, in dem sein, was
keine Größe hat? *Groß* ist Gott, heißt es in der Schrift, aber
Größe kann nicht ohne Körperlichkeit gedacht werden."
Zweitens gründete er sich darauf, daß H. die Eigenschaften
Gottes wie z. B. die Weisheit unbegreifliche Attribute
nenne, die einem unbegreiflichen Wesen nur als Zeichen
der Ehre beigelegt würden. „Ich finde aber nicht", bemerkt
Gundling dagegen, „warum man denjenigen, der … Gottes
Natur vor incomprehensibel [für unbegreiflich] hält, vor ei-
nen Atheisten ausgeben wolle, da doch alle Theologi geste-
hen, daß man von Gottes Eigenschaften und dessen ganzen
Wesen *nichts proprie* [eigentlich] wisse und verstehe, sondern, eben weil alles unendlich ist, davon nur *en général* [im
allgemeinen] und *überhaupt* rede." G. hat recht. H. ist kein
Atheist, wenigstens nicht mehr Atheist, als es die moderne
Welt überhaupt ist. Im Besondern, Wirklichen ist er aller-

---

[64] „Gundlingiana", XIV. Stück, 1717.

dings Materialist, Atheist, aber en général ist er Theist. Gott ist ein Körper, aber was für einer? Luft, Licht, Wasser, Sonne, Mond, Stern, Stein, pflanzlicher, tierischer, menschlicher Körper? Nein, nur Körper en général, ein Körper ohne Körperlichkeit, ein Körper, von dem wir daher gar nichts wissen, gar nichts denken und sagen können. „Wer Gott keinen Namen beilegen will", sagt H. („Leviath.", c. 31), „als solche, die mit der natürlichen Vernunft übereinstimmen, der muß entweder nur *negative* Ausdrücke gebrauchen wie ‚*unendlich*‘, ‚*ewig*‘, ‚*unbegreiflich*‘ oder *Superlative* wie ‚*höchster*‘, ‚*größter*‘ oder unbestimmte Namen wie ‚*gut*‘, ‚*gerecht*‘, ‚*heilig*‘, ‚*Schöpfer*‘, und zwar so, daß er damit nur seine Verehrung und Bewunderung ausdrücken,[65] aber nicht sagen will, *was* Gott sei. Es gibt nur *einen* Namen seines Wesens: *Er ist.*" „Unicum enim Naturae suae Nomen habet *Est.*" Das „quid sit", das Wesen, der Inhalt, das Positive gehört dem Atheismus, der Welt, den Sinnen, das bloße „ist" aber dem Theismus, der Gottheit an. H. ist also keineswegs „Gottesleugner"; aber sein Theismus ist dem Wesen, dem Inhalt nach, wie überhaupt der Theismus der modernen Welt, Atheismus, sein Gott nur ein negatives Wesen oder vielmehr Unwesen.

Was näher H.s Verhältnis zur christlichen Religion oder Glaubenslehre betrifft, so ist nur zu bemerken, daß ihm die sogenannte positive Religion nur Sache des Staats, der Staat das Reich Gottes („Leviath.", c. 35), das Staatsoberhaupt auch das kirchliche oder religiöse Oberhaupt[66], der Reprä-

---

[65] Sehr richtig: Die Prädikate Gottes sind nur Prädikate des menschlichen Gemüts, des menschlichen Affekts. Überhaupt finden sich bei H. einzelne treffliche Bemerkungen über die Religion und ihre Genesis, die er freilich nur auf die heidnischen Religionen beschränkt.

[66] „Unus", sagt H. („Leviath.", c. 39), „denique Rector tum Spiritualis, tum Temporalis esse debet, aut utraque simul potestas interibit, nimirum per contentiones inter Ecclesiam et Civitatem, inter Spiritualistas et Temporalistas, inter gladium Justitiae et scutum Fide, et (quod majus est) *in unius cujusque Christiani pectore inter Christianum et Hominem.* [Überhaupt muß der Leiter des geistlichen wie des weltlichen Lebens ein einziger sein, oder sie verlieren alle beide gewißlich ihre Macht durch Spannungen zwischen Kirche und Staat, zwischen den religiösen und den weltlichen Menschen, zwischen dem

sentant und Stellvertreter Gottes ist – „der Wille Gottes wird nur durch den Staat erkannt" („De Hom.", c. 15) –, daß er daher als ein guter Bürger aus denselben Gründen, aus welchen er seinen Willen den Gesetzen seines Staates oder Landes unterwirft, auch seine Vernunft den Dogmen der Staatskirche unterwirft. Was aber sein innerliches Verhältnis zu den Mysterien des christlichen Glaubens betrifft, so charakterisiert dieses hinlänglich folgende Äußerung von ihm: „Die Glaubensgeheimnisse muß man wie heilsame, aber bittere Pillen ganz hinunterschlucken; wenn man sie zerkaut" (d. h. der Kritik der Zunge unterwirft), „so werden sie gewöhnlich ausgespieen." („Leviath.", c. 32, u. „De Civ.", c. 18, § 4)

Schwert der Justiz und dem Schild des Glaubens und (was noch schlimmer ist) *zwischen dem Christen und dem Menschen in der Brust eines jeden Christen.*]"

III. PETER GASSENDI

§ 35. *Das Leben Gassendis und seine Bedeutung in der Geschichte der Philosophie*

Ein Beförderer des Empirismus von großem Ruhm – der ausgezeichnetste Philosoph unter den Humanisten und der gelehrteste Humanist unter den Philosophen, wie ihn Bayle nennt – war der Zeitgenosse und Freund Hobbes', Peter *Gassendi*, erst Dompropst zu Digne, dann Professor der Mathemtatik am Collège Royal zu Paris, geboren 1592 in einem kleinen Orte des französischen Bistums Digne. In seiner Jugend hatte er die aristotelische Philosophie, die damals noch allein auf den Schulen herrschte, nicht nur studiert, sondern selbst auch mehrere Jahre als Professor der Philosophie vorgetragen. Aber *Aristoteles* hatte bei ihm frühzeitig durch die Lektüre *Ciceros, Petrus Ramus', Ludwig Vives'* und anderer seine Autorität verloren. Er genügte ihm so wenig, daß er seine Ansichten, wenn er sie am Vormittag seinen Schülern erklärt hatte, am Nachmittage widerlegte. Seine erste Schrift war daher auch gegen Aristoteles, wenigstens den von der Schule vergötterten Aristoteles, gerichtet und im Geiste der Skepsis geschrieben.[67] Ihr Titel ist: *„Exercitationes paradoxicae adversus Aristoteleos* [Antidogmatische Übungen gegen die Aristoteliker]". Seine Neigung zog ihn dagegen zur Philosophie des *Epikur* hin, die er daher wieder hervorrief und in folgenden Schriften erläuterte: *„De*

---

[67] Vgl. „Exercitationes paradoxicae", Lib. II, Exercitio VI, deren Resultat ist: „Nihil adhuc vere sciri per Philosophiam universam ex Rebus Naturalibus. [Bisher wurde durch die allgemeine Philosophie noch kein wahres Wissen von den Naturobjekten gewonnen.]" „Du wirst sagen", läßt er den Schulphilosophen reden, „daß in der Sonne Form und Materie sei, sagen, daß in der Luft Form und Materie sei, sagen, daß im Regen Form und Materie sei, sagen, daß im Steine, sagen, daß im Baume, sagen, daß im Menschen Form und Materie sei. O herrliche Philosophie! Alles hat Materie und Form! Damit wissen wir alles! Wozu plagen wir uns also noch mit der Ergründung der Natur?"

vita et moribus Epicuri [Leben und Denkart Epikurs]", *„Animadversiones in X Librum Diog. Laertii* [Bemerkungen zu Buch 10 des Diogenes Laertius]", *„Syntagma Philosophiae Epicuri* [Grundriß der Philosophie Epikurs]".

Gassendi erwarb sich durch die Wiederbelebung der epikurischen Philosophie vielen Beifall. Dem die Natur sezierenden und auf das Sinnliche gerichteten Geist des Empirismus mußte die von sinnlich bestimmten Prinzipien ausgehende und die Natur zerlegende demokritische oder epikurische Atomenlehre sich natürlich mehr empfehlen und mehr entsprechen als die aristotelische Philosophie. So zog schon *Bacon* den *Demokrit* dem *Aristoteles* vor. So hatten auch die Ärzte *Claude de Berigard* († 1663) und Johann Chrysostomus *Magnenus* in seinem „Democritos reviviscens" die Atomenlehre wiederzubeleben gesucht.

Gassendis Philosophie, sein *„Syntagma philosophicum* [Philosophischer Grundriß]" enthalten die beiden ersten Foliobände seiner Werke, die im ganzen aus 6 Bänden bestehen und zu Lyon 1658 erschienen. Sein Leben, das im Jahre 1655 endete, beschrieb Samuel Sorbière.

G. kommt keineswegs in der Geschichte der Philosophie nur als reproduzierender, gelehrter, historischer Philosoph in Betracht, sondern auch als Selbstdenker. „Welche Pöbelhaftigkeit", ruft er daher mit Indignation den Aristotelikern zu, „in Dingen, welche nicht die Religion, wo man freilich den Verstand unter den Gehorsam des Glaubens gefangennehmen muß, sondern die Natur betreffen, der Autorität dieses oder jenen Philosophen seinen Geist zu unterwerfen! Und welche Faulheit, statt mit den eigenen Augen nur mit den Augen des Aristoteles zu sehen und statt die Natur selbst nur die Schriften des Aristoteles über die Natur zu studieren! Und welche Kleinmütigkeit, den eigenen Kräften und Anlagen zu mißtrauen, zu glauben, daß die Natur sich in *einem* Genie erschöpft habe, daß sie folglich keine Menschen mehr, sondern nur noch Affen hervorbringen könne, gleich als wenn die Natur nicht immer sich gleichbliebe und daher nicht ebensogut noch heute wie einst große Geister erzeugen könnte." („Exercit. parad.", L. I, Exerc. II) In diesem Geiste, in dem hier G. die Aristoteliker anredet, hat er denn auch die epikurische Philosophie sich angeeignet – nicht als Affe, sondern als Mensch, nicht als

Wiederkäuer, sondern als Selbstdenker. Er weicht von Epikur keineswegs nur da ab, wo er sich nicht mit der christlichen Theologie verträgt und wo sich freilich G. große Inkonsequenzen zuschulden kommen läßt, sondern auch da, wo seine Lehren sich nicht mit der Vernunft und den Fortschritten der Naturwissenschaften vertragen, so daß in dieser Beziehung E. nur der historische Anknüpfungspunkt ist für G.s eigene Gedanken und seine trefflichen, lichtvollen Entwickelungen von den Entdeckungen der modernen Physik und Astronomie.[68]

§ 36. *Die Logik Gassendis*

Die *Philosophie* ist die Liebe, das Studium und die Ausübung der Weisheit, welche die Disposition der Seele ist, richtig über die Dinge zu denken und im Leben richtig zu handeln, sie hat daher zu ihren Hauptgegenständen *Wahrheit* und *Tugend* und damit zu ihren Hauptteilen *Physik* und *Ethik*. Die Propädeutik beider ist die *Logik*. Sie ist die allgemeine Wissenschaft, die sich auf keinen besonderen Gegenstand bezieht. Die Physik und die übrigen Wissenschaften erforschen das Wahre an den bestimmten Gegenständen, mit denen sie sich beschäftigen, die Logik aber leuchtet ihnen allen voran, insofern sie allgemeine Vorschriften und Regeln gibt, durch deren Anwendung sie sich auf dem Weg der Wahrheit erhalten oder im Falle einer Verirrung diese erkennen und den richtigen Weg wieder einschlagen können. Die Logik kann daher bestimmt werden als die Kunst, richtig zu denken, d. i. richtig vorzustellen (bene imaginari), richtig zu urteilen (bene proponere), richtig zu schließen (bene colligere), richtig zu ordnen (bene ordinare). („Logica", II, c. 6)

[68] Die Bedeutung G.s hat Schaller in seiner „Geschichte der Naturphilosophie", I. Bd., richtig bestimmt. Ich konnte, ohne den ganzen Standpunkt meiner Geschichte zu verrücken, mein früheres Urteil über G. nicht anders berichtigen und erweitern als in der hier geschehenen Weise. Auch hatte ich leider bei der Revision meiner Darstellung G.s nur seine „Exercitationes" und „Animadversiones in Diog. Laert.", die übrigens allerdings eine kompendiarische Übersicht über den ganzen G. gewähren, zur Hand.

Was die Erkenntnis und das Kriterium der Wahrheit betrifft, so muß man die Mittelstraße zwischen den Skeptikern und Dogmatikern einschlagen. Es gibt nämlich ein doppeltes Kriterium der Wahrheit in uns, eins, wodurch wir das *Zeichen* des Objekts wahrnehmen, der *Sinn*, das andere, durch das wir vermittelst Schlüsse die verborgene *Sache* erkennen, der *Geist* oder die *Vernunft*. Denn da wir etwas mit dem Sinn, etwas mit der Vernunft wahrnehmen und alle Vernunfterkenntnisse aus den Sinnen entspringen, so muß der Vernunft notwendig ein sinnliches Zeichen vorangehen, welches sie zur Erkenntnis der verborgenen Sache hinleitet. So schließen wir z. B. aus dem Schweiße, welcher durch die Haut ausschwitzt, als aus einem sinnlichen Zeichen, daß sie Poren habe, obgleich die Sinne keine an ihnen unterscheiden und uns zeigen. Zu diesem Schlusse nehmen wir aber noch andere unbezweifelte Sätze und Prinzipien zu Hülfe, die wir durch Induktion aus den sinnlichen Dingen erschlossen haben und in unserm Gedächtnis aufbewahren, und verfahren dabei ungefähr so: Diese Feuchtigkeit ist ein Körper, jeder Körper geht aber nur durch ein Medium von einem Orte zum andern, diese Feuchtigkeit muß also durch das Medium der Haut hindurchgehen. Aber die Haut ist selbst ein Körper, und da kein Körper durch einen Ort durchgehen kann, wo schon ein anderer ist, weil nicht zwei Körper zugleich an einem und demselben Orte sein können, so könnte die Feuchtigkeit nicht durch die Haut dringen, wenn die ganze Haut Körper wäre, sie muß also Poren haben. So schließen wir auch von den Äußerungen und Handlungen der Seele nicht nur auf ihr Dasein, sondern auch auf ihr Wesen, und wir erkennen sie um so vollkommener, je mehr Gattungen von Wirkungen uns bekannt werden, indem wir dadurch einsehen, daß sie mehrere Eigenschaften hat. Denn die Natur eines jeden Dinges ist nicht so unteilbar, daß es nicht eine *Breite* von Eigenschaften und Qualitäten hätte. Obgleich aber der Sinn bisweilen täuscht und kein sicheres Zeichen daher ist, so kann doch die Vernunft, die über dem Sinne steht, die Wahrnehmung des Sinnes berichtigen, so daß sie kein Zeichen annimmt, wenn sie es vorher nicht berichtigt hat, und erst dann über die Sache ein Urteil fällt. (l. c., c. 5)
Jede Idee oder *Vorstellung* (d. i. das Bild der Sache) in dem

Geiste entspringt nur aus dem *Sinne.* Denn ein Blindgeborener hat keine Vorstellung von der Farbe, ein Taubgeborener keine vom Tone, weil sie der Sinne entbehren, vermittelst deren sie sie nur bekommen; und wenn einer ohne alle Sinne leben könnte, was aber unmöglich ist, so hätte er gar keine Vorstellung von etwas und würde daher nichts vorstellen. Daher haben die berühmten Sätze: Es ist nichts im Verstande, was nicht vorher im Sinne war, und: Der Geist ist eine tabula rasa [leere Tafel], ihre Richtigkeit. Denn die, welche eingeborene Ideen behaupten, beweisen nicht ihre Behauptung. („Inst. Log.", P. I: „De simpl. rerum imagin.", can. II)

Jede Vorstellung wird entweder durch die Sinne dem Geiste eingedrückt oder aus solchen Vorstellungen gebildet, die in die Sinne kommen, und zwar entweder durch Zusammensetzung und Vereinigung mehrerer oder durch Erweiterung oder Verminderung, wie wenn ich aus der Vorstellung des Menschen die eines Riesen oder Zwerges bilde, durch Übertragung oder Vergleichung, wie wenn man die Vorstellung einer schon gesehenen Stadt auf eine noch nicht gesehene überträgt oder Gott, der nicht in die Sinne fällt, mit einem ehrwürdigen Greise vergleicht. (l. c., can. III)

Alle durch die Sinne eingedrückten Vorstellungen sind *einzeln,* der Geist aber bildet *allgemeine* aus den einzelnen, einander ähnlichen Vorstellungen, und zwar entweder so, daß er die ähnlichen auf einen Haufen zusammenbringt, oder so, daß er, wenn einzelne Vorstellungen zwar in etwas übereinstimmen, aber doch viele Unterschiede an sich haben, von diesen Unterschieden absieht und das nur herauszieht, was sie miteinander gemein haben. Die allgemeineren Vorstellungen werden nun ebenso wieder aus den weniger allgemeinen gebildet. Die einzelne Vorstellung ist um so vollkommener, je mehr Teile und Eigenschaften einer Sache sie vorstellt, die allgemeine aber um so vollkommener, je vollständiger sie ist und je reiner sie das Gemeinsame der einzelnen darstellt. (l. c., can. IV, V, VIII)

§ 37. *Kritische Bemerkung über die Gassendische Theorie des Ursprungs der Erkenntnis*

Die Gassendische Theorie vom Ursprung der allgemeinen Ideen ist eine Theorie des Scheines, die φαινομένη σοφία οὖσα δε μὴ [scheinbare, nicht wirkliche Weisheit]. Die wahrhaft allgemeine Vorstellung aus den einzelnen, d. i. das Allgemeine aus dem Einzelnen *realiter* entspringen lassen, ist ebensoviel, als wenn man das Licht aus den Farben entspringen lassen wollte; denn das Einzelne ist nur dem Scheine, nicht der Wahrheit nach früher als das Allgemeine, dieses ist das der Natur und dem Begriffe nach Frühere. Da die allgemeine Vorstellung die geistige ist, so kommt man überdem nur durch einen Salto mortale von der sinnlichen zur geistigen. Denn da die allgemeine Vorstellung erst die wahrhafte, die denkende, die vernünftige Vorstellung, d. i. ein Gedanke ist, ein Geist aber oder eine Vernunft, die gar keine Gedanken hat, also gar nichts denkt, doch hoffentlich wohl kein Geist, keine Vernunft ist, so wie ein Licht, das nicht leuchtet, kein Licht ist (denn was ist die Vernunft in dieser Beziehung anders als die Denk-, die Gedankentätigkeit?), so läßt man in jener Theorie eigentlich den Geist, die *Vernunft* aus den *Sinnen entspringen.* Aber wie man ohne Vernunft zu Vernunft, ohne Denken zum Denken, ohne Gedanken zu Gedanken kommen kann, wie die Vernunft aus den Sinnen entsteht, dürfte schwer einzusehen sein. *Leibniz* sagt daher schon vortrefflich in dieser Beziehung von *Locke,* der im wesentlichen dieselbe Theorie von dem Ursprunge der Begriffe und Erkenntnisse hatte wie *Gassendi*: „Idem non satis animadvertit, ideas entis, substantiae, unius et ejusdem, veri, boni, aliasque multas menti nostrae ideo innatas esse, *quia ipsa innata est* sibi et in se ipsa haec omnia deprehendit. Nempe nihil est in intellectu, quod non fuerit in sensu, nisi *ipse intellectus.* [Er hat nicht genügend beachtet, daß die Ideen vom Wesen, von der Substanz, von der Identität, vom Wahren, vom Guten und viele andere unserem Geiste deshalb eingeboren sind, *weil dieser selbst eingeboren ist* und sie alle in sich selbst begreift. Allerdings ist nichts im Denken, was nicht in den Sinnen war, außer *dem Denken selbst.*]" Die Gassendische Vorstellungstheorie hat deswegen zu ihrem Prinzip die hauptsächlich erst in der neuern Zeit allgemein gewordene und fast allen Theorien von der Erkenntnis und Seele zugrunde liegende Identifikation oder richtiger Verwechslung des Geistes, der Seele, der Vernunft mit dem einzelnen, sinnlichen, bestimmten Individuum. Denn dieses kommt notwendig als ein sinnliches Einzelwesen erst vermittelst des Sinnlichen zum Denken und zum Bewußtsein des Allgemeinen, aber die allgemeinen Ideen und Gedanken *entstehen* oder *entspringen* realiter ebensowenig erst aus den einzelnen, sinnlichen Vorstellungen, als die Vernunft in jedem einzelnen und mit jedem einzelnen realiter entsteht. Für den einzelnen entstehen sie wohl, aber diese Entstehung ist eben eine nur auf den einzelnen sich beziehende, nur eine scheinbare, keine wahrhafte reelle Entstehung. In jener Theorie wird daher der Schein für die Sache genommen.[69]

§ 38. *Die Physik oder Atomenlehre Gassendis*

Die *Atome* sind die ersten Prinzipien der Dinge, die erste Materie. Unter Atom muß man aber nicht, wie gewöhnlich geschieht, etwas verstehen, was keine Teile hat und ohne alle Größe und daher nichts anderes als ein mathematischer Punkt ist, sondern, was so fest und gleichsam so hart und kompakt ist, daß es durch keine Gewalt in der Natur zerteilt werden kann. Die bestimmten, d. i. die zusammengesetzten Körper sind teilbar wegen der Beimischung des *Leeren*, bis auf die Atome, die ersten Bestandteile der Körper, die, weil sie nichts Leeres mehr in sich enthalten, absolut fest sind und keine Sonderung und Trennung erleiden können; denn wie es in der Welt ein reines *Leeres* gibt, in dem

---

[69] Diese Kritik der Gassendischen Erkenntnislehre ist von dem Standpunkt gefällt, welchen ich meinen „Grundsätzen der Philosophie [der Zukunft]", § 9–18, charakterisierte, wo der Mensch das Wesen Gottes in die Vernunft metamorphosiert, von einer Entstehung der Vernunft und Allgemeinbegriffe daher ebensowenig eine Rede sein kann als auf dem Standpunkt des Theismus von einer Entstehung Gottes. Da aber gleichwohl die Erfahrung eine Genesis der Vernunft lehrt, so bleibt auf diesem Standpunkt nichts anderes übrig, als ihr nur eine scheinbare oder subjektive Bedeutung einzuräumen.

nichts Körperliches, so gibt es in ihr so *feste Körper,* in denen nichts Leeres, also kein Prinzip der Trennung ist. Wegen ihrer außerordentlichen Kleinheit aber können die Atome auch nicht durch das allerschärfste Gesicht wahrgenommen werden. Die Notwendigkeit der Atome liegt darin, daß es eine erste Materie geben muß, die unerzeugt und unverderblich ist und in die alles zuletzt sich auflösen läßt. Denn da die Natur nichts aus nichts macht oder in das Nichts zurückführt, so muß bei der Auflösung des Zusammengesetzten etwas Unauflösliches, das nicht mehr weiter in ein anderes zersetzt werden kann, übrigbleiben. Der Satz des *Epikur* und *Lukrez* aber: Aus nichts wird nichts, darf nur von den Kräften der Natur verstanden werden und die Ewigkeit und Unsterblichkeit der Materie nur so, daß, solange die Welt erschaffen ist und dauert, kein Teil von ihr untergeht oder zu nichts wird. („Physic.", Sect. I, L. III, c. 5)

Den wesentlichen Beschaffenheiten oder dem *Wesen* nach sind die Atome nicht unterschieden, denn sie sind alle gleich fest, gleich körperlich und einfach. Die Atome haben aber noch *besondere* Eigenschaften, nämlich *Größe, Gestalt* und Gewicht oder *Schwere,* durch die sie sich voneinander unterscheiden. Deswegen ist das Atom kein Punkt, der, weil er keine Größe hat, auch keine Größe geben kann, denn es ist ganz richtig, wenn man sagt: Unteilbares zu Unteilbarem hinzugetan, erzeugt keine Größe. Obgleich aber das Atom Teile hat und deswegen groß ist, so ist es darum doch nicht teilbar und der Zerstörung unterworfen, weil es außerordentlich fest ist und nichts Leeres in sich hat und seine Teile daher nur dem *Gedanken* nach unterschieden werden, in der *Tat* aber nicht sowohl viele Teile als vielmehr *eine* höchst *einfache Wesenheit* sind. Diese Teile sind außerordentlich, unvergleichlich, absolut klein, τὰ ἐλάχιστα, minima. Der dem Sinne nach kleinste Teil ist noch aus vielen Myriaden von Atomen zusammengesetzt und daher unendlich größer als ein Atom. Das mag sonderbar klingen, aber was unserm Gesichtssinn sehr klein vorkommt, ist für die Natur selbst sehr groß; ja, wo unsere sorgfältigste und feinste Unterscheidungskraft aufhört, da beginnt erst die subtile und feine Unterscheidungskraft (gleichsam die Spitzfindigkeit) der Natur. In einem Hirsenkörnlein unterscheidet die Natur mehr Teile, als ein Mensch am Kaukasus, ja, am ganzen Erdball zu unterscheiden vermag. Obgleich aber die Atome außerordentlich klein sind, so sind sie doch unterschiedlich *gestaltet*, denn sie haben ja eine *Größe*, und die Figur ist nichts als eine Grenze und Bestimmung der Größe, terminus ac modus magnitudinis. Diese verschiedenen Gestalten der Atome sind zwar unbegreiflich, aber dennoch nicht unendlich. Die dritte Eigenschaft der Atome, die *Schwere* oder das Gewicht, ist nichts anderes als ihre natürliche Kraft und Fähigkeit, *sich selbst zu bewegen,* oder ihr eingeborner, ursprünglicher, von ihnen unzertrennlicher Trieb und Hang zur Bewegung. Die Bewegung ist doppelter Art, die natürliche, wenn das Atom vermöge seines Gewichts abwärts sich bewegt, und die reflexive, wenn das Atom bei seinem Zusammenstoßen mit andern wieder zurückprallt. Die Ursache der reflexen Bewegung liegt sowohl in der Natur des Leeren, weil dieses dem zurückspringenden Atom keinen Widerstand leisten kann, als auch in der Natur der Atome selbst, weil sie wegen ihrer außerordentlichen Festigkeit sich nicht durchdringen können und daher bei einem Zusammentreffen wieder zurückprallen müssen. Alle Atome bewegen sich mit gleicher Geschwindigkeit. Diese apriorische Lehre Epikurs, daß alle Atome, ungeachtet der Verschiedenheit an Gewicht und Masse, doch gleich geschwind sind, bestätigt die Erfahrung, die da zeigt, daß alle Körper, wenn sie gleich von noch so verschiedener Größe und Masse sind, doch gleich geschwind von einer Höhe herabfallen. (l. c., c. 6, 7)

Die Atome und das Leere, denn dieses ist unzertrennlich von jenen, sind also die Prinzipien der Dinge. Dies muß man aber nicht so verstehen, wie man den Epikur mißverstanden hat, nämlich als wenn die Welt oder die vergänglichen zusammengesetzten Dinge aus ihnen wie aus zwei Teilen oder zwei sie zusammensetzenden und konstituierenden Prinzipien beständen. Denn nicht die Atome *und* das Leere, nur die Atome sind die Elemente der Körper, das *Leere* dient nur zum *Orte* und zur *Trennung*. Denn da das Leere kein Körper ist, wie wäre es denn möglich, daß die Körper aus ihm bestünden? Ob es gleich zwischen den Körpern sich befindet, so macht es doch keinen *Teil* derselben aus, sowenig als die Luft, die sich in uns innerhalb der Nasen, des Mundes, der Lungen befindet, ein Teil von uns ist. (l. c., c. 8)

Die Atome darf man aber nicht durchaus so annehmen, wie sie Epikur auffaßte, sondern nur mit Beschränkung und Ausscheidung mancher Bestimmungen. So muß man die Bestimmung von ihnen wegnehmen, daß sie ewig, nicht hervorgebracht und der Zahl nach unendlich sind. Man muß sie zwar annehmen als die erste Materie, aber dabei hinzudenken, daß sie Gott endlich schuf, sie zu dieser sichtbaren Welt machte und dann nach ihren eigenen, ihr aber eingegebenen Kräften und Gesetzen sich entwickeln ließ. Man muß daher auch die Bestimmung von den Atomen wegnehmen, daß sie aus sich die Kraft und das Vermögen haben, sich zu bewegen, demzufolge bloß Beweglichkeit in ihnen annehmen, die wirkliche Kraft der Bewegung von Gott ableiten, der sie bei ihrer Erschaffung in ihnen erzeugt und mitwirkt, weil Gott, wie er alles erhält, so auch bei allen Dingen mittätig ist. Der Irrtum Epikurs besteht aber hauptsächlich darin, daß er erstlich behauptete, nicht Gott, sondern der Zufall sei die Ursache der Welt, und zweitens, die Welt sei weder Gottes noch des Menschen wegen gemacht. Denn Gott ist in der Tat die hervorbringende und alles lenkende Ursache der Welt. Wenn man aber gleich Gott die Oberherrschaft über die Natur einräumt, so werden doch deswegen nicht die besondern Ursachen aufgehoben, die durch seinen Willen sind und die er ihre eigenen Rollen spielen läßt. Bei irgendeiner Wirkung der Natur muß man daher nicht sogleich Gott zu Hülfe rufen, als wenn er allein die Ursache und keine natürliche Ursache dazwischen wäre, sondern er ist nur die allgemeine Ursache. (l. c. u. Sect. I, L. IV, c. 6)

§ 39. *Kritik der Gassendischen Atomenlehre*

Das sich selbst Widersprechende, das Willkürliche dieser Verbindung des Prinzips der Atome und ihrer Bestimmungen mit den Vorstellungen der Theologie, den Vorstellungen von Erschaffung, Mitwirkung, Einpflanzung der Bewegungskräfte erhellt auf der Stelle. Denn von dem Atom ist die Bewegung oder das Prinzip und Vermögen derselben unzertrennlich. Das Atom nämlich ist ein Einfaches, Unteilbares; es ist für sich, getrennt von andern Atomen; das

Leere des Epikurs ist nichts anderes als die *sinnliche* Vorstellung, der sinnliche Ausdruck dieser im Begriff des Atoms liegenden Trennung. Das Atom kann aber zugleich *nur als viele Atome* gedacht werden, es ist unmöglich, daß nur ein, nicht mehrere, nicht unzählig viele Atome sind; es ist daher in Beziehung, aber in einer äußerlichen, ihm selbst gleichgültigen Beziehung auf die andern Atome; der *sinnliche* Ausdruck, die sinnliche Erscheinung dieser mit dem Atom selbst identischen Bestimmung der *Beziehung* und *Trennung* ist die *Bewegung*, die Atome müssen sich stoßen, drängen oder sonstwie bewegen. Was soll also ein Atom bedeuten, das gar nicht ohne das Prinzip der Bewegung gedacht werden kann und dem doch die Bewegung erst eingegeben worden ist und werden soll? Und was soll man nun gar darunter denken, daß Gott mit den Atomen mitwirkt? Die Atome sind absolute Atheisten[70] oder doch wenigstens Freigeister, die sich sowenig um Gott bekümmern als der Gott des Epikur um die Welt und die Atome; sie sind Autokraten, Monarchen, sie dulden keinen Mitregenten, sie sind eine Welt für sich.

Ebenso unzertrennlich vom atomistischen Prinzipe wie die Bewegung und Freigeisterei ist die Bestimmung, daß die Welt, d. i. die Ordnung, der Inbegriff der konkreten, der bestimmten, d. i. aus den Atomen bestehenden Körper oder diese selbst zusammen ein Werk des *Zufalls* sind; denn die bestimmten Körper sind nur Zusammensetzungen von Atomen, die, obgleich das Atom sich seinem Begriffe nach auf andere bezieht, doch in der Zusammensetzung oder Verbindung in ein Aggregat außereinander bleiben, gegen die Zusammensetzung und die Verbindung gleichgültig sind, die daher nur ein Zufälliges ist; im Prinzip des Atoms liegt

---

[70] Cicero, „De Nat. Deo.", I, 44. – Wie G. sagt übrigens auch *Magnemus* in seinem „Democritus" (Hagae Comit. 1658, p. 268): „opinio quae atomos admittit Deum creantem nullo modo respuit. [Die Auffassung, die Atome zuläßt, verwirft keineswegs einen göttlichen Schöpfer.]" Überhaupt erklärten die christlichen Physiker, die sich zum Atomismus bekannten oder hinneigten, die Verbindung desselben mit dem Atheismus für nicht notwendig oder geradezu zufällig. Ja, Bacon sagt sogar, der Atomismus führe notwendig zum Theismus. Mit Recht: Jedes beschränkte Naturprinzip erfordert notwendig zu seiner Ergänzung eine außernatürliche Ursache.

kein Grund, keine Notwendigkeit, daß es sich mit andern verbindet oder auf diese und jene Weise zu einem bestimmten Aggregat zusammensetzt, es tritt nur in eine *äußerliche*, d. i. *zufällige* Verbindung; die Welt ist nur ein Aggregat, kein System, ohne Einheit und Notwendigkeit, eine Sache, ein Werk des Zufalls. Äußerliche Notwendigkeit läßt sich wohl mit dem atomistischen Prinzip verbinden, aber diese ist vom Zufall nicht unterschieden. Das Atom zum Prinzip der Dinge machen, heißt daher nichts anderes, als den *Zufall* zum Prinzip der Welt machen. Was soll nun aber gar, um andere Widersprüche und Nachlässigkeiten zu übergehen, zwischen dem Atom, welches unauflöslich, das unteilbare *Erste* und *Letzte* der Welt, in einer sinnlichen Vorstellung, d. i. in bezug auf die Zeit ausgedrückt, *ewig* und *unsterblich* ist, wie es *Lukrez* ("De Rer. Nat.", I, v. 237, 501, 520, 545 etc.) nennt, und zwischen dem Geschaffensein für ein Zusammenhang stattfinden?

Übrigens ist gerade in dieser seiner Inkonsequenz Gass. ein höchst konsequenter Atomist; in diesen seinen Widersprüchen befindet er sich gerade im Einklang mit dem atomistischen Prinzip; gerade darin, daß sein Denken so inkohärent ist, stellt er in seinem Denken den Geist des Atomismus perfekt dar. Denn wie die Verbindung der Atome miteinander zu konkreten Körpern äußerlich und zufällig ist, ist es die Verbindung seines atomistischen Prinzips mit seinen anderweitigen Gedanken oder richtiger Vorstellungen; es läßt sich ebensowenig ein innerer Zusammenhang zwischen diesen auch nur einigermaßen denkenden als zwischen den aggregierten Atomen eine innere Einheit; sein Denken ist ein äußerliches zufälliges Aggregieren. Und wie die Atome nur da, wo kein Körper ist, in dem Leeren sich bewegen, aneinander kommen, sich verbinden, so verbinden sich in dem Kopfe des Gassendi nur da, wo kein Denken ist, in der *Gedankenleerheit* die Vorstellungen von den Atomen mit seinen anderweitigen Vorstellungen.

Gassendi stellt daher auch in dieser Verbindung des Atomismus mit den Vorstellungen christlicher Theologie den schon bei Bacon und Hobbes berührten Widerspruch dar, daß er anders *denkt*, als er *gesinnt* ist und *fühlt*, ein seinem *Denkprinzip entgegengesetztes religiöses Prinzip* hat, mit dem, was die wesentliche Art, das wesentliche Objekt seines Geistes, das Objektive also in ihm selbst ist (wenn man anders bei einem so eklektischen, in die Breite des gelehrten Wissens ausgedehnten Denker etwas Bestimmtes als das wesentliche Objekt seines Geistes aussprechen und einen entschiedenen Widerspruch annehmen kann), radicitus entgegengesetzte religiöse Vorstellungen verbindet, jenen Widerspruch also, der sich in neuerer und neuester Zeit auf die verschiedenste und krasseste Weise aussprach und endlich so weit ging, daß man der Vernunft nichts ließ als endliche eitle Begriffe, als die leere Schale, die abgezogene Haut von den Dingen, allen Inhalt aber in den Preßsack des Herzens hinabstopfte, Gott aus dem Tempel der Vernunft in den Schlupfwinkel, das Alteweiberspital, das asylum ignorantiae [Asyl der Unwissenheit] des Herzens jagte, aus der offnen, bestimmten, klaren und freien Welt des Denkens alles Göttliche wie eine die frische Luft nicht vertragende Treibhauspflanze in die wohlbehagliche Stubenwärme erkünstelter, *sophistischer Gefühle* versetzte, daß man bei *Tage* sozusagen in dem öffentlichen Geschäftskreis des Verstandes, d. h. im Kopfe, ein Atheist, im Herzen aber, bei der *Nacht*, privatim im Rücken der Vernunft der abergläubigste Christ, der religiöseste Mensch von der Welt war, aber eben deswegen auch nur einen Hauspenaten als Gott verehrte.

§ 40. *Gassendis Lehre vom Geiste*

Infolge dieses Widerspruchs, in dem Gassendi mit sich selbst steht, und der Willkür seines Denkens gibt er nun weiter auch noch andere, mit dem atomistischen Prinzip zusammenhängende Bestimmungen auf, bestimmt Gott auf eine diesem Prinzip ganz entgegengesetzte Weise und behauptet dann auch die Unkörperlichkeit und Unsterblichkeit des Geistes. Hätte Gassendi, statt den Cartesius widerlegen zu wollen, ihn zu erkennen und wahrhaft aufzufassen gesucht, so würde er auch in betreff des Geistes nicht im Kreise unbestimmter Vorstellungen stehengeblieben sein, wiewohl er über ihn einige, tiefere philosophische Gedanken berührende Vorstellungen äußert, die folgende sind. Bei der Frage, ob der Geist unsterblich ist, kommt es vor allem auf die Lösung der Frage an, ob der Verstand oder die *Vernunft,* denn diese ist der hauptsächlichste, vorzüglichste Teil des Geistes, die Wurzel daher auch des Willens, etwas Immaterielles ist. Der Verstand ist nun aber erstlich etwas von der Phantasie oder sinnlichen Vorstellungskraft Unterschiedenes; denn er ist die Fähigkeit in uns, durch die wir vermittelst Schlüsse uns zur Einsicht dessen erheben, was nicht sinnlich vorgestellt werden, wovon man sich kein sinnliches Bild machen kann. Der *Verstand* hat nicht wie die Vorstellung *materielle Bilder,* unter denen er die Dinge vorstellt; was aber *ohne materielle Form einsieht,* ist *immateriell.* Zweitens, dem Geiste kommen allein *reflexive* Handlungen zu, *er* nur sieht *sich selbst* und seine Handlungen ein, und besonders *weiß* er, daß er *erkennt.* Aber diese Funktion ist über dem Vermögen einer körperlichen Natur; denn alles Körperliche ist so an einen bestimmten Ort gebunden, daß es sich nicht auf sich selbst, sondern nur auf ein Anderes, von ihm Verschiedenes hin richten kann. Daher der Satz: Nichts wirkt auf sich selbst zurück. Es kann wohl so scheinen, als ob die Handlung von etwas Körperlichem auf es selbst zurückginge, aber es ist dann in der Tat nur ein Teil, der auf einen andern Teil wirkt. Drittens, wir bilden uns nicht bloß allgemeine Begriffe, sondern wir *denken* auch selbst das *Wesen* und *Prinzip* der *Allgemeinheit.* Da aber das Allgemeine von der Art ist, daß es von allen materiellen Bedingungen und Unterschieden der Einzelheit abgetrennt ist, so muß wahrlich der Geist, der diese Trennung von der Materie macht, frei von der Materie sein. Die Tiere erkennen und denken nicht die Allgemeinheit oder das allgemeine Wesen, z. B. vom Menschen die Humanität, die Menschheit in der Abtrennung von allen materiellen Bedingungen und Unterschieden, sie stellen nicht das *Abstrakte* selbst vor, sondern immer nur das *Konkrete,* nicht die Farbe, sondern das Farbige, nicht den Geschmack, sondern nur dieses bestimmte, so und so schmeckende Ding. Was endlich das *Objekt* des Geistes betrifft, so ist dieses nicht ein *bestimmtes,* er *umfaßt alles,* sein Objekt ist *unbegrenzt,* denn alles Wahre, *alles Wesen* als *Wesen* ist sein *Objekt*; sein *Erkenntnisvermögen* erstreckt sich daher auf *alle Gattungen* der Dinge, sowohl *körperliche* als *unkörperliche,* wenngleich manche Hindernisse ihn von der Erkenntnis vieler Sachen abhalten, und er ist daher unkörperlich; denn er könnte nicht einmal ahnden etwas Unkörperliches, wenn er selbst materiell wäre. Da nun aber der Geist oder die vernünftige Seele unkörperlich ist, so folgt notwendig, daß sie unsterblich ist; denn was unkörperlich ist, folglich keine Masse und Teile hat, in die es getrennt und aufgelöst werden könnte, muß notwendig immer so bleiben, wie es ist; denn weder in ihm selbst noch in einem andern kann der Grund seiner Auflösung liegen, es muß daher in alle Ewigkeit fortdauern.[71]

§ 41. *Kritischer Rückblick auf Gassendi*

Es erhellt aber auch hier wieder auf der Stelle, wie wenig *der* Gassendi, der die Atome als Prinzipien der Welt annimmt, mit *dem* Gassendi, der aus der Unkörperlichkeit der Seele auf ihre Unsterblichkeit schließt, im Zusammenhange steht. Ganz unlogisch ist es, wenn er an einer Stelle behauptet, die Annahme selbst von unvergänglichen Körpern hebe nicht die Richtigkeit seines Arguments auf; denn wenn sogar der Körper unvergänglich sein könne, müsse es der *Geist* um so viel mehr sein; „licet aliqua corpora incorrupta sint, non minus, imo magis res *incorporeae* sint incorruptae [wenn schon Körper unvergänglich sind, dann müssen *körperlose* Dinge nicht etwa weniger, sondern weit eher unvergänglich sein]". Und wie stimmt das mit den Atomen überein, die keine andere Unkörperlichkeit als die Leerheit kennen, denen Nicht-Körper-Sein gleich Nichtsein ist? Mit den Gassendischen Atomen stimmt es freilich überein; aber diese stimmen mit sich selbst nicht überein, widersprechen sich selbst; denn sie sind nicht die absolut festen, tapfern, jede Teilung von sich abweisenden, gegen jeden An- und Eingriff gewappneten Kampfhelden des Epikur, sondern alleruntertänigste Diener der Willkür, ganz feige, gutmütige Tölpel, die ohne Einspruch und Gegenwehr sich die Seele aus dem Leibe ziehen lassen; denn ob sie gleich schon anfangs aufs geduldigste sich ausplündern ließen und so hinreichende Proben ihrer Untertänigkeit und Gutwilligkeit

[71] T. II: „Phys.", Sect. III: Membr. post., L. IX, c. 2, 4; Membr. post., L. XIV, c. 2, und T. I: „Phys.", Sect. I, L. IV, c. 3.

gegeben haben, so sollen doch die blutarmen Teufel zuletzt noch sogar die Unauflöslichkeit durch die Länge der Zeit verlieren. („Phys.", Sect. III, L. XIV, fol. 628, T. II) Was ist aber das für ein Atom, d. i. für ein Unauflösliches, das auflöslich ist? Freilich ist auch diese Bestimmung der Unauflöslichkeit ihnen eigentlich schon dadurch genommen, daß sie als hervorgebrachte vorgestellt werden; denn das Unauflösliche ist eben ein Erstes, über das ich nicht hinausgehen kann, was kein Prinzip hat, es mag dieses bestimmt werden, wie es wolle. Übrigens ist zur Entschuldigung dieser Widersprüche die Bemerkung hinreichend, daß für G. das Atom selbst eigentlich keine andere als *hypothetische* Bedeutung und Existenz hat.

IV. JAKOB BÖHM

§ 42. *Jakob Böhms Bedeutung für die Geschichte der Philosophie*

Die Geschichte des denkenden Geistes führt uns jetzt von den vornehmen, von außen glänzenden und imponierenden, von innen aber ziemlich unbefriedigenden Palais der hochberühmten Ahnherrn des Empirismus in die von außen so schlechte und verächtliche, im Innern aber Schätze bergende Hütte des Görlitzer Schusters Jakob Böhm, der von der sonst allgemein geltenden Regel: Ne sutor ultra crepidam [Schuster, bleib bei deinem Leisten], eine glänzende Ausnahme macht und faktisch beweist, daß der Geist der Geschichte, der allgemeine Geist, allein der Geist des Menschen ist und ohne Ansehung der Person, des Ranges, der Geburt, der äußerlichen Mittel die Individuen aus dem Staube und Dunkel der Verborgenheit hervorzieht und zu seinen Organen, zu Verkündern seines Wesens macht, daß die geschichtlichen Ideen wie unterirdische Quellwasser auch aus Stellen hervorbrechen, wo man es am allerwenigsten erwarten sollte, aus Individuen, die nicht durch die sonst unerläßliche, durch Bildung und Sprachkenntnis bedingte Lektüre in- und ausländischer Journale, sondern nur durch Hörensagen oder höchstens die Dorfzeitung Notiz von dem bekommen, was in der Geisterwelt vorgeht, die daher auch dem, der solche Individuen nicht im Zusammenhange mit der Geschichte betrachtet, als Mirakel erscheinen und denen selbst ihre eigenen Ideen, weil sie nicht wissen, wie sie dazu kommen, weil sie sich selbst ein Rätsel sind und über sich erstaunen, als Offenbarungen, Eingebungen oder Erleuchtungen, was sie allerdings auch in einem gewissen Sinne sind, vorkommen.[72]

[72] „Ich verstund zuvor", sagt J. B. von sich selbst, wie er vom Ursprung seiner schriftstellerischen Tätigkeit spricht, „wenig die hohen Glaubens-Artikel, als der Laien Art ist, viel weniger die Natur, bis mir das Licht in der ewigen Natur anhub zu scheinen, davon ich so sehr lüstern ward, daß ich anfing und wollte mir mein Er-

J. B. ist ein Mystiker, wenn man anders dieses so unbestimmte und in neuerer Zeit so herabgewürdigte Wort zur
Bezeichnung eines so merkwürdigen Wesens, wie er ist, anwenden kann und darf, aber ein Mystiker, der spekuliert,
der innerhalb der Mystik nach Freiheit von Mystizismus,
nach klarer Erkenntnis ringt. Die Grundlagen und Anhalts-
punkte seiner Gedanken sind die das reine Himmelslicht
des Denkens an dem dunkeln Wolkengrunde des Gemüts
in die Regenbogenfarben der Phantasie *zerstreuenden* theologischen Vorstellungen der frühern Zeit, daher er vielen, die
sich nur an das trübe Element seiner Grundlage halten, *nur*
als Mystiker oder gar religiöser Schwärmer und Träumer erscheint und sogar in die Hände von Leuten fällt, die mit
nichts weniger als mit dem Denken etwas zu schaffen haben wollen, und von ihnen gehegt und gefeiert wird, als
wäre er einer ihresgleichen, weil sie unvermögend, die
Form vom Inhalt, das Äußere vom Innern, das Partikuläre
eines Schriftstellers von seinem Wesen zu unterscheiden,
nicht erkennen, wie sehr das alte Sprüchwort: Stille Wasser
gründen tief (in einem höhern und edleren Sinne verstanden), bei ihm seine Anwendung findet. Denn der wesentliche Gehalt seines Geistes, auf den er immer und immer
wieder zurückkehrt, den er auf alle ihm zu Gebote ste-
hende Weise zu erweisen und zu erörtern sich bestrebt und
aus dem Schutthaufen seiner anderweitigen trüben Vorstellungen oft in der reinsten und erhabensten Sprache, fast
mit wissenschaftlicher Bestimmtheit an das Licht des Bewußtseins hervorgräbt, ist philosophischer Natur. Seinem
wesentlichen Gedankeninhalte nach steht er in innerm Zusammenhange nicht nur mit Spinoza und Cartesius, sondern überhaupt mit der Philosophie der neuern Zeit. Denn

kenntnis zu einem Memorial aufschreiben. Denn der Geist ging
hindurch als ein Blitz, und sahe in Grund der Ewigkeit; oder wie
ein Platzregen fürübergehet, was er trifft, das trifft er; also ging's
auch in mir: Ich fing an zu schreiben als ein Knab in der Schule
und schrieb also in meiner Erkenntnis und eifrigem Trieb immer-
hin fort." – „O höre, Pasquill!", so redet J. B. seinen Gegner B. *Tilken* an, „hastu Kunst von dieser Welt, so hab ich Kunst von der
göttlichen Welt: Du hast deine gelernet, und meine ist mir aus
Gnaden in der Liebe Gottes geschenket worden." („Erste Apologie
wider B. Tilken", Vorrede, § 27, 28, 93.)

dieser sein wesentlicher Gedankengehalt ist seine Anschauung vom Geiste, ist die Art, wie er Gott als lebendigen, wirklichen, d. i. bewußten Geist erfaßt, ist sein Bestreben, eine Genesis sozusagen, eine Konstruktion des Bewußtseins und der Erkenntnis des Geistes, und zwar des Geistes in seiner unendlichen Bedeutung, in der Bedeutung Gottes, zu geben.

Auch schon von den frühern Denkern des christlichen Zeitalters wurde zwar Gott als Geist gedacht, aber einerseits nur in den leeren formellen und negativen Bestimmungen der Unkörperlichkeit, Immaterialität, Einfachheit und dergl., andererseits in den an sich wohl bestimmenden Bestimmungen des Willens, des Wissens und Denkens; aber diese waren nur wie Prädikate oder Eigenschaften auf den als Substrat zugrunde liegenden Begriff des Wesens, welcher der terminus a quo und ad quem [der Ausgangs- und Zielbegriff] der frühern Denker war, gleichsam aufgetragen, daher nur Behauptungen, Versicherungen, keine lebendigen Bestimmungen und Erkenntnisse, so daß Gott zwar in geistigen Prädikaten oder als geistiges *Wesen*, aber nicht *als Geist*, der Geist also überhaupt nicht in sein Leben entfaltenden, ihm immanenten oder gegenständlichen Bestimmungen erfaßt war.

Die Dreieinigkeitslehre, wie sie von manchen Denkern ausgesprochen und bestimmt wurde, war zwar auch eine Konstruktion Gottes als Geist, als Bewußtsein oder eine Konstruktion des Bewußtseins aus Gott und hatte, wenn man von den trüben Ausdrucksweisen, von der Form, in der sie gegeben wurde, abstrahiert, keinen andern *Sinn*, keinen andern Gedankengehalt als den: Gott ist Bewußtsein,[73] als Be-

---

[73] Darauf deutet auch *Leibniz* schon, wenn er sagt: „Pour rendre ces notions (nämlich von den divines personnes als trois differents concrets respectifs dans un seul concret absolu) plus aisées par quelque chose d'approchant, je ne trouve rien dans les creatures de plus propre à illustrer ce sujet, que la *reflexion des esprits, lorsqu'un même esprit est son propre objet immediat, et agit sur soi même, en pensant à soi même et a ce qu'il fait.* Car le *redoublement* donne un image ou ombre de deux substances respectifs dans une même substance absolue, savoir de celle, qui entend, et de celle, qui est entendue, l'un et l'autre de ces êtres est substantiel, l'un et l'autre est un concret individu, et ils different par des relations mutuelles, mais ils ne sont

wußtsein Geist und das Prinzip aller Dinge. Aber in der Dreieinigkeitslehre, wie sie im Geiste der ältern formellen Metaphysik, die nur zertrennt und das Zertrennte verselbständigt, bestimmt und entwickelt wurde, waren die Momente des Bewußtseins als Personen, als Hypostasen oder Substantive verselbständigt, und ließ man wieder die Unterschiede, die doch als Hypostasen fixiert waren, sich auflösen in die Einheit des Wesens, faßte sie zusammen in den Begriff eines geistigen Wesens in den angegebenen formellen Bestimmungen oder Prädikaten. Und Gott oder das geistige Wesen, in das die drei Unterschiede, die nur als Unterschiede der Personen, nicht des Wesens galten, als ihre Einheit sich auflösen, wurde lediglich und allein gefaßt als ein schlechthin Affirmatives oder Positives, als das absolut gute und vollkommene Wesen, so daß, da die Bestimmung der Positivität als die einzig wirkliche, absolute, als die Bestimmung Gottes galt, die Bestimmung der *Differenz* von der Positivität und Vollkommenheit, der Unterschied von Gott, der überhaupt als *Natur* und in bezug auf das Moralische als das *Prinzip* des *Bösen* gefaßt werden kann, nur die Bedeutung eines Negativen, Nichtseienden hatte. Das Positive in der Natur und Kreatur war daher wohl als ein Positives oder Gutes ein Göttliches, aus Gott, hatte seinen Ur-

qu'une seule et même, une substance individuelle absolue. [Um diese Begriffe (nämlich von den göttlichen Personen als verschiedenen konkreten, die sich in einem einzigen konkreten Absoluten aufeinander beziehen) durch etwas Ähnliches leichter verständlich zu machen, finde ich bei den Geschöpfen nichts, was diese Frage besser erläutern könnte als die *Reflexion des Verstandes, wenn ein und derselbe Verstand sein eigenes unmittelbares Objekt ist und auf sich selbst wirkt, indem er an sich und sein Tun denkt.* Denn die *Verdoppelung* gibt ein Bild oder einen Schatten von zwei Substanzen, die sich in ein und derselben absoluten Substanz aufeinander beziehen, nämlich der Substanz, die begreift, und der, die begriffen wird. Das eine wie das andere dieser Wesen ist substantiell, eins wie das andere ist ein konkretes Individuum, sie unterscheiden sich durch gegenseitige Beziehungen, aber sie sind nur ein und dasselbe, eine individuelle absolute Substanz.]" (Remarque de Mr. Leibn. sur le livre d'un Anti-Trinitaire, in Leibn. „Miscellanea", IV.) Darauf deutet auch *Lessings* bekannte Äußerung über diesen Gegenstand. Freilich muß man das Bewußtsein nicht in seiner gewöhnlichen, gemeinen Bedeutung nehmen.

sprung in ihm, aber das Negative in ihr, d. h. eben das, wodurch sie ein von dem Positiven, dem Vollkommnen, von Gott Unterschiedenes ist, war als ein rein Negatives, Ungöttliches gefaßt, hatte keinen positiven Ursprung, keine reelle Ursache und war daher auch seinem Ursprung nach in bezug auf die Erkenntnis, da die Bestimmung des Guten als die absolute, einzig reale Bestimmung vorausgesetzt war, als ein Unerkennbares, Unbegreifliches bestimmt. Es fiel somit der Gegensatz Gottes oder der Unterschied von ihm, der überhaupt, wie bereits gesagt, Natur genannt werden kann, außer Gott und Gott daher nicht in die Bestimmung lebendiger, wirklicher Geistlichkeit; denn lebendiger Geist ist er nur, wenn und wiefern er, wie J. B. ihn erfaßt, den *Unterschied von sich in sich selbst begreift* und an diesem andern, an diesem Unterschiede in sich sich selbst Gegenstand, offenbar, Bewußtsein ist. Der Unterschied von Gott in Gott selbst ist allein die Quelle seiner und aller Aktuosität und Spontaneität, die Spring- und Sprudelquelle selbsttätigen, das Bewußtsein aus sich selbst wirkenden und heraufschöpfenden Lebens.[74] Geist, Selbstbewußtsein sind nur subjektive Bestimmungen, Prädikate, die das Subjekt von Gott aussagt und ihm beilegt, wenn der Unterschied von Gott außer Gott gesetzt wird; immanente Selbstbestimmungen sind sie nur, wenn Gott sozusagen sich selbst zum Gei-

[74] Zur Erläuterung und Bestätigung dieser Exposition folgende Stelle aus des J. Böhmisten *Dippel* „Fatum fatuum" (d. i. die törige Notwendigkeit, Altona 1730): „Wie alles gegenwärtige Geschöpf einen geistlichen Wirker in sich hat, der die *äußere Materie disponieret* und belebet, so kann unser Verstand einigermaßen *dergleichen Analogie* in dem Wesen Gottes selbst erblicken, ehe noch alle Ding gemacht. Dann sonst könnte auf keinerlei Weise befasset werden, wie Gott in seinem eigenen Wesen Vollkommenheit habe oder vergnügt und selig sein könne, wo nicht in dem Wesen Gottes ein *passiver Grund* gefunden würde, in welchen sich die *Aktivität terminiert* und sich selbst erkenntlich wird, daß also die allzu scharf abstrahierende Metaphysicunculi [Metaphysikerlein] und scholastische Grillenfänger durch ihre läppische Definition des Wesens Gottes, wenn sie Gott actum purum [reine Tätigkeit] oder *nur* Tat nennen, den Grund zum Atheismus gelegt; dann ist Gott als Gott nur eine Tat, so kann er nicht in sich selbst bestehen ... sondern muß notwendig *objecta außer sich* haben, in welchen er seine Aktivität ausübet." (S. 127)

ste konstruiert, aus ihm selbst die zeitlose Genesis seiner zum Geiste vor sich geht. Aber nur wenn das Negative Gottes in Gott selbst enthalten ist, welches aber eben deswegen, weil es in ihm enthalten ist, wie die Darstellung J. B.s weiter zeigen wird, kein Negatives gegen ihn ist, ist das Bewußtsein, der Geist kein totes Prädikat, sondern die lebendige Selbstbestimmung Gottes selbst. Denn ohne Unterschied, ohne Gegensatz, ohne Entzweiung ist nach J. B. keine Erkenntnis, kein Bewußtsein möglich, nur am andern, an seinem mit seinem *Wesen* identischen Gegensatze wird etwas sich klar und bewußt. Wird aber nun eben die Natur nicht in Gott selbst, in Einheit mit ihm gesetzt, in welcher er aber zugleich in sich und für sich selbst ist, indem er sie in sich hat, wird sie außer ihn hinausgesetzt, so wird Gott nur zu einer Person, einem persönlichen Wesen, das wohl *vorgestellt* wird vom Subjekte als Geist und Bewußtsein, aber es nicht wirklich, es nicht aus sich selbst ist, weil, indem der Gegensatz, die Natur, die Bedingung des Bewußtseins außer Gott gesetzt ist, auch sein Unterschied von ihr außer ihn in das Gott unterscheidende Subjekt fällt, nicht die Selbstunterscheidung Gottes ist.

Es ist noch besonders zu bemerken, daß J. B. diese seine eben angedeuteten wesentlichen Gedanken nicht oft genug wiederholen kann und daß er da, wo er die allgemeinen Grundsätze seiner Theosophie ausspricht, eine bewundernswürdige Klarheit mit der größten Tiefe verbindet, daß man ihm aber ins bunte Gewimmel des Besondern nicht folgen kann, ohne daß einem hier wie in der tollsten Märchenwelt alles vor den Augen flimmert, alle bestimmte Begriffe ausgehen. Der Grund hiervon liegt keineswegs nur darin, daß ihm alle Methode und Logik, alle Werkzeuge, sich der Gegenstände zu bemächtigen und sie gehörig zu bestimmen, abgehen, daß er statt Erkenntnisse gewährender Denkbestimmungen Formen des Gemütslebens und der Sinnlichkeit, sinnliche Beschaffenheiten zur Bezeichnung der Gegenstände anwendet, Vorstellungen daher gibt, die ebenso dunkel sind wie die Gefühle und sinnlichen Empfindungen, und in dem Drang seines Geistes, seine Gedanken zutage zu fördern, oft zu den allerwillkürlichsten und kuriosesten Zeichen und Hülfsmitteln seine Zuflucht nimmt. Der Grund liegt tiefer. J. B. ist ein theosophischer oder religiöser Naturphilosoph. Er will uns nicht nur erklären, wie aus der Natur Gottes der Geist Gottes, sondern auch, wie aus der Natur oder dem Wesen Gottes die wirkliche Natur entsteht – erklären, wie Sonne, Mond und Sterne, Himmel und Erde, Feuer und Wasser, Berge und Steine, Bäume und Kräuter, Tiere und Menschen, Franzosen [Syphilisgeschwüre] und Schwären, Krätze und Aussatz entstehen, kurz, er will uns alle Geheimnisse der Astronomie, Physik, Geologie, Mineralogie, Physiologie und Pathologie aufschließen, befangen in dem Glauben, daß, weil alles aus Gott geworden, auch alles aus ihm erkannt werden könne, daß in Christo oder Gott die Schätze alles Wissens verborgen lägen, daß man daher, um alles zu wissen, nur Gott zu wissen brauche. Er will uns also, und zwar die allerspeziellsten, Aufschlüsse über Dinge geben, von denen er gar nichts weiß, gar keine Vorstellungen hat als höchstens die oberflächlichen, welche ihm die Eindrücke derselben auf sein Gemüt und seine Phantasie geliefert haben – kein Wunder, daß er hier in die willkürlichste, bodenloseste und selbst oft unsinnigste und abgeschmackteste Phantastik verfällt. J. B. ist das direkte Gegenteil Bacons. Während dieser alles von außen, von der Erfahrung ableitet, deduziert dagegen jener, der *Philosophus Teutonicus,* alles a priori aus Gott, d. h. *aus sich.* J. B. ist die sich als göttliche Allwissenheit geltend machende menschliche Unwissenheit. Aber gerade in dieser durch keine Einwürfe der Empirie in dem Glauben an ihre Allwissenheit gestörten, göttlichen, in sich seligen Unwissenheit, in diesem mystischen Helldunkel seiner gemütlichen und phantastischen, nicht durch das profane, enttäuschende Sinnenlicht aufgeklärten Weltanschauung liegt – abgesehen von der Eigentümlichkeit seiner Sprache – der Grund von dem zauberhaften Eindruck, den J. B. auf viele Gemüter macht, denn in dem Lichte, das in einem Dom durch buntbemalte Fenster oder durch trübe Glasscheiben in die Stube eines Schusters fällt, ist es vielen Menschen wohler zumute als in dem Lichte, das durch reine, ungefärbte Fenster fällt oder unmittelbar aus der Hand der Natur uns zukommt.[75]

[75] Höchst charakteristisch in dieser Beziehung ist, was A. *Ruge* (Gesamm. Schriften, I. Bd.) aus Stillings „Leben" anführt: „Wenn sie

Der Grund des magischen Reizes, den J. B. auf viele Gemüter macht, läßt sich auch so erklären und veranschaulichen. Da ihm die klare, einfache Form des Gedankens, die ausbreitende, entwickelnde Methode der Philosophie abgeht, so schießt bei ihm der Baum der Erkenntnis aus Mangel des Sonnenlichtes des ungetrübten Gedankens nicht schlank und gerade in die Höhe empor, so ist alles bei ihm chaotisch beisammen, die Materie seines Denkens gleichsam in einen engen Raum zusammengedrückt, so daß das ganze Jakob-Böhmische Gebäude den Umfang und das Ansehen einer Schusterwohnung bekommt. Und wie überhaupt im ganzen der Mensch nur glücklich ist innerhalb der Beschränkung, so gibt es natürlich viele Menschen, die sich wohler, heimischer fühlen in einer beschränkten, engen Schusterwohnung als in den großen, weiten Tempeln und Hallen der reinen Philosophie; denn mit dem Raume erweitert sich auch die Aussicht und verliert sich der einzelne in dieser Erweiterung aus dem Gesichte, sieht sich als einen Punkt im Ganzen verschwinden; in einem engen Raume aber, da findet sich der Mensch zu Hause, wird er auf sich gedrängt, verliert er sein beschränktes Dasein nicht aus dem Auge und hat er alles, was er ist und hat, in einem praktischen Enchiridium oder Kompendium kurz und gut beieinander.

§ 43. *Jakob Böhms Leben*

Jakob Böhm wurde 1575 zu Alt-Seidenburg, einem ehemaligen Marktflecken unweit Görlitz in der Oberlausitz, geboren. Seine Eltern waren arme und geringe Bauersleute. In seinen jüngern Jahren hatte er, so erzählt man es wenigstens, ein paar mysteriöse Erscheinungen. So soll er einst, um nur eine anzuführen, als er sich von den übrigen Dorf-

das Wort *,Rad der ewigen Essenzienden'* oder auch *,schielender Blick'* und andere mehr aussprachen, empfanden sie eine *ganz besondere Erhebung des Gemüts.* Ganze Stunden lang forschten sie in den magischen Figuren und meinten, die vor ihnen liegenden Zauberbilder lebten und bewegten sich; das war denn so rechte Seelenfreude, *im Taumel groteske Ideen zu haben und lebhaft zu empfinden."* Jawohl! Je schiefer, je tiefer.

jungen, mit denen er gewöhnlich das Vieh auf dem Felde hütete, entfernte und allein einen nahe gelegenen Berg bestiegen hatte, auf dessen Gipfel einen Eingang in ihn gefunden und beim Hineintreten ein großes Gefäß voll Geld erblickt haben, über dessen Anblick ihn aber ein solches Grausen angekommen, daß er eiligst davongesprungen sei. Nachmals soll er jedoch nie mehr diesen Eingang offen gefunden haben. Nachdem er in der Dorfschule lesen und notdürftig schreiben gelernt hatte, wurde er zu einem Schuhmacher in die Lehre geschickt, und nachdem er sein Handwerk ausgelernt und von seinen Wanderungen zurückgekehrt war, wurde er 1594 Meister und Ehemann zugleich.

J. B. ging fleißig zur Kirche und las eifrig in der Bibel. Daß er aber auch noch andere sowohl religiöse als alchymistische oder naturphilosophische Werke, wie namentlich den Paracelsus[76], gelesen, später auch durch den Umgang mit Gelehrten sich gebildet hat, beweisen deutlich seine Schriften, bestätigen selbst unmittelbare Aussagen von ihm. So sagt er schon in seiner „Aurora" (cap. 10, § 27): „Ich habe viel hoher Meister Schriften gelesen." Die seine Seele beunruhigenden religiösen Streitigkeiten seiner Zeit, ein äußerlicher Vorfall, der plötzlich von seiner lebhaften Phantasie zu einer Geisteserregung gesteigerte Anblick eines glänzenden, zinnernen Gefäßes, und eine spätere, durch keine äußere Veranlassung bedingte Gemütserregung, vor allem aber sein eigener Geist, sein Genie bestimmten ihn, die Feder zum Blitzableiter seines überladenen und bewegten Gemüts zu machen. Die erste Frucht seines Geistes oder, in seiner Sprache zu reden, seiner Erleuchtungen war die „Aurora", im Jahre 1612 verfaßt, die übrigens fälschlich für die beste Schrift von manchen gehalten wird, da sie vielmehr von seinen spätern Schriften an Klarheit, Sicherheit und Bestimmtheit, soweit diese Eigenschaften überhaupt in J. B. zu finden sind, bei weitem übertroffen wird,[77] aber aller-

---

[76] Vgl. hierüber *Arnolds* „Kirchen- und Ketzerhistorie", T. II, Bd. XVII, c. XIX, § 17, 59.
[77] J. B. sagt dies selbst von seiner „Aurora": „Gott hat so viel Gnade gegeben, daß wir in andern Büchern, so gemachet worden, viel klärer haben geschrieben als im ersten." „Es steht an etlichen Orten noch fast im magischen Verstande." („Erste Apologie wider B. Tilken", Vorrede, § 44, 59.)

dings gerade als das erste, rohste, unmittelbarste, kritikloseste Erzeugnis seines Geistes eine seiner interessantesten und wichtigsten Schriften ist. J. B. hatte die „Aurora" nur für sich selbst niedergeschrieben. Durch einen „Wohlbekannten vom Adel" aber, der J. B. besuchte, das Manuskript sah und sich ausbat und dann in aller Eile, weil es ihn interessierte, kopieren ließ, wurde es bekannt, unter andern auch dem Oberpfarrer in Görlitz, Gregorius Richter, der es öffentlich von der Kanzel herunter verdammte und selbst die Person des Autors lästerte. J. B., der übrigens die größte Sanftmut und Würde bei diesem pöbelhaften Angriff geistlicher Borniertheit und Bosheit bewies, wurde das Bücherschreiben untersagt und er selbst aus der Stadt auf einige Zeit verwiesen, übrigens bald hernach wieder feierlich zurückgeführt. Sieben oder sechs[78] Jahre lang erfüllte nun J. B. den Befehl des Magistrats, nichts zu schreiben, aber endlich respektierte er doch, überdies noch durch seine Freunde dazu ermuntert, das Gebot des Geistes mehr als das Verbot des Magistrats und wurde ein bis an sein Lebensende hin tätiger Schriftsteller. Er ließ sogar in seinen spätern Jahren sein Handwerk liegen, „in steter Übung mit Schreiben". („Theosophische Sendbriefe", Nr. 34)

Im Jahre 1624 fiel er auf einer Reise in ein hitziges Fieber und wurde krank in sein Haus nach Görlitz zurückgebracht. Er starb noch in demselben Jahre im November. Einige Stunden vor seinem Tode fragte er seinen Sohn Tobias, ob er auch die schöne Musik höre? Als er es verneinte, hieß er ihn die Türe öffnen, um besser den Gesang hören zu können. Dann fragte er nach der Uhr. Auf die Antwort, es habe zwei geschlagen, erwiderte er: Das ist noch nicht meine Zeit, nach drei Stunden ist meine Zeit. Kaum war es 6 Uhr, so verschied er, nachdem er noch mit den Worten: „Nun fahre ich hin ins Paradies", von den Seinigen Abschied genommen.

J. B.s Leben beschrieb ein schlesischer Edelmann, Abraham von Frankenberg. Derselbe schildert J. B.s Individualität also: „Seine äußere Leibesgestalt war verfallen und von schlechtem Ansehen, kleiner Statur, niedriger Stirne, erho-

---

[78] Vgl. J. B.s „Apologie wider Gr. Richter", Dritter Teil des Pasquills.

bener Schläfe, etwas gekrümmter Nase, grau und fast himmelbläulich glänzender Augen, sonst wie die Fenster am Tempel Salomonis, kurz dünnen Bartes, klein lautender Stimme, doch holdseliger Rede, züchtig in Gebärden, bescheidentlich in Worten, demütig im Wandel, geduldig im Leiden, sanftmütig von Herzen." Von seinen Schriften erschienen mehrere Ausgaben: 1675, 1682, 1715, 1730, die neueste (Leipzig, siebenter Bd., 1847) von Schiebler. Ein „Kernhafter Auszug aller … Schriften J. B.s" nebst einer „Clavicula seiner ungewohnten Redensarten" erschien 1718 in Amsterdam. Ausführliche Angabe der Literatur über J. B. und seine Lehre enthält: Hamberger, „Die Lehre des deutschen Philosophen J. B.", München 1844.

Darstellung Jakob Böhms

§ 44. *Die reine Einheit*

So ich denke, was würde im Ort dieser Welt bleiben, wenn die vier Elementa mit dem Gestirne samt der Natur wegkämen und aufhörten, daß keine Natur oder Kreatur mehr wäre? Antwort: Es bliebe die(selbige) ewige Einheit, daraus Natur und Kreatur ihren Ursprung empfangen. – Was ist an dem Ort, da kein Geschöpf ist? Es ist die ewige, unwandelbare Einheit, welche ist das einige Gute, das nichts hinter ihm oder vor ihm hat, das ihm etwas gebe oder nehme oder davon diese Einheit urständet, es ist allda kein Grund, Zeit noch Stelle, und ist der einige Gott oder das einige Gut, das man nicht aussprechen kann. („Clavis oder Schlüssel etlicher vornehmen Punkten", § 2) Gott ist weder Natur noch Kreatur, was er in sich selber ist, (an sich selbst betrachtet) weder dies noch das, weder hoch noch tief. Er ist der Ungrund und Grund aller Wesen, ein ewig Ein, da kein Grund noch Stätte ist. Er ist der Kreatur in ihrem Vermögen ein Nichts und ist doch durch alles. („Theos. Sendbr.", Nr. 47, § 34)

Man kann nicht von Gott sagen, daß er das oder das sei, böse oder gut, daß er *in sich selber Unterschiede habe;* denn er

138

ist in sich selber naturlos, sowohl affekt- und kreaturlos. Er ist in sich selber der *Ungrund* ohne einigen Willen, *gegen der Natur und Kreatur als ein ewig Nichts;* es ist keine Qual in ihme noch etwas, das sich zu ihme oder von ihme könnte neigen; er ist das *einige Wesen,* und ist nichts vor ihme oder nach ihme, daran oder darinnen er ihme könnte einigen Willen schöpfen oder fassen; er hat auch nichts, das ihn gebäre oder gebe; *er ist das Nichts* und das *Alles* und ist ein einiger Wille, in deme die Welt und die ganze Kreatur lieget, in ihme ist alles gleich ewig ohne Anfang, in gleichem Gewichte, ohne Maß und Ziel; er ist weder Licht noch Finsternis, weder Liebe noch Zorn, sondern das *ewige Eine.*" („Von der Gnadenwahl", cap. 1, § 3)

§ 45. *Die sich in sich unterscheidende Einheit*

Derselbe ungründliche, unfaßliche, unnatürliche und unkreatürliche Wille, welcher in sich selber nur eines ist, welcher als ein Nichts und doch alles ist, der heißet und ist der einige Gott, welcher *sich in sich selber fasset und findet* und Gott aus Gott gebiert. („Gnadenwahl", cap. 1, § 4)
Nämlich der erste unanfängliche einige Wille, welcher weder böse noch gut ist, gebieret in sich das einige ewige Gute als einen *faßlichen* Willen, welcher des ungründlichen Willens Sohn ist und doch in dem unanfänglichen Willen gleich ewig, und derselbe andere Wille ist des ersten Willens ewige *Empfindlichkeit* und *Findlichkeit,* da sich das Nichts in sich selber *zu etwas findet;* denn der gefaßte Wille ist des Vaters *Kraft* und *geistlicher Leib* als das Zentrum der Gottheit, darin der erste Wille ein *Etwas* ist (ebd., § 22), und das Unfindliche als der ungründliche Wille gehet durch sein ewig Gefundenes aus und führet sich in eine ewige *Beschaulichkeit seiner selbst.* (Ebd., § 5)
Der ungründliche Wille heißt ewiger Vater, und der *gefaßte* geborne Wille des Ungrundes heißet sein geborner oder eingeborner Sohn; denn er ist des Ungrundes *Ens,* darinnen sich der *Ungrund in Grund fasset.* Und der *Ausgang* des ungründlichen Willens durch den gefaßten Sohn oder Ens heißet Geist, denn er führet das gefaßte Ens aus sich aus in ein Weben oder Leben des Willens als ein Leben des Vaters

139

und des Sohnes, und das Ausgegangene ist die Lust als das Gefundene des ewigen Nichts, da sich der Vater, Sohn und Geist immer siehet und findet, und heißet Gottes Weisheit oder Beschaulichkeit. (Ebd., § 6)

Das ewige Nichts fasset sich in ein Auge oder ewig Sehen zu seiner Selbstbeschaulichkeit, Empfindlichkeit und Findlichkeit. (Ebd., § 8) Alle Kräfte, Farben und Wunder und Wesen sind in dieser ewigen Selbstbeschaulichkeit oder Weisheit, aber in *gleichem* Gewicht und Maß, *ohne Eigenschaften,* sie ist eine in sich selber gefundene Lust oder Begierde zu etwas, eine Lust zur Offenbarung und Findung der Eigenschaften (§ 9); allhie sind alle Kräft nur eine einige Kraft, und *die ist die empfindliche, findliche Gottheit in sich selber, in einem einigen Willen und Wesen, in keiner Unterschiedlichkeit.* (§ 12) Da kann man nicht sagen: ein zorniger Gott, auch nicht: ein barmherziger Gott, denn hierinnen ist keine Ursache zum Zorn, auch keine Ursache, was zu lieben, denn *er ist die einige Liebe selber,* der sich in eitel Liebe und Dreifaltigkeit einführet und gebieret. (§ 21)

Also seind dreierlei Wirkungen aus der ewigen Einheit – das Wollen der Vater, die Lust der Sohn und der h. Geist. Die Einheit ist das Wollen seiner selbst, und die Lust ist ein wirklich Wesen des Wollens und eine ewige Freude der Empfindlichkeit im Wollen, und der h. Geist ist der ausgehende Wille durch die Lust der Kraft (oder Empfindlichkeit) des Willens. Wann nicht eine solche begierliche Empfindlichkeit und ausgehende Wirkung der Dreiheit in der ewigen Einheit wäre, so wäre die Einheit eine ewige Stille als ein Nichts und wäre auch weder Natur noch Kreatur. („Clavis", § 3–11)

§ 46. *Erläuterung der vorhergehenden Paragraphen*

Der Ungrund also oder „das stille Nichts", das aber nicht an sich, sondern nur in bezug auf die faßliche und greifliche Natur ein Nichts ist, oder Gott als die von allem bestimmten Wesen und Begriff, allem Affekt und Natur freie Einheit ist nach J. B. keine tote Einheit, sondern Wollen, Leben, das aus sich die Selbstbeschaulichkeit herausgebiert. Gott ist schon außer Natur und Kreatur in der Beschaulich-

keit seiner selbst; denn der Ungrund faßt sich in Grund, das
Nichts in etwas, d. h. eben, Gott ist schon in dieser Einheit
sich selbst erfassender und anschauender Gott. Denn das
sich in Grund, in etwas Fassen und wieder aus[79] dem
Grunde Ausgehen muß man nicht als etwas Besonderes
vom Akt der Selbstbeschaulichkeit abtrennen, sondern vielmehr als einen und denselben Akt begreifen. Denn das erste Etwas, das erste Bestimmte, die erste Existenz, das erste
von ihm Gesetzte und Begründete ist er selbst als von sich
Gefaßter und Angeschauter; denn in der Selbstbeschaulichkeit ist er als von sich selbst Beschauter das von sich selbst
fixierte Objekt. Erst in dem gefaßten Willen findet sich der
ungefaßte und ungründliche Wille; d. h., vor der Selbstbeschaulichkeit gedacht, ist der Ungrund gleich nichts, nur
der Wille, „das Sehnen" zur Offenbarung seiner selbst, d. i.
seiner Selbstfassung; er ist so nur „ein ungründliches
Auge", ein ewiges, ein bloßes Sehen und Schauen; erst in
der Selbstbeschaulichkeit wird *er sich selbst* und in dieser
Konzentrierung auf sich, in diesem Sichselbstwerden ein

[79] J. B. scheint nach einigen Stellen erst mit der ewigen Natur eine
Unterscheidung in Gott zu setzen. Allein sie sind wohl so zu verstehen, daß erst mit dem Gegensatze der Natur die Unterschiede
als Unterschiede offenbar und dadurch erst *wirkliche*, bestimmte Unterschiede werden, nicht aber so, als wäre noch gar keine Unterscheidung und damit Selbstbeschaulichkeit in Gott vor der Natur.
Übrigens ist das Verhältnis des Inhalts des vorhergehenden Paragraphen zur ewigen Natur sowohl als zum Inhalt des ersten Paragraphen eine der dunkelsten und schwierigsten Stellen in J. B. Allerdings (bemerke ich 1847 hierzu), und zwar deswegen, weil sich
J. B. hier, freilich auch anderwärts, doch insbesondre hier im Widerspruch befindet zwischen der positiven und seiner eignen natürlichen Theologie. Dieser, seinem Natursinn nach ist die Natur
das erste, der Grund und Gegenstand des Bewußtseins. Nun hat er
aber auch zugleich den positiven, fertigen, dreieinigen, die Natur
durch sein bloßes Wort schaffenden Gott im Kopf. Er setzt daher
wieder Unterschied und Bewußtsein in Gott, wo doch kein Grund
und Boden dazu vorhanden ist; er will also aus nichts etwas machen. Freilich ist dieses Nichts alles, als die Abstraktion von allen
Dingen die Imagination, der imaginäre Inbegriff aller Dinge. Aber
eben hiermit eröffnet sich wieder eine neue, auch von J. B. nicht
gelöste Schwierigkeit, nämlich wie aus dem Abstrakten das Konkrete, aus der Vorstellung vom Gegenstand der wirkliche Gegenstand entspringt.

Eins, ein Etwas, ein Ich, er selbst. Da aber das Anschauende und das Angeschaute in dieser Selbstbeschaulichkeit eines und dasselbe, und zwar das unterschied- und wesenlose Eine ist, so ist diese Selbstbeschaulichkeit selbst nur noch ein reines Anschauen und Sehen, indem keine bestimmte Differenz, kein bestimmter Inhalt in ihr gesetzt ist, der Grund, das Etwas, in das der Ungrund, das Nichts, sich einfaßt, ebenso unbestimmt, so ununterschieden ist als der Ungrund, das Nichts, weil der Grund, obwohl die Fassung, die Bestimmung und Beleibung des Ungrunds, doch keinen andern Inhalt, keine andere Bestimmung hat als eben den wesenlosen Ungrund. Es bleibt daher in dieser Selbstbeschaulichkeit das Eine noch in seiner ungründlichen und unfaßlichen Einheit; es ist daher diese Selbstbeschaulichkeit noch keine *Selbsterkenntnis*; denn die Selbsterkenntnis setzt Inhaltsunterschied, Gegensatz voraus, die Erkenntnis entsteht erst mit der Erkenntnis des *Guten* und *Bösen*, sie wurzelt nur in entgegengesetzten Prinzipien. Wohl kann Beschaulichkeit, aber nicht Erkenntnis in dem sein, was nur eines ist und ein einiger Wille. Wohl findet sich der Vater im Sohne, der ungefaßte Wille im gefaßten, und ist er als ausgehend aus dem Sohne, d. i. in der Fassung *sich* fassend, auf sich ein- und zurückgehend in der Findlichkeit und Empfindlichkeit seiner selbst, aber diese Selbstfindlichkeit und Fassung ist nur ein *bloßes Selbstgefühl,* und zwar ein ganz unbestimmtes, noch nicht differenziertes, mit sich einiges Selbstgefühl. Es ist das Selbstgefühl der Einheit, der Liebe und Wonne, aber nicht das des Schmerzes, der Differenz, d. h. zu vergleichen dem Gefühl, das die Seele von sich selbst hat in ihrer Auflösung in ein mit ihr einiges (durch Liebe verbundenes) Andre, nicht jenem Selbstgefühle, das der Schmerz oder die Unterscheidung von einem entgegengesetzten Andern erzeugt, ein Selbstgefühl, welches daher auch Selbsterkenntnis und Erkenntnis des Guten und Bösen wird. Es ist, in B.s Sprache, ein eitel Liebe- und Wohlleben, in dem alle Sinne miteinander in innigster Konkordanz stehen, wo sich das Gefühl, der Sinn noch nicht getrennt und unterschieden hat in ein Gefühl von Entgegengesetztem (Wohl- und Wehetuendem) und in viele verschiedentlich bestimmte Sinne und Gefühle, sondern wo alles bestimmte, unterscheidende und unterschiedne Gefühl aufgelöst ist in das Wohlsein der Einheit und das eine Selbstgefühl der Liebe und Wonne.

Es handelt sich daher jetzt um die Genesis des bestimmten Unterschieds aus dem unbestimmten, der Selbsterkenntnis aus der Selbstbeschaulichkeit, um die Genesis entgegengesetzter Prinzipien und die Genesis dessen, was Jakob Böhm die *„ewige Natur"* nennt.

§ 47. *Die Notwendigkeit des Gegensatzes*

Ohne Gegensatz wird nichts offenbar, kein Bild erscheint im klaren Spiegel, so nicht eine Seite verfinstert wird. Also ist die *Widerwärtigkeit eine Offenbarung der Gleichheit,* die in der stillen Ewigkeit in sich selber unempfindlich schwebet ohne Licht, ohne Finsternis, ohne Freud, ohne Leid. Wo kommt aber die Widerwärtigkeit in die gleiche und stille Ewigkeit, die nichts kennet, weiß oder hat außer sich? Wo man was haben will, das nicht da ist, so tut solche Begierde angst und wehe. Also ein verborgen Leben gibt keine Freude; und so dann die einsame Ewigkeit nichts außer sich hat, so suchet sie die Lust ihrer eigenen Offenbarung in sich, denn es liegt *Kraft, Macht* und *Herrlichkeit,* ja, alles in ihrem Busen. Die dunkele Hölle und die lichtende Hölle hallet aus einem Herzen durchs Wort nach der Schrift: Ich mache das Licht und schaffe die Finsternüs, ich gebe Frieden und schaffe das Übel. Ich bin der Herr, der solches alles tut, auf daß man erfahre beide von der Sonnen Aufgang und der Sonnen Niedergang, daß außer mir nichts sei. (Esai. 45. 6, 7)

Und darumb teilet sich die *all-einige Freiheit* und bleibet doch *eine ungeteilte sanfte Einheit.* Sie suchet *Licht* und *Kraft* und machet sich selbst in der *Begierde* zur *Angst* und *Finsternüs.* Also gebäret sie sich aus der *Finsternüs zum Licht,* denn die *Finsternüs* erwecket das *Feuer* und das *Feuer* das *Licht,* und das Licht offenbaret die *Wunder* der *Weisheit* in Bildnüssen und Figuren, welche sie aus ihrer sanften Freiheit (aus dem Spiegel der Weisheit und Wunder) in die finstere Begierde geführet und in ihr verborgen gewesen. („Von den drei Prinzipien, Andeutung d. Titelfigur")

Kein Ding ohne Widerwärtigkeit mag ihm selber offenbar werden; dann so es nichts hat, das ihm widerstehet, so geht's immerdar für sich aus und *gehet nicht wieder in sich ein.* So es aber nicht wieder in sich eingehet als in das, daraus es ist ursprünglich gegangen, so weiß es nichts von seinem Urstande.

Ein einig Ding weiß nichts mehr als eines; und ob es gleich in sich gut ist, so kennet's doch weder Böses noch Gutes, denn es hat nichts in sich, das es empfindlich mache. Also auch können wir von dem Willen Gottes philosophieren und sagen: Wann sich der verborgene Gott, welcher nur ein einig Wesen und Wille ist, nicht hätte mit seinem Willen aus sich aus der ewigen Wissenschaft (Weisheit) im Temperamento (in der Einheit) in *Schiedlichkeit* des Willens ausgeführet und hätte nicht dieselbe Schiedlichkeit in eine *Infaßlichkeit* zu einem natürlichen und kreatürlichen Leben eingeführet, und daß dieselbe Schiedlichkeit im Leben nicht im Streite stünde, wie wollte ihme dann der verborgene Wille Gottes, welcher in sich nur einer ist, offenbar sein? *Wie mag in einem einigen Willen eine Erkenntnis seiner selbst sein?*

Gott, soviel er Gott heißet, kann nichts wollen als sich selber; dann er hat nichts vor oder nach ihm, das er wollen kann; so er aber etwas will, so ist dasselbe von ihm ausgeflossen und ist ein *Gegenwurf seiner selbst,* darinnen der ewige Wille in seinem Etwas will. So nun das Etwas nur eines wäre, so hätte der Wille darinnen kein Vorbringen. Und darum hat sich der ungründliche Wille in Anfang *geschieden* und in *Wesen* eingeführet, daß er in etwas möge wirken. („Von göttlicher Beschaulichkeit", c. 1, § 8–10, 17)

Der Leser soll wissen, daß in *Ja* und *Nein* alle Dinge bestehen, es sei göttlich, teuflisch, irdisch oder was genannt werden mag. Das eine, als das *Ja* (das Positive, Affirmative, Bejahende) ist *eitel Kraft und Leben* und ist die Wahrheit Gottes oder Gott selber. Dieser wäre in sich selber unkenntlich, und wäre darinnen keine Freude oder Erheblichkeit noch *Empfindlichkeit* ohne das *Nein* (das Negative, Verneinende). Das *Nein* ist ein *Gegenwurf* des *Ja* oder der *Wahrheit,* auf daß die Wahrheit offenbar und etwas sei, darinnen ein Contrarium sei, darinnen die ewige Liebe würkende, empfindlich, wollende und das zu lieben sei. Und können doch nicht sagen, daß das Ja vom Nein abgesondert und zwei Dinge nebeneinander sind, sondern sie sind *nur ein Ding,* scheiden sich aber selber in zwei Anfänge und machen zwei Centra, da ein jedes in sich selber würket und will.

Wann der ewige Wille nicht selber aus sich ausflösse und führte sich in Annehmlichkeit ein, so wäre keine Gestaltnüs noch Unterschiedlichkeit, sondern es wären alle Kräfte nur eine Kraft; so möchte auch kein Verständnüs sein; dann *die Verständnis urständet in der Unterschiedlichkeit der Vielheit,* da eine Eigenschaft die andere siehet, probieret und will.

Ingleichen stehet auch die Freude darinnen. Soll aber eine Annehmlichkeit (eine sich an- und zueignende Eigenwesentlichkeit) urständen, so muß eine *eigene Begierde* zu seiner Selbstempfindlichkeit sein als ein eigner Wille zur Annehmlichkeit, welcher *nicht mit dem einigen Willen gleich ist* und will; dann der einige Wille will nur das einige Gut, das er selber ist, *er will sich nur selber in der Gleichheit; aber der ausgeflossene Wille will die Ungleichheit,* auf daß er von der Gleichheit unterschieden und sein eigen Etwas sei, auf *daß etwas sei, das das ewige Sehen sehe und empfinde;* und *aus dem eigenen Willen entstehet das Nein,* dann er führet sich in Eigenheit als in Annehmlichkeit seiner selbst, er will etwas sein und gleichet sich nicht mit der Einheit, dann die Einheit ist ein ausfließend Ja, welches ewig also im Hauchen seiner selbst stehet, und ist eine Unempfindlichkeit, dann sie hat nichts, darinnen sie sich möge empfinden, als nur in der Annehmlichkeit des abgewichenen Willens, als in dem Nein, welches ein Gegenwurf ist des Ja, darinnen das Ja offenbar wird und darinnen es etwas hat, das es wollen kann.

Denn eins hat nichts in sich, das es wollen kann, es dupliere sich denn, daß es zwei sei; so kann sich's auch selber in der Einheit nicht empfinden, aber *in der Zweiheit empfindet sich's.* Also verstehet nun den Grund recht; der abgeschiedene Wille ist von der Gleichheit des ewigen Wollens ausgegangen und hat auch nichts, das er wollen kann, als nur sich selber. Weil er aber ein Etwas ist gegen der Einheit, welche ist als ein Nichts und doch alles ist, so führet er sich in Begierde seiner selbst ein und begehret sich selber und auch die Einheit, daraus er geflossen.

Die *Einheit* begehret er zur *empfindlichen Liebelust,* daß die *Einheit* in ihm *empfindlich* sei, und *sich selber* begehret er zur *Bewegnüs, Erkenntnüs* und *Verständnüs,* auf daß eine Schiedlichkeit in der Einheit sei, daß Kräfte urständen. Und wiewohl die Kraft keinen Grund noch Anfang hat, so werden aber in der Annehmlichkeit *Unterschiede*, aus welchen Unterschieden die Natur urständet.

Dieser ausgeflossene Wille führet sich in Begierde, und die Begierde ist magnetisch als *einziehende*, und die Einheit ist *ausfließend*. Jetzo ist's im *Contrarium* als *Ja* und *Nein*; denn das *Ausfließen* hat *keinen Grund,* aber das *Einziehen machet Grund.* Das Nichts will *aus sich,* daß es offenbar sei, und das Etwas will *in sich,* daß es im Nichts empfindlich sei, auf daß die Einheit in ihm empfindlich werde. So ist doch aus und ein eine Ungleichheit.

Die erste Eigenschaft des Einziehens ist das Nein, denn sie gleichet sich nicht mit dem Ja als mit der Einheit, denn sie macht in sich *eine Finsternis*, d. i. eine *Verlierung im Guten.* („Theosophische Fragen", 3. Fr. § 7–10 u. 14)

§ 48. *Erläuterung des Entzweiungsprozesses in Gott und Natur nach J. B.*

Wir kehren jetzt wieder zur Selbstbeschaulichkeit zurück, um von ihr aus die Genesis der *ewigen Natur* zu sehen, die J. Böhm, sich der Ausdrücke der Bibel bedienend, von der Selbstbeschaulichkeit, der Weisheit, die er das *ewigsprechende* Wort nennt, das der Vater im Sohne ausspricht, als das *ausgesprochene geformte, kompaktierte* Wort, aber ebenso von der *Natur*, d. i. der *anfänglichen, zeitlichen* Natur, darinnen die Kreation dieser Welt lieget, unterscheidet. („Gnadenwahl", c. 1, 30)

Der ungründliche Wille in der Selbstbeschaulichkeit oder in dem Spiegel der Weisheit, in der alle Farben, Tugenden und Kräfte inneliegen, aber nicht sustantialisch, selbständig, sondern geistig, sich selbst beschauend, wird dadurch *begehrender* Wille, Begierde. Der ungründliche Wille oder der Wille schlechtweg ist eben, weil er „dünne, wie ein Nichts" („Von der Menschwerdung Christi", [T. II,] c. 1, § 9, c. 2, § 1) ist, an und für sich die Lust zur Offenbarung und damit „zu dem Verständnüs und Gestaltnüs" der in ihm liegenden Farben, Kräfte, Tugenden und Wesen; diese Offenbarungslust und -liebe, diese Negativität gleichsam des Willens gegen sich selbst als Wille, da er als dieser dünne Wille wie ein Nichts ist, wird zur Begierde[80], indem er im Spiegel der Weisheit schaut, was er ist, er wird nach sich selbst, denn er hat kein andres Objekt als sich, lüstern und begierig; d. i., in und mit der Selbstbeschaulichkeit erwacht der Trieb zur Ich- und Selbstheit, die Begierde nach Selbstoffenbarung, nach Selbstunterscheidung, nach *bestimmter Selbsterkenntnis*. Der Wille nämlich modelt, indem und wenn er sich selbst beschaut, von sich selbst gleichsam bezaubert und eingenommen, sich in sich ein, er imprimiert durch die Imagination in sich das Spiegelmodell von sich, und mit dieser *Impression* der Phantasie erwacht die *Begierde*, die Phantasie in wirkliche, bestimmte Figur, Gestalt und Wesen zu bringen, d. i. *etwas* zu sein, Selbst- und Ichheit anzunehmen.[81] Wie aber auch im Menschen die Begierde eine Störung, Unterbrechung und Aufhebung der Stille und des Friedens, der Gleichheit und Einheit der

[80] „Das Nichts ist eine Sucht nach etwas." („Vom ird. u. himml. Mysterio", I.)

[81] In der Tat: Die Imagination, die Einbildungskraft ist das Schöpfungsprinzip bei J. B., wie subjektiv, so objektiv; nicht aus dem bloßen Willen oder Denken, aus dem Schacht der Einbildungskraft leitet er alle Dinge ab. „Der Hauptbegriff in dem System J. B.s", sagt *Oettinger* (Schwedenborgs „Auserl. Schriften" IV. T., 1776, p. 32), „ist der, der allen Philosophen fehlt, nämlich das ens penetrabile [durchdringende Seiende], das nicht materiell und auch nicht pur geistlich ist, sondern indifferent zum Geist und zur Materie." Dieses ens penetrabile ist aber nichts anderes als eben das vergegenständlichte Wesen der Einbildungskraft, die „nicht materiell und auch nicht pur geistlich ist". Eine handgreifliche Veranschaulichung und Personifikation von dem innersten Wesen J. B.s haben wir an dem, was er über die Engel sagt. Der Engel ist nichts andres als das personifizierte Urbild oder Wesen des Menschen, der göttliche Mensch. „Ein Engel hat keine Därmen, darzu weder Fleisch noch Bein, sondern er ist von der göttlichen Kraft zusammengefügt auf Form und Art *gleich einem Menschen,* auch *mit allen Gliedern wie ein Mensch,* aber die Geburtsglieder und auch keinen Ausgang von unten hat er nicht, er bedarf es auch nicht." („Aurora", c. 6, § 10.) „Gleichwohl ißt der Engel mit dem Maul", d. h. zum Schein. Er ist ein Scheinwesen, körperlich und unkörperlich, ein Wesen der Phantasie. Und dieses *unsinnlich sinnliche, immateriell materielle* Wesen, welches eben das *Wesen der Phantasie,* ist überhaupt das göttliche Wesen, das Wesen J. B.s.

Seele, eine Spaltung ist, so ist jene Begierde eine Abscheidung von dem gleichen, mit sich einigen Willen, eine Zertrennung desselben, ein *Widerwille*. Denn die Begierde ist *einziehend*, in sich hinein verzehrend, eine Negativität, eine Konzentration auf sich selbst, ein Zusammenziehen gleichsam aller im ungründlichen Willen enthaltenen Stoffe auf sich und dadurch eine Einfassung, eine Formung, Bestimmung und Sonderung der in dem ungründlichen Willen in gleichem Maße ohne Differenz und Bestimmung enthaltenen Farben, Tugenden und Kräfte. „Die Begierde lüstert aus einem in viel und führet viel in eines. Mit der Begierde wird Wesen gesucht, und im Wesen zündet die Begierde das Feuer an." („Sechs [mystische] Punkte", III, § 18) Diese Begierde, diese Subjektivität, dieser Geist der Separation und Differenz oder dieser separatistische, partikularisierende Geist, dieser *Geist der Ichheit,* der Sich-selbst-Bespiegelung, des Etwas-sein-Wollens ist die ewige Natur in Gott, das Prinzip, der Grund der Natur, als in welcher die in Gott geistig, unwesenhaft und eben darum unterschied- und gestaltlos enthaltnen Dinge oder Wesen in Sonderung, Unterschied, Eigenhaftigkeit, Ichheit und Selbständigkeit treten. Die Begierde, die ewige Natur, ist eine *Finsternis* in Gott, eine Verdunkelung in dem hellen, durch keinen Unterschied unterbrochnen, gleichen Spiegel oder Wesen der Gottheit; denn indem der Wille begehrender, Begierde ist und wird, so wird er, der als Wille dünne wie das Nichts ist, *verdichtet*, beschattet, da die Begierde als eine Zusammenziehung, Sammlung auf sich und eben als diese eine Verdichtung, ein Undurchsichtigmachen, gleichsam ein dunkler Kern ist. „Das Gute oder Licht ist als ein Nichts. So aber etwas darein kommt, so ist dasselbe Etwas ein anders als das Nichts, dann das Etwas wohnet in sich, in Qual, dann wo etwas ist, da muß ein Qual sein, die das Etwas macht und hält. Das *Etwas ist finster* und verfinstert des Lebens Licht, und das Eine ist Licht." („Sechs [mystische] Punkte", III, § 6, 8) Das Nichts oder der Ungrund, vorgestellt vor der Begierde, abstrahiert von ihr, ist zwar noch nicht *Licht*; denn Licht wird er oder ist er erst im Unterschiede von der Finsternis; aber er ist doch als das durch keinen Unterschied getrübte und unterbrochne Gleiche und Eine das dem Gedanken nach Helle und Durchsichtige oder *an sich* Licht, das zu bestimmtem, wirklichem Licht wird, indem sich der Wille zur Begierde verdichtet und verdunkelt. An dem Widerwillen, an der Finsternis wird daher jetzt erst Gott *als* Gott offenbar und sich selbst wahrhaft empfindlich und erkenntlich. „So sprichst du, so ist die Finsternüs eine Ursach der Gottheit? Nein, aber Gott wäre nicht offenbar und wäre keine Natur noch Kreatur ohne die Finsternüs." („Zweite Apologie wider B. Tilken", § 145) Jetzt wird Gott erst im Lichte und als Licht offenbar. Denn das ewige einige Gut, die lautere Liebe und Freiheit, wird durch den Gegensatz der Finsternis der Begierde, der ewigen Natur, in der die Wurzel alles Lebens und Wesens, aber auch alles Leids, Wehes und Widerstreites ruht, offenbar als das himmlisch-milde Licht, als das absolut Gute, es wird erst jetzt *fühlbar als* die wohltuende, besänftigende, liebevolle Güte; die von aller Selbst- und Ichheit freie Einheit des Ungrundes ist erst, aus dem Grunde der dunkeln Begierde wieder aus- und in sich ein- und zurückgehend, als Einheit und Freiheit sich offenbar; im lautern Selbstgenusse, in der bestimmten Erkenntnis und dem bestimmten Bewußtsein ihrer selbst, in dem sie sich nur als Gutes erkennt, sich unterscheidend von der ewigen Natur, in der Gutes und Böses, Ja und Nein, Wohl und Wehe innieliegt. Gott heißt daher auch nach J. Böhm nur Gott, soviel als er Licht ist, er heißt nur sozusagen nach seiner Lichtseite, in der Majestät und Herrlichkeit des Lichtes Gott. Gott weiß und will nur sich selbst, das Gute; indem aber das Gute sich nur offenbar ist *als* das Gute, das Gute die *bestimmte* Selbsterkenntnis seiner nur an seinem Gegensatze hat, so ist mit der Selbsterkenntnis des Guten zugleich die Erkenntnis des Guten und Bösen, ein unendlicher Scheidungsprozeß verbunden. Aber diese Erkenntnis des Guten und Bösen, dieser Scheidungsprozeß ist in Gott Nicht-Gott, ist der Unterschied *von* Gott *in* Gott, und diesem nach heißt er nicht Gott, sondern die ewige Natur, die die natura naturans, das principium der Natur in Gott ist und daher von Gott als Gott, wie er nur Gott aus sich gebiert, das unanfängliche principium seiner selbst ist, unterschieden ist. J. Böhm vergleicht den ewigen Prozeß der immanenten Selbstoffenbarung Gottes, indem Gott die Natur in sich gebiert und aus dieser sich selbst zum bewußten Geiste herausgebiert, mit dem Prozeß des

Feuers. Das Feuer als das Verzehrende stellt vor das principium der Trennung, Entzweiung, des Fürsichseins, der *Negativität* in Gott, die Begierde, die ewige Natur; das Licht, das aus dem Feuer herausscheint, sich lieblich und milde ausbreitet und mitteilt, stellt das Prinzip der Positivität vor, die ewige Einheit und Freiheit, die aus dem Feuer der Natur, in das die Begierde es einschloß, sich wieder frei und los macht und in diesem Freiwerden, in dieser Scheidung von dem Feuer als Licht offenbar wird. „Wie wir in der Feuersanzündung zwei Wesen verstehen, als eines im Feuer und das ander im Licht, und also zwei Principia, also ist uns auch von Gott zu verstehen. Das Feuer deutet uns an in seiner Peinlichkeit die Natur in der Scienz[82], und das Licht deutet uns an das göttliche Liebefeuer, denn das Licht ist auch ein Feuer, aber ein gebendes Feuer, denn es gibet sich selber in alle Dinge, und in seinem Geben ist Leben und Wesen. Im Feuer ist der Tod. Als das ewige Nichts erstirbet im Feuer, und aus dem Sterben kommt das heilige Leben, nicht daß es ein Sterben sei, sondern also urständet das Liebe-Leben aus der Peinlichkeit. Das Nichts oder die Einheit nimmt also ein ewig Leben in sich, daß es fühlende sei, und *gehet aber wieder aus dem Feuer aus* als ein Nichts, wie wir denn sehen, daß das Licht vom Feuer ausscheint und doch als ein Nichts, als nur eine liebliche, gebende, würkende Kraft ist. Also verstehet (in der Scheidung der Scienz, da sich Feuer und Licht scheidet) mit dem *Feuer* die *ewige Natur.* Darinnen spricht Gott, daß er ein zorniger, eifriger Gott und ein verzehrend Feuer sei, welches nicht der heilige Gott genannt wird, sondern sein Eifer als eine Verzehrlichkeit dessen, was die Begierde in die Schiedlichkeit in der Scienz in sich fasset."(„Gnadenwahl", c. 2, § 35, 33)
Gott führt seinen Willen darumb in eine Scienz (Begierde) zur Natur ein, damit seine Kraft in Licht und Majestät offenbar und ein Freudenreich werde; denn *wenn in dem ewigen Einen keine Natur entstünde, so wäre alles stille,* aber die Natur führt sich in Peinlichkeit, Empfindlichkeit und

[82] Unter Scienz versteht J. B. „nicht Wissenschaft, sondern ein *ziehe* Ens, eine *herbe* ziehende Eigenschaft". Sie ist daher eins mit der Begierde.

Findlichkeit ein, auf daß die ewige Stille beweglich werde und die Kräften zum Wort lautbar werden. („Gnadenwahl", c. 2, § 16)

§ 49. *Das Wesen und die Eigenschaften der ewigen Natur*

Die *Natur* ist anders nichts als Eigenschaften der Annehmlichkeit der eignen, entstandenen Begierde, welche Begierde in der Schiedlichkeit des hauchenden Worts als der hauchenden Kraft entstehet, da sich die Eigenschaften ins Wesen einführen. So heißet dasselbe Wesen ein natürlich Wesen und ist nicht Gott selber, denn Gott durchwohnt wohl die Natur, aber die Natur begreifet ihn nur so weit, als sich die Einheit Gottes mit in das natürliche Wesen eingibet und auch wesentlich machet, als ein Lichtwesen, welches in der Natur in sich selber würket und die Natur durchdringet und penetrieret, sonst ist die Einheit Gottes der Natur als der begierlichen Annehmlichkeit unbegreiflich. („Clavis", § 25)

Die Natur entstehet in dem ausgefloßnen Worte göttlicher Empfindlichkeit und Wissenschaften, und ist eine stets währende Bildung und Formierung der Wissenschaften und Empfindnüs: Was das Wort durch die Weisheit würket, das bildet und formieret die Natur in *Eigenschaften*. Sie ist wie der Zimmermann, welcher das Haus bauet, welches das Gemüte hat zuvorhin in sich gemodelt; also auch allhier zu verstehen, was das ewige Gemüt in der Weisheit Gottes, in der göttlichen Kraft modelt und in eine Ideam führet, das bildet die Natur in eine Eigenschaft. (§ 26, 27)

Die Natur stehet in ihrem ersten Grunde in sieben Eigenschaften, und teilen sich die Sieben in unendlich aus. Die erste Eigenschaft der Natur ist die *Begierde*, die machet Herbe, Schärfe, Härte, Kälte und Wesen. Also verstehen wir, daß die *Begierlichkeit* sei *der Grund zur Ichheit,* daß *aus nichts etwas* würde, wie uns denn zu betrachten ist, daß sie der Anfang dieser Welt gewesen sei, dadurch Gott alle Dinge habe ins Wesen gebracht. Die andere Eigenschaft ist die *Bewegnüs* oder Einziehen der Begierde, die machet Stechen, Brechen und Schneidung der Härte, die zerschneidet die angezogene Begierde und bringet sie in Vielheit und ist ein Grund des bittern Wehes und auch die wahre Wurzel zum Leben; ist ein Anfang dieser Welt, der Separator oder Scheider in den Kräften gewesen, damit der Schöpfer, als der Wille Gottes alle Dinge aus dem Mysterio Magno [großen Geheimnis] in eine Form gebracht. Die dritte Eigenschaft ist die *Empfindlichkeit* in der Zerbrechung der herben Härte und ist der Grund der Angst und des natürlichen Willens, darinnen der ewige Wille will offenbar werden. Diese Empfindlichkeit ist die Ursach des Feuers, auch des Gemüts und der Sinnen. So nicht Empfindlichkeit wäre, so wüßte der Wille nichts von Eigenschaften, denn er wäre nur einig. In diesen drei ersten Eigenschaften stehet das Fundament des Zorns und der Höllen und alles dessen, was grimmig ist. (§ 28–31 u. 41–43)

Die vierte Eigenschaft oder Gestalt der ewigen Natur ist das *geistliche Feuer,* darinnen das Licht als die Einheit offenbar wird, dann der Glanz des Feuers urständet von der ausgefloßnen Einheit, welche sich hat mit in die natürliche Begierde eingegeben, und des Feuers Qual und Brennen als die Hitze urständet von der scharfen Verzehrlichkeit der drei ersten Eigenschaften. (§ 48, 49) Dieses geschieht also: Die ewige Einheit oder die Freiheit ist die sanfte Stille und lieblich gleich einem sanften Wohltun, und daß man nicht aussprechen mag, was für eine Sänfte außer der Natur in der Einheit Gottes sei, und die drei Eigenschaften zur Natur seind scharf, peinlich, schrecklich; in diesen drei peinlichen Eigenschaften stehet der ausgeflossene Wille, welcher durchs Wort oder göttliche Hauchen entstanden ist, und stehet auch die Einheit darinnen. So sehnet sich der *Wille nach der Einheit, und die Einheit sehnet sich* nach *der Empfindlichkeit* als nach dem feurischen Grunde, also sehnet eines in das ander, und wann das geschieht, verstehet das Sehnen, so ist's wie ein Schrack oder Blitz, gleich als riebe man Stahl und Stein aneinander oder gösse Wasser ins Feuer, im Gleichnüs geredet. (§ 48, 49)

In diesem Blick empfindet die Einheit die Empfindlichkeit, und der Wille empfähet die sanfte Einheit, also wird die Einheit ein Glast (Glanz) des Feuers, und das Feuer wird ein *Liebebrennen,* denn es empfähet Essenz oder Kraft von der sanften Einheit. Das Feuer ist ein Gegenwurf der großen Liebe der Einheit Gottes; denn also wird die ewige

Lust empfindlich, und *diese Empfindlichkeit der Einheit* heißet Liebe als ein Brennen oder Leben in der Einheit Gottes, und nach solchem Liebebrennen heißet sich Gott einen barmherzigen, lieben Gott, denn die Einheit Gottes liebet oder durchdringt den peinlichen Willen des Feuers. Darumb stehet im Feuer und Licht das Leben aller Dinge. (§ 50, 54, 57)

Die fünfte Eigenschaft ist nun das *Liebefeuer* oder des Lichtes Kraft und Welt. Mit dieser fünften Eigenschaft wird das andere Principium als die englische Welt verstanden, denn es ist die Bewegnüs der Einheit, da alle Eigenschaften der feurigen Natur in Liebe brennen. Ein Gleichnüs dieses Grundes und Wirkung des Feuers siehet man an einer angezündeten Kerzen: In der Kerzen liegt alles ineinander, und ist doch keine Eigenschaft vor der andern offenbar, bis sie angezündet wird, so siehet man ein Feuer, Öl, Licht, Luft und Wasser aus der Luft, es werden alle vier Elemente darinnen offenbar, welche zuvor in einem einigen Grunde verborgen liegen. Also wird in Gott in der Eigenschaft des Feuers die Einheit unterschiedlich und offenbar. (§ 58, 61, 62)

Die sechste Eigenschaft der ewigen Natur ist der *Schall, Hall* oder die *Verständnüs*, denn im Feuerblitz werden die Eigenschaften alle lautbar, der Schall ist der Verstand, darinnen die Eigenschaften einander alle verstehen. Nach der Offenbarung der heil. Dreifaltigkeit mit dem Ausfluß der Einheit ist dieser Schall oder Hall das göttliche würkende Wort als der Verstand in der ewigen Natur, dadurch sich die übernatürliche Wissenschaft offenbaret, und nach der Natur und Kreatur ist er die Erkenntnüs Gottes, darinnen der natürliche Verstand Gott erkennet. Dann der natürliche Verstand ist ein Gegenwurf und Ausfluß aus göttlicher Verständnüs. (§ 69, 70)

Die siebente Eigenschaft ist das *Wesen* als ein Subjectum oder Gehäuse der andern sechs, darinnen sie alle wesentlich sind wie die Seele mit dem Leibe; in der siebenten stehen alle Eigenschaften im Temperamento als in einem einigen Wesen[83]: Gleichwie sie aus der Einheit alle entsprin-

---

[83] Oettinger (in der zit. Schrift T. V, p. 385) erklärt diese beiden letzten Eigenschaften also: „Die sechste ist die Quelle aller Sinn-

gen, also gehen sie wieder alle in einem Grunde ein, und ob sie gleich in unterschiedlicher Art und Eigenschaften würken, so ist es doch allhier nur ein einig Wesen, dessen Kraft heißet Tinktur als ein heilig penetrierend Wesen. (§ 73)

In diesen sieben Eigenschaften muß man allemal *zwei Wesen* verstehen. Als erstlich nach *dem Abgrund.* Durch solche Eigenschaften verstehet man das göttliche Wesen als den göttlichen Willen mit der ausfließenden Einheit Gottes, welche mit durch die Natur ausfleußt und sich in Annehmlichkeit zur Schärfe einführet, dadurch die ewige Liebe empfindlich und würklich sei und daß sie etwas habe, das da leidende ist, darinnen sie sich möge offenbaren und darinnen sie erkannt werde, davon sie wieder geliebet und gebäret werde als die peinlich leidende Natur, welche in der Liebe in eine ewige Freudenreich gewandelt wird: Wenn sich die Liebe im Feuer, im Lichte offenbaret, so überflammet sie die Natur und durchdringet sie wie die Sonne ein Kraut und das Feuer das Eisen. (§ 36)

Das ander Wesen ist *der Natur eigen Wesen,* welches peinlich und leidende ist, und ist der Werkzeug des Würkers, denn wo keine Leidenheit ist, da ist auch keine Begierde nach der Erlösung oder etwas Bessers, und wo nun keine Begierde nach etwas Bessers ist, allda innen ruhet ein Ding in sich selber, und darumb führet sich die ewige Einheit durch ihren Ausfluß und Siedligkeit in Natur, auf daß sie einen Gegenwurf habe, darinnen sie sich offenbaret, auf daß sie etwas liebe und wiederum von dem Etwas geliebet werde, daß also ein empfindlich Würken und Wollen sei. (§ 37)

Es ist fürnehmlich zu merken, daß allemal die erste und siebente Eigenschaft für eins gerechnet werden, und auch die andere und sechste für eine, sowohl die dritte und fünfte für eine, die vierte ist allein das Scheideziel, denn es sind nur drei Eigenschaften der Natur nach der Offenbarung der Dreiheit Gottes. Als die erste, die Begierde, die wird Gott dem Vater zugeeignet und ist nur ein Geist, und in der sie-

lichkeit, Perzeption und Apperzeption. Die Kabbalisten heißen sie Jesod. Die siebente macht, daß alle in einer unzerstörlichen Leiblichkeit beisammen bestehen, und diese heißt eigentlich *Substanz,* wann ein geistlich Wesen seinen unzerstörlichen Leib durch die vollkommene Ordnung und Zusammenwürkung der sechs vorhergehenden Sephiren bekommt."

benten ist die Begierde wesentlich. Die ander wird dem Sohn als die göttliche Kraft zugeeignet, die ist in der andern Zahl nur ein Geist, aber in der sechsten ist sie die verständige Kraft. Die dritte wird Gott dem heil. Geist nach seiner Offenbarung zugeeignet und ist im Anfang der dritten Eigenschaft nur ein Feuergeist, aber in der fünften Eigenschaft ist die große Liebe darinnen offenbar. Also ist der Ausfluß göttlicher Offenbarung nach den dreien Eigenschaften im *ersten* Principio *vor dem Licht* natürlich und im andern Principio im Lichte geistlich. (§ 75–79)

§ 50. *Über die sieben Eigenschaften*

Die sieben Eigenschaften oder Qualitäten, die sich aber vor- oder abwärts durch ihre mannigfachen Verbindungsweisen unendlich vervielfältigen, rückwärts aber auf drei oder zwei Prinzipien, nämlich Licht und Finsternis sich reduzieren, sind der wichtigste und lehrreichste Punkt der J. Böhmschen Mystik, denn sie sind die Prinzipien der Wirklichkeit, in und mit denen Gott, die Natur oder Welt zeugend, zugleich sich selbst erst zeugt, sich selbst verwirklicht, aus nichts zu etwas macht; „denn das *Nichts* wird in die *Natur* eingeführt, daß aus dem *Nichts* eine *Qual*" (d. i. etwas Bestimmtes, Qualitatives, Empfindliches) „wird". („Erste Apologie wider B. Tilken", § 365) J. B. kommt unzählige Male auf sie zu sprechen; aber sooft er sie auch bespricht, sosehr er sich bemüht, Licht und Ordnung in dieses göttliche Chaos zu bringen, er wird immer, sowie er auf die spezielle Bestimmung derselben kommt, dunkel und konfus und bleibt sich nicht gleich, indem er z. B. hier zur primitiven Eigenschaft macht, was er anderwärts zu einer abgeleiteten macht, hier psycho- oder zoologische, dort rein physikalische Bestimmungen und Ausdrücke anwendet. Gleichwohl ist die Hauptsache klar.

J. B. ist ein *religiöser Sensualist,* ein *theosophischer Materialist;* er geht von dem Satz aus: Aus nichts wird nichts; nun ist aber alles *aus* oder von Gott, also muß es auch *in* Gott sein; also setzt die zeitliche, d. i. wirkliche Natur eine ewige Natur, die irdische Materie eine göttliche Materie voraus. „Gott hat alle Dinge aus nichts geschaffen und dasselbe *Nichts ist er selber.*" („De Signatura Rerum", c. 6, § 8) „Da nun Gott diese Welt samt allem hat erschaffen, hat er *keine andere Materie gehabt, daraus er's machte, als sein eigen Wesen, aus sich selbst.* Man kann nicht sagen, daß in Gott sei Feuer, Bitter oder Herbe, viel weniger Luft, Wasser oder Erde, allein man siehet, daß es daraus worden ist … Es ist alles aus Gott." („Von den drei Prinzip.", c. 1, § 3, 5) „Der Abgrund der Natur und Kreatur ist Gott selber." („Von göttl. Beschaul.", c. 3, § 13) „Wann du *ansiehest* die *Tiefe* und die *Sternen und die Erden,* so *siehest du deinen Gott* und in demselben Gott lebest und bist du auch … Wo *dieses ganze Wesen* nicht Gott ist, so bist du nicht Gottes Bild … So du eine *andere Materia* bist als Gott selber, wie wirst du dann sein Kind sein?" („Vom dreifachen Leben", c. 1, § 4, 6) Woraus aber J. B. in seiner theosophischen Einbildung die Natur deduziert, das ist in Wahrheit von der Natur selbst, und zwar der sinnlichen, zeitlichen Natur abgeleitet und abgezogen. Die sieben kosmo- und zugleich theogonischen Eigenschaften oder Qualitäten der ewigen Natur sind daher auch nichts andres als von der Anschauung der Natur abstrahierte Qualitäten, die J. B. zu den genetischen Universalprinzipien macht. Die Herbigkeit, Salzigkeit, Bitterkeit, Süßigkeit, Flüssigkeit, Beweglichkeit, Entzündlichkeit, der Schall oder Ton, das Licht, der Blitz, die Hitze und Kälte, Feuer und Wasser – alle diese Worte, die er zur Bezeichnung der primitiven Grundeigenschaften der Natur gebraucht, sind nicht im bildlichen, sondern eigentlichen Sinn zu verstehen. „Meine Meinung", sagt er selber in der „Aurora", c. 4, „ist himmlisch und geistlich, aber doch *wahrhaftig* und *eigentlich*, also ich meine kein ander Ding, als wie ich's im Buchstaben setze." „So Du nun", setzt er ebendaselbst später hinzu, „die himmlische, göttliche Pomp und Herrlichkeit willst betrachten, wie die sei, was für Gewächse, Lust oder Freude da sei, so schaue mit Fleiß an *diese Welt,* was für Früchte und Gewächse aus dem Salniter (Grundstoff, Grundwesen) der Erde wächst … Das ist alles im *Vorbilde* der himmlischen Pomp." Wenn also z. B. von einem Schall in Gott die Rede, so ist der wirkliche Schall gemeint, denn von diesem göttlichen Schall entspringt alles, was auf Erden schallet und hallet. Aber gleichwohl ist wieder dieser göttliche, ursprüngliche Schall kein sinnlicher, materieller, hörbarer Schall; nein, es ist ein geistlicher, ein imaginärer Schall oder *der* Schall in Gedanken. Alles Materielle ist in Gott, aber nicht als Stoff, sondern nur seiner „Kraft", Qualität oder Eigenschaft nach – nicht die Galle selbst, aber die Bitterkeit der Galle, nicht der harte Stein selbst, aber die Härte des Steins –, alles ist in Gott, aber so, wie es Gegenstand des Geistes, der Abstraktion, des Gemüts, der Phantasie ist, das Wasser in Gott ist daher ein „Geistwasser", das Feuer in ihm ein „Geistfeuer", d. h. ein bildliches Feuer, ein bildliches Wasser. J. B. nennt darum auch ausdrücklich die sieben Qualitäten „Geister". Sie sind bei ihm überhaupt nicht bloß physikalische Qualitäten, sondern zugleich animalische oder psychologische Kräfte – Wille, Qual, Begierde, Sucht, Angst, Grimm, Hunger –, sozusagen Identitäten von Geist und Natur. Sie sind ihm sinnliche Wesen – personifizierte Eigenschaften oder Abstraktionen –, sie begehren, fühlen, schmecken, küssen und halsen einander wie Braut und Bräutigam. Kurz, im Himmel der ewigen, göttlichen Natur ist ein Leben und Treiben, das sich schlechterdings nicht von dem Leben und Treiben in dieser zeitlichen, sinnlichen Natur unterscheidet – „ein herzlich Lieben und freundlich Sehen, Wohlriechen, Wohlschmecken und Liebfühlen, ein holdselig Küssen, voneinander Essen, Trinken und Liebespazieren. Ach, und ewig ohne Ende!" („Aurora", c. 9, § 38, 39) Wer möchte nicht in diesem Himmel sein? Doch wir stecken noch bis über die Ohren im dritten Principio, d. h. im Prinzip dieser verderbten, zeitlichen, sichtbaren, grob materiellen Welt, wo das Wohlschmecken und Wohlriechen, das Liebfühlen und Küssen leider nicht ewig währt.

§ 51. *Die sichtbare Natur und ihr Ursprung in ihren besondern Gestalten*

Das *dritte Principium* – nämlich außer den beiden Prinzipien von Licht und Finsternis in Gott – ist *die sichtbare Welt* als der dritte Grund und Anfang, diese ist aus dem innern Grunde als aus beiden ersten ausgehaucht und in kreatürliche Form und Art gebracht. Diese sichtbare Welt ist aus der oberzählten geistlichen Welt als aus der ausgefloßnen gött-

lichen Kraft entsprossen und ist ein Objectum oder Gegenwurf der geistlichen Welt: Die geistliche ist der inwendige
Grund in der sichtbaren Welt, die sichtbare Welt stehet in
der geistlichen. Diese sichtbare Welt ist anders nichts als
ein Ausfluß der sieben Eigenschaften; „diese äußere Welt",
sagt er („Mysterium Magnum", c. 6, § 10), „ist als ein *Rauch*
oder Brodem vom Geistfeuer und Geistwasser, beides aus
der heiligen und dann auch aus der finstern Welt ausgehaucht worden; darum ist sie bös und gut ... und ist nur als
ein *Rauch* oder *Nebel* gegen und vor der geistlichen Welt",
denn aus den sechs würkenden Eigenschaften ist sie entstanden, und in der siebenten als im Paradiese stehet sie in
der Ruhe, die ist der ewige Sabbath, darinnen das Würken
göttlicher Kraft ruhet. („Clavis", § 127, 81, 82)
Die geistliche Welt vom Feuer, Licht und Finsternis stehet
in der sichtbaren elementischen Welt verborgen und würket durch die sichtbare Welt und bildet sich durch den Separatorem mit ihrem Ausfluß in alle Dinge, nach jedes Dinges Art und Eigenschaft. („Von göttl. Beschaul.", c. 3,
§ 19)
Eine jede Eigenschaft hat aber ihren eigenen Separatorem,
Scheider und Macher in sich und ist in sich selber ganz
nach Eigenschaft der ewigen Einheit. Also führet der Separator jedes Willens wieder Eigenschaften aus sich aus, davon die unendliche Vielheit entstehet. In jeder Kraft ist ein
Gegenwurf als eine eigene Begierde entstanden. Dieselbe
eigene Begierde in dem Gegenwurf der Kräfte hat sich wieder aus sich ausgeführt zu einem Gegenwurf, davon ist die
Begierde solches Ausflusses scharf, streng und grob geworden und hat sich koaguliert und in Materien bracht. Und
wie nun der Ausfluß der innern Kräfte aus Licht und Finsternüs, aus Schärfe und Linde, aus feurender oder Lichts-
Art ist gewesen, also seind auch die Materien worden: Je
weiter sich der Ausfluß einer Kraft erstrecket hat, je äußerlicher und gröber ist die Materie worden, dann es ist je ein
Gegenwurf aus dem andern gegangen, bis letztlich auf die
grobe Erde. (Ebd., § 10, 11, 41, 42)
Wir müssen aber den Grund solcher Philosophiae recht
vollführen und andeuten, wovon hart und weich habe seinen Grund genommen, welches wir an den Metallen erkennen. Denn eine jede Materia, welche hart ist, als da seind

Metallen und Steine, sowohl Holz, Kräuter und dergleichen, das hat in sich gar eine edle *Tinktur* (die ein Gleichnüs und Gegenwurf des göttlichen Mysterii Magni ist, da alle Kräfte in der *Gleichheit* inneliegen, und heißet recht Paradies oder göttliche Lust) (§ 23) und hohen Geist der Kraft, wie auch an den Beinen der Kreatur zu erkennen ist, wie die edelste Tinktur nach des Lichtes Kraft als die größeste Süße im Marke der Beinen und dagegen im Geblüte nur eine feurische Tinktur lieget.[84]

Alles, was im Wesen dieser Welt weich, sanft und dünne ist, das ist ausfließend und sich selber gebend und ist dessen Grund und Urstand *nach der Einheit* der Ewigkeit (inwiefern sie außer der Bewegnüs als das ewige Ein die größte Sänfte ist), da die Einheit immerdar von sich ausfleußt, wie man dann an dem Wesen der Dünnheit als am Wasser und Luft keine Empfindlichkeit oder Peinen verstehet, was dasselbe Wesen einig in sich selber ist. Was aber hart und impressend ist, als da seind Beine [Knochen], Holz, Kräuter, Metallen, Feuer, Erde, Steinen und dergleichen Materien, darinnen liegt das Bild göttlicher *Kraft* und *Bewegnüs* (in der sich der göttliche Will in eine Stätte zur Selbheit als zur

---

[84] Die Tinktur spielt eine große, aber sehr mystische Rolle in J. B. „Sie ist die Ursache des *Scheines* oder *Glanzes*, sie ist eine Ursache, daß alle Kreaturen *sehen* und *leben*", „sie gibt allen Dingen Kraft und Schöne und ist doch nicht das Ding und wirket doch im Dinge und machet das Ding *wachsend* und *blühend*", „sie ist in einem wohlriechenden Kraute die liebliche Süßigkeit und Sanftigkeit, so die Tinktur nicht wäre, so kriegte das Kraut keine Blume noch Ruch." „Sobald das Geblüte wegfleußt, so fleucht die Tinktur als im Glas oder Schatten dahin." („Drei Prinz.", c. 12 und 13.) Sie ist also das Mark der Dinge, der Lebenssaft, „weder purer Geist noch pures Wasser, sondern zwischen Geist und Wesen oder Leib ein Mittelding", wie es in der „Clavicula" des oben erwähnten Auszugs J. B.s heißt. Der Böhmist *Oettinger* (in Schwedenborgs „Auserl. Schriften", V. T., 1777) erklärt sich über sie also: „Die edelste Tinktur des Leibes liegt in dem Mark der Gebeine, sie ist nicht nur einer fließenden, sondern leuchtenden Art, dann sie *ist* des Feuers Glanz. Die Chemisten heißen sie spiritum rectorem [leitenden Geist] und kriegen sie zuweilen zu Gesicht." „Die Materie kann nicht denken, aber die *Tinktur gehört zum Denken,* und das himmlische *Salz* – ‚die edelste Materie ist das Salz' – ist der *Grund der Reflexion*" (S. 253–258).

Kraft einschleußt) und verschleußt sich mit seinem Separatore als dem Ausfluß göttlicher Begierde, als ein edles Kleinod oder Funke göttlicher Kraft, vor der Grobheit und ist darum hart und feurend, daß es seinen Grund göttlicher Infaßlichkeit hat, als da sich das ewige Ein immerdar in einen Grund der Dreifaltigkeit zur Bewegnüs der Kräften einführet und sich doch für dem Ausfluß als für der Einführung des eigenen Willens der Natur verschleußt und mit der Kraft der Einheit durch die Natur würket.

Also auch mit der edlen Tinktur (dem sinnlichen Gegenwurf der Einheit und Gleichheit) zu verstehen ist: Wo sie am edelsten ist, da ist sie am meisten mit der Härte verschlossen; dann die Einheit liegt in ihr in einer Beweglichkeit als in einer Empfindlichkeit des Würkens, darum verbirget sie sich, aber in der Dünnheit lieget sie nicht in solcher Empfindlichkeit, sondern ist allen Dingen gleich, wie dann das Wasser und Luft allen Dingen gleich und in allen Dingen ist, aber das trockene Wasser (das Feurige) ist der rechte Perlengrund, darinnen die subtile Kraft des Würkens der Einheit im Centro lieget. Also verstehet dieses Geheimnüs: Daß das *Weiche* und *Dünne* von *der Einheit,* von dessen Ausfluß aus dem Mysterio Magno urstände und der Einheit am nächsten sei und dargegen der edelste *Grund göttlicher Offenbarung* in *Kraft* und *Wirkung* in der *feurenden Härte* liege[85] und eine trockene Einheit als ein Tempera-

---

[85] Alles in der Natur, was nach J. B. den Charakter differenzloser Einheit und Gleichheit (die in der Natur, wo alles in der Schiedlichkeit stehet, freilich ihre Grenzen haben, d. h., gegen anderes selbst bestimmt und different sind), den Charakter sich hingebender, mitteilender, alles durchdringender Allgemeinheit hat, wie Licht, Luft, ist der natürliche Gegenwurf der Einheit, des affekt- und differenzlosen Willens der Gottheit und hat in dieser seinen Grund und Ursprung. Materien dagegen wie Stein, Metall, Bein sind der Gegenwurf der in eine Selbstheit eingefaßten, als Einheit offenbaren, als Licht bestimmten Einheit, wie sie nicht mehr die erste, stille, gleichsam unbewußte, sondern die feurige, selbstbewußte Liebe, ein Liebebrennen ist. Denn in diesen ist die milde Einheit, als von dem Gegensatz der Härte, der Form der Selbstheit, unterschieden, eine an diesem Gegensatze offenbare, empfindliche, bestimmte Einheit. Das Mark in den Knochen z. B. hat als das Weiche, Flüssige, sich Hingebende und Mitteilende, als das Nutrimentum [Nährmittel] der Knochen die Natur des Lichtes, der Luft,

mentum sei, da die Schiedlichkeit aller Kräfte wieder inne-lieget; dann wo die Kräften nicht in der Einheit eines Wil-lens inneliegen, da ist der Wille zertrennet und ist keine große Kraft in dem Dinge zu verstehen, welches den Medi-cis [Ärzten] wohl zu merken ist. (Ebd., § 36–48)

Hier haben wir also einige Proben, wie J. B. Stein und Bein, Luft und Licht, Erde und Wasser aus dem göttlichen Wesen ableitet. Als Beispiele seiner religiösen Naturphilosophie fügen wir nur noch folgende bei. „An welchem Orte die *herbe Qualität* primus war, das ward der Salitter (d. i. der Grundstoff der Natur, der materielle Inbegriff der sieben Eigenschaften oder Quellgeister, die erste Materie) *zusam-mengezogen und vertrocknet,* daß *harte, derbe* Steine wurden; an denen Orten aber, wo der herbe Geist mit dem bittern zu-gleich primus gewesen, da ist stachlichter Sand worden, dann der wütende bitter Geist hat den Salitter *zerbrochen.*" („Aurora", c. 18, § 11) „Das dünne Wasser suchet den Tal und ist eine Demütigkeit des Lebens; welches sich *nicht er-hebet* wie die herbe, bitter und Feuers-Qualität. Darum su-chet es immer die *niedrigsten Stellen* auf Erden, das bedeut' recht den Geist der Sanftmut." (Ebd., c. 19, § 70, 71)

§ 52. Darstellung des Ursprungs des Bösen nach J. B.

Die sichtbare, gegenwärtige, wirkliche, materielle Welt ist der Schauplatz des Bösen, ja sie verdankt sogar nach J. B.s christlich religiöser Vorstellung ihr Dasein dem Abfall von Gott – dem Fall Luzifers und Adams, denn vor dem Fall war der Mensch nicht Mann und Weib, sondern beides in einem, hatte er also keine Geschlechtsorgane, auch keine Zähne, keinen Magen, keine Gedärme, folglich auch natür-lich keinen Podex. Alle diese materialistischen Organe, die jetzt selbst in der christlichen Welt eine so einflußreiche Rolle spielen, verdanken wir dem Sündenfall. Es ist daher hier der Ort, J. B.s Begriff vom Bösen und dessen Ursprung

hiemit der Einheit an sich, aber hier ist die Einheit eine gefaßte, eingeschlossene, eine in ihrem Gegensatze wirkende, den Gegen-satz aufhebende, eine *negative,* eine feurige, individuelle Einheit und darum auch edler als jene andere Einheit.

noch besonders hervorzuheben und zu erörtern, ob er gleich schon in der ganzen bisherigen Darstellung seiner Gedanken enthalten ist. Die Wichtigkeit und zugleich die Schwierigkeit des Gegenstandes erfordert es.

Das Böse ist nach J. B. überhaupt das *Principium der Negativität,* d. i. der Aufhebung der Einheit, der Scheidung und Unterscheidung (der Differenzierung) und der mit dieser zugleich gegebenen Entgegensetzung. Der Ursprung der Natur und des Geistes, des Etwas, des Daseins und des Bewußtseins, und der Ursprung des Bösen ist daher ein Akt, ein und derselbe Ursprung. Wenn Gott sich nicht von sich unterschiede, nicht in sich entzweite, so wäre er nicht Geist, nicht Wissen, nicht selbstbewußt, „denn *in einem einigen Wesen, darinnen keine Schiedlichkeit ist, das nur eines ist, da ist keine Wissenschaft"* („Clavis", § 13); nur dem Principium der Negativität, der Scheidung und Unterscheidung entquillt der selbstbewußte Geist. Das Principium der Negativität ist aber das Principium des Bösen, die Ursache, daß etwas überhaupt im Unterschiede für sich wird und sein Fürsichsein in dieser Unterscheidung und Abtrennung befestigt. „Denn aller böser Wille ist ein Teufel, als nämlich ein *selbstgefaßter Wille* zur Eigenheit, ein *abtrünniger* vom *ganzen* Wesen, und eine Phantasei." („Gnadenwahl", c. 2, § 12) Gott ist also nur durch den Teufel als das Principium der Verneinung Geist; denn er wird nur dadurch, daß er aus sich herausgeht, ausfleußt, sich von sich unterscheidet und entzweit, dieses Zweite als ein andres, einen Gegensatz sich setzt und aus diesem Herausgehen, diesem Entzweien wieder in sich hineingeht, *für sich,* sich selbst offenbar, Ichheit. Das Selbstbewußtsein Gottes aber ist als die allerheiligste, allereinigste, allererste Unterscheidung und Entzweiung das Principium aller Differenzen, damit das Prinzip der Natur; „die Weisheit ist Wissenschaft, ein Subjectum oder *Gegenwurf* der *ungründlichen Einheit,* sie ist das große Mysterium göttlicher Art, denn in ihr werden die Kräfte, Farben und Tugenden offenbar; in ihr ist die *Schiedlichkeit* der Kraft *als der Verstand,* sie ist selber der göttliche Verstand als die göttliche Beschaulichkeit, darin die Einheit offenbar ist." („Clavis", § 18, 19)

Das Selbstbewußtsein, in dem der Verstand urständet, ist das Principium aller Differenzen, d. h. das *Unterscheidende;*

der *Verstand ist die Ursache, daß etwas ist;* ohne den Verstand und den Urzwiespalt des göttlichen Wesens wäre alles eines, denn er ist der Separator, der Scheider und Sonderer und als dieser der Macher des Etwas. Der Verstand als der große Separator ist das Prinzip des Etwas, aber eben damit auch das Prinzip aller Selbstheit, aller Partikularität, alles Eigensinnes, Eigenwillens, aller Verstockung und Verhärtung in sich, als der Scheider in Dein und Mein, der Vater alles Widerwillens, Kriegs und Streites; das *Prinzip des Daseins* daher, das Prinzip, daß überhaupt *etwas* ist, und *das Prinzip des Bösen ist ein Prinzip,* oder, wie es sich auch aussprechen läßt: Das *Prinzip der Qualität* und das *Prinzip des Bösen ist ein Prinzip,* denn das Etwas ist etwas nur als differentes, als *eigenschaftliches, eigenwilliges;* die Qualität ist ein abtrünniger, egoistischer Partikularwille, ein Hungergeist in J. B.s Sprache, eine Eigenmächtigkeit, eine in sich verstockte und verknorzte Sonderheit, die sich gegen andres als boshafte, es verzehren wollende Begierde, als Habsucht, Freßgierde äußert. Das Reich des Daseins und Etwas, das Reich der Qualitäten, der Eigenschaften und damit das Reich aller *besondern* Wesen und Dinge ist aber *die Natur;* das *Prinzip der Natur und das Prinzip des Bösen* ist also *ein Prinzip.* Das Prinzip der Natur, die natura naturans, ist aber der Gegensatz und Gegenstand Gottes in Gott, ist eins in ihm mit dem Prinzip der Negativität, mit dem er sich in sich entzweit und unterscheidet, das Unterschiedene als ein andres sich entgegengesetzt und aus diesem Prozeß der Entzweiung das Licht seines Selbstbewußtseins erzeugt; das Prinzip des Selbstbewußtseins und das Prinzip der Natur, nämlich der Natur *in Gott,* der ewigen, ursprünglichen Natur, ist also ein und dasselbe *Prinzip.* „Das Wesen aller Wesen ist nur ein einiges Wesen, aber es scheidet sich in seiner *Gebärung* (d. i. Selbstbestimmung) in zwei Principia als in Licht und Finsternüs, in Freud und Leid, in Böses und Gutes, in Liebe und Zorn, in Feuer und Licht, und aus diesen zweien ewigen Anfängen in den dritten Anfang als in die Kreation zu seinem eignen Liebespiel nach beider ewigen Begierde Eigenschaft. Das große Mysterium aller Wesen ist in der Ewigkeit in sich selber *ein* Ding, aber in seiner *Auswicklung* und *Offenbarung* (womit J. B. die *immanente, in Gott* ewig geschehende, mit der Genesis seines Selbstbewußtseins identische Offenbarung meint) tritt's von Ewigkeit in Ewigkeit in zwei Wesen als in Böses und Gutes ein." („Sign. Rer.", c. 16, § 11, 26) Der Ursprung, *das Prinzip des Bösen liegt daher in Gott selbst,*[86] und da es eins ist mit dem Prinzip der Negativität, der Differenz, hat es sein Dasein in allen Dingen und Wesen; denn das Prinzip des Bösen ist ja überhaupt das, vermöge dessen und in dem ein Etwas sich selbst, seine Besonderheit bejaht, in dieser Bejahung seiner selbst aber ein andres verneint und eben in dieser Negativität ein Selbstwesen, ein Ich ist. „Das ist der Tod und Elend der Menschen und aller Kreaturen, daß die Eigenschaften streitig und eine jede *in sich selber erhebend* und *in eigenem Willen* qualifizierend ist, davon Krankheit und Wehe entstehet … eine jede Eigenschaft die Gleichheit begehret als ein Wesen *nach und aus sich.*" („Myst. Magn.", c. 11, 17) „In allen *ist Gift* und *Bosheit*; befindet sich auch, daß es also sein muß, sonst wäre kein *Leben* noch *Beweglichkeit*, auch wäre weder Farbe, Tugend, Dickes und Dünnes oder einigerlei Empfindnüs, sondern es wäre alles ein Nichts. („Drei Prinzip.", Vorr., § 13) Der Teufel ist daher nach J. B. das Salz der Natur, ohne welches alles nur ein geschmackloser Brei wäre; denn das Prinzip aller Verschiedenheit, Spezies, Art und das Prinzip des Bösen ist *ein* Prinzip. Aber in Gott ist das Prinzip des Bösen nicht ein Prinzip des Bösen, sondern *des Guten.* Die Selbstentzweiung und Unterscheidung Gottes zündet wohl in Gott mit dem Selbstbewußtsein das *Feuer der Ichheit* und *Selbstheit* an; aber diese Ichheit ist *nur die Form, die Einfassung der Einheit,* ihr Inhalt ist die selbstlose Fülle aller Wesen. Diese Ichheit ist nur das selige Bewußtsein der reinen Liebe; das Fürsichsein Gottes, das ihm aus seiner Unterscheidung in sich, aus dem Sich-Entgegensetzen eines Gegenwurfs resultiert, ist nicht das Fürsichsein der Differenz, sondern vielmehr die im Unterschiede von der Differenz für sich seiende, sich offenbare Einheit und Freiheit. Gott wird nur an seinem Gegensatze, in der Unterscheidung von ihm sich offenbar; ohne die Widerwärtigkeit eines Gegen-

---

[86] „Wann ich", sagt J. B. (in seiner „Zweiten Apologie wider B. Tilken", § 140), „auf *eure* Weise soll reden, daß Gott in allem alles mächtig ist, wie es denn wahr ist, so muß ich sagen, daß Gott alles ist; er ist Gott, *er ist Himmel und Hölle* und ist auch die äußere Welt; denn von ihm und in ihm urständet alles."

satzes in sich zu setzen, wäre Gott nicht sich selbst wissend; aber dieses Selbstbewußtsein ist das Bewußtsein des Guten von sich, der Liebe, und als das Selbstbewußtsein der Liebe eine Quelle der Freude, der Seligkeit; Gott ist die Seligkeit, weil oder wiefern er sich als Gott erkennt. Das Principium der Negativität, der Entgegensetzung, der Entzweiung, das Prinzip des Bösen ist also in Gott eine Ursache zum Guten. Das *Negative ist in Gott ein Positives.* Das Feuer der Negativität, der Ichheit ist in Gott nur ein wohltuendes liebliches Liebebrennen, das Feuer der Liebe, des Guten; das Prinzip des Bösen ist in Gott nur die Ursache,[87] daß das Positive, das Gute, in Form und Gestalt, in Selbstheit in Affekt kommt, ein Bewegliches, Wirkendes, Empfindliches, ein *Tätiges, sich selbst Erkennendes* werde. „Das *Böse* gehöret zur *Bildung* und *Beweglichkeit* und das Gute zur Lüge und das *Strenge* oder *Widerwillige* zur *Freude.*" („Drei Prinzip.", Vorr., § 14) Die Einheit, die zuerst bloße, stille, unbewegte Einheit, wird erst durch das Setzen eines Gegenwurfs und die Unterscheidung von ihm eine sich unterscheidende, *negative,* selbstische, brennende, feurige Einheit und dadurch erst wirkliche lebendige Einheit. Das Feuer der Negativität ist daher in Gott als identisch mit dem Lichte, der Einheit, das Böse ist in Gott (oder *an sich*) nur Gutes. „In Gottes Reich als in der Lichtwelt wird nicht mehr als ein Principium recht erkannt; denn das Licht hat das Regiment, und sind die andern Qualen und Eigenschaften alle heimlich, als ein Mysterium, denn sie müssen alle dem Lichte dienen und ihren Willen ins Licht geben; daraus wird die *Grimme-Essenz* im Lichte verwandelt *in eine Begierde des Lichts und der Liebe,* in Sanftmut. Obwohl die Eigenschaften als Herbe, Bitter, Angst und das bitter Wehe im Feuer ewig bleiben, auch in der Lichtwelt, so ist derselben doch *keine in seiner Eigenschaft offenbar,* sondern sie sind allemsambt nur also Ursachen des Lebens der Beweglichkeit und Freuden. Was in der finstern Welt ein Wehe ist, das ist in der Lichtwelt ein Wohltun; und was im Finstern

---

[87] „Das Gute hat das Böse oder Widerwärtige in *sich verschlungen* und hält's im Guten in Zwang gleichsam als gefangen, da das Böse eine Ursache des Lebens und Lichtes sein muß." („Sechs [mystische] Punkte", III, § 2.)

eine Furcht, Schrecken und Zittern ist, das ist im Licht ein Jauchzen der Freuden, ein Klingen und Singen, und das möchte nicht sein, wann im Urstande nicht eine solche *ernstliche Qual* wäre. Darumb ist die finstere Welt der Lichtwelt Grund und Urstand und muß das *ängstliche Böse* eine *Ursache des Guten sein* und ist alles Gottes." („Von sechs [theosophischen] Punkten", c. 3, § 1–5) „Alles das, wessen diese Welt ein irdisch Gleichnüs und Spiegel ist, das ist im göttlichen Reiche in großer Vollkommenheit im geistlichen Wesen. Im *Himmel* (d. i. in Gott als Gott) ist alles *gut*; was in der Hölle bös, sowohl Angst und Pein ist, das ist im Himmel gut und eine Freude, denn es stehet alles in der Lichtesqual. („Sign. Rer.", c. 16, § 22 u. 20) „In Gott ist kein Zorn, es ist eitel lauterliche Liebe; allein im Fundament, dadurch die Liebe *beweglich* wird, ist Zornfeuer, aber in Gott ist's eine Ursache der *Freudenreich.*" („Theos. Fr.", 3. Fr., § 27) „So die Liebe der Einheit nicht in *feuerbrennender* Art stünde, so wäre sie nicht *würklich* und wäre *keine Freude* oder *Bewegnüs* in der Einheit." (Ebd., § 18)

Das Böse ist also ein absolutes, ewiges Moment, ein Moment im göttlichen Leben selbst; aber in Gott ist das Böse nur die *Kraft*, die Energie, die Strengigkeit, die Heftigkeit und Leidenschaftlichkeit, d. i. die Subjektivität oder Selbstheit, die Form des Guten. Es verhält sich hier mit dem Bösen ebenso wie in der untergeordneteren Sphäre des menschlichen Lebens mit der Leidenschaft. Die Leidenschaft ist hier das Prinzip des Bösen, aber Prinzip des Bösen und selbst böse wird sie erst, wenn und sofern sie, sich abtrennend vom Guten, ein eignes Leben wird; an sich ist die Leidenschaft der Motor, die Energie, das Feuer, die Form, der Geist des Guten. Eine Güte, die sozusagen nicht den Teufel im Leib hat, die nicht das Prinzip und Moment des Bösen, das *Feuer der Ichheit, Lebendigkeit* und *Leidenschaftlichkeit* in *sich hat,* ist nicht die Güte des Geistes, sondern eine simpelhafte Güte.

Erst in dem großen Scheidungsprozesse der Offenbarung in der Natur, wo alles in selbständige Eigenhaftigkeit und in schiedliche Existenz tritt, um offenbar zu werden, erst da wird das Prinzip des Bösen ein Prinzip des Bösen; erst da, wo das Böse sich abtrennt vom Guten, in eigne besondre Existenz tritt, wo die Form sich selbst zum Inhalte, die Ichheit sich selbst zum Wesen und Gegenstand macht, wo das Feuer, als abgetrennt von der Liebe, nicht mehr ein Feuer der Liebe, sondern ein verzehrendes Zornfeuer, Feuer des Egoismus wird, erst da, wo das Böse also für sich selber wird, wird das Böse *Böses* und ist es *als* Böses offenbar und wirklich.[88] Dieser Akt der Scheidung ist aber ein von dem ursprünglichen Akt der Entzweiung und Unterscheidung Gottes unzertrennlicher Akt; er ist schon in Gott, aber in Gott nur insofern, als er das Zentrum, das Prinzip der Natur ist, in ihm als der ewigen Natur, die sich wieder produziert und vergegenständlicht zu *dieser*, der zeitlichen, sinnlichen Natur, in und an der jene ihre ausgeprägte, ausgebildete Existenz und Erscheinung hat; und insofern daher auch das Böse seine bestimmte, ausgebildete Existenz erst in der Kreation hat, findet jener an sich mit der ewigen Entzweiung des Bewußtseins identische Akt seine bestimmte Wirklichkeit in der Kreatur oder ist erst in ihr ein bestimmt, wahrhaft wirklicher Prozeß und Akt. „Wenn man nun allhie redet vom Willen Gottes Zornes, daß er sich habe von der Liebe abgebrochen und wollen bildlich sein, so muß man's nicht außer der Kreatur verstehen. Man muß nicht Gott die Schuld des Falls geben, sondern nur der gebildeten Kraft in der Kreatur nach dem Nein; diese hat's verscherzt und ist zur Lügen worden, nicht Gott, sondern die Kreatur, nicht die ungebildete Kraft des Zornes, darinnen die Liebe brennet." („Theos. Fr.", 9. Fr., § 7, 8) Zugleich muß aber, weil das Zornfeuer in Gott das Prinzip der Kreatur ist, das Prinzip dieses Prozesses wieder in Gott insofern gesetzt werden, als nur an dem Gegenwurf der ewigen Natur, in der Gutes und Böses, Licht und Finsternüs innestehet, Gott das Bewußtsein seiner als des Lichtes, der Einheit anzündet.

[88] Gerade aber dieser Punkt, wo es erst zum Treffen kommt, ist auch der Punkt, wo J. B. sich gänzlich in theologische Phantastik und Willkür verliert, ohne daß er doch – freilich eine, übrigens sehr begreifliche, Unmöglichkeit – die Schwierigkeit löst. Und diese Schwierigkeit bietet sich ihm unglücklicherweise zweimal dar – erstlich bei dem Fall Luzifers, dann bei dem Fall Adams. Er hilft sich mit dem freien Willen. Aber es bleibt eben absolut unbegreiflich und sinnlos, wie der freie Wille aus der göttlichen Konkordanz heraustreten konnte. Es gibt eben keinen Übergang von der phantastischen Welt der Theologie in die wirkliche Welt.

Das Böse ist also nach J. B. ein absolut Notwendiges, die *Bestimmung der Negativität* eine *absolut wirkliche Bestimmung.* Denn *das Böse ist das Prinzip alles Geistes und Lebens,* wie sich deutlich genug aus dem bisher Entwickelten ergibt.

„So keine *Widerwärtigkeit* im Leben wäre, so wäre auch keine *Empfindlichkeit* noch *Wollen* noch *Würken,* auch weder *Verstand* noch *Wissenschaft* darinnen; dann ein Ding, das nur *einen* Willen hat, das hat keine Schiedlichkeit; so es nicht einen Widerwillen empfindet, der es zum Treiben der Bewegnüs ursachet, so stehet's stille." („Von göttl. Beschaul.", c. 1, § 9) *„Das Leben steht in viel Willen:* Eine jede Essenz mag einen Willen führen und führet ihn auch. Es feindet je eine Gestalt die andere an, und nicht allein im Menschen, sondern in allen Kreaturen." („Von sechs [theosophischen] Punkten", III, c. 4, § 2, 3)

Der Ursprung des Lebens ist der Ursprung des Bösen, dieses kann nicht von jenem abgetrennt und abgesondert von ihm betrachtet werden, so daß man das Leben zuerst setzen könnte und dann hintendrein noch besonders fragen: Wie kam Böses hinein oder wie entwickelt sich Böses aus ihm? Obgleich aber das Böse als ein mit dem Leben und Geiste Identisches ein absolut Notwendiges, *Ursprüngliches* ist, nach dessen Ursprung man ebensowenig fragen kann als nach dem des Lebens, weil in ihm an und für sich der Begriff der Ursprünglichkeit liegt, so hat doch das Böse, wo es als Böses, in vom Guten abgeschiedener, eigener Existenz auftritt und offenbar wird, nicht etwa bei J. B. die Bedeutung eines absolut Notwendigen oder eines selbständigen Wesens wie etwa im Dualismus der alten Welt. Das Böse ist vielmehr, selbst wo es als Böses wirkt, eine Ursache, ein Mittel, ein Antrieb zum Guten, das Mittel zur Offenbarung, Empfindung und Erkenntnis des Guten: Das Negative ist das Negative seiner selbst oder negativ gegen sich selbst, der Teufel ist Teufel nur gegen sich selbst, das Böse der größte Feind und Gegner seiner selbst, d. h., in J. B.s Sprache, eine erschreckliche Qual, ein höllisches Feuer, eine ewig aufsteigende peinliche Qual und darum selbst eine *Begierde* nach Ruhe und Friede, nach dem Guten, nach dem Rückgang in den Urstand, wo es eins mit dem Guten nur die Belebung, Begeistigung und Befeuerung desselben ist. „So keine Pein wäre, so wäre ihr die Freude nicht offenbar. Das Böse muß eine Ursache sein, daß das Gute ihm selber offenbar sei, und das Gute muß eine Ursache sein, daß ihme das Böse in seiner Arglistigkeit und Bosheit offenbar werde, auf daß alle Dinge in ihre Beschaulichkeit kämen." („Myst. Magn.", c. 28, § 68, 69) „Das Böseste muß des Besten Ursache sein." (Ebd., c. 10, § 62) Dieser Begriff des Bösen erläutert auch zugleich die schon angeführte Bestimmung, in der von J. B. die Einheit und der Geist gefaßt sind. Die wahre und wirkliche Einheit ist nicht die erste, anfängliche; der wahre Geist ist nicht der zwiespaltlos mit sich einige, sondern der in die Höllenpein des Bösen, in die schmerzliche Qual der Differenz ausgehende und durch die Aufhebung der Differenz als solcher, durch die Einigung derselben mit sich wieder in sich ein- und zurückgehende Geist; denn nur so, als in sich wieder ein- und zurückgehender, ist er ein sich empfindlicher, offenbarer, wirklicher und lebendiger Geist. „Die Lust der Freiheit" (die J. B. an andern Stellen den Geist nennt) „begehret wieder in das Stille als ins Nichts und dringet wieder *aus* der Finsternüs der Strengheit der Begierde *in sich* selbst als in die Freiheit außer dem Grimme der Feindschaft und hat sich nur also im strengen Impressen *geschärfet*, daß sie ein *bewegend fühlend Leben* ist und daß ihre Freiheit geschärfet (ichheitlich, selbstisch, *begeistert*) ist, daß sie ein *Glanz* ist, welches in der Freiheit ein Freudenreich ist und gibt." („Sign. Rer.", c. 3, § 18) Derselbe Prozeß findet aber auch im Menschen statt. Die Unruhe, Pein und Qual des Bösen ursachet, daß der Mensch sich wieder aus der Differenz seiner Ichheit in seinen Urstand und Ursprung zurücksehnet und in die Form seiner Ichheit den Willen der ewigen Einheit einfasset, die jetzt erst an dem Gegensatze des schmerzlichen Bösen als Einheit, als süße Milde, als Wohltat empfunden und erkannt ist. „Das Böse oder Widerwillen ursachet das Gute als den Willen, daß er wieder nach seinen Urstand als nach Gott dringe und daß das Gute als der gute Wille begehrend werde. Dann ein Ding, das in sich nur gut ist und keine Qual hat, das begehret nichts, dann es weiß nichts Beßres in sich oder für sich, darnach es könnte lüstern." („Von göttl. Beschaul.", c. 1, 13)

Mit dem Ursprung des Bösen, der Sünde – der Sünde allein verdankt ja der nicht phantastische, nicht theologische, der existierende Mensch seine Entstehung – sind wir zum *Menschen* und mit ihm zum eigentlichen Schlüssel und Hebel der J. Böhmschen Theosophie gekommen. „Das Buch", sagt J. B., „da alle Heimlichkeit innenlieget, ist *der Mensch selber: Er ist selber das Buch des Wesens aller Wesen, dieweilen er die Gleichheit der Gottheit ist, das große Arkanum lieget in ihme.*" („Theos. Sendbr.", Nr. 20, § 3) „Wo willstu Gott suchen in der Tiefe über den Sternen? Da wirstu ihn nicht finden; *suche ihn in deinem Herzen* im Centro deines Lebens Geburt; da wirstu ihn finden. – Der *verborgene Mensch,* welcher ist die *Seele* (soferne die Liebe im Licht Gottes in deinem Centro aufgehet) ist *Gottes eigen Wesen* … wie wolltestu denn nicht Macht haben zu reden von Gott, der dein Vater ist, *des Wesens du selber bist?*" („Drei Prinz.", c. 4, § 7, 8) Und in Beziehung auf sich selbst sagt er: „Ich habe geschrieben nicht von Menschenlehre oder Wissenschaft aus Bücherlernen, sondern aus *meinem eigenen Buche,* das in mir eröffnet ward: als (nämlich) die edle Gleichnüs Gottes, das Buch der edlen Bildnus (zu verstehen das Ebenbild Gottes), ward mir vergönnt zu lesen, und darin habe ich mein Studieren gefunden … ich darf kein ander Buch darzu. *Mein Buch hat nur drei Blätter, das sind die drei Principia* von Ewigkeit … Ich kann der *Welt Grund und alle Heimlichkeit darinnen finden.*" („Theos. Sendbr.", Nr. 12, § 14, 15) *„In dir* sind alle drei Principia … wo willstu doch Gott suchen? Suche ihn nur in deiner Seelen, die ist aus der ewigen Natur, darinnen die göttliche Geburt stehet." „Die Finsternis *in Dir,* welche sich sehnet nach dem Licht, ist das erste Principium. Des Lichtes Kraft in dir, dadurch du *ohne Augen siehest im Gemüte,* ist das andere Principium (die eigentliche Gottheit). Und die sehnende Kraft (die Willenskraft), so im Gemüte ausgeht und an sich zeucht und sich füllet, davon der materialische Leib wächst, ist das dritte Principium." („Drei Prinz.", c. 7, § 16, 26) *Der Mensch* ist also dem J. B. das Vorbild des Wesens der Wesen – *das* Wesen, woraus er *alles erklärt und erzeugt.* „So man redet vom Himmel und von der Geburt der Elementen, so redt man *nicht von fernen Dingen,* so weit von uns sind, sondern wir reden von Dingen, *so in unserm Leib und Seele geschehen,* und ist uns nichts näher als diese Geburt, denn wir leben und schweben darinnen als in unserer Mutter." (Ebd., § 7) Aber J. B. macht nicht die Seele, den Willen, den Geist des Menschen als ein abgezogenes, metaphysisches Wesen, er macht den *ganzen* Menschen, den an den Leib gebundnen Geist zum Gott und Welt erzeugenden Prinzip. „Gleichwie *der Leib die Seele gebäret,* also gebären auch die sieben Geister (Qualitäten) Gottes den Sohn, und gleichwie die Seele ein sonderliches ist, wann sie geboren ist und ist doch mit *dem Leibe verbunden* und kann *ohne den Leib nicht bestehen,* also ist auch der Sohn Gottes, wann er geboren, ein sonderliches und kann doch ohne den Vater nicht bestehen." „Der *Leib* bedeutet die sieben Quellgeister des Vaters (die *ewige* Natur), und die Seele[89] bedeutet den eingebornen Sohn (den eigentlichen Gott)." („Aurora", c. 15, § 4, 5) „Was *begreiflich* ist, ist freilich überall der *Zorn Gottes* (das erste Prinzip), sonst wäre es nicht also hart begreiflich." (Ebd., c. 14, § 99) „Die herbe Qualität (der ,erste Geist', die erste Eigenschaft der ewigen Natur) ist scharf. Daß sie aber also scharf in sich ist, das ist zu dem Ende, daß *kann ein Corpus durch ihre Zusammenziehung gebildet werden,* sonst bestünde die Gottheit nicht, viel weniger eine Kreatur." (Ebd., c. 13, § 69, 70) Das harte, zusammengezogene, greifliche, d. i. *körperliche Wesen* des Menschen ist ihm also das erste Prinzip, das Prinzip der Finsternis oder des Feuers, im Gegensatz gegen welches sich erst das Prinzip des Lichts, der Seele entzündet, denn die Finsternis begehrt das Licht. Wenn es daher bei Spinoza heißt: Gott ist ein ausgedehntes Wesen, so heißt es dagegen bei J. B.: Gott ist ein körperliches Wesen. Dies ist der wahre, einfache Sinn der oben in der Einleitung zu J. B. gegebnen abstrusen, spekulativen Entwickelung, daß die Natur notwendig zu Gott gehöre, die Natur ein Bestandteil Gottes sei, denn die Natur ist ja der Inbegriff der sinnlichen, körperlichen Wesen oder das körperliche Wesen schlechtweg. „Daraus folgt", sagt der

---

[89] Die Bedeutung, die hier B. der Seele gibt, vindiziert er in seinen spätern Schriften gewöhnlich dem Gemüte, dem Herzen oder „Geiste der Seele", und schreibt der Seele das erste Prinzip, das Wesen des Vaters, des Grundes des natürlichen Lebens zu.

Böhmist Oettinger (in der zitierten Schrift, T. V, 381), „daß *Leibhaftigsein* eine *Realität* oder *Vollkommenheit* sei, wann sie nämlich von denen der irdischen Leiblichkeit anhangenden Mängeln gereinigt ist. Diese Mängel sind die Undurchdringlichkeit, der Widerstand und die grobe Vermischung", d. h., Gott ist ein materielles, körperliches Wesen, aber der *göttliche* Leib ist *der* Leib, der abgezogen ist von den Bestimmungen, die den Leib zu einem *wirklichen* machen, ist der Leib, wie er nur Gegenstand der Phantasie und des ihr zunächst liegenden Sinnes, des Auges, also ein nur optisches und phantastisches Wesen ist.

J. B. macht also nicht den Tod des Menschen, die Abstraktion, die Scheidung der Seele vom Leibe, er macht die Einheit der Seele mit dem Leibe, das *Leben* oder lebendige Wesen des Menschen zum Ur- und Grundwesen. Das lebendige Wesen ist aber kein ruhiges, abgeschloßnes, sondern bewegliches, sich entwickelndes, kein einfaches, sondern zweispältiges, gegensätzliches Wesen. „Wer weiß von Freuden zu sagen, der kein Leid empfunden, oder von Frieden, der keinen Streit gesehen oder erfahren?" („Drei Prinz.", Andeut. der Titelfigur) „Wir befinden Böses und Gutes, Leben und Tod, Freude und Leid, Liebe und Feindung, Traurigkeit und Lachen ... an allen Kreaturen, *fürnehmlich am Menschen,* welcher Gottes Gleichnüs." (Appendix zu den „Drei Prinz.", § 3, 4) Also ist der Gegensatz die Quelle alles, auch des göttlichen Lebens. Aber woher entspringt der Streit und Zwiespalt im Menschen? Aus der Begierde, aus der Leidenschaft. Die Begierde ist der Verlust der Freiheit und Einheit. Sie ist die Sucht nach etwas, was zunächst *nicht ist,* wenigstens für mich, außer nur als Gegenstand der Vorstellung, als ein geistliches Wesen, als ein bloßer Schemen oder Gedanke, der aber gleich nichts ist. Aber die Begierde will eben, daß es sei; sie ist ungeistlich, materialistisch; sie will haben, besitzen, genießen. Solange ich nichts begehre, bin ich im Frieden, in der Freiheit und Gleichheit, aber ich habe auch keine Qualitäten; ich bin nichts. Erst in der Begierde bekomme ich Eigenschaften, werde ich ein bestimmtes Wesen – ein hungriges, durstiges, weib-, ehr-, habsüchtiges – ein Selbst, ein Etwas; denn in der Begierde drücke ich, erst durch die Imagination, dann durch die Tat, die Eigenschaften des Begehrten mir ein. Aber eben deswegen, weil die Begierde mich versessen macht auf etwas, ist sie der Tod der Freiheit und der mit ihr identischen Seligkeit und Einigkeit – die Quelle aller Qual und Pein, aller Angst und Unruhe. Die Begierde ist „heftig, feurig, herbe, bitter, strenge"; sie hat also die primitiven Eigenschaften, die Eigenschaften der ewigen Natur; sie ist der Grund alles Wesens und Lebens. „Die *Begierde macht Wesen* und nicht der Wille (d. i. der Geist)." („Sign. Rer.", c. 2, § 7)

„Die Unruhe (der Begierde) ist aber der Sucher der Ruhe. Sie macht sich selbst zu ihrem eignen Feinde. Ihre Begierde ist nach der Lust der Freiheit und nach der Stille und Sänfte" (d. i. nach dem „Nichts als ihrer Arznei"). (Ebd., § 18) Der Mensch sehnt sich daher aus der Gefangenschaft der Begierde wieder nach Freiheit, aus dem Streit der Leidenschaft nach Ruhe und Frieden. „Sobald du das Etwas in deine Begierde einlässest und nimmst, so ist das Etwas ein Ding mit dir, so bist du schuldig, dich dessen anzunehmen als deines eignen Wesen. So du aber nichts in deine Begierde einnimmst, so bist du von *allen Dingen frei* und herrschst zugleich auf einmal über alle Dinge; denn du hast nichts in deiner Annehmlichkeit und *bist allen Dingen ein Nichts* und sind *dir auch alle Dinge ein Nichts*." („Vom übersinnlichen Leben", § 9) Jawohl! Wer nichts mehr begehrt, der hat alles, dessen stilles, leidenschaftloses, indifferentes, unbestimmtes Gemüt ist das Vorbild des göttlichen Nichts und Alls. So hat der Mensch alle Heimlichkeiten der Gottheit und die Prinzipien aller Dinge in sich. „Der *Begierde* Eigenschaft gibt und *macht finster Wesen,* und der *freien Lust* Eigenschaft macht *lichte Wesen,* als Metalle und alles, was sich deme gleichen." („Sign. Rer.", c. 3, § 16) Aber auf Licht und Finsternis laufen ja alle Dinge hinaus.

Der in diesem Paragraphen abgehandelte Gegenstand bildet den Glanzpunkt der J. B.schen Theo- oder Psychosophie. J. B. ist der tiefste unbewußte und ungebildete Psycholog. Was er namentlich über das Wesen der Begierde, über die Pein der Leidenschaft, über die Lust der Freiheit und Gemütsidentität, den Affekt der Affektlosigkeit sagt, ist ebenso tief als wahr, ebenso poetisch als ergreifend – ergreifend, weil er empfindet, was er denkt und sagt, weil er den Stoff seiner Darstellungen und Schilderungen aus der Quelle aller Leiden und Freuden, aus der Empfindung, schöpft. J. B. ist der lehrreichste und zugleich interessanteste Beweis, daß die Mysterien der Theologie und Metaphysik in der Psychologie ihre Erklärung finden, daß die Metaphysik nichts andres ist „als die esoterische Psychologie", denn alle seine metaphysischen und theosophischen Bestimmungen und Ausdrücke haben patho- und psychologischen Sinn und Ursprung. „Liebe, Sanftmut, Barmherzigkeit und Geduld in Hoffnung" – diese vier menschlichen Tugenden oder Affekte sind *„Gottes vier Elemente"* („Von sechs [theosophischen] Punkten", c. 10), die psychologischen Grundbestandteile sozusagen der Gottheit, denn in ihnen ist kein Streit, keine Qual, keine Begierde, sie sind die Affekte der göttlichen Gleichheit, Einheit und Freiheit. „Hoffart, Geiz, Neid und Zorn oder Bosheit" dagegen sind „die *vier Elemente des Teufels,* die urständen von der finstern Natur, als von Herbe, Bitter, Angst und Feuer" (ebd.), also die psychologischen Grundwesen, auf die sich das Dasein und Wesen dieser groben, bösen, materiellen Welt zurückführt; denn die Welt, wie sie *ist,* jetzt wenigstens ist, verdankt ja, wie wir sahen, dem Bösen, dem Teufel ihren Ursprung. „Das Wasser z. B. war sonst dünne gleich der Luft", nicht „so kalt und dick" wie jetziges Wasser, „welches also tödlich ist und also wälzet und läuft." („Aurora", c. 16) Nur durch des Teufels lieblose Kälte, nur durch diese *psychologische „Negativität"* ist es so ein kaltes, plumpes Wesen, wie es jetzt ist, geworden.

Die Anthropologie J. B.s ist zugleich auch *der* einzige Punkt, von dem aus wir einen Übergang zu Cartesius finden.[90] Wie nämlich C. von *sich* ausgeht, in sich das Prinzip

---

[90] Übrigens ist die Stellung, die J. B. hier hat, nicht die richtige. Am richtigsten stünde er am Schlusse dieses Bandes, denn er ist der einzige Deutsche, und seine Schule bildet die Opposition gegen Hobbes, Cartesius, Spinoza und Leibniz. Sie machte gegen das abgezogene, metaphysische und idealistische Wesen dieser Philosophen das *Wesen der Sinnlichkeit,* freilich nur auf mystische, phantastische Weise, geltend. So bekämpfte sie hauptsächlich *„die Einfachheit"* der Seele, folglich auch Gottes, denn dieser ist ja nur ein von der Seele abgeleiteter und abgezogener Begriff. *„Psychologia empirica",* sagt Wolff („Psych. Emp.", § 7), *„Theologiae* naturali *principia* tradit. [Die *empirische Seelenlehre* überläßt der natürlichen *Theologie* die *Prinzipien.*]"

der Philosophie findet, so geht auch J. B. von sich aus, macht sich „mein eigen Buch, das ich selber bin" („Theos. Sendbr.", Nr. 34, § 9), d. h. den Menschen zum Grund seines Dichtens und Denkens. Aber unabsonderlich vom Selbstbewußtsein ist das Bewußtsein der Natur. Wie daher C. von sich den Blick auf die Welt wirft, in sich und in dem großen Buche der Natur die Wissenschaft sucht, so auch J. B. „Ich habe", sagt er von sich, „einen Lehrmeister, welcher ist die ganze *Natur*" („Aurora", c. 22, § 11) – ein Ausspruch, der wie so vieles andre in B. an Paracelsus erinnert, welcher gleichfalls sagte: „Die Natur allein sei unsre Lehrmeisterin."

V. RENÉ DESCARTES

§ 54. *Descartes' Leben und Schriften*

René Descartes, geboren den 31. März 1596 zu La Haye in
Touraine, stammte aus einem alten und berühmten adeli-
gen Geschlechte. Sein Vater, der ihn schon in seinen Kna-
benjahren wegen seiner unersättlichen Wißbegierde seinen
Philosophen nannte, schickte ihn zur Ausbildung seiner Talente in das Jesuitenkollegium zu La Flèche. Er zeichnete
sich daselbst vor allen seinen Mitschülern, besonders in der
Mathematik, aus. Mit dem größten Lerneifer hörte er, wie
er selbst von sich erzählt, seinen Lehrern zu, studierte die
klassischen Autoren und las noch überdies, ohne sich an
den gewöhnlichen Lehrgegenständen des Kollegiums genü-
gen zu lassen, solche Bücher, die von den seltsamsten und
merkwürdigsten Dingen handelten, so viele, als er nur immer bekommen konnte.[91] Ungeachtet seiner Lernbegierde
und seines auf die Wissenschaften verwandten Fleißes sah
er sich jedoch am Schlusse seiner Studien in den Hoffnun-
gen, die ihn dabei belebt hatten, getäuscht. Statt einer gewissen und deutlichen Erkenntnis der fürs Leben nützlichen Gegenstände, die er sich von seinen Studien
versprochen hatte, sah er sich vielmehr in so viel Zweifel
und Irrtümer verwickelt, daß er der Meinung war, alle seine
Bestrebungen hätten ihn zu weiter nichts geführt als zur Erkenntnis seiner Unwissenheit. Sobald es ihm daher frei-
stand, aus dem Kollegium zu treten, gab er mit dem Ent-
schlusse, keine Wissenschaft in Zukunft mehr zu suchen, er
fände sie denn entweder *in sich selbst* oder in dem *großen Buche der Welt,* gänzlich das Studium der Wissenschaft auf, verwarf alle Büchergelehrsamkeit als eitel und unnütz und

---

[91] S. Cartesii „Dissertatio de Methodo", p. 4, Amstelodami 1650.
Nach dieser Elzevierschen Ausgabe (R. D. C., „Opp. philos.", Edit.
III), Appendix 1649 (enthaltend die fünften und siebenten Einwürfe nebst D.s Antworten und Briefen an Dinet und Voëtius),
werden auch die übrigen Schriften des C., deren Seitenzahl bemerkt ist, hier zitiert.

brachte dafür zunächst seine Zeit mit der Erlernung und Ausübung der ritterlichen Künste hin, von denen er die Fechtkunst selbst zum Gegenstande einer kleinen Abhandlung machte.[92] Nachdem er in Paris eine Zeitlang in den Zerstreuungen und Vergnügungen der vornehmen Welt gelebt, dann aber sich gänzlich in die Einsamkeit zurückgezogen hatte, in der er fast zwei volle Jahre zubrachte, versenkt in das Studium der Mathematik und Philosophie, trat er im 21. Lebensjahre, keineswegs jedoch in der Absicht, selbst als Schauspieler auf dem Theater der Welt aufzutreten, sondern nur Zuschauer zu bleiben von den verschiedenen Akten und Situationen des menschlichen Lebens, als Volontär in Kriegsdienste[93], zuerst bei den Holländern, dann bei den Bayern, zuletzt bei den Kaiserlichen, und machte mehrere große Reisen, um die Natur in verschiedenen Gegenden und die Völker in ihren besondern Gebräuchen und Sitten durch unmittelbare, eigne Anschauung kennenzulernen.

Nach der Rückkehr von seinen Reisen und einem mehrjährigen Aufenthalte in Paris, wo er bald in der gesellschaftlichen Welt und in Umgang mit zahlreichen Freunden, bald in der größten Zurückgezogenheit nur in der Beschäftigung mit den Wissenschaften gelebt hatte, verließ er endlich 1629 gänzlich sein Vaterland, um den vielen Besuchen und sonstigen Zerstreuungen, denen er daselbst ausgesetzt war, zu entgehen,[94] und begab sich nach Holland, um hier seinen bleibenden Aufenthalt zu nehmen und ungestört und unbekannt – getreu seinen Wahlsprüchen: Bene qui latuit, bene vixit [Nur in der Zurückgezogenheit hat man gut gelebt], und:

Illi mors gravis incubat,
Qui notus nimis omnibus
Ignotus moritur sibi

[92] *Baillet*, „La Vie de Mr. Des-Cartes", Liv. I, ch. 8.
[93] „En se déterminant à porter les armes, il prit la résolution de ne se rencontrer nulle part comme acteur, mais de se trouver par tout comme spectateur des rôles, qui se jouent dans toutes sortes d'Etats sur le grand théâtre de ce monde. [Als er sich für den Waffendienst entschied, faßte er den Entschluß, nirgends als handelnde Person aufzutreten, sondern überall als Zuschauer der Rollen dabeizusein, die man in den verschiedensten Staaten auf dem großen Welttheater spielt.]" (l. c., ch. 9.)
[94] Vgl. l. c., Liv. III, ch. 1, und Cart. „Epist. ad Voetium", P. VII.

[Schwer stirbt, wer der Welt nur zu bekannt, sich selber unbekannt stirbt] –

der Philosophie zu leben und seine wissenschaftlichen Ideen zu verwirklichen, ein Zweck, den er denn auch hier ohne Hindernis erreichte. So erschienen: 1637 unter dem Titel „Specimina Philosophiae [Philosophische Probestücke]", ohne seinen Namen, in französischer Sprache, seine *„Dissertatio de Methodo* [Abhandlung über die Methode]", welche seine Entwicklungsgeschichte, die Regeln seiner Methode und allgemeinsten Grundsätze seiner Philosophie enthält, seine *„Dioptrik"*, seine *„Meteorologie"* und *„Geometrie"*, die dann später in lateinischer Sprache, in die sie ein Freund des Cartesius übersetzte, herausgegeben wurden; 1641 sein früher schon angefangnes, durch seine Reisen aber, seine mathematischen und physikalischen Studien unterbrochnes metaphysisches Werk, nämlich seine *„Meditationes de prima Philosophia,* in quibus Dei existentia et animae humanae a corpore distinctio demonstrantur [Meditationen über die erste (d. i. Grundlagen-) Philosophie, in denen die Existenz Gottes und der Unterschied der menschlichen Seele vom Körper bewiesen werden]" (Amsterdam), nebst den Erwiderungen auf die Einwürfe von einem Löwenschen Doktor Caters, von mehreren Pariser Theologen und Philosophen, ferner von Hobbes, Arnauld und Gassendi, denen C. seine „Meditationen" zur Prüfung im Manuskript mitgeteilt hatte; 1644 seine *„Principia Philosophiae* [Die Prinzipien der Philosophie]" (Amsterdam), ein Werk, welches seine ganze Philosophie enthält; 1649 seine Schrift „Passiones animae [Die Leidenschaften der Seele]".

Cartesius zog sich durch seine Philosophie viele Widersacher und Feinde zu, unter andern auch den gehässigen, streitsüchtigen Theologen Gisbert *Voetius,* der seine Philosophie des Atheismus beschuldigte, durch seine Intrigen es so weit brachte, daß sie auf der Universität Utrecht verboten wurde, ihn aber auch dann noch schmähsüchtig verfolgte und in allerlei verdrüßliche Händel verstrickte. Aber er erwarb sich auch durch sie viele Anhänger und Verehrer und selber die Freundschaft und Gunst der geistreichen und gelehrten Prinzessin Elisabeth, der ältesten Tochter Friedrichs V., Kurfürsten von der Pfalz, und der Königin von Schweden, Christine, die ihn, um sich von ihm in seine Philosophie vollkommen einweihen zu lassen, zu sich an den Hof einlud. C. nahm auch diese Einladung endlich an, wiewohl mit großem Widerwillen[95], und reiste 1649 von Holland, seiner geliebten „philosophischen Einsiedelei", nach Stockholm ab, wo er aber schon im nächsten Jahre, 1650, den 11. Februar starb. Nach seinem Tode erschienen seine „*Briefe*", in denen mathematische, physikalische, metaphysische und moralische Gegenstände besprochen werden, und seine Abhandlungen über den *Menschen*, die *Bildung* des *Fötus*, das *Licht*, nebst noch einigen andern Arbeiten und Exzerpten aus seinem handschriftlichen Nachlaß. Seine sämtlichen Werke erschienen zu Amsterdam (1672, 1692), zu Frankfurt (1692), zu Paris (1701 und 1824 von Cousin). Sein Leben beschrieb Baillet (Paris 1691 und 1693 im Auszug).

Die meisten Anhänger und Freunde fand C. in Holland und Frankreich; die namhaftesten derselben sind unter andern *Claude de Clerselier, Louis de la Forge, Antonius Le Grand, Jakobus Rohault*[96], *Balthasar Bekker,* ein Deutscher, der bekanntlich viele Verdienste um die Aufklärung sich erwarb, *Arnold Geulincx.*

[95] Der Grund dieser Abneigung war unter anderm hauptsächlich das Vorgefühl oder die Ahnung eines ihm bevorstehenden Unglücks, das eben in der Tat kein andres als sein Tod war. Er schreibt selbst in einem Briefe an Peter von Chanut (s. Cartesii „Epistolae", P. I, Ep. 44) noch vom Jahr 1948: „Tam infelices fuerunt omnium, quae viginti abhino annis instituti, itinerum exitus, ut metuam, ne me nihil aliud in hoc maneat, quam aut ut incidam in praedones, qui me spolient, aut naufragium, quo peream. [Seit zwanzig Jahren verliefen alle meine Reisen so unglücklich, daß ich fürchte, mir fehlt nur noch, unter die Räuber zu fallen und mich ausplündern zu lassen oder bei einem Schiffbruch zu ertrinken.]"

[96] Ausführlicheres hierüber s. z. B. bei *Morhof*, „Polyhistor. Philos.", T. II, Lib. I, c. 15, De Novatoribus in philos.; ibid., Lib. II, c. 17, und M. J. *Tepelius*, „Historia Philos. Cartesii", Norimberg 1674, c. 4 und 5.

Die Philosophie des Cartesius

§ 55. *Der Zweifel als Anfang der Cartesischen Philosophie*

Cartesius beginnt die Philosophie mit dem *Zweifel*, aber nicht etwa mit dem Zweifel an der Wahrheit dieses oder jenes Gegenstandes, mit dem Zweifel, der gewisse Gegenstände angreift, die allgemeine Sphäre aber des Bezweifelten unerschüttert läßt, sondern mit einem totalen, allgemeinen, die Sphäre des Bezweifelten ganz umfassenden Zweifel, mit dem Zweifel an allem, was nur immer nicht durch sich selbst gewiß ist und daher bezweifelt werden kann. Er beginnt aber nicht mit dem Zweifel, um zu zweifeln, wie es die Weise der Skeptiker ist, sondern um zur Gewißheit zu kommen, mit dem Zweifel als der notwendigen Bedingung und Weise, die Erkenntnis fester und gewisser Prinzipien zu erlangen. „Bereits vor einigen Jahren", so beginnt C. die erste seiner „Meditationen über die erste Philosophie", „habe ich die Bemerkung gemacht, wie viele Täuschungen und Irrtümer ich schon von Jugend auf als Wahrheiten annahm und wie ungewiß alles sei, was ich später darauf baute, und daher die Notwendigkeit erkannt, daß ich wenigstens einmal im Leben alles von Grund aus verwerfen und von den ersten Grundlagen an von neuem anfangen müsse, wenn ich je etwas Festes und Bleibendes in den Wissenschaften begründen wollte. Um mich daher von den vielen Vorurteilen, die ich schon von Kindheit an, wo ich noch nicht den gehörigen Gebrauch von der Vernunft machen konnte, eingesogen habe, zu befreien, muß ich alles in Zweifel ziehen, was nicht vollkommen gewiß ist. Das hauptsächlichste Vorurteil ist aber *das* von der Existenz *sinnlicher* Dinge. Allein die Sinne täuschen bisweilen, und die Klugheit erfordert es, denen nicht viel Zutrauen zu schenken, die uns auch nur einmal getäuscht haben. Ferner fühle und nehme ich täglich aufs lebhafteste Unzähliges im Traume wahr, was doch nicht existiert, so daß ich daher keine zuverlässigen Kriterien habe, um das Träumen vom Wachen unterscheiden zu können. Ich muß daher die Existenz der sinnlichen Dinge bezweifeln, aber nicht bloß diese, sondern auch die einfachen und allgemeinsten Gegenstände wie die körperliche Natur, die Ausdehnung usw., ja, selbst auch die mathematischen Wahrheiten, weil sich schon viele in betreff ihrer täuschten und für gewiß hielten, was sich nachher als irrig erwies, vor allem aber, weil in unserm Geiste schon von alters her die Meinung eingewurzelt ist, daß ein Gott existiert, der alles vermag und uns erschuf. Denn wir wissen nicht, ob er uns nicht so erschaffen hat, daß wir uns immer selbst in dem, was wir für das Allerklarste und Gewisseste halten, täuschen." (["Meditationes"], Medit. I, und „Princ. Phil.", P. I, § 1–5)

Die Art und Weise, wie C. seine Zweifel ausdrückt und vorstellt, ist sehr unphilosophisch, und seine Zweifelsgründe sind allerdings höchst schwach. Der letzte Zweifelsgrund gar laboriert an keiner geringen Schwäche und Inkonsequenz.

Wie kann C. jene alte Meinung von einem allmächtigen Gott zum Grund des Zweifelns machen? Jene Meinung, von der er ja gar nicht weiß, ob sie wahr ist? Er hätte ja auch diese Meinung als nur eine Meinung aus sich ausrotten sollen. Übrigens ist wohl zu erwägen, daß sich hier C. nur noch *vor*, nicht schon *in* seiner Philosophie, nur am Anfange derselben befindet, daß diese Gründe mehr nur die *subjektive* Weise ausdrücken, wie er zum Prinzip seiner Philosophie kam, und insofern gleichgültig sind und, wären sie noch viel schlechter, nicht die Notwendigkeit des Zweifels aufheben. Denn der *wahre*, der *wesentliche Grund* des Zweifelns sind (wie sich zeigen wird) *nicht* die angeführten *Gründe*, sondern ist das *Fundament* der Cartesischen Philosophie selbst, das „Ich denke, also bin ich", ist die Notwendigkeit, daß *der Geist,* den C. (freilich nur in seiner ersten, einfachsten, abstraktesten Form) zu erkennen von dem Geiste der Weltgeschichte bestimmt war, *sich selbst* nur *durch den Zweifel* erfaßt und nur durch ihn erkannt werden kann. Daher auch C. nicht nur so getan hat, als zweifle er, wie ihm einige Gegner vorwarfen, sondern wirklich gezweifelt hat und nur von dem begriffen werden kann, der mit ihm zweifelt, aber freilich in einem andern Sinn, als gewöhnlich der Zweifel des C. verstanden wird. Die ganze Argumentation der Gegner des C. gegen seine Zweifel, zu der allerdings C.

selbst wegen der Nachlässigkeit, Schiefheit, Ungeschicklichkeit und selbst Kindlichkeit seiner Ausdrücke, wegen der unphilosophischen, inkonsequenten Form, in der er die meisten seiner Gedanken vorstellt, Veranlassung gab, fällt daher durch die Bemerkung zusammen, daß sie sich bei ihm nur an die *Zweifel,* aber nicht an das *Zweifeln,* was die Hauptsache ist, hielten, daß sie, was gleichfalls von der größten Wichtigkeit ist, nicht die *bestimmte Art,* nicht den *Zusammenhang* seines Zweifelns mit dem *bestimmten Ausgangspunkt* und *Resultat* desselben berücksichtigten. In jedem Zweifel, der nicht ins Blaue hineingeht und ins Unbestimmte hineinfaselt, nicht zu seinem Ausgangspunkt die Willkür hat, ist schon negativ das Resultat enthalten, das durch ihn herauskommt. Der *wahre Zweifel ist eine Notwendigkeit,* nicht bloß insofern, als er mich von den die Erkenntnis einer Sache verhindernden Meinungen oder Vorurteilen befreit und so ein subjektives Mittel ist, zu ihrer Erkenntnis zu gelangen, sondern insofern, als er der Sache, die ich durch ihn erkenne, gemäß ist, in ihr selbst liegt und daher das *einzige,* durch die *Sache* selbst gegebne und bestimmte Mittel ist, sie zu erkennen. Das wahre, philosophische Zweifeln ist daher allerdings nicht voraussetzungslos, sondern es ist ihm das Resultat vorausgesetzt, das aber für den Philosophen nicht vor ihm da ist, sondern erst aus und mit dem Zweifel für ihn entsteht; es ist ihm vorausgesetzt ferner der *Geist* und der *allgemeine Standpunkt* der mit diesem Zweifeln anhebenden Philosophie, auf den sich der Philosoph nicht willkürlich setzt wie auf einen Stuhl, den er ad libitum [nach Belieben] verlassen und dann wieder besetzen kann, sondern auf den er von dem Geiste der Weltgeschichte und seiner Philosophie sich gesetzt findet und der darum ein notwendiger Standpunkt ist. So ist auch das Zweifeln des C. nichts Willkürliches, so daß er ebensogut mit ihm als nicht mit ihm hätte anfangen können, es ist die mit Notwendigkeit aus dem Prinzip seiner Philosophie selbst hervorgehende Methode, das einzige Mittel, es zu erkennen. Das Zweifeln des C. war aber nicht nur insofern eine notwendige Handlung, als er nur vermittelst desselben das Prinzip seiner Philosophie finden konnte, sondern auch insofern, als er eben nur dadurch, daß er den Anfang der Philosophie vom Zweifel, von der Verneinung macht, den

Anfang und Grund zu einer neuen und freien, aus sich selbst anfangenden Philosophie legte und legen konnte.[97]

Dem sinnlichen Menschen, der das, was ihn affiziert, was er fühlt, für Wirklichkeit hält, *weil* es ihn affiziert, der sich zum Maße dessen macht, was ist oder nicht ist, der die fühlbaren Beschaffenheiten der Dinge für ihre *Existenz* hält und der daher glaubt, daß C., wenn er ihre Existenz bezweifelt, leugnet, daß man die Dinge sieht, hart, weich fühlt und dergl., muß freilich der Zweifel des C. sehr lächerlich vorkommen. Aber, wie schon *Malebranche* treffend von C. bemerkte: „Des-Cartes, qui vouloit établir sa Philosophie sur des fondemens inebranlables, n'a pas crû pouvoir supposer, qu'il y eût des corps, ni devoir le prouver par des *preuves sensibles,* quoi-qu'elles paroissent très convaincantes au commun des hommes. Apparemment il savoit aussi bien que nous, qu'il n'y avoit qu'à ouvrir les yeux, pour voir des corps, que l'on pouvoit s'en approcher et les toucher, pour s'assurer, si nos yeux ne nous trompoient point dans leur rapport. Mais … il aimoit mieux se rendre ridicule aux petits esprits par des doutes, qui leur paroissent extravagans, que d'assurer des choses, qu'il ne jugeoit pas certaines et incontestables. [Descartes, der seine Philosophie auf unerschütterlichen Fundamenten errichten wollte, glaubte die Existenz von Körpern nicht voraussetzen zu können noch sie durch das *Zeugnis der Sinne* beweisen zu dürfen, obwohl dies der Allgemeinheit sehr überzeugend scheint. Offenbar wußte er so gut wie wir, daß man nur die Augen aufzumachen braucht, um Körper zu sehen, und daß man an sie herangehen und sie anfassen kann, um sicher zu sein, daß uns das Zeugnis der Augen nicht trügt. Aber … er machte sich lieber bei kleinen Geistern durch Zweifel lächerlich, die ihnen ausgefallen schienen, als daß er Dinge behauptete, die

---

[97] Wie und wiefern der Cart. Philosophie, überhaupt einem philosophischen Gedanken das Prädikat der Neuheit zukommt, darüber habe ich mich näher im „Bayle" und „Leibniz" erklärt. Die Art, wie Huëtius in seiner „Censura Philos. Cart.", c. 8, § 8, verfährt, um ihr dieses Prädikat abzusprechen, ist höchst kritik- und geistlos. In seinem Schreiben an den P. Dinet erklärt C. seine Philosophie für die allerälteste, weil sie von Prinzipien ausgehe, welche allen bisherigen Philosophen gemein, dem menschlichen Geiste angeboren seien. Ebenso „Princ. Phil.", P. IV, § 200.

er nicht für sicher und unbestreitbar hielt].“ (Eclairc. sur le I. Livre de la „R. de la Ver.“, S. 211) Die *sinnliche* Existenz der Dinge, die *innerhalb* des Standpunktes der Sinnlichkeit dem Sinnlichen für unbezweifelbare Realität gilt, bezweifelt überhaupt kein Idealist, aber ob diese sinnliche, diese erscheinende Existenz eine *wahre Wirklichkeit,* eine Existenz ist, die dem *Gedanken stich-* und *standhält,* das ist eben die Frage. Da übrigens der Zweifel bei C. nur der Anfang seiner Philosophie ist und bei ihm nur die Bedeutung der Unterscheidung und der Abstraktion hat, wie sich zeigen wird, so ist hier nicht der Ort, den Sinn des Idealismus, namentlich des subjektiven, näher zu untersuchen und zu kritisieren.

§ 56. *Nähere Bestimmung und Erörterung des Zweifels*

„Es ist aber nicht hinreichend“, fährt Cartesius fort, „daß ich nur zweifle, ich muß vielmehr, um desto sicherer zur Gewißheit zu kommen, alles, woran ich zweifle, für falsch und nichtig halten. Indem ich aber so alles irgendwie Bezweifelbare bezweifle, wegwerfe und als unreell setze, so kann ich zwar leicht mich überzeugen, daß kein Gott existiert, kein Himmel, kein Körper, daß ich selbst keinen Leib habe, aber nicht, daß ich deswegen, der ich solches denke, nicht bin; denn es ist ein Widerspruch, zu glauben, daß das, was denkt, in demselben Momente, wo es denkt, nicht existiert. Und es ist daher diese Erkenntnis: *Cogito ergo sum, ich denke, ich bin, die allererste* und *gewisseste.*“ („Princ. Phil.“, P. I, § 2, 7) Die *Existenz* des *Geistes* ist also[98] das *Prinzip* der *Philosophie.* Er ist das *allergewisseste* und *allerreellste;*[99] denn wenn ich auch an allem zweifle, ja, setze und annehme, daß nichts ist, den *Geist,* seine *Existenz* kann ich nicht bezweifeln; im Gegen-

---

[98] „Primum principium est, quod anima nostra existit, quia nihil est, cujus existentia sit nobis notior. [Das Hauptprinzip der Philosophie ist, daß unser Geist existiert, weil es nichts gibt, dessen Existenz uns so offenkundig wäre.]“ („Epist.“, P. I, Ep. 118).

[99] Gewißheit und Realität sind im Geiste C. identische Begriffe. S. z. B. „Princ. Phil.“, P. I, § 9, und Medit. II, wo er die körperlichen Dinge als dubias, ignotas, a me alienas [zweifelhaft, unbekannt und mir fremd] bezeichnet.

teil, indem ich (*als Geist* natürlich oder inwiefern ich Geist bin) alles, was nur immer bezweifelbar ist, bezweifle, d. i. alles, was nur immer von *mir als Geist entfernbar* und *unterscheidbar*, als nicht ich selbst, als nicht Geist bestimmbar ist, von mir unter- und ausscheide, also alles, was gegen oder für mich ein Andres, Gegenständliches ist, selbst alle geistigen, *hauptsächlich* aber die *sinnlichen Objekte* aus meinem Geiste vertilge, ihre Realität oder Existenz aufhebe, bin ich gerade in diesem Zweifel meiner Existenz, meiner selbst gewiß, ist dieser Zweifel eben die Gewißheit meiner selbst, diese Verneinung alles Gegenständlichen als eines von mir Unterschiedenen gerade die Bejahung meiner selbst. Indem ich also zweifle, d. i. denke – denn Zweifeln ist Denken –, bin ich; *ich denke: ich bin – ist ununterscheidbar, ist eins.* Denn indem ich zweifle an der Existenz alles dessen, was ich nur immer von mir unterscheide und in diesem Unterscheiden als ein Entgegengesetztes von mir erkenne, indem ich annehme, daß nichts außer mir existiert, und daher die Realität des mir Entgegengesetzten aufhebe, so beziehe ich gerade dadurch mich auf mich selbst, so setze ich eben damit die Realität meiner selbst; das *Verneinen* der *Realität* des von mir Absonderbaren, des mir *Entgegengesetzten* ist *meine Bejahung.* Dieses Absondern, dieses Verneinen des Gegenständlichen, des mir Entgegengesetzten ist aber Zweifeln und als Zweifeln Denken; *ich denke, ich bin,* ist also *eins,* ist die *erste Gewißheit,* das *Prinzip der Philosophie.*

Das Zweifeln bei C. ist also kein Zweifeln im gewöhnlichen Sinne, sondern ein habere pro falsis, ein fingere, supponere non esse, ein evertere, rejicere, negare [ein Fürfalschhalten, ein Vorstellen, Annehmen der Nichtexistenz, ein Umstürzen, Verwerfen, Verneinen], d. i. in philosophischen Bestimmungen ausgedrückt, eine *Abstraktion,* eine *Negation* oder Verneinung, und zwar aller Dinge, die *von uns verschieden* sind, also selbst auch der mathematischen Wahrheiten und aller sonstigen geistigen Objekte, weil sie, obwohl geistig, doch *Objekte* und insofern vom Geiste selbst *unterschieden* und als unterschieden von ihm ungewiß sind, *besonders* aber, denn diese sind am weitesten vom Geiste entfernt und unterschieden, folglich am meisten ungewiß, der *sinnlichen Dinge* ([„Meditationes",] Resp. ad II. Object.: „de rebus omnibus *praesertim corporeis* dubitare [an allen Dingen, *zumal den körperlichen,* zweifeln]"), was vorzüglich zu beachten ist, weil C. den Geist nur im Unterschied vom Sinnlichen, nur in der Verneinung desselben erfaßt und bestimmt. Daß aber bei C. der Zweifel die Bedeutung der Negation und Abstraktion, *des sich Unterscheidens* des Geistes von allem, vorzüglich aber sinnlich Gegenständlichen hat, liegt nicht bloß deutlich in dem ganzen *Entwicklungsgang* seiner „Meditationen", in dem *Resultat* und *Begriffe* des *Geistes,* der und wie er ihm aus dem Zweifeln entsteht, sondern selbst für solche, die da glauben, daß nur das in einem philosophischen Autor stehe, was sie mit den Henkeln ausdrücklicher Worte packen können, und nach Wort und Buchstabe, nicht nach Geist und Sinn seinen Inhalt bestimmen, klar genug ausgesprochen, z. B. „Princ. Phil.", P. I, § 8. „Haecque (nämlich die dubitatio, das Zweifeln) *optima* via est ad *mentis naturam* ejusque a corpore *distinctionem* agnoscendam: Examinantes enim, quinam simus nos, qui omnia, *quae a nobis diversa sunt,* supponimus falsa esse, perspicue videmus, nullam extensionem etc. ad naturam nostram pertinere, sed cogitationem solam. [Dies (…) ist der *beste* Weg, die *Natur des Geistes* und seinen *Unterschied* vom Körper zu erkennen. Denn wenn wir untersuchen, was wir eigentlich sind, und dabei alles, *was von uns verschieden ist,* als unwahr voraussetzen, dann sehen wir deutlich, daß unserer Natur keine Ausdehnung usw. zukommt, sondern nur das Denken.]"[100] Denn ist das Supponere falsa, quae a nobis diversa sunt [das Fürfalschhalten dessen, was von uns verschieden ist], das Setzen, es sei nicht, und das Unterscheiden nicht *ein* Akt, das Unterscheiden nicht die Annahme, es sei nicht, und

---

[100] Den Inhalt dieser Stelle und die Wahrheit des Gedankens, daß unter dem Zweifeln bei C. nichts anderes als das Abstrahieren und Unterscheiden zu verstehen ist, erläutern und beweisen auch die Stellen, wo C. sagt, nur deswegen sei es so schwer, den Menschen, das Wesen des Geistes zu erkennen und sich von der Wahrheit seiner Gedanken zu überzeugen, weil sie nie den Geist vom Körper unterschieden, *„quia mentem a corpore* nunquam satis *accurate distinxerunt* [weil sie nie *den Geist vom Körper scharf* genug *unterschieden haben*]" („Princ. Phil.", P. I, § 12), „quod nunquam animum a sensibus abducant et supra res corporeas attollant [weil sie nie den Geist von den Sinnen abstrahieren und ihn über die Körperdinge stellen]". („Dissert. de Methodo", S. 32.)

umgekehrt? Ist nicht das Unterschiedensein der Dinge, quae supponuntur falsa esse [die als unwahr angenommen werden], vom Geiste der Grund, daß sie so angenommen werden? Und folglich das Unterscheiden und Unterschiedensein das Hauptmoment, die Sache, auf die alles ankommt? Denn das Unterschiedensein des Sinnlichen vom Geiste ist kein solches, wie wenn irgend zwei an Wert und Realität gleiche Dinge voneinander unterschieden werden, die in diesem Unterschiede ruhig nebeneinander bestehen; denn was der im Zweifeln an allem seine Existenz nicht bezweifeln könnende Geist, in diesem Zweifeln und Unterscheiden seiner selbst gewisse Geist von sich unterscheidet, das setzt er als ein Nichtiges, Unreelles; denn was vom Gewissesten unterschieden ist, das ist doch wohl ungewiß, was vom Reellsten, unreell? Auf den etwaigen Einwurf, daß C. nichts Gewisses wissen könne, weil er alles bezweifelt habe, antwortet er selbst: „Wenn ich den Satz: ‚Ich denke, also bin ich‘, für den allerersten und gewissesten ausgesprochen habe, so habe ich deswegen nicht behauptet, daß man vorher nicht wissen müsse, was Denken sei, was Existenz, was Gewißheit, desgleichen, daß es unmöglich sei, daß das, was denkt, nicht sei, aber weil diese Begriffe höchst einfach sind und für sich allein nichts Wirkliches bezeichnen, keine Bejahung ausdrücken, so habe ich sie für nichts gerechnet." („Princ. Phil.", P. I, § 10) An einer andern Stelle („R. de C. ad C. L. R. Ep.") sagt er: „Ich habe nur die *Vorurteile* aufgegeben, aber nicht *die Begriffe,* welche ohne alle Bejahung oder Verneinung erkannt werden."

§ 57. *Entwicklung des Cartesischen Satzes: Cogito ergo sum*

Ich denke, also bin ich; dies ist gewiß, dies ist unerschütterlich wahr. Aber *was* ist denn mein *Denken, was* dieses mein *Sein* in diesem: *Ich denke,* also *bin ich?*[101] Mein Denken ist auf keine sinnlichen oder geistigen Objekte gerichtet und durch die Richtung auf sie bestimmt, es hat keinen von mir

---

[101] Die Form des Monologs, in der C. seine „Meditationen" gibt, ist hier beibehalten, um desto besser im Gange derselben zu bleiben.

unterschiedenen Gegenstand, er sei, welcher er wolle, zu seinem Objekte; mein Denken ist nicht ein Denken, vermittelst dessen ich Gegenstände erkenne, das Denken der Erkenntnis. Denn von allen Objekten habe ich meinen Geist abgezogen, sie alle aufgegeben. Was ist also mein *Denken* auf diesem Standpunkt wenigstens, wo ich jetzt stehe? Nichts als das *Zweifeln*, als das Annehmen, es existiere nichts als eben dieses Mich-*Unterscheiden* und -*Abziehen* vom Körper und allem Körperlichen, als das *Verneinen* seiner Realität.[102] Was ist aber mein *Sein*, indem ich sage: Ich denke, also bin ich? Heißt dies wohl: Also bewege ich mich, esse, trinke, kurz, ich verrichte Funktionen, aus denen man sonst im Leben beurteilt und schließt, ob einer ist oder nicht ist? Oder ich bin überhaupt da in dieser sinnlichen Welt? Ich finde mich im Zusammenhang der wahrnehmbaren Dinge, wornach man sonst bemißt, ob etwas ist oder nicht? Es ist kein Ort da, wo, keine Zeit, in der ich wäre, es sind keine Gegenstände, kurz, es ist keine sinnliche Welt da, in Zusammenhang mit welcher ich stünde, kein Leib, den ich bewege oder mit dem ich esse oder trinke; denn von allen sinnlichen Dingen habe ich abstrahiert, sie von mir entfernt, sie als falsch und ungewiß verworfen. Wie kann also das *Sein* in dem „Cogito ergo sum" die Bedeutung *dessen* haben, was ich als unreell setze, was *ungewiß* ist, das *Sein*, das mir das *unbezweifelbar Gewisse* ist? Kann mein Sein vom Denken unterschieden oder abgesondert sein? Wenn

[102] Es möge auch hier noch die Stelle aus seiner „Dissertatio de Methodos", p. 28–29, Platz finden, in der er das Prinzip seiner Philosophie, obgleich auf keine von den übrigen Stellen wesentlich verschiedene Art, also ausspricht: „Animadverti, me *quia* caetera omnia ut falsa sic rejiciebam, dubitare plane non posse, quin ego ipse interium essem. Attente examinans, quis essem, et videns, fingere quidem me posse, me non esse, quinimo *ex hoc ipso, quod* reliqua *falsa esse fingerem,* sive quidlibet aliud cogitarem, manifeste sequi me esse. [Mir wurde bewußt, daß ich ganz zweifellos bin, *eben weil* ich die übrigen Dinge als unwahr verwerfe. Bei der aufmerksamen Prüfung, wer ich sei, sah ich, daß ich mir denken kann, es gäbe meinen Körper nicht und überhaupt keine Welt, nicht einmal den Ort, wo ich mich befinde; aber deshalb kann ich mir auch nicht denken, ich sei nicht, denn *gerade daraus, daß ich* alles übrige *für unwahr halte* oder sonst etwas denke, folgt offenbar, daß ich bin.]"

dás Sein vom *Denken unterschieden* wäre, welches das von mir *Unabsonderliche*[103] und Unentreißbare, das einzig und ausschließlich, das absolut mit mir Identische ist, so gehörte auch mein *Sein* in die Klasse des von mir Abzutrennenden, des zu Bezweifelnden, es wäre mir *ungewiß*, es, das doch das *Gewisseste*, das Unbezweifelste ist,[104] es wäre von mir *absonderlich*; aber wie könnte das Sein von mir absonderlich sein? Es wäre ja dann ein sinnliches Sein, ein sinnlich Gegenständliches, aber alles Sinnliche habe ich schon als ein Ungewisses von mir entfernt. Daß ich denke, das Denken, kann ich nicht bezweifeln; denn das Zweifeln selbst ist Denken, aber ebensowenig kann ich zweifeln, daß ich bin; denn indem ich denke, bin ich. Ein Unterschied zwischen meinem Denken und Sein ist undenkbar, mein Denken ist mein Sein, es ist ganz eins mit ihm. Ich mag nun vom Sein anfangen und zum Denken übergehen oder vom Denken anfangen und zum Sein übergehen, ich erkenne immer ihre Einheit. Ist denn das *Sein* etwas von mir *Unterschiedenes* wie ein Körper, ein Objekt, kann ich es von mir wegnehmen, so daß ich noch übrigbleibe, wenn mein Sein weg ist, gleichwie ich alles andere von mir wegnehmen kann und doch ich noch übrigbleibe? Ist denn nicht eben gerade das Sein das von mir nicht Wegdenkbare, das, wovon ich nicht abstrahieren kann? Ist es nicht das mit mir unmittelbar Identische, das Unabsonderliche von mir? Es ist *also eins* mit dem *Denken, denn* nur das *Denken* ist mit mir eins, ich bin (als Geist natürlich) nicht, wenn ich nicht denke. Ebenso, wenn ich vom Denken anfange, erhalte ich dieselbe Gewißheit von seiner Einheit mit dem Sein. Denn ist mein Denken nicht

---

[103] „*Cogitatio* est, haec *sola a me divelli nequit,* ego existo certum est. Quamdiu autem? nempe quamdiu cogito, nam forte etiam fieri posset, si cessarem ab omni cogitatione, ut illico totus esse desinerem. [Das Denken besteht, und *das Denken allein kann nicht von mir abgetrennt werden;* also existiere ich sicherlich. Wieweit aber? Soweit doch wohl, wie ich denke, denn es ist durchaus möglich, daß ich in dem Augenblick, wo ich mit jedem Denken aufhöre, auch mein Sein gänzlich beende.]" (Medit. II.)

[104] „Animas absque corpore spectatas res *revera* existens. [Der Geist ohne den Körper betrachtet ist ein *wirklich* existierendes Ding.]" („Diss. de Meth." 33.) Verbinde mit dieser Stelle auch die im vorhergehenden Paragraph aus den Episteln zitierte.

ein Bezweifeln der Realität der Dinge, der Objekte überhaupt, namentlich aber der körperlichen, d. i. ein *Unterschei-*
den und *Abstrahieren* von ihnen, ein *Ausscheiden* dessen, was
nicht mein ist, *nicht mir* gehört, ein Anderes, Unterschiedenes
ist? Beziehe ich mich aber nicht gerade, indem ich mich so
unterscheide und abziehe, auf mich selbst, versichere mich
meiner selbst? Ist dieses Denken nicht gerade eben die Position, die Bejahung meiner selbst, also mein Sein? Erkenne
ich mich nicht unmittelbar in diesem Denken als Denkendes? Erkenne ich nicht dadurch, was ich bin? Bin ich nicht
in diesem Mich-Unterscheiden von allem von mir Absonderbaren und Unterschiedenen meiner bewußt? Ist aber
nicht dieses Bewußtsein, dieses im Unterschiede von anderm mich selbst bejahende Denken die gewisseste Gewißheit meiner selbst, das ununterscheidbar und unabsonderlich mit mir Eine und als dieses unabsonderlich mit mir
Eine mein schlechthin Unbezweifelbares, mein absolut Unmittelbares, mein Wesen, mein Sein?[105]
Zur Erläuterung dieses Paragraphs ist noch folgendes zu bemerken: 1. C. sagt ausdrücklich, daß er unter dem Denken
nichts als das *Bewußtsein* verstehe (d. i. eben das im Zweifeln, im Unterscheiden sich selbst oder den Geist bejahende, nicht auf ein Objekt, sondern *auf sich gerichtete* und
bezogene Denken); „cogitationis nomine intelligo illa omnia,
quae nobis *consciis in nobis* fiunt, quatenus eorum in nobis
conscientia est [unter Denken verstehe ich alles, was in uns
als bewußten Wesen vor sich geht, soweit es uns bewußt

---

[105] Daß übrigens diesem Sein, das hier vom sinnlichen Sein unterschieden und mit dem Denken identifiziert wird, kein andres Sein
zugrunde liegt als das sinnliche, daß der Mensch, wie ich später gezeigt, unbewußt die Wahrheit des sinnlichen Seins eingesteht, indem er sie bewußt verneint, daß alles sogenannte „geistige" oder
„unsinnliche" Sein nur das mystifizierte, versteckte sinnliche Sein
ist, das gesteht auch indirekt C. in der Medit. III ein, wenn er sagt,
daß er, obwohl er sich nur als denkendes Wesen betrachte, doch
keiner Kraft sich bewußt sei, durch die er bewirken könne, daß er
im nächsten Augenblicke sei, „ut ego ille qui jam sum, paulo post
etiam sim futurus [daß ich jener, der ich schon bin, auch künftig
sein werde]". Denn was ist dieses Sein, welches dem denkenden
Wesen hier auf dem Standpunkt der Abstraktion von der Sinnlichkeit zugeschrieben wird, anders als sinnliches, zeitliches Sein?

wird]". Es ist daher nach ihm der Verstand, der Wille, die Einbildung, ja selbst das Gefühl eins mit dem Denken: „Atque ita non modo intelligere, velle, imaginari, sed etiam sentire idem est hic quod cogitare". („Princ. Phil.", P. I, § 9) Denn auch Verstand, Wille, Vorstellung, ja Gefühl ist Bewußtsein, auch in ihnen bin ich meiner selbst gewiß, auch in ihnen bejaht; auch selbst im Fühlen *bezweifle* ich sozusagen die *Existenz* der *sinnlichen* Objekte, d. i., *unterscheide* und *abstrahiere* ich mich von den sinnlichen Dingen und nehme in diesem Unterscheiden mich *als ein Reelles, mich selbst* wahr, bin *meiner selbst* und *meiner Realität im Unterschied von anderem gewiß*. Auch im Vorstellen, im Fühlen bin ich in derselben Unabsonderlichkeit von mir, in derselben Einheit mit mir, d. i. in derselben Selbstgewißheit, wie im Denken. 2. Das „Cogito ergo sum" ist *kein Schluß,* wie einige bisher meinten; vielmehr kann gar nichts vorgestellt werden, was mehr dem Sinn desselben und den Gedanken wie den ausdrücklichen Worten sogar des C. zuwider wäre als die Meinung, daß es ein Schluß sei. C. sagt nämlich ausdrücklich: „Cum autem advertimus, nos esse res cogitantes, prima quaedam notio est, quae ex *nullo syllogismo concluditur,* neque etiam, cum quis dicit: ego cogito, ergo sum sive existo, existentiam ex cogitatione per syllogismum deducit, sed tanquam rem *per se notam simplici mentis intuitu agnoscit,* ut patet ex eo, quod si eam per syllogismum deduceret, novisse prius debuisset istam majorem: illud omne, quod cogitat, est sive existit, atqui profecto ipsam potius discit ex eo, quod *apud se* experiatur, fieri non posse ut cogitet, nisi existat. [Denn wenn wir uns als denkende Wesen begreifen, so ist das ein primärer Begriff, der aus *keinem logischen Schluß folgt,* und wer sagt: Ich denke, also bin oder existiere ich, folgert ebensowenig Existenz und Denken aus einem logischen Schluß, sondern *erfaßt einfach intuitiv eine an sich bekannte* Tatsache. Das ergibt sich daraus, daß, wenn er es logisch gefolgert hätte, er zuvor jenen Obersatz kennen müßte: Alles, was denkt, ist oder existiert; dies jedoch weiß er selber nur aus *seiner eigenen* Erfahrung, daß er nicht existierte, wenn er nicht denken könnte.]" (Resp. ad II. Obj., p. 74. Vergl. auch „R. de C. ad C. L. R. Ep.", p. 143, und „Epistolarum" P. III, Ep. 114) Auch *Spinoza* in seiner Darstellung der Cartes. Philosophie bemerkt ausdrücklich, daß es kein Schluß sei. („Princip.

Phil. Cart.", P. I, S. 4) Gemäß seiner schon gerügten Inkonsequenz, die man aber wohl ihm als einen Anfänger der Philosophie nicht verargen wird, seiner Unbeholfenheit in den Darstellungen und Ausdrücken seiner Gedanken braucht allerdings auch hier C. ungeschickte, leicht irreführende Ausdrücke, z. B. wenn er sagt (Medit. III) „ex eo, quod dubitem, *sequatur* me esse et similia [daraus, daß ich zweifle, *folgt*, daß ich und mir ähnliche Wesen existieren]". Ein ebenso ungeschickter Ausdruck, indem C. seinem eignen wahren Gedanken widerspricht oder ihn doch entstellt, ist es, wenn er zu der Behauptung, daß wenn wir auch alles bezweifeln und annehmen, daß nichts existiere, doch deswegen nicht zweifeln können, daß wir, die wir solches denken, existieren, die Bemerkung hinzusetzt: „repugnat enim, ut putemus, id quod cogitat, eo ipso tempore, quo cogitat, non existere [denn es ist ein Widerspruch anzunehmen, daß das, was denkt, in dem Zeitpunkt, wo es denkt, nicht existiere]". („Princ. Phil.", P. I, § 7) Die Inkonsequenz dieser Stelle, die auch darin noch liegt, daß er die Zeitvorstellung mit hineinmischt, die ganz unwesentlich ist, braucht wohl nicht erst einem denkenden Leser gezeigt zu werden.

3. Ganz verkehrt, dem Gedanken zuwider, nur aus dem Standpunkt der gemeinsten Sinnlichkeit geschöpft ist der Einwurf Gassendis, daß C., um zu beweisen, daß er sei, keinen solchen Spektakel und Aufwand zu machen gebraucht habe, er hätte dies aus jeder andern Handlung ebensogut beweisen können, da alles, was handelt, notwendig auch sei. Wenn C. freilich, wie sich Gassendi vorstellt, weiter nichts zu beweisen gehabt hätte als *seine* Existenz, die Existenz dieses einzelnen, empirischen Subjektes, nicht aber *die Existenz des Geistes,* keine *andere* Existenz als eine *sinnliche, empirische,* die *Existenz der Erscheinung,* aber nicht eine reelle, unbezweifelbar gewisse, die nur eine solche sein kann, welche mit dem selbst *unbezweifelbar Gewissen,* dem vom Geiste Unabsonderlichen, dem ihm Eigensten, dem Denken, *eins* ist, so hätte G. recht. G. und alle, welche denselben oder ähnliche Einwürfe C. machten oder noch machen, hätten jedoch bedenken sollen, daß schon innerhalb des Standpunkts der Sinnlichkeit ein großer Unterschied zwischen Sein und Sein ist, daß man nicht gleichgültig und beliebig

aus jeder Handlung, aus der einen ebensogut als aus der andern, das Sein beweisen kann; daß ein Sein mit wohlbehaglich angefülltem Magen ein viel reelleres Sein ist als ein Sein mit leerem Magen, daß in dem Genuß der Speisen der Mensch wohl *mehr* sich fühlt, ein reelleres Dasein hat als in der Exkretion derselben und daß, wenn ein Unterschied ist zwischen dem Schluß aus der Handlung des Hungerns, des Erbrechens und dergleichen und dem Schlusse des Genusses der Speisen, des Wohlbehagens etc. auf das Sein, wohl auch ein Unterschied sein müsse zwischen dem Schluß aus dem Denken und dem Schluß aus der Handlung der Exkretion oder sonst einer andern Handlung auf das Sein und daß also noch weiter hinauf von dem Standpunkt des Geistes überhaupt aus, namentlich aber des Geistes, wie ihn C. bestimmt, alles Sinnliche, alle sinnlichen Handlungen als ungewiß, unreell erscheinen. C. antwortet G. auf seinen Einwurf also: „Wenn du behauptest, daß ich mein Sein aus jeder andern Handlung hätte beweisen können, so irrst du dich gewaltig, denn keiner Handlung von mir, das Denken allein ausgenommen, bin ich vollkommen gewiß, nämlich mit jener metaphysischen Gewißheit, von der hier allein die Rede ist. Und ich kann nicht schließen z. B.: Ich gehe, also bin ich, außer insofern, als das *Bewußtsein* des Gehens *Denken* ist, von welchem allein dieser Schluß gültig gewiß ist, aber nicht von der körperlichen Bewegung, welche bisweilen im Schlaf nicht stattfindet, während ich mir doch einbilde zu gehen, so daß ich wohl daraus, daß ich zu gehen glaube, auf die Existenz des Geistes, der dieses glaubt, aber nicht auf die des Körpers, der geht, schließen kann." (Resp. V, 1, § 1, u. Medit. II) Für den vom Sinnlichen abstrahierenden und sich von ihm unterscheidenden, nur in diesem Unterschiede sich erkennenden und bejahenden, diesen Unterschied als seine positive Bestimmung erfassenden Geist, für den Geist, wie C. ihn bestimmt, ist nur das gewiß, was eins ist mit dem Bewußtsein des Geistes selbst, mit *der* Gewißheit, die er von sich selbst hat, oder was er *ohne Vermittelung in der Einheit mit sich selbst schaut* und erkennt, was ihm *das Nächste* ist, in dem er nicht die Vorstellung eines andern hat, in dem er sich nicht entäußern und von sich entfernen muß; alles ihm Entfernte, von ihm Unterschiedene, vor allem also das Sinnliche, sinnliche Handlung, sinnliche Existenz, ist für ihn ein Ungewisses und Unreelles. Denn das *Sein* des Geistes, seine Bejahung, seine positive Bestimmung, seine Selbstgewißheit ist eben dieser Unterschied vom Sinnlichen und eben deshalb das Sinnliche und alle sinnliche Existenz als unterschieden von dem Selbstgewissen, von dem unmittelbar und absolut Unbezweifelbaren, d. i. dem schlechthin Affirmativen, dem Geiste, ein Bezweifelbares, Ungewisses, Unreelles. Die Nichtigkeit des Einwurfs G.s zeigt sich auch darin, daß das Denken nach C. nicht irgendeine besondere Handlung unter und neben andern Handlungen ist, daß es nach ihm nicht die Bedeutung einer partikulären Kraft hat, nicht etwas vom Geiste ist, sondern der *ganze Geist selbst,* das *Wesen* des Geistes, und daß man nur, wie C. ganz richtig tut, mit einer *Handlung,* die das schlechthin Positive, das *Wesen* ist, das *Sein identisch* erkennen kann, aber nicht gleichgültig und beliebig mit irgendeiner partikulären Handlung. Wenn es anders noch eines Beweises bedürfte, so würde auch hieraus sich beweisen lassen, daß das „Cogito ergo sum" kein Schluß ist; denn zu einem Schluß gehört ein terminus medius, ein Drittes, Mittleres, in dem die zu Verknüpfenden verbunden sind – so zu dem Schluß von einer besondern Handlung auf das Sein das Wesen; es muß erst erwiesen sein, ob diese Handlung eine *nur* spezielle oder eine allgemeine, *wesentliche* ist; zwischen dem *Wesen* aber und dem *Sein* liegt *kein Drittes,* sie sind *durch sich selbst,* d. i. *unmittelbar eins.*

§ 58. *Allgemeine und nähere Bestimmung des Geistes*

„Daraus, daß ich bin, obgleich ich an allem zweifle und von allem abstrahiert habe", sagt C. weiter, „erkenne ich nun zugleich, daß *ich nichts weiter als ein denkendes Wesen bin.* Denn nur *das Denken allein ist unabsonderlich von mir,* und wenn ich gleich von allem annehme, daß es nicht ist, von allem abstrahiere, *so bin* ich doch, *indem und inwiefern ich denke, das Denken ist also meine Substanz,* ich bin ein denkendes Wesen. Aber was ist dieses? Ein zweifelndes, einsehendes, bejahendes, verneinendes, nicht wollendes, auch vorstellendes und empfindendes Wesen. Denn bin ich es nicht selbst, der ich an allem zweifle, etwas aber doch einsehe, der ich dieses eine als wahr behaupte, das übrige verneine, wünsche, mehreres zu wissen, nicht getäuscht werden will, vieles auch wider meinen Willen vorstelle und viele Sinnenvorstellungen empfange? Was davon könnte von meinem Denken unterschieden, was von mir selbst abgesondert genannt werden? Denn was könnte klarer und gewisser sein, als daß ich es selbst bin, der zweifelt, der einsieht, der will? Aber eben ich bin auch derselbe, der vorstellt, denn wenn auch kein vorgestellter Gegenstand existierte, so hat doch diese meine Kraft des Vorstellens positive Existenz und gehört zu meinem Denken, und ebenso bin auch ich es, der fühlt." (Medit. II)

„Dessen bin ich also gewiß, daß ich ein denkendes Wesen bin. Was wird aber dazu erfordert, daß ich einer Sache gewiß bin? Was gibt mir diese Gewißheit? Nichts andres als die Erkenntnis, daß dieser erste Satz nichts weiter enthält als einen klaren und deutlichen Begriff von dem, was ich behaupte. Aber dieser Begriff würde nicht hinreichen, mir die Gewißheit von der Wahrheit dieses Satzes zu geben, wenn es möglich wäre, daß je etwas, was ich so klar und deutlich einsehe, falsch wäre, und ich kann daher wohl zum Behuf meiner Erkenntnis als allgemeine Regel aufstellen, daß alles *wahr ist, was ich klar und deutlich einsehe.*" (Medit. III)

„Da ich in und durch die Abstraktion von allem Sinnlichen und Körperlichen, durch die Verneinung ihrer Existenz mein Wesen gefunden, erkannt habe, daß ich allein nur vom Denken nicht abstrahieren kann, es folglich mein Wesen ist, so erkenne ich daraus, daß die Erkenntnis meiner selbst als Geistes oder denkenden Wesens, d. i. eben die *Erkenntnis des Geistes,* durchaus *nicht abhängen kann von der Erkenntnis der sinnlichen Dinge,* von denen ich ja noch gar nicht weiß, daß sie sind, und daß nichts von allem dem, was ich vermittelst der Imagination, d. i. der sinnlichen Vorstellungen, fassen kann, nichts von allen sinnlich vorstellbaren Dingen zum Begriffe des Geistes oder meiner selbst gehöre." (Medit. II) „Der *Geist* kann daher *für sich allein vollständig* und *deutlich erkannt* werden ohne irgendeine von den Formen oder Attributen, die zum Körper gehören; *sein Begriff enthält nichts von dem, was zum Begriff des Körpers gehört.*" (Resp. IV, p. 123; Resp. V, p. 59) „*Der Geist ist daher realiter unterschieden vom Körper,* denn ich kann ihn klar und deutlich ohne diesen begreifen; und daraus, daß ich weiß, daß ich bin, und erkenne, daß nichts weiter zu meiner Natur oder meinem Wesen gehört, als daß ich ein denkendes Wesen bin, schließe ich mit Recht, daß mein Wesen darin allein besteht, daß ich ein denkendes Wesen bin. Denn wenn ich gleich, wie sich später zeigen wird, einen mir eng verbundenen Körper habe, so bin ich doch gewiß, daß ich wahrhaft vom Körper unterschieden bin und ohne ihn existieren kann, weil ich von der einen Seite einen klaren und deutlichen Begriff von mir selbst als einem denkenden, nicht ausgedehnten Wesen habe und auf der andern Seite einen deutlichen Begriff vom Körper, inwiefern er ein ausgedehntes, kein denkendes Wesen ist." (Medit. VI) Unser Geist hat daher weder Farbe noch Geruch noch Geschmack noch sonst etwas, was zum Körper gehört; es ist darum unmöglich, ihn *durch eine sinnliche Vorstellung* zu *fassen* oder *sich ein Bild von ihm zu machen,* denn die Seele oder der *Geist erfaßt sich nur durch die reine Intelligenz."* ("Epist.", P. III, Ep. 113, P. I, Ep. 30) „Gleichwohl ist aber der *Geist nicht unbegreiflich,* im Gegenteil, *wie wir alles durch ihn begreifen,* so ist er auch *begreiflicher als alle Dinge.* Ja, der *Geist* wird *eher* und *gewisser erkannt* als irgendein *körperliches Ding,* denn ihn haben wir bereits erfaßt, die Existenz von etwas anderem aber bezweifeln wir noch. *Er ist* das *Gewisseste,* das *Klarste* von der Welt, das *Allerbekannteste.* Dies zeigt sich aber darin: Je mehr Attribute wir von einer Substanz erkennen, desto vollkommner sehen wir ihre Natur ein, und wie wir z. B. am Wachse verschiedene Attribute unterscheiden können, die Härte, die Weiße usw., so können wir ebenso viele im Geist unterscheiden, erstlich die Eigenschaft oder Kraft, die Weiße zu erkennen, dann die, die Härte zu erkennen usw. Hieraus folgt aber, daß von keinem Dinge so *viele* Attribute erkannt werden können *als von unserm Geiste;* denn so viele wir auch nur immer an irgendeiner andern Sache erkennen, so viele können auch im Geiste gezählt werden, *weil* er sie erkennt, und seine Natur ist daher die allerbekannteste. Denn auch das *Gefühl,* auch das *Sehen* sind Bestimmungen, *Attribute* des Geistes. Denn hier ist nicht die Rede von den Empfindungen, die vermittelst der Organe in uns vorgehen (d. i. von den Empfindungen, wiefern sie auf sinnliche Objekte gerichtet, Bestimmungen an diesen ausdrücken, Sinnliches im Unterschiede von mir affirmieren), sondern von dem *Bewußtsein der Empfindung* (d. i. von dem Gefühl, inwiefern es eins mit dem Denken ist, eins mit meiner Selbstgewißheit, eins mit meiner Beziehung auf mich selbst). (Resp. V, p. 62, u. „Princ. Phil.", P. I, § 8) „Aus der Abstraktion des Geistes vom Sinnlichen ergibt sich ferner auch noch, daß es von *rein geistigen* Objekten *keine* eigentliche *Erinnerung* gibt, denn sie werden das erste Mal, wo sie vorkommen, ebensogut gedacht als das zweite Mal, und daß das denkende Wesen zur Ausübung seiner (der denkenden) Tätigkeit *keines andern Objektes* bedarf, wenn es gleich dieselbe auch auf materielle Dinge, wenn es sie prüft, ausdehnen kann." („Epist.", P. II, Ep. 16; „R. de C. ad C. L. R. Ep.", p. 144)

§ 59. *Der wahre Sinn und Gehalt der Cartesischen Geistesphilosophie*

Was ist denn nun aber dieser Geist des C., der, um seiner Existenz und Realität gewiß zu sein, nur zu denken braucht, der ist, indem und inwiefern er denkt, dessen Wesen einzig und allein das Denken ist? Existiert denn wirklich ein solcher, vom Körper und allem Sinnlichen sich absondern könnender und abgesonderter, ein solcher abstrakter Geist? Ist dieser Geist nicht etwa bloß eine subjektive Abstraktion, die C. nur macht, sondern auch eine *objektivreale Abstraktion? Der Geist*, den C. und wie er ihn erfaßte, hat seinen entsprechenden, ihn am bestimmtesten bezeichnenden Ausdruck wie seine Wirklichkeit in dem, was Ich oder Selbst heißt. Der Geist, der und inwiefern er von allem Körperlichen sich absondert, es als Fremdes (rem alienam), nicht zu ihm Gehöriges und mit ihm Identisches von sich ausschließt, in dieser Absonderung und Unterscheidung seine positive Bestimmung hat, der nur ist, inwiefern und indem er denkt, d. i., dessen Wesen nur das Denken ist, und zwar in *der* Bedeutung, die es bei C. hat, in der Bedeutung, nichts weiter zu sein als das Bewußtsein, die Selbstgewißheit, als die *vom Körper sich unterscheidende Beziehung auf sich selbst,* ist nichts andres als das Ich oder Selbst oder der

Geist, inwiefern er Ich oder Selbst ist, und jeder Mensch erfaßt sich unbewußt, zumal aber der Gebildete, in dieser Absonderung und Unterscheidung vom Körperlichen und Sinnlichen und ist darin Geist, näher Selbst, Ich, er mag nun religiös, praktisch oder philosophisch diesen Unterschied machen. So gewiß daher das Selbst existiert, so gewiß hat der Geist des C. Existenz. In der Wirklichkeit ist freilich das Selbst immer ein bestimmtes, verschiedenes, in mannigfachen Zuhängen, aber die Aufgabe des Philosophen ist eben, eine Sache für sich selbst herauszuheben; denn nur so kommt ihre wahre Wirklichkeit, ihr wahres Wesen zum Vorschein. – C. sagt selbst: „Nec aliam ob causam aliter (andres nämlich, als C., wenn er behauptet, der Geist sei gewisser und bekannter als der Körper) visum est iis, qui non ordine philosophati sunt, quam quia mentem a corpore nunquam satis accurate distinxerunt. Et quamvis sibi certius esse putârint, se ipsos existere, quam quidquam aliud, non tamen adverterunt, *per se ipsos* mentes solas hoc in loco fuisse intelligendas. [Aus keinem andern Grund, als daß sie den Geist nie scharf genug vom Körper unterschieden, sind offenbar jene, die im Philosophieren nicht ordentlich vorgingen, zu einer anderen Auffassung gelangt (...). Auch wenn sie sich ihrer eigenen Existenz sicherer wähnten als irgendeiner anderen Sache, so beachteten sie doch nicht, daß *ihr Ich* hier nur als Geist verstanden werden durfte.]" („Princ. Phil.", P. I, § 12)

Das *„Cogito, dubito ergo sum* [Ich denke, ich zweifle, also bin ich]" ist im wahren Geiste des C. nichts andres als das *Wesen des Geistes,* der ganze Geist selbst, oder der *Begriff* und die *Definition des Geistes.* Zufolge des Übelstandes aber, daß er von richtigen philosophischen Gedanken zu populären Vorstellungen herabfällt und seine Gedanken nicht streng zusammenhält, trennt C. den Zweifel als nur ein vorübergehendes Mittel, zur Erkenntnis zu kommen, in der Darstellung von der positiven Bestimmung des Geistes ab oder zeigt wenigstens nicht, wie das Denken, in welches er später, nachdem er den Standpunkt des Zweifelns aufgegeben hat und sich mit den positiven Erkenntnisbestimmungen des Geistes und anderer Objekte beschäftigt, das Wesen des Geistes setzt, sich zu *dem* Denken verhält, mit dem er anfängt und das nicht von dem Zweifeln unterschieden ist.

Der Zweifel erscheint daher insofern nur als ein zum Behufe der Erkenntnis vom Subjekte angenommener Standpunkt, als etwas dem aus ihm gefolgerten Prinzip Äußerliches, das auf die weitere Bestimmung und Erkenntnis des Geistes keinen Einfluß hat. Allein, um das früher schon hierüber Erwähnte nicht noch einmal weitläufig erwähnen zu müssen, wenn man den zerstreuten C. streng und ordentlich zusammenfaßt, alles genau erwägend, so findet man, daß der Zweifel die *objektive*, ihm *immanente Genesis* des Geistes ist, daß man, um auf den wahren Begriff des Geistes im Sinne C.s zu kommen, sich an den Anfang halten, den Weg des Zweifelns zu Hülfe nehmen und von der positiven Bestimmung des Geistes nicht abtennen muß und daß in dem „Cogito ergo sum" das Wesen und der Begriff des Geistes selbst enthalten ist. C. unterscheidet den Geist vom Körper und sagt, er ist ein toto genere [seiner ganzen Art nach] von ihm Unterschiedenes. Aber was ist dieser Unterschied? Das Denken, als in welchem allein das Wesen des Geistes besteht. Was ist aber das Denken, namentlich gerade da, wo C. den Unterschied des Geistes findet und bestimmt, das „Cogito ergo sum", das Prinzip seiner Philosophie, welches er an einer andern schon angeführten Stelle so ausdrückt: „Primum principium est, quod anima nostra existit [Erstes Prinzip ist, daß unser Geist existiert]", anders als Zweifeln? Was aber das Zweifeln anders als ein Absondern, ein Unterscheiden, ein Abstrahieren vom Körper und Sinnlichem? Unter Denken verstehe ich nichts anders als das Bewußtsein, sagt C. Ist das Bewußtsein aber wohl im Sinne des C. etwas andres als Selbstgewißheit? Die Selbstgewißheit aber etwas andres als die Selbstunterscheidung vom Körper, vom Sinnlichen überhaupt? Die Unterscheidung aber des in dieser Unterscheidung seiner selbst als des absolut und unmittelbar Reellen gewissen Geistes nicht ein Zweifel an der Existenz, der Realität des Sinnlichen oder eine Verneinung desselben?[106] Ist daher das Zweifeln eins

---

[106] Daß diese Auffassung des C. die richtige, historisch begründete ist, daß in seinem Geiste, wie es früher hieß, Gewißheit und Realität, d. i. Wahrheit, Wesenhaftigkeit identisch sind, daß das Urteil: „ich bin Geist", Lob, Bejahung, das Urteil: „du bist Körper", Tadel, Verneinung, Herabsetzung ausdrückt, dies geht deutlich daraus hervor, daß C. nicht von den Körpern, d. h. den sinnlichen Dingen,

mit dem Bewußtsein? Der Geist ist also unterschieden vom Körper, und dieser Unterschied besteht im Denken; das Denken ist aber eins mit dem Zweifeln, das Zweifeln mit dem Unterscheiden; er ist also durch das *Sich-selbst-Unterscheiden* vom Körper *unterschieden*; er ist dadurch Geist, daß er denkt, also dadurch unterschieden von dem Körper, daß er sich von ihm unterscheidet. Der *Zweifel* (natürlich in *der* Bedeutung, die er hier hat) ist *das Wesen des Geistes,* der Geist wesentlich ein Zweifler an der Realität der sinnlichen Dinge, oder positiv ausgedrückt: Das *Wesen des Geistes ist das Bewußtsein,* der Geist nichts als Bewußtsein, als das „Cogito ergo sum", d. i. die *unmittelbare Einheit meines Denkens und meines Seins,* mein Wesen, daher *das* Denken, das zugleich Unmittelbarkeit, meine Selbstgewißheit ist. Der Geist aber, auf den die angegebenen Bestimmungen passen, ist strenggenommen und bezeichnet nichts andres als das Ich oder Selbst. Die *positive* Erkenntnis daher, die C. gegeben, der positive Fortschritt, der mit ihm im Begriffe oder in der Lehre vom Geiste die Philosophie und mit ihr der menschliche Geist tat, besteht darin, daß er (und alle Erkenntnis einer Sache beginnt mit dem Unterschiede) aufs schärfste und bestimmteste den Geist vom Sinnlichen und Körperlichen unterschied, daß er nicht bloß bei dem unbestimmten Ausdruck und Gedanken: Der Geist ist unterschieden von

sondern von *sich aus* auf Gott schließt, Gott ableitet, daß das erste und höchste, wahrste und wesenhafteste Wesen ihm kein der körperlichen Wesen verwandtes – *„Nihil est in Deo simile iis quae sunt in rebus externis i. e. corporeis [Nichts ist in Gott dem ähnlich, was in den äußeren, d. h. körperlichen Dingen ist)"* (Resp. III); *Ipsa natura* corporis *imperfectiones multas* involvit (*Die Natur* des Körpers *als solche* enthält *viele Unvollkommenheiten]"* (Resp. II) –, sondern ein geistiges, denkendes Wesen, daß das höchste Wesen, Gott, nichts andres ist als das durch die Phantasie aufs höchste gesteigerte, ins Schrankenlose erweiterte und ausgedehnte Denkwesen des Menschen. *„Indefinite extendendo* format ideam intellectionibus divinae et sic de caeteris ejus attributis. [*Durch Erweiterung ins Unendliche* bildet sich die Idee vom göttlichen Geist sowie seiner weiteren Attribute.]" (Ebd.) Der Beweis von der Existenz Gottes ist daher seinem wahren Sinn nach gar nichts andres als der Beweis, daß das sich gewisse und bewußte, das denkende Wesen das wahre, göttliche Wesen ist. Bin ich der Wahrheit meines Wesens gewiß, so bin ich natürlich auch der Wahrheit meiner Vorstellungen und Gedanken gewiß.

dem Körper, nicht bei den negativen, nichts bestimmenden, keine Erkenntnis gewährenden Bestimmungen der Immaterialität, Unkörperlichkeit und Unteilbarkeit stehenblieb, sondern diesen Unterschied, diese Immaterialität und Einfachheit positiv bestimmte als das *lebendige Sich-Unterscheiden des Geistes,* d. i., sie in die Tätigkeit des Denkens, des Bewußtseins setzte[107] und den wirklichen, lebendigen, den selbstgewissen und bewußten Geist oder den Geist als Selbst zum Prinzip der Philosophie machte.

Es erhellt hieraus, wie Gassendi und Arnauld den Cartesius gänzlich mißverstanden, wenn sie ihm vorwarfen, er habe nicht bewiesen, daß das Denken nichts Körperliches sei, und er hätte doch vor allem eben dieses, denn dies sei eben die Hauptfrage, beweisen sollen. Denn die Hauptsache bei C., auf die alles ankommt, wenn man ihn begreifen will, ist eben die, daß er von dem hohlen Gespenst, dem leeren, nichtssagenden Prädikat der Immaterialität oder Unkörperlichkeit den Begriff des Geistes befreite und ihn in lebendigen, *geistvollen* Bestimmungen erfaßte, wenn auch diese Bestimmungen von ihm nicht konsequent durchgeführt wurden. Denn der Sinn des „Ich denke, also bin ich" ist eben kein andrer als der: Ich unterscheide mich vom Körper, von dem Materiellen, und *deswegen* und *darin* bin ich unterschieden, mein Mich-Unterscheiden ist mein Unterschied. Der Unterschied des Geistes von der Materie, seine Immaterialität, damit er selbst, sein Sein, besteht darin, daß er sich unterscheidet vom Körper, ihn als ein andres von sich ausscheidet, d. i., daß er denkt; denn dieses Verneinen des Körpers, dieses Ausscheiden ist natürlich kein sinnliches, sondern ein *geistiges,* ist Denken. *Wäre ich nicht unterschieden, so könnte ich mich nicht unterscheiden. Der Beweis, daß ich unterschieden bin, ist, daß ich mich unterscheide.* Dieses mein Unterscheiden ist mein Bewußtsein, die Gewißheit meiner selbst, mein Ich, und als diese unmittelbare Bejahung meiner selbst die unbedingte Verneinung alles Körperlichen und Materiellen, die unumschränkte Gewißheit, daß *ich Ich*

---

[107] Richtig sagt daher der geistvolle und gelehrte Cartesianer Joh. Clauberg in seiner „Defensio Cart." (Amstel. 1652, P. I, c. 34, coroll. 56): *„Der positive Begriff* (positivus conceptus) der immateriellen oder unkörperlichen Wesen ist *der,* daß sie *denkende,* verständige, wollende Wesen sind."

selbst bin, *kein andres,* kein Körper. Der Geist ist nicht immateriell *und* denkt, als wäre die Immaterialität für sich ein Prädikat oder das allgemeine Prädikat; oder auch er denkt, nicht *weil* er immateriell ist, sondern er ist *immateriell, weil* und *insofern* er *denkt*,[108] seine Immaterialität, sein Nicht-Körper-Sein ist einzig und allein sein Denken, sein Bewußtsein, und darum die Frage, ob er auch noch körperlich ist oder nicht, unstatthaft, die Forderung eines Beweises ein ungeziemender Mißverstand. –

Der Mangel der Philosophie des C. ihrem Inhalt nach besteht aber darin, daß er das Selbst zum ganzen Geiste machte, daß er den Geist nur in der Beziehung auf sich selbst (in der Subjektivität) und diese Beziehung als sein ganzes Wesen, daß er den Unterschied vom Körper lediglich als seine positive Bestimmung erfaßte – denn bestimmt er gleich diesen Unterschied positiv als Denken, als Bewußtsein, so ist doch selbst wieder dieses Denken nur Beziehung auf sich, Unterscheidung und Abstraktion vom Körper (Negativität) – und daß er daher bei dem Gegensatze zwischen Geist und Körper stehenbleibt. Aus diesem Mangel gehen die weitern Mängel seiner Philosophie, namentlich seiner Naturphilosophie und seiner Ansicht von der Verbindung des Geistes mit dem Leibe, hervor. Der Form nach besteht aber, abgesehen von der allgemeinen Ungenauigkeit und Inkonsequenz, die sich C. zuschulden kommen läßt, der Mangel seiner Philosophie des Geistes, die, obwohl dem Umfang nach der geringste, seinem Inhalt nach aber der wichtigste und bedeutungsvollste Teil seiner Philosophie ist, darin, daß er die bei ihm zugrunde liegende Idee vom Geiste, die gerade die wesentliche ist, nicht zu klarem Bewußtsein gebracht und methodisch entwickelt hat, daß er den lebendigen Geist wieder in ein abgezogenes, leeres Wesen verwandelt, den Begriff des unmittelbar

---

[108] So sagt auch der Cartesianer L. de la Forge in seinem „Tractatus de Mente humana" (Bremae 1673), c. 13, § 4, trefflich: „Ist es nicht auch C.s Meinung, daß der Geist nicht ausgedehnt ist? Jawohl, aber sagt er nicht mit der Schule (der scholastischen Philosophie), daß dies den Geist ausmacht, daß er nur deswegen Geist ist, weil er *nicht* ausgedehnt ist; er sagt im Gegenteil, daß er *deswegen, weil er Geist, d. i. denkendes Wesen ist, nicht ausgedehnt* ist – dicit, propterea quod sit mens, i. e. res cogitans, eam non esse extensam."

im Denken, des dadurch und darin, daß er seiner bewußt ist, seiner Immaterialität, seiner Freiheit vom Körperlichen, seiner Realität, seiner selbst als Geist gewissen Geistes in die geistlose Form der Einfachheit und Unteilbarkeit übersetzt und, nachdem er den Geist in ein metaphysisches Wesen verwandelt hat, das Denken, das Bewußtsein ebenso als ein Attribut ihm zuschreibt wie die Ausdehnung dem ausgedehnten Wesen und daher in einen Dualismus verfällt, worin das ausgedehnte Wesen ebensoviel Selbständigkeit und Realität hat als der Geist, der doch anfangs als das unmittelbar, ursprünglich Gewisse und Reelle gesetzt ist.

§ 60. *Übergang zu dem objektiven Erkenntnisprinzip*

Der Geist hat nun wohl ein gewisses Wissen von sich und seiner Realität und in dieser Gewißheit ein Erkenntnisprinzip, ein Maß, an dem er erkennt, was gewiß ist, nämlich daß alles wahr ist, was er ebenso klar und deutlich einsieht als sich selbst, seine Existenz, d. i., was er in demselben klaren Lichte schaut, in dem er sich selbst sieht, in der Einheit mit sich selbst erkennt, was nicht seine Selbstgewißheit stört, den Geist nicht von sich selbst entfremdet, nicht ein andres, ein Fremdes ist.

Aber dieses Maß oder diese Regel ist nur ein Prinzip der *Gewißheit*, nicht der *Erkenntnis* und *Wahrheit* und daher für sich nicht hinreichend, um dem Geiste die Gewißheit zu geben, daß das, was er klar und deutlich einsieht, auch wirklich wahr ist, die Gewißheit nämlich von der Wahrheit anderer Erkenntnisse, als die unmittelbar eins sind mit der Selbstgewißheit des Geistes, und von der Realität ihrer Objekte. Geist und Körper oder Sinnliches sind dem Wesen nach unterschieden, stehen miteinander im Gegensatze, aber, wie bereits gezeigt, nicht so, wie irgend zwei andere Gegenstände oder Dinge, wovon ein jedes gleichberechtigt ist, gleiche Realität hat, sondern so, daß der Geist, weil er dem Körper entgegengesetzt, von ihm unterschieden ist, das Gewisse, Positive, Reelle, der Körper aber, weil er dem Geiste entgegengesetzt, das Bezweifelbare, Ungewisse (zunächst von dem Standpunkt des Geistes für sich aus), Unreelle ist. Der Geist kann daher als ein Entgegengesetztes, und zwar als ein solches, das im Zweifel an der Realität des andern den Triumph seiner eignen Selbständigkeit und Realität feiert, aus sich (d. i. aus der Gewißheit von sich selbst) nicht von der Realität desselben gewiß werden; er kann es nur in der *Gewißheit* von der *Realität* des absolut reellen und positiven, des *unendlichen Wesens,* das *nicht innerhalb des Unterschieds und Gegensatzes* steht, vor dem beide als Entgegengesetzte in die gemeinschaftliche Gattung endlicher Substanzen zusammenfallen und vor dessen Dazwischenkunft beide wie zwei kleinere Staaten bei der Invention eines größeren und mächtigeren, wo nicht ihren Unterschied und Gegensatz, doch ihren Kampf auf Tod und Leben beilegen.

C. drückt wieder nicht nur höchst unphilosophisch in populären, theologischen Vorstellungen diese Idee von der Vermittelung der Selbstgewißheit mit der objektiven Gewißheit durch die Überzeugung von der Realität der Idee Gottes aus, sondern er geht auch auf eine bequeme und unphilosophische Weise von dem Selbstbewußtsein zum Bewußtsein von Gott und dessen Existenz über. Denn statt zu entwickeln und zu zeigen, wie denn das Denken, das nur Selbstgewißheit ist, nur die Beziehung des Geistes auf sich ausdrückt, zum gegenständlichen Denken wird, zu Unterschieden in sich, zur Idee Gottes und überhaupt zu Ideen, zu diesen verschiedenen Weisen des Denkens („modos cogitationis", Medit. III) kommt, inwiefern sie nämlich nicht nur in der Identität mit dem Denken, sondern zugleich *Unterschiede* in ihm sind, stellt er sich auf den Standpunkt des Vorfindens und Wahrnehmens und findet denn auch die Idee Gottes unter der Klasse der *eingebornen Ideen* vor; denn er teilt (Medit. III) die Ideen ein in *gemachte* (factas), in aus den *Sinnen* entsprungene oder gekommene (adventitias) und in eingeborne, *ursprüngliche* (innatas). Insofern ist allerdings C. hierin zu entschuldigen, ja gerechtfertigt, als er nichts weiter überhaupt wollte und suchte als ein zuverlässiges Prinzip der Gewißheit und es daher ihm außer dem Wege lag, eine solche Schwierigkeit wie die Genesis der Ideen aus dem selbstgewissen Denken zu lösen. Unverzeihlich ist aber diese Inkonsequenz und Nachlässigkeit von ihm, daß er in diesem Teile seiner Philosophie auf den Geist, dessen Sein unmittelbar eins ist mit seinem Denken, die Vorstellung der *Erschaffung* anwendet, von bei der Erschaffung ihm eingedrückten und eingepflanzten, von angebornen Ideen spricht und dem Zweifel, der anfangs eins mit der Selbstgewißheit des Geistes, der Ausdruck selbst seiner Wesenhaftigkeit und Selbständigkeit ist, die triviale Bedeutung eines Beweises, daß er ein abhängiges und unvollständiges Wesen sei (Medit. IV), unterlegt, kurz, den Geist oder das Selbst als Geist mit dem *empirischen*, einzelnen, sinnlichen Individuum oder *Subjekte* identifiziert. Die Art und Weise nun, wie C. von der Idee Gottes zur Gewißheit von der Existenz desselben übergeht, ist folgende.

§ 61. *Die Idee der unendlichen Substanz*

„Die *Ideen*, die ich in mir finde, sind der *Form* nach, d. i. insofern, als sie nur gewisse Arten, Bestimmungen meines Denkens sind, nicht viel voneinander unterschieden; aber wenn ich auf ihren *Inhalt* sehe, auf das Objekt, das sie vorstellen, so zeigt sich ein gewaltiger Unterschied unter ihnen. Denn offenbar sind solche Idee, die mir *Substanzen* vorstellen, viel erhabener und ihrem Inhalt oder Gegenstand nach viel reeller und vollkommener, d. i., sie enthalten *mehr objektive Realität* als die Ideen, die mir nur *Akzidenzen* vorstellen, und wieder die Idee einer *unendlichen* Substanz enthält *mehr* objektive Realität als die Ideen *endlicher* Substanzen. Nun ist aber doch klar, daß die wirkende und vollständige *Ursache* zum wenigsten ebensoviel Realität enthalten muß als ihre *Wirkung*? Denn wenn die Wirkung nicht ihre Realität von der Ursache empfinge, woher könnte sie dieselbe bekommen? Und wie könnte die Ursache der Wirkung eine Realität geben, die sie nicht selbst in sich enthält? Es kann daher weder etwas aus nichts werden noch das Vollkommnere von dem Unvollkommnen, das, was mehr Realität enthält, von dem herkommen, was weniger Realität in sich hat. Und dies gilt nicht nur von den Wirkungen, die eine eigentliche Realität haben, sondern auch von den *Ideen*, bei denen nur die objektive (vorgestellte) Realität berücksichtigt wird." (Medit. III) „*Je mehr* objektive Realität die Ideen enthalten, *desto vollkommner* muß ihre Ursache sein. Und es kann sich in uns nicht die Idee oder das Bild einer Sache vorfinden, von der nicht das Original, welches alle Vollkommenheit der Idee *wirklich* in sich hat, in oder außer uns existiert. Die *Ursache* der Idee muß die *Realität*, die in der Idee nur eine *objektive* ist, *wirklich* in sich enthalten." („Princ. Phil.", P. I, § 17, 18) „Unter allen Ideen aber, die ich habe, ist nur *eine*, die so erhaben ist, eine solche Unermeßlichkeit von Vollkommenheiten in sich enthält, daß ich gewiß bin, daß *ich nicht* ihre Ursache sein kann, da ich durchaus nicht die objektive Realität jener Idee wirklich oder in einem höhern Grade (eminenter) in mir enthalte. Diese eine Idee ist die Idee der *unendlichen Substanz, Gottes. Gott ist daher die Ursache dieser Idee,* nur von ihm kam sie in mich, *Gott also existiert notwendig.* Denn obgleich deswegen die Idee der Substanz in mir ist, weil ich selbst Substanz bin, so kann doch die Idee der *unendlichen* Substanz *nicht aus mir kommen,* da *ich endlich* bin, sie kann nur von der wirklich unendlichen Substanz in mir hervorgebracht werden.[109] Denn ich fasse das Unendliche *nicht* etwa bloß durch die *Ne-*

---

[109] Sosehr C. sich zu beweisen bemüht, daß die Idee Gottes nicht vom Menschen abstammen könne, so verrät er selbst doch sehr deutlich den menschlichen Ursprung und Sinn derselben. So sagt er z. B. „Diss. de Meth." IV: „Ich sah ein, daß weder Zweifeln noch Unbeständigkeit noch Traurigkeit und dergleichen Gott zukommt, denn *ich selbst wäre gern davon frei gewesen,* egomet *ipse illis libenter caruissem."* Aber gilt das nicht ebenso von den übrigen Prädikaten? Bin ich nicht ebenso gern frei von Abhängigkeit, Sterblichkeit, Endlichkeit? Was ist also das unendliche Wesen anders als das „egomet ipse" ohne alle die Beschaffenheiten oder Schranken, deren ich selbst gern entledigt bin? Sehr schwach ist es, wenn C. dem Gassendi zugibt, daß in dem Menschen ein Vermögen sei, alle menschlichen Vollkommenheiten so hoch zu steigern, daß sie als übermenschliche erscheinen, „ut plus quam humanae esse cognoscantur", und dann doch dieses Vermögen als einen Beweis für die Existenz eines solchen übermenschlichen Wesens angesehen wissen will. Freilich ist dieser Beweis für den C. auf seinem Standpunkt eine Notwendigkeit, denn wenn die Idee Gottes, d. h. des von allen Schranken der Wirklichkeit und Sinnlichkeit abgezogenen Wesens, nur ein Gedanke, so ist auch der Geist ohne Körper nur ein Gedanke, so ist überhaupt das ganze C. Gebäude ohne Fundament und Realität. Wenn Gott nicht *ist,* so ist notwendig, auf dem Standpunkt nämlich der Gottesidee oder des Gottesglaubens, alles *nichts,* denn Gott ist ja alle Realität, alles Wesen zusammengefaßt in *ein* Wesen – das Wesen der Einbildungskraft.

gation des *Endlichen*, wie ich die Ruhe z. B. durch die Negation der Bewegung fasse, sondern durch eine *positive, wahre Idee.* Denn ich sehe klar ein, daß in der *unendlichen* Substanz *mehr Realität* enthalten ist als in der *endlichen* und daß daher gewissermaßen der *Begriff des Unendlichen früher in mir ist als der Begriff des Endlichen,* d. h., *die Idee Gottes eher in mir ist als die meiner selbst.* Denn wie könnte ich einsehen, daß ich zweifle, daß ich wünsche, d. h., daß mir etwas fehlt, daß ich nicht ganz vollkommen bin, wenn nicht die Idee eines vollkommneren Wesens in mir wäre, aus dessen Vergleichung mit mir ich meine Mängel erkennte? Die *Idee Gottes,* des unendlichen Wesens, da sie mehr objektive Realität als irgendeine andre enthält und höchst klar und deutlich ist, ist daher auch die *allerwahrste Idee.* Wenn man sich auch einbilden könnte, daß ein solches Wesen nicht existiert, als diese Idee vorstellt, so könnte man doch wenigstens sich nicht einbilden, daß die Idee davon nichts Reales darstellt. Höchst klar und deutlich ist aber auch diese Idee; denn alles, wovon ich klar und deutlich einsehe, daß es real und wahr ist, daß es Vollkommenheit in sich hat, ist *ganz* in ihr enthalten." (Medit. III) „Diese Idee von Gott kann nun aber, wie gesagt, nur *von Gott selbst* in mich kommen, und Gott *ist* also. Denn ich habe sie *weder* aus den *Sinnen* geschöpft, weil keine Bestimmung Gottes den Bestimmungen der äußern oder körperlichen Objekte ähnlich ist und diese daher zu den Attributen Gottes nicht das Muster hergeben können, *noch* habe ich sie durch die *Erweiterung* anderer Ideen gewonnen – denn woher könnte in mich die Fähigkeit kommen, alle endlichen Perfektionen zu erweitern, d. h., größere und erhabnere Vollkommenheit zu denken, wenn nicht die Idee eines vollkommneren Wesens, nämlich Gottes, in mir wäre? – *noch* habe ich sie *erdichtet*; denn ich kann durchaus *nichts von ihr hinwegnehmen nocht etwas hinzusetzen.* Sie ist mir daher eingeboren, *wie* mir *die Idee meiner selbst* eingeboren ist. Sie ist das Siegel Gottes, das er mir bei der Erschaffung eingedrückt hat." (Resp. III, p. 10, V, p. 65; Medit. III)
„Daß die Idee von Gott nicht von uns gemacht oder erdichtet ist und kein chimärisches, sondern ein ewiges und wirkliches Wesen vorstellt und daher Gott notwendig existiert, geht daraus besonders deutlich hervor, daß unter allen Ideen es *allein* die *Idee* von *Gott* ist, die nicht bloß mögliche

und zufällige, sondern *schlechthin notwendige* und *ewige Existenz enthält.* Daß die ewige Existenz zu dem *Wesen* der unendlichen Substanz gehört, sehe ich so klar und deutlich ein, als daß das, was ich von irgendeiner Zahl oder Figur beweise, zum Wesen dieser Zahl oder Figur gehört. Was die Klarheit und Gewißheit dieses Begriffs von der *Einheit* des *Wesens* und der *Existenz* in Gott trübt, liegt allein darin, daß wir bei allen Dingen gewohnt sind, die Existenz vom Wesen zu unterscheiden, und daher auch glauben, daß sie auch vom Wesen Gottes abgetrennt und Gott darum als nicht existierend gedacht werden könne. Bei genauerer Erwägung wird es jedoch offenbar, daß sich die Existenz ebensowenig vom Wesen Gottes absondern läßt als von dem Wesen des Dreiecks die Größe seiner drei zweien Rechten gleichen Winkel oder von der Idee des Berges die des Tales, so daß Gott, das höchst vollkommne Wesen, ohne Existenz, d. i. ohne eine Vollkommenheit, zu denken, kein geringerer Widerspruch ist, als sich einen Berg ohne Tal zu denken. Daraus, daß ich Gott *nur als existierend* denken kann, folgt daher, daß die *Existenz von Gott unabsonderlich ist* und er also *wirklich existiert,* aber nicht etwa deswegen, weil mein Denken dies bewirkt und macht, daß etwas so und nicht anders ist, sondern im Gegenteil, weil die *Notwendigkeit* der Existenz Gottes *selbst mich zwingt und bestimmt, so und nicht anders zu denken;* denn es steht nicht in meinem Belieben, Gott ohne Existenz, das absolut vollkommene Wesen ohne eine Vollkommenheit zu denken, wie es in meinem Belieben steht, ob ich mir irgendein eingebildetes Ding, z. B. ein Pferd, ohne oder mit Flügeln vorstellen will." (Medit. V; „Princ. Phil.", P. I, § 14)

§ 62. *Über die Cartesischen Beweise vom Dasein Gottes*

Der *Beweis* von der *Existenz Gottes* aus seinem Wesen oder aus der Idee von ihm, der bekanntlich den Namen des *ontologischen* führt, sich im wesentlichen schon bei einigen Scholastikern, namentlich *Anselmus*, zum Teil selbst schon bei *Augustin*[110] angedeutet findet und nach C. mit einiger Modi-

---

[110] Eine Zusammenstellung *der* Gedanken Augustins überhaupt, die mit den Gedanken des C. über das Wesen des Geistes Ähnlichkeit haben, gab Lud. de la Forge in der Praefatio zu seinem „Tract. de Mente humana".

fikation in die *Leibnizisch-Wolffische* Schule überging, hat schon zur Zeit des C. heftige Anfechtungen erleiden müssen und ist in neuerer Zeit, wie bekannt, hauptsächlich von *Kant* kritisiert worden, dessen Kritik dann *Hegel* wieder in seiner Logik (B. 3.) einer strengen Prüfung unterwarf. Die wesentlichen Punkte, auf die es beim richtigen Verständnis sowohl dieses als des vorhergehenden Beweises ankommt, sind:

1. Die Idee Gottes ist nicht nur eine *notwendige* (nicht gemachte, willkürliche) und *allgemeine*, mit dem *Wesen* des Geistes *identische* (eingeborne) Idee, sondern auch ihrem Gegenstand oder *Inhalt* nach die vollkommenste, die *reellste* aller Ideen und daher von *allen* andern Vorstellungen oder *Ideen unterschieden.* Sie ist die *Idee aller Ideen,* die allerwahrste, die absolut positive, und daher kann der Übergang von ihr zum *Sein* nur dann *kurios* erscheinen, wenn man den *wesentlichen Unterschied* und *Vorzug* dieser Idee vor allen andern *übersieht* und sie mit jeder *beliebigen* subjektiven Vorstellung *gleichsetzt.* „Non enim vis mei argumenti desumitur ab idea in genere sumpta, sed a peculiari ejus proprietate, quae in idea, quam habemus de Deo, evidentissima est, atque in nullis aliarum conceptibus potest reperiri, nempe ab existensiae necessitate, quae requiritur ad cumulum perfectionum, sine quo Deum intelligere non possumus. [Die Kraft meines Arguments leitet sich nicht von der Idee schlechthin her, sondern von der besonderen Eigenart der Idee, die wir von Gott haben, die ganz offenkundig und bei keinem anderen Begriff zu finden ist, nämlich von der Notwendigkeit der Existenz, die zur höchsten Vollkommenheit gehört, ohne die wir Gott nicht denken können.]" („R. Descart. Notae in Program. quoddam etc.", p. 187)

2. Die *Idee Gottes* enthält *notwendige Existenz;* Gott kann gar *nicht anders als seiend gedacht* werden, von seinem *Wesen* ist sein *Sein* unabsonderlich, *ununterscheidbar.* C. selbst erklärt sich nicht näher und bestimmter über die Existenz und das Wesen Gottes und die Einheit beider in ihm. Zur Erläuterung und Entwickelung dieser Ideen mag daher kürzlich folgendes dienen. Bei *endlichen* Wesen ist die Existenz vom Wesen unterschieden oder absonderlich, d. h., ihr Wesen ist *geistig*, ihre Existenz *sinnlich*, und darin eben ist diese von jenem unterschieden und absonderlich. Das Wesen z. B.

des Menschen ist die Geistigkeit, die Vernunft oder wie man es sonst nennen und bestimmen will, aber die Existenz desselben sind die vielen einzelnen Menschen, die in die Sinne fallen. Gottes Wesen ist klar und deutlich, seine Existenz daher, da sie eins mit dem Wesen ist, ebenso klar, so deutlich, so lichtvoll und hell wie sein Wesen; bei dem Menschen dagegen ist die *Existenz* gleichsam die *Sonnenfinsternis* der Idee; so viele Menschen, so viele Flecken in der Sonne ihres Wesens; sie verdunkeln das an sich klare und deutliche Wesen; d. i., in der Idee erkenne ich nicht, weil die Existenz des Menschen die vielen existierenden Menschen sind, die Existenz desselben, ich schaue sie nicht durch das Licht der Vernunft, es ist ein Abbruch zwischen der Idee oder dem Wesen und der Existenz, die daher, als nicht unmittelbar mit dem Wesen verbunden, zufällig, bedingt, abhängig, eine nur mögliche, aber nicht notwendige ist; sie fällt in die Sinne; die Existenz des Menschen, d. i. die Existierenden, lerne ich erst durch den Sinn, die sinnliche Anschauung kennen; das Wesen fällt nur in die Vernunft. Aber bei Gott ist nicht diese Trennung, *er selbst* ist *sein Sein,* „ipse suum esse est" (Resp. V, p. 74); wie sein Wesen, so fällt daher auch seine *Existenz in die Vernunft,* wird zugleich mit dem Wesen von ihr geschaut und ergriffen. Die Existenz Gottes spiegelt ungetrübt sein klares Wesen wider; *in einem Lichte wird daher sein Sein und sein Wesen geschaut,* mit einem und demselben Organe werden beide ergriffen, nämlich mit dem *Auge der Vernunft.* Der Begriff des Wesens Gottes ist zugleich der Begriff seiner Existenz auch, Wesen und Existenz ist in ihm eins, das *Denken* und Erkennen seines *Wesens* und *Seins* daher auch *ein Akt.* Von Gottes Wesen ist seine Existenz nicht zu unterscheiden, d. h. doch wohl, seine Existenz ist eine *wesentliche, keine* sinnliche, so daß ich, um von seinem Dasein mich zu überzeugen, eines *andern* Organs *als der Vernunft* bedürfte; ich kann und brauche daher nicht, um mich von seiner Existenz zu überzeugen, etwa *über die Vernunft oder die Idee hinauszugehen* in die Region der sinnlichen Erfahrung oder einer andern unbekannten Sphäre. „Deduxi probationem Existentiae Dei ex Idea, quam in me sentio, Entis summe perfecti, quae notio communis est, quae de eo habetur. Et verum est *solam considerationem* talis Entis facillime deducere ad cognitionem ejus Existentiae, ita *ut fere idem sit concipere Deum et concipere quod existat.* [Den Beweis für die Existenz Gottes habe ich von der Idee eines höchst vollkommenen Wesens hergeleitet, die ich in mir weiß und die dem gewöhnlichen Gottesbegriff entspricht. In der Tat führt *allein die Erwägung* eines solchen Wesens unschwer zur Erkenntnis seiner Existenz, so daß es *fast das gleiche ist, Gott und seine Existenz zu denken.*]" ("Epist.", P. III, Ep. 114)

Es ergibt sich auch hieraus 3., daß der Beweis vom Dasein Gottes, obwohl ihn C. als einen Beweis *darstellt* und ihn auch in die Form eines Schlusses bringt, nur der *Form* nach, aber nicht dem *Wesen,* der *Sache,* der substantiellen *Idee* nach ein Schluß oder Beweis ist. Die Hauptsache, worauf es hier ankommt, ist die Idee Gottes als des Wesens, in dem das Wesen nicht von der Existenz unterschieden ist. Diese Idee ist *für sich selbst* der Beweis, daß er ist. Die *Idee selbst* ist die *Gewißheit, das Zeugnis, daß Gott* ist; er kann gar nicht anders gedacht werden als seiend; indem ich ihn denke, die Idee von ihm habe, so bin ich schon gewiß, daß er ist; sonst habe ich nicht die Idee von ihm. Die *Existenz* wird nicht erst durch ein *andres* oder *Drittes* mit dem *Wesen verbunden;* nicht durch ein andres oder die Verknüpfung mit ihm werde ich erst gewiß, daß er ist; die Gewißheit von seinem Dasein kommt *nirgendwoanders her als aus seiner Idee.* Der *Begriff* Gottes ist der *Beweis* von seinem *Dasein.* Die Form des Beweises ist daher nur äußerlich, tut nichts zur Sache, ist nur eine der damaligen und auch noch spätern Gewohnheit, alles in mathematische oder logische Beweisformen zu bringen, gemäße Verständigung für das Subjekt. *Gott denken* und *gewiß sein, daß er ist, ist nicht* ein in sich verschiedener, getrennter und *vermittelter* Akt; die Schluß- und Beweisform, die wesentlich nur ist eine Verbindung von Getrenntem oder wenigstens Verschiedenem, ist also hier nur ein Unwesentliches. C. sagt selbst: "Quod autem ad Deum attinet, certe nisi praejudiciis obruerer, et rerum sensibilium imagines cogitationem meam omni ex parte obsiderent, nihil illo *prius* aut *facilius* agnoscerem, nam quid *ex se apertius,* quam summum ens esse sive Deum, ad cujus solius essentiam existentia pertinet, existere? [Was Gott betrifft, so würde ich gewiß nichts *eher* und *leichter* erkennen, würden mich nicht Vorurteile verwirren und die Bilder der sinnlichen Objekte mein Denken von allen Seiten bedrängen; denn was ist *an sich so offensichtlich,* als daß es ein höchstes Wesen gibt oder ein Gott existiert, bei dem allein die Existenz zum Wesen gehört?]" (Medit. V) Ferner: „Considerent in aliarum quidem omnium naturarum ideis existentiam possibilem, in Dei autem Idea non possibilem tantum, sed omnino necessariam contineri. *Ex hoc enim solo* et *absque ullo discursu* cognoscent, Deum existere, eritque ipsis *non minus per se notum,* quam numerum binarium esse parem, vel ternarium imparem et similia. Nonnulla enim quibusdam *per se* nota sunt, quae ab aliis non nisi per discursum intelliguntur. [Man bedenke, daß in den Ideen aller anderen Naturdinge die Existenz als Möglichkeit, in der Gottesidee dagegen nicht nur als Möglichkeit, sondern vielmehr als Notwendigkeit enthalten ist. *Daraus allein* und *ohne jede Vermittlung* erkenne man die Existenz Gottes, die *an sich nicht weniger offen zutage liegt,* als daß die Zweizahl gerade, die Dreizahl ungerade ist, und dergleichen mehr. Freilich ist einiges manchen von selbst klar, was andere erst aus Vermittlungen begreifen.]" („Ration. mor. geom. disp.", S. 87)

4. Gassendi macht dem C. den Einwurf, daß er die Existenz unter die Perfektionen oder Eigenschaften Gottes rechne. „Allein, weder in Gott noch sonstwo ist die Existenz eine Vollkommenheit oder Eigenschaft, sondern die Voraussetzung der Vollkommenheiten. Denn was nicht existiert, hat weder Vollkommenheit noch Unvollkommenheit; und was existiert und mehrere Vollkommenheiten hat, das hat nicht die Existenz als *eine* unter andern Vollkommenheiten, sondern als das, wodurch sowohl es selbst als die Vollkommenheiten wirklich sind." (Object. V) C. erwidert hierauf: „Ich sehe nicht ein, warum nicht die Existenz ebensogut eine Eigenschaft (proprietas) genannt werden kann als die Allmächtigkeit, wenn man nämlich unter dem Wort Eigenschaft jedes Attribut oder alles, was von einer Sache ausgesagt werden kann, versteht, wie es hier verstanden werden muß. Im Gegenteil, die notwendige Existenz ist in Gott im strengsten Sinne eine Eigenschaft, denn nur ihm kommt sie zu und in ihm allein ist sie ein Bestandteil des Wesens." (Resp. V, p. 74) Allerdings hat G. recht, wenn er behauptet, daß die Existenz keine Perfektion oder Eigenschaft oder Attribut ist. Allein diese unrichtige Vorstellung hebt nicht

die Wahrheit der Idee auf; und es kommt ja alles darauf an, daß die Existenz in der Beziehung nur zum *Wesen* steht, in welcher Beziehung die Existenz die Bedeutung einer bloßen Perfektion verliert und die *der Perfektion der Perfektionen, der Realität* der Realitäten bekommt.

Dem C. wurde außerdem noch von seinen Gegnern, so auch von dem Jesuiten Gabriel Daniel in seinem satyrischen „Voyage du monde de Des-Cartes", der Vorwurf gemacht, daß Gott nach ihm das Prinzip der Gewißheit sei, er erst durch die Gewißheit von Gottes Dasein gewiß werde, daß das, was er klar und deutlich einsehe, wahr sei, und doch daher, daß er klar und deutlich einsehe, daß die Existenz notwendig in der Idee Gottes enthalten sei, die Gewißheit herhole, daß Gott existiere, also das erste durch das zweite und das zweite durch das erste beweise.[111] Allein, es ist zu bemerken, daß der Geist nicht erst vermittelst der Gewißheit von Gottes Dasein, sondern unmittelbar – denn das macht ja ihn gerade zum Geist, zum Bewußtsein – seiner selbst, seiner Existenz gewiß ist und ebenso aus sich selbst gewiß ist und sein kann, daß das, was er klar und deutlich einsieht, wahr ist, daß ferner Gott nicht sowohl erst das Prinzip der Gewißheit ist als vielmehr das Prinzip der *Vervollständigung* der Gewißheit, der *Bestätigung,* der objektiven Autorisation, daß das, was dem Geiste durch seinen klaren und deutlichen Begriff aus ihm selbst gewiß ist, auch wirklich wahr sei. Allerdings bleibt ein Widerspruch übrig, der aber in der Sache selbst enthalten ist, in dem Geiste nämlich, wiefern er Selbst ist, und der sich daher auch später auf eine noch viel stärkere Weise als in C. in verschiedenen moralischen und religiösen, selbst philosophischen Ansichten der neuern Zeit vorfindet, die den Geist als Selbst zu ihrem Prinzip haben, und als ein Niederschlag, gleichsam als der Satz der Cart. Philosophie angesehen werden müssen.

---

[111] „Iter per Mundum C.", Amstel. 1694, p. 83–84. Sosehr übrigens C. in dieser unterhaltenden und für die Geschichte der C. Philosophie wichtigen Schrift mitgenommen und lächerlich gemacht wird, so werden doch zugleich seine Verdienste anerkannt.

„Da ich gewiß bin", fährt C. fort, „daß Gott ist das unendliche Wesen, das alle Perfektionen in sich enthält, so bin ich auch gewiß, daß Gott mich nie täuscht und betrügt; denn die Täuschung, der Betrug ist eine Unrealität und kann daher als solche Gott, dem absolut Reellen, nicht zukommen." (Medit. IV) „Er ist vielmehr die höchste Wahrhaftigkeit, die Quelle alles Lichtes. Es ist daher ein Widerspruch, daß er die eigentliche oder positive Ursache unserer Irrtümer ist. Es ist also notwendig, daß das Licht der Natur oder das uns von Gott gegebene Erkenntnisvermögen nie ein Objekt erfassen kann, das nicht wahr ist, insofern es erfaßt wird, d. i., insofern es klar und deutlich erkannt wird. Denn Gott würde mit Recht ein Betrüger genannt, wenn er ein Erkenntnisvermögen uns gegeben hätte, das verkehrt wäre und Falsches für Wahres ergriffe. Es schwindet daher jetzt der frühere Zweifel, der in mir deswegen entstand, weil ich nicht wußte, ob ich nicht vielleicht eine solche Natur hätte, die mich selbst im Evidentesten täuschte." („Princ. Phil.", P. I, § 29, 30) „Durch die *Gewißheit* von der *Realität* und *Wahrhaftigkeit* Gottes werde ich darum jetzt auch *gewiß*, daß *materielle Dinge existieren;* denn die Vorstellungen von den materiellen Dingen produziere ich nicht aus mir selbst, sie entstehen im Gegenteil oft wider meinen Willen und ohne daß ich dabei mittätig bin, ich sehe vielmehr klar ein, daß sie von den Dingen selbst herkommen; Gott würde mich daher täuschen, wenn sie anderswoher als von den Dingen in mich kämen, und es existieren folglich materielle Dinge. Ebenso werde ich nun auch gewiß, daß ich mit einem Körper eng verbunden bin. Die *Gewißheit aller Erkenntnis hängt daher allein von der Erkenntnis Gottes ab,* so daß man, ehe man Gott kennt, nichts vollkommen wissen kann." (Medit. VI u. IV)

Der Geist hat sich also wohl in dem Bewußtsein Gottes aus dem Standpunkt der bloßen Selbstgewißheit zum Bewußtsein der Wahrheit und Unendlichkeit erhoben, aber er kommt doch nicht über sich hinaus; denn das Bewußtsein von Gott ist selbst wieder nur die Gewißheit seiner selbst, Gott ihm nur die Bestätigung und Bewährung dessen, was ihm aus ihm selbst gewiß ist, nur die Garantie, daß das, was er klar und deutlich einsieht, wahr ist. „Non dubium est, quin Deus sit capax, ea omnia efficiendi, quae ego sic percipiendi sum capax, nihilque unquam ab illo fieri non posse judicavi, nisi propter hoc, quod illud a me distincte percipi repugnaret. [Zweifellos ist Gott imstande, alles zu bewirken, was ich klar und deutlich zu erfassen vermag, und nie habe ich angenommen, daß ihm etwas zu schaffen nur deswegen unmöglich sei, weil es sich vielleicht von mir nicht deutlich erfassen läßt.]" (Medit. VI, p. 35) Bei C. hat also schon Gott, in dieser Beziehung wenigstens, dieselbe Bedeutung, die er fast überall in der neuern Zeit erhielt, nur mit dem großen Unterschied, daß bei C. Gott die Affirmation des denkenden Geistes ist, während er nachher die Bedeutung bekam, nur die Bestätigung, die Affirmation der subjektiven Herzenswünsche zu sein.

§ 64. *Übergang zur Naturphilosophie Descartes'*

Für den Geist, der den Körper als ein nicht zu sich Gehöriges von sich ausscheidet und in dieser Absonderung und Unterscheidung sich als Geist erfaßt, ist gerade die *Natur* das interessanteste Objekt seiner Erkenntnis; denn eben in dieser Unterscheidung fixiert er sie als ein *wesentliches* Objekt, zieht sie alle seine Aufmerksamkeit auf sich, erweckt sie in ihm die brennende Begierde, sie kennenzulernen. Gerade dadurch ja, daß er die Natur im Gegensatze nur gegen sich erfaßt und sich wieder nur im Gegensatze gegen sie, ist die Betrachtung und Erforschung der Natur ein Interesse seines *Wesens* selber.[112] C. kann daher auch nicht ge-

---

[112] Wie Bacon und Hobbes hat aber auch C. zugleich ein *praktisches* Interesse, nämlich das *Heil* der Menschheit durch die Erkenntnis der Natur zu fördern, die Leiden der Menschheit nicht durch supranaturalistische Gnadenmittel, sondern durch *natürliche Heilmittel* zu heben. Er sagt – „Höret es, ihr Seelsorger!" –: „Animus enim adeo a temperamento et organorum corporis dispositione pendet, ut si ratio aliqua possit inveniri, quae homines *sapientiores* et ingeniosiores reddat quam hactenus fuerunt, credam illam in Medicina quaeri debere [Der Geist hängt nämlich so stark von Temperament und Disposition der Körperorgane ab, daß ich glaube, wenn man ein Mittel erfinden könnte, die Menschen *weiser* und klüger zu ma-

schwind genug an die Naturphilosophie kommen, nur in ihr ist es erst ihm wohl, sie sein angelegentlichstes Interesse. Die Natur ist aber für den Geist auf diesem Standpunkte, wo sie nur als das Andere, als der Gegensatz des Geistes bestimmt ist, nur als *Materie* Objekt. Substantialität, Wirklichkeit oder Realität hat für diesen Geist nur das *Gewisse*, das Gewisse ist ihm das Wahre, d. i., wahr, was er klar und deutlich einsieht oder vorstellt. Nicht die riech-, schmeck-, tast- und sichtbare, kurz, nicht die sinnlich bestimmte, die fühlbare Natur ist ihm die substantielle Natur – denn das Gefühl ist dunkel, undeutlich, ungewiß –, sondern allein die klar und deutlich vorgestellte, die gewisse, die *evidente* Natur ist für ihn die *wirkliche* Natur. Diese abstrakte, von den sinnlichen Qualitäten abgesonderte, nur dem Geiste gegenständliche, evidente Natur ist aber eben die Materie oder die Natur als Materie, und zwar als eine Materie, deren wesentliche Bestimmung die *Ausdehnung* ist. Die Materie ist zwar das direkt dem Geiste Entgegengesetzte, denn sie macht das Nichtgeistige zum Nichtgeistigen, den Körper zu dem, was er ist, seine wesentliche Bestimmung ist allein die Ausdehnung; aber doch ist gerade diese Betrachtungsweise der Natur als einer bloßen Materie und der Materie als bloßer Ausdehnung *die* Anschauung, welche mit dem selbstgewissen Geiste identisch oder doch am wenigsten ihm entfremdet ist, am nächsten ihm liegt, ihn nicht von sich entfernt, *die* Anschauung, in der der Geist bei und in sich selbst bleibt, in dem Bewußtsein und der Gewißheit seiner selbst, *in der Absonderung* und Abgezogenheit vom *Sinnlichen*.[113] Denn die Materie als bloße Ausdehnung ist selbst abgesondert von den sinnlichen Bestimmungen, sie ist nur Gegenstand des Geistes, sie ist ein klarer und deutlicher Begriff und als dieser eine Bejahung des Geistes, Ausdruck seiner Selbstgewißheit. Die Anschauung der Materie ist zwar eine Entäußerung des Geistes, aber sie ist keine Entfremdung, sie sondert den Geist

chen, dies in der Medizin gesucht werden muß]", und setzt dann noch hinzu, daß die Befreiung von unzähligen sowohl leiblichen als geistigen Übeln nur von der Erkenntnis der Natur abhängt. („Diss de Meth.", VI, p. 53.)
[113] Vgl. hiermit die oben angeführte Stelle von Bacon von Verulam über die Quantität.

nicht von sich selbst ab, sie stürzt ihn nicht aus dem klaren Himmel seiner Selbstgewißheit in die Nacht der Sinnenvorstellungen. Diese gewisse und evidente, den Geist nicht sich entfremdende, nicht aus dem Heiligtume seiner Selbstgewißheit reißende, nicht von seiner Absonderung vom Sinnlichen abziehende Anschauung der Natur ist aber eben die lediglich *mathematische* oder *quantitative* Anschauung derselben;[114] denn in dieser ist die Natur als Materie, als Ausdehnung Objekt und nur als diese reell.

C. sagt selbst, daß er bei seiner Naturphilosophie keine andere Materie zugrunde lege als die, welche Gegenstand der Geometrie ist, keine anderen als mathematische Prinzipien bei der Physik anwende. „Plane profiteor, me nullam aliam rerum corporearum materiam agnoscere, quam illam omnimode divisibilem, figurabilem et mobilem, quam Geometrae quantitatem vocant, et pro objecto suarum demonstrationum assumunt, ac nihil plane in ipsa considerare praeter istas divisiones, figuras et motus. [Ich erkläre ausdrücklich, daß ich bei körperlichen Objekten keine andere Materie gelten lasse als jenes beliebig Teilbare, Formbare und Bewegliche, das die Mathematiker Größe nennen und das sie zum Gegenstand ihrer Demonstrationen nehmen, wobei sie nichts als diese Teilungen, Formen und Bewegungen in Betracht ziehen.]" („Princ. Phil.", P. II, § 64) Darüber, daß diese Materie, obwohl sie Abstraktion ist, Realität hat, keine Einbildung des Geistes ist, erklärt sich C. („R. de C. ad C. L. R. Ep.", p. 147) Die *Körper* werden daher eigentlich nicht durch die Sinne oder die Imagination, sondern allein durch die *Intelligenz*, den Verstand wahrgenommen; d. i., das wahrhaft Existierende, das wahrhaft Objektive in ihnen ist nur das, was vom Verstande ergriffen wird, was und wiefern es Objekt desselben ist. „Mihi nunc notum, ipsamet corpora non proprie a sensibus vel ab imaginandi facultate, sed a *solo intellectu* percipi, nec ex eo percipi, quod tangantur aut videantur, sed tantum ex eo, quod *intelligantur*. [Nun ist mir klar, daß die Körper als solche nicht eigentlich von den

---

[114] „Quorum (nämlich der Zahlen, Figuren, kurz, der mathematischen Gegenstände) veritas adeo aperta est et *naturae meae consentanea*. [Ihre (…) Wahrheit ist gar offensichtlich und *mit meiner Natur übereinstimmend*.]" (Medit. V.)

Sinnen oder von der Vorstellungskraft erfaßt werden, sondern *allein vom Verstand,* nicht sofern sie befühlt und gesehen, sondern soweit sie *begriffen* werden.]" (Medit. II)

§ 65. Die Prinzipien der C.schen Naturphilosophie

„Das *Wesen* der *Materie* oder des *Körpers* überhaupt besteht nicht darin, daß er hart, farbig oder gewichtig ist oder auf andere Weise die Sinne affiziert, sondern allein darin, daß er in die Länge, Breite und Tiefe *ausgedehnt* ist. Gewicht oder Schwere, Farbe und alle andere an der körperlichen Materie wahrnehmbaren Qualitäten können ohne Verletzung ihres Wesens aufgehoben werden, von keiner dieser Qualitäten hängt daher ihre Natur ab." („Princ. Phil.", P. II, § 4) „Würde man den Körper als eine sinnliche oder fühlbare Substanz bestimmen wollen, so würde man ihn nur im Verhältnis zu unsern Sinnen bestimmen und daher nicht sein ganzes Wesen, sondern nur eine Eigenschaft von ihm angeben; denn da die Existenz seines Wesens nicht von der Existenz des Menschen abhängt, so hängt es nicht von den Sinnen ab." („Epist.", P. I, Ep. 27) „Alle *sinnlichen Eigenschaften* sind nur gewisse in unserm Bewußtsein vorhandene *Gefühle,* die ebenso verschieden sind von den Körpern selbst als der Schmerz von der Gestalt und Bewegung des Körpers, der ihn verursacht, sie bestehen allein in der *Bewegung* oder *Beraubung* der Bewegung und der verschiedenen *Lage* und *Zusammenstellung* der körperlichen Teile, sie drücken nichts Reelles aus, sind nur dunkle, unklare Bestimmungen oder Vorstellungen unsers Bewußtseins oder Denkens." (Resp. VI; Medit. III) *„Das Wesen der Körper ist allein die Ausdehnung.* Dagegen ließe sich aber einwenden, daß die meisten Körper so verdünnt und verdickt werden können, daß die verdünnten mehr Ausdehnung haben als die verdichteten und daß man die Substanz des Körpers von seiner Größe oder Quantität und die Quantität selbst wieder von der Ausdehnung unterscheiden könne, ferner, daß man da, wo man nichts weiter wahrnimmt als Ausdehnung, nicht sagt, daß ein Körper da sei, sondern nur der Raum, und zwar der leere Raum, der fast allen für ein bloßes Nichts gilt." („Princ. Phil.", P. II, § 5)

Die *Verdünnung* und *Verdichtung* ist aber, wenn man nur das annimmt, was man klar und deutlich vorstellt, nichts andres als eine Veränderung der Gestalt. Verdünnte Körper sind diejenigen, zwischen deren Teilen viele mit andern Körpern angefüllte Zwischenräume sind, dichter werden sie nur dadurch, daß ihre Teile durch eine gegenseitige Annäherung diese Zwischenräume vermindern oder gänzlich aufheben, in welchem Falle sich ein Körper in dem Zustand der absoluten Dichtheit befände. Deswegen ist er aber nicht weniger ausgedehnt, als wenn er in dem Zustande, wo seine Teile weiter voneinander abstehen, einen größern Raum einnimmt; denn alle Ausdehnung in den Zwischenräumen kommt nicht ihm selbst zu, sondern den Körpern, die diese Zwischenräume einnehmen, gleichwie ein Schwamm, wenn er von einer Flüssigkeit aufgetrieben ist, seinen einzelnen Teilen nach nicht ausgedehnter ist, als wenn er trocken und zusammengedrückt ist, sondern jetzt nur größere Poren hat und daher durch einen größeren Raum sich ausdehnt. (Ebd., § 6)

Was die *Quantität* betrifft, so ist diese nur der Vorstellung nach, nicht *an sich* oder wirklich von der *ausgedehnten Substanz* verschieden. Ebenso ist der *Raum* oder der *innere Ort* nicht realiter, sondern nur unserer Vorstellungsweise nach von der in ihm enthaltenen körperlichen Substanz verschieden. Denn die Ausdehnung in die Länge, Breite und Tiefe, die das Wesen des Raums, macht auch das des Körpers aus. Nur darin liegt der Unterschied, daß wir sie am Körper im einzelnen und besondern betrachten und glauben, sie ändere sich so oft, als der Körper sich ändert, beim Raum aber nur im allgemeinen sie betrachten, so daß wir mit der Veränderung des den Raum erfüllenden Körpers nicht auch eine Veränderung in der Ausdehnung des Raumes selbst annehmen, solange sie in derselben Größe, Gestalt und Lage zwischen den äußern Körpern, durch die wir den Raum bestimmen, bleibt. Diese *Einheit* des *Raumes* und des *Körpers* ist leicht einzusehen, wenn man von der Vorstellung eines Körpers, z. B. des Steines, alles absondert, was nicht zum Wesen des Körpers gehört, also die Härte, denn wenn der Stein flüssig wird oder in ganz kleine Stäubchen zerteilt wird, so verliert er sie, ohne doch deswegen aufzuhören, Körper zu sein, dann die Farbe, denn manche Steine sind so durchsichtig, daß sie ganz farblos sind, ferner die Schwere, denn das Feuer wird ungeachtet seiner Leichtigkeit doch für einen Körper gehalten, endlich Kälte und Wärme und alle andere Beschaffenheiten, weil sie entweder beim Steine nicht in Betracht kommen oder er die Natur des Körpers nicht verliert, wenn sie verändert werden. Nach der Absonderung und Wegwerfung dieser Beschaffenheiten bleibt nun nichts in der Vorstellung des Steins übrig als die Ausdehnung in die Länge, Breite und Tiefe. Aber diese Ausdehnung enthält auch die Vorstellung des Raumes, und zwar nicht nur des vollen, sondern auch des leeren Raumes. Nur in unsrer Vorstellungsweise liegt der Unterschied. Wenn nämlich der Stein aus dem Orte oder Raume, in dem er ist, weggenommen ist, so glauben wir, daß damit auch seine Ausdehnung aufgehoben sei, weil wir sie als einzeln und von ihm absonderlich ansehen, von der Ausdehnung des Raumes jedoch, in dem der Stein war, glauben wir, daß sie übrig und dieselbe bleibe, wenngleich jetzt jener Raum schon von irgendeinem andern Körper erfüllt ist oder auch für leer angesehen wird. Hier betrachten wir nämlich die Ausdehnung im allgemeinen, die ebensogut die Ausdehnung des Steins wie aller andern Körper ist, wenn sie nur dieselbe Größe, Gestalt und Lage zwischen den äußern, jenen Raum bestimmenden Körpern behält. Da die Ausdehnung des Raums oder – denn es ist eins – des innern Orts nicht von der Ausdehnung des Körpers unterschieden ist, so kann es offenbar auch keinen leeren Raum geben, in dem keine Substanz wäre. Denn schon daraus allein, daß der Körper ein in die Länge, Breite und Tiefe Ausgedehntes ist, schließen wir mit Recht, daß er eine Substanz ist, weil der Gedanke, daß das Nichts eine Ausdehnung habe, sich widerspräche. Derselbe Schluß gilt nun aber auch von dem als leer vorausgesetzten Raume, denn weil in ihm Ausdehnung ist, so ist notwendig auch Substanz in ihm." (Ebd., § 8, 10–12 u. 16)

„Aus der Einheit der körperlichen Substanz mit der Ausdehnung und dem Raume folgt, daß in einem Gefäße, wenn es mit Blei oder Gold oder sonst einem andern noch so schweren und harten Körper gefüllt ist, nicht mehr Materie oder körperliche Substanz ist, als wenn es nur Luft enthält oder für leer angesehen wird. Denn die *Quantität* der *Teile* der Materie hängt nicht von ihrer Schwere oder Härte ab, sondern allein von der *Ausdehnung,* die in demselben Gefäße immer gleich ist. Es folgt ferner daraus, daß es unmöglich ist, daß es ihrer Natur nach unteilbare Teile der Materie gibt. Denn da sie, wenn es deren welche gibt, notwendig ausgedehnt sein müssen, sie mögen nun auch noch so klein vorgestellt werden, so können wir immer noch einen jeden Teil in zwei oder mehrere kleine Teile im Gedanken zerteilen und daraus ihre Teilbarkeit erkennen. Denn wir können nichts im Gedanken teilen, ohne eben dadurch seine Teilbarkeit zu erkennen, und es würde daher das Urteil, es sei unteilbar, unsrer Erkenntnis widersprechen." (Ebd., § 20)

„Die *Welt* oder der Inbegriff der körperlichen Substanz *hat keine Grenzen der Ausdehnung.* Die Materie des Himmels und der Erde ist eine und dieselbe. Wenn es auch unzählige Welten gäbe, so müßten sie doch alle aus derselben Materie bestehen, und es kann daher nicht mehrere, sondern nur eine Welt geben; denn wir sehen deutlich ein, daß jene Materie, deren Wesen allein in der Ausdehnung besteht, alle möglichen oder vorstellbaren Räume, in denen jene Welten sein müßten, einnehmen würde, und finden von keiner andern Materie eine Vorstellung in uns. Im *ganzen Universum* existiert also nur *eine und dieselbe Materie;* denn alle Materie ist nur durch dies eine bestimmt, daß sie ausgedehnt ist. Und alle Eigenschaften, die wir mit Klarheit an ihr wahrnehmen, reduzieren sich darauf allein, daß sie *teilbar* und ihren Teilen nach *beweglich* ist und daher alle diese Bestimmungen annehmen kann, die wir aus der Bewegung ihrer Teile ableiten können. Denn die Teilung, die bloß durch den Gedanken geschieht, ändert nichts, sondern *alle Mannigfaltigkeit der Materie oder die Verschiedenheit aller ihrer Formen hängt von der Bewegung ab.* Die Bewegung aber, nämlich die örtliche (denn keine andere kann gedacht werden), ist die Versetzung eines Teils der Materie oder eines Körpers aus der Nähe der Körper, die ihn unmittelbar berühren und als ruhend angesehen werden, in die Nähe anderer." (Ebd., § 21–25)

„Die *Ursache* der Bewegung ist teils eine *allgemeine* und *ursprüngliche,* welche die allgemeine Ursache aller Bewegungen in der Welt ist, teils eine *besondere,* von der es kommt, daß die einzelnen Teile der Materie Bewegungen bekommen, die sie vorher nicht hatten. Die *allgemeine Ursache* ist *Gott*, der die Materie zugleich mit der Bewegung und Ruhe im Anfang erschuf und schon allein vermöge seiner natürlichen Mitwirkung so viel Bewegung und Ruhe in ihr erhält, als er anfangs in sie legte. Denn obgleich die Bewegung nichts anders an der bewegten Materie ist als eine Bestimmung oder Affektion derselben, so hat sie doch eine bestimmte Größe oder Quantität, die, obgleich in den einzelnen Teilen der Materie verschieden, im ganzen doch immer dieselbe bleibt, so daß, wenn ein Teil der Materie sich um das Doppelte schneller bewegt als ein andrer und dieser andere um das Doppelte größer ist als der erstre, ebensoviel Bewegung im kleinern als im größern ist und daß, je langsamer die Bewegung eines Teils geschieht, desto schneller die Bewegung irgendeines andern, ihm gleichen ist. Wir sehen auch ein, daß in Gott nicht nur die Unveränderlichkeit seines Wesens, sondern auch die seiner Wirkungsweise eine Vollkommenheit ist. Weil nun Gott die Teile der Materie bei ihrer Erschaffung verschiedentlich bewegte und diese ganze Materie auf dieselbe Weise und in demselben Verhältnis, als er sie erschuf, erhält, so ist es vernünftig, anzunehmen, daß er auch immer dieselbe Größe der Bewegung in ihr erhalte." (Ebd., § 36)

„Aus dieser Unveränderlichkeit Gottes lassen sich folgende Gesetze der Natur erkennen, die die sekundären und besondern Ursachen der verschiedenen Bewegungen in den einzelnen Körpern sind. Das erste dieser Gesetze ist: Jedes Ding, inwiefern es einfach und ungeteilt ist, bleibt für sich selber immer in demselben Zustande und wird nur von äußern Ursachen verändert; wenn es also z. B. ruht, wird es nie von sich selbst, sondern nur von einer äußern Ursache in Bewegung gesetzt; wenn es sich bewegt, wird es stets nur durch die Hindernisse anderer Körper, z. B. den Widerstand der Luft, zur Ruhe gezwungen, außer dem aber würde es sich immer fortbewegen. Das zweite Gesetz der Natur ist: Jeder Teil der Materie, für sich besonders betrachtet, strebt nur darnach, in gerader, aber nicht in krummer Linie die Bewegung fortzusetzen. Jeder Körper daher, der sich im Kreise bewegt, ist beständig bestrebt, von dem Mittelpunkt des Kreises, den er beschreibt, wegzukommen. Das dritte Gesetz der Natur ist dieses: Wenn ein bewegter

Körper einem andern begegnet und eine geringere Kraft zur Fortsetzung seiner Bewegung in gerader Linie hat als der andere zum Widerstandleisten, so bekommt er eine andere Richtung und verliert so nicht seine Bewegung, sondern nur die Richtung derselben; hat er aber eine größre Kraft, so bewegt er den andern mit sich fort und verliert so viel von seiner Bewegung, als er dem andern mitteilt. Die Kraft aber eines Körpers, in einen andern einzuwirken oder der Tätigkeit eines andern zu widerstehen, besteht darin allein, daß ein jedes Ding für sich selbst in demselben Zustand, in dem es ist, zu verbleiben sich bestrebt. Das Verbundene hat daher einige Kraft, die Trennung zu verhindern, das Getrennte, getrennt zu bleiben, das Ruhende, in seiner Ruhe zu beharren und folglich dem zu widerstreben, was sie ändern kann, das sich Bewegende, in seiner Bewegung, d. i. in der Bewegung von derselben Geschwindigkeit und Richtung, zu verbleiben."[115] (Ebd., § 37–43)

§ 66. *Kritik des Prinzips der Cartesischen Naturphilosophie*

Der Haupt- und Grundmangel in der Cartesischen Naturanschauung liegt nicht nur darin, daß er das Wesen der Materie lediglich in die ganz einfache, abstrakte Bestimmung der Ausdehnung setzte, sondern auch darin, daß er überhaupt die Materie als solche, in der Abstraktion von der Bewegung, als das einzig Substantielle von der Natur zugrunde legte, sie nur in der Bestimmung der Positivität, nicht auch der Negativität erfaßte, nicht das Mangelhafte der Materie für sich selbst, das die Materie als eine bloße Materie Aufhebende *in ihr selbst* erkannte. Der Hauptmangel also ist der, daß er die *Bewegung*, die eben die Indifferenz des bloßen Ausgedehnt- und Außereinanderseins der materiellen Teile aufhebt, die Teile aus ihrer toten Indifferenz aufschreckt, wacker durcheinanderrüttelt und dadurch, daß sie die Ma-

---

[115] Eine Beurteilung der Cartesischen Gesetze der Bewegung sowohl im allgemeinen als im besondern vom Standpunkt der Physik aus findet man in *Fischers* „Geschichte der Physik", S. 322–327 und S. 355–360, I. Bd.

terie der Bestimmung der Indifferenz, die sie zur bloßen Materie macht, beraubt, Unterschied, Beschaffenheit, Physikalisches in ihr erzeugt und so gewissermaßen sie immateriell macht, vergeistigt, daher die erste abstrakte Form des Lebens oder das erste abstrakte Prinzip aller Qualität und alles Lebens ist, nicht *aus der Materie* selbst entspringen ließ, nicht aus und in ihr selbst enthalten erkannte, sondern zu Gottes Macht seine Zuflucht nahm und so äußerlich sie in die Natur hineinschleppte.[116] C. wie Hobbes erkannten, daß die Materie für sich allein zur Konstruktion der Natur unzulänglich sei, und trugen daher, teils durch die Erkenntnis dieses Mangels, teils durch die Erfahrung dazu bewogen, die Bewegung mit zur Materie hinzu, verbanden sie äußerlich mit ihr; aber sie erkannten nicht, daß dieses Bedürfnis der Bewegung nicht nur ein subjektives, sondern ein *objektives*, ein *Bedürfnis der Materie* selbst ist, daß die Bewegung ihr selbst durchaus wesentlich, eine aus ihr selbst hervorgehende Notwendigkeit, daß sie, um in personifizierenden Bildern die Sache zu erläutern, nichts andres ist als der aus ihrem eignen Magen in der Materie aufsteigende Ekel an sich, als die aus ihren eignen Eingeweiden sich erhebende Indignation über die Leerheit und Stupidität ihrer Indifferenz, die sie aus dem Schlaf ihrer absoluten Geistlosigkeit zu dem unterscheidenden Tageslicht eines bestimmten Lebens aufweckt.

So mangelhaft und abstrakt aber auch die Grundprinzipien der Naturphilosophie des C. sind, und so viele übereilte,

---

[116] *Henricus Morus* behauptet gegen Cartesius in einem Briefe an ihn, daß die Materie ein dunkles Leben sei. „Hinc enim illud consurgeret, quod a meo intellectu minime alienum est *materiam* utique *vitam* esse *quandam obscuram* (utpote quam ultimam Dei umbram existimo), nec in sola extensione partium consistere, sed in aliquali semper actione, h. e. vel in quiete vel in motu, quorum utrumque revera actionem esse ipse concedis. [Hieraus würde sich ergeben, was meinem Denken keineswegs fremd ist, daß nämlich die *Materie* durchaus *Leben* darstellt, wenn auch nur *ein verborgenes* (da ich sie für ein ganz entferntes Abbild Gottes halte), und daß sie nicht nur in der Ausdehnung ihrer Teile besteht, sondern in einer steten Tätigkeit, d. h. entweder in der Ruhe oder in der Bewegung, die beide, wie du selbst zugibst, in Wahrheit Tätigkeit sind.]" („Ren. Desc. Epist.", P. I., Ep. LXX, p. 215.)

unbegründete Hypothesen, wie z. B. die Hypothese von seinen Wirbeln, er auch aufstellte, so bleibt ihm doch nicht nur das hohe Verdienst, auch in der Naturphilosophie von vornen angefangen, sich zu einer neuen, aus selbständigem Geiste erzeugten, die Natur im großen umfassenden Anschauung derselben erhoben und mit Macht auch im Gebiete der speziellen Gegenstände der Naturwissenschaften den menschlichen Geist in Tätigkeit versetzt, die Gelegenheit zu fernern Entdeckungen und Berichtigungen gegeben und selbst manche richtige Gesetze gefunden zu haben, sondern es bleibt ihm auch das noch viel höhere Verdienst, das geistige und allgemeine, das metaphysische oder spekulative Prinzip, welches dem Standpunkte der Erfahrung und namentlich des auf Erfahrung gegründeten Naturstudiums zugrunde liegt und ihm objektive, allgemeine Bedeutung gibt, zuerst bestimmt ausgesprochen zu haben. Denn die Erfahrung setzt, wie schon früher gezeigt wurde, als die geistige und verborgene Bedingung ihres Anfangs *das* geistige Prinzip voraus, welches den Geist seiner Philosophie ausmacht, wenn er es gleich in seiner abstraktesten und beschränktesten Form aussprach. Die Naturwissenschaften, besonders aber die Physik stand daher auch bis auf die neuesten Zeiten im wesentlichen und allgemeinen, d. i. dem metaphysischen oder naturphilosophischen Teil nach, auf dem Standpunkt der Philosophie des C., obwohl die meisten Physiker keine Cartesianer waren, sondern im Gegenteil mehr dem Atomismus huldigten, der aber im wesentlichen selbst nicht von der Naturphilosophie des C. verschieden ist, da er ebenso wie diese auf bloßem Mechanismus und Materialismus beruht. Denn die allgemeinen Prinzipien der Naturphilosophie des C., seine Anschauung von der Natur als einer bloßen Materie, von der Bewegung als einem äußerlich oder unbegreiflich mit der Materie Verbundenen, von den Poren, von der Indifferenz der Materie, blieb auch die Grundlage der spätern Physik.

Die Naturphilosophie des C. hat wie jede Anschauungsweise der Natur, die auf denselben allgemeinen Prinzipien,
von denen C. ausgeht, oder auf diesen verwandten beruht,
die Natur zu ihrem Objekte als ein Totes, Mechanisches,
Äußerliches; denn sie hat sie nur in ihrem Unterschiede
vom Geiste, bloß in dem Gegensatz gegen ihn, der doch das
Prinzip alles Lebens ist, und darum nur als Materie zu ihrem Gegenstande. Wohl erhebt sich der Geist auch auf dem
Standpunkt der Cartesischen Philosophie vermittelst des
Bewußtseins von der Existenz der *unendlichen Substanz,* die
in *keinem Gegensatze* steht, zur *Aufhebung des Gegensatzes* zwischen Geist oder Seele und *Materie*, und kommt also auch
auf diesem Standpunkte in *einem* Punkte die Anschauung
vom Leben, d. i. eben von der Einheit des Geistes und der
Materie, zum Vorschein. *Allein* es kommt zu keiner *wirklichen* Einheit. Die Begriffe des Geistes und der Materie sind
zwei ganz verschiedene; alle *körperlichen* Bestimmungen reduzieren sich auf die *Ausdehnung* als ihr gemeinschaftliches
Wesen; alle geistigen Akte aber oder Bestimmungen, wie
Wollen, Fühlen, Einbilden, haben zu ihrem gemeinschaftlichen Wesen das *Denken*, die Vorstellung oder das Bewußtsein; aber die Akte des Körpers haben durchaus keine Gemeinschaft mit den Akten des Geistes, das Denken, das
gemeinschaftliche Wesen der geistigen Bestimmungen, und
die Ausdehnung, das gemeinschaftliche Wesen aller körperlichen Bestimmungen, sind der *Gattung* nach *unterschieden*.
Der Körper ist seiner Natur nach immer teilbar, der Geist
aber durchaus unteilbar; denn das denkende Wesen kann
keine Teile in sich unterscheiden, es ist ein durchaus identisches Wesen. Alles, was daher vom Körper gilt, muß vom
Geiste verneint werden, beide schließen sich aus,[117] sie sind

---

[117] „Omnes illi actus (scl. corporei) conveniunt sub una communi
ratione extensionis: sunt deinde alii actus, quos vocamus cogitati-
vas, ut intelligere, velle etc., qui omnes sub ratione communi cogitationis sive perceptionis sive conscientiae conveniunt. Actus cogi-
tativi nullam cum actibus corporeis habent affinitatem, et cogitatio,
quae est ipsorum ratio communis, toto genere differt ab extensione, quae est ratio communis aliorum (corporeorum). [Alle jene

ihrem Begriffe nach selbständig, unabhängig voneinander, beide sind für sich selbst komplette oder vollständige Substanzen.[118] Es ist also unmöglich, daß eine lebendige, orga-

Vorgänge (nämlich der Körper) fallen unter das eine allgemeine Prinzip der Ausdehnung; daneben bestehen andere, die wir gedankliche nennen, wie Verstehen, Wollen usw., und die alle unter das allgemeine Prinzip des Denkens, der Erkenntnis oder des Bewußtseins fallen. Denkakte haben mit körperlichen Vorgängen nichts gemein, und ihr allgemeines Prinzip, das Denken, unterscheidet sich in seiner ganzen Art nach von der Ausdehnung, dem allgemeinen Prinzip der anderen (körperlichen).]" (Resp. III.) „Adverto, magnam esse differentiam inter mentem et corpus in eo, quod corpus ex natura sua it semper divisibile, mens autem plane indivisibilis; nam sane sum hanc considero sive me ipsum, quatenus sum tantum res cogitans, nullas in me partes possum destinguere, sed rem plane unam et integram me esse intelligo, neque etiam facultates volendi etc. ejus partes dici possunt, quia una et eadem mens est, quae vult, quae sentit, quae intelligit. [Ich bin mir im klaren, daß zwischen Geist und Körper ein gewaltiger Unterschied besteht, weil der Körper seiner Natur nach stets teilbar, der Geist dagegen absolut unteilbar ist; denn wenn ich den Geist oder mich selbst, soweit ich denkendes Wesen bin, betrachte, vermag ich keine Teile in mir zu unterscheiden, sondern begreife mich als ein absolut einheitliches und unteilbares Wesen; auch können Willenskraft usw. nicht als Teile von ihm bezeichnet werden, da es ein und derselbe Geist ist, der will, der wahrnimmt und begreift.]" (Medit. VI.) „De mente non modo intelligimus, illam esse sine corpore, sed etiam omnia illa, quae ad corpus pertinent, de ipsa posse negari. [Nach unserem Urteil besteht der Geist nicht nur ohne den Körper, sondern man kann an ihm auch alles verneinen, was den Körper betrifft.]" (Resp. IV.)

[118] In Beziehung auf den Menschen, den Geist und Materie konstituieren, nennt C. beide unvollständige Substanzen. „Mens et corpus sunt substantiae incompletae, cum referuntur ad hominem, quem componunt, sed solae spectatae sunt completae. [Geist und Körper sind unvollständige Substanzen, soweit sie den Menschen ausmachen, doch für sich betrachtet sind sie vollständig.]" (Resp. IV, p. 122, und „R. Desc. Notae", p. 180.) Abgesehen davon, daß C. der wahren Idee seiner Philosophie widerspricht, indem er den Geist insofern gleichsetzt der Materie, da doch nur dem Geist eine unvermittelt gewisse und unbedingt reale Existenz zukommt, aber nicht der Materie, so hätte vielmehr C. – wiewohl nicht zu leugnen ist, daß auch der Geist, der zu seinem Gegensatz die Materie hat, ein unvollständiger Geist ist – nicht in der Materie, wie sie mit

nische, aus ihrem Begriffe hervorgehende Einheit beider zustande komme, es ist nur der Denker das Subjekt, das sie verbindet, sie bleiben an sich selber auseinander; und da die Einheit nur eine willkürliche subjektive ist, keine in den objektiven Begriffsbestimmungen der Materie und des Geistes enthaltene, so kann sie nichts weiter als eine *Zusammensetzung* sein. Die Kategorie oder Gedankenbestimmung der Zusammensetzung ist, wenn einmal Geist und Materie in einer einseitigen Geschiedenheit voneinander angenommen und fixiert sind und diese Geschiedenheit als der richtige, wahre Begriff von ihnen vorausgesetzt ist und doch beide dann verbunden werden sollen, die einzige, in der diese ihre Verbindung aufgefaßt werden kann; denn die Zusammensetzung ist eben eine Verbindung, in der die Verbundenen unverbunden, außereinander bleiben. Statt daß daher durch die Zusammensetzung eine Einheit zustande kommen soll, kommt nur durch sie ein Widerspruch zustande; denn Materie und Geist sind sich direkt entgegengesetzt, geschieden, in dieser Geschiedenheit selbständig, unvereinbar, und doch vereint. „Intelligitur, quod notiones rei cogitantis et rei extensae sive mobilis sint plane diversae, atque a se mutuo independentes, repugnetque, ut illae res, quae a nobis tanquam diversae et independentes clare intelliguntur, separatim saltem a Deo poni non possint: adeo ut, quotiescunque illas in uno et eodem subjecto reperimus, ut cogitationem et motum corporeum in eodem homine, non debeamus idcirco existimare, ipsas ibi esse unum et idem *unitate naturae,* sed tantum *unitate compositionis.* [Es versteht sich, daß die Begriffe des denkenden und des ausgedehnten oder beweglichen Wesens völlig verschieden und an sich voneinander unabhängig sind, und es wäre ein Widerspruch, hätte nicht einmal Gott diese Wesen, die wir so klar als verschieden und unabhängig begreifen, als selbständige Wesen schaffen können. Wenn wir sie also in ein und demselben Subjekt, wenn wir Denken und körperliche Bewegung im Menschen antreffen, dann müssen wir darum

---

dem Geist zu *einem* Wesen verbunden ist, sondern in ihr selbst, wie sie *für sich* ist und *für sich* betrachtet wird, ihre Unvollständigkeit erkennen, gerade in ihrer Trennung ihren Mangel und ihr Elend finden sollen.

nicht meinen, sie wären dort *kraft ihrer einheitlichen Natur* ein und dasselbe, sondern nur *kraft der einheitlichen Zusammenfügung.*]" (Resp. VI, p. 157 u. p. 156) C. sagt allerdings, daß der Geist nicht etwa wie ein Schiffer in seinem Fahrzeug in seinem Körper sei, sondern aufs innigste mit ihm verbunden und gleichsam vermischt (arctissime conjunctum et quasi permixtum) sei, so daß er gewissermaßen *ein* Wesen mit ihm ausmache (Medit. VI); allein das sind nur Behauptungen, die ihm die Erfahrung, welche, wie C. selbst eingesteht ("Epist.", P. I, Ep. 30, u. Medit. VI), uns durch das bloße Gefühl schon lehrt, daß die Seele mit dem Leib eins sei, aufgedrungen hat; sie gehen nicht aus seinen Prinzipien hervor, aus den Bestimmungen, die er als die objektiven Bestimmungen des Geistes und der Materie anerkennt, sie ändern daher nichts an der Sache, heben nicht die Unvereinbarkeit des Leibes und der Seele auf, die von vornherein als zwei selbständige Substanzen bestimmt sind. C. widerspricht sich daher auch nirgends mehr als in diesem Punkte. So sagt er z. B.: „Non est proprie de *essentia* mentis, quod humano *corpori* sit unita [Es liegt nicht eigentlich im *Wesen* des Geistes, daß er mit dem menschlichen *Körper* verbunden ist]" (Resp. IV), die Einheit von Seele und Materie sei nur eine unitas compositionis, nicht naturae [Einheit der Zusammensetzung, nicht der Natur nach], und doch wieder, mentem substantialiter corpori esse unitam [der Geist bilde substantiell eine Einheit mit dem Körper], sie sei eine unio substantialis [substantielle Einheit]. (Ebd.) Übrigens sah C. selbst nur zu gut die große Schwierigkeit ein, die bei seinem Begriffe vom Geiste die Vereinigung desselben mit der Materie hat; denn beide müßten zugleich als *unterschieden*, zugleich als *identisch* gefaßt werden, weil die Verbindung zweier Dinge fassen nichts anders heiße, als sie in ihrer Identität begreifen: „Concipi debent *ut unum quid* et simul *ut duo diversa;* duarum enim rerum conjunctionem concipere aliud non est, quam illas ut unum quid concipere" [deutsch im vorhergehenden Satz]. („Epist.", P. I, Ep. 30) Die Schwierigkeit, den Unterschied und die Einheit zugleich des Geistes und der Materie zu fassen, sucht C. dadurch zu heben, daß er drei Erkenntnisweisen, drei Gattungen ursprünglicher, allgemeiner Begriffe, erstlich den Begriff des Geistes, zweitens den des Körpers, drittens den der Verbindung beider, unterscheidet. Der Begriff der Seele ist ein rein intellektueller Begriff, oder die *Seele* erfaßt sich allein durch den *reinen* Verstand; der *Körper* kann auch durch den bloßen Verstand gefaßt werden, aber weit besser durch den Verstand in Verbindung mit der *Einbildungskraft*; die *Verbindung* aber von *Leib* und *Seele* und was darauf sich bezieht, kann nur dunkel durch den Verstand allein oder in Verbindung mit der Imagination, am klarsten aber durch das *Gefühl* (per sensus) erfaßt werden.[119] (Ebd.)

Die Schwierigkeit der Vereinbarkeit oder vielmehr die Unvereinbarkeit des Geistes mit der Materie in der Cart. Philosophie geht, wie schon erwähnt, daraus hervor, daß C. den Geist nur in der Bestimmung des bewußten Selbsts und dieses als die Seele, als den Geist selbst erfaßte; denn von diesem, vom Körper sich absondernden, diese Absonderung als seine positive, totale, als seine Wesenbestimmung setzenden Geiste aus ist eine Verbindung mit dem Körper unmöglich; denn das Selbst ist gerade das, was die unmittelbare Verbindung zwischen Leib und Seele aufhebt, was im Menschen nur entsteht durch die Abstraktion von seinem

---

[119] Einige Stellen sind allerdings auch im Cartesius, die auf die Einheit von Geist und Materie hindeuten, aber sie stehen ganz isoliert da. So sagte er vom organischen Leibe: „Id (corpus) *unum* est et quodammodo *indivisibile* ratione dispositionis suorum organorum, quae omnia ita ad se mutuo referuntur, ut quodam ex illis ablato reddatur totum corpus mancum ac defectivum. [Er (der Körper) ist *eins* und gewissermaßen *unteilbar* in Anbetracht der Anordnung seiner Organe, da alle voneinander abhängen und der ganze Körper verstümmelt und geschwächt wird, wenn eins von ihnen wegfällt.]" („De Passionibus", P. I, Art. 30.) Er erkennt also hier in dem *Leibe* die Bestimmung der *Einfachheit* und *Unteilbarkeit* an, die er sonst nur dem Geiste beilegt. So sagt er auch: „Quamvis possit quispiam *animam* ut *materialem* concipere (quod proprie est ejus cum corpore conjunctionem concipere), nihilominus postea cognoscitur, illam esse ab eo separabilem. *Extensionem animae* tribuere hoc enim aliud non est, quam illam corpori unitam concipere. [Obwohl jedermann die *Seele* als etwas *Materielles* auffassen mag (was eigentlich heißt, sie vereint mit dem Körper betrachten), erkennt man hernach doch, daß sie von ihm zu trennen ist. *Der Seele Ausdehnung* zuschreiben, heißt also nichts anderes, als sie vereint mit dem Körper auffassen.]" („Epist.", P. I, Ep. 30.) Eine Stelle, die übrigens ebenso isoliert als dunkel dasteht.

Leibe, in der er den Leib als ein nicht zu seinem Selbste Gehöriges, als eine bloße Materie von sich abtrennt. C. vermehrt diese Schwierigkeit noch dadurch, daß er, der überhaupt als Anfänger der neuern Philosophie noch nicht ganz frei vom Geiste der ältern Metaphysik und daher nicht imstande war, die seiner Philosophie, namentlich vom Geiste, zugrunde liegenden Ideen in strenger Konsequenz und Bestimmtheit ans Licht zu bringen und durchzuführen, die negative, unbestimmte, gespenstige Form oder Bestimmung der Unteilbarkeit und Einfachheit auf den Geist anwendet, da doch der reelle, bestimmte Unterschied des Geistes von der Materie, die Immaterialität desselben, von ihm allein *in die Einheit des Denkens oder Selbstbewußtseins* gesetzt ist, von welcher die Bestimmung der Einfachheit oder Unteilbarkeit erst der abgezogne Ausdruck ist und zu welcher sich diese verhält wie zum wirklichen Geist das Gespenst, zum lebendigen Wesen sein Schatten. So wie aber die Einfachheit nur das abgezehrte und abgezogene Gespenst von der lebendigen, konkreten Bestimmung der Einheit des Selbstbewußtseins und daher keine positive Bestimmung ist, durch die ich den Geist oder die Seele bestimme und erkenne, so ist es auch ganz unmöglich, von dieser abgezehrten Bestimmung aus die Einheit des Geistes und der Materie, die Verbindung des einfachen Wesens mit dem zusammengesetzten zu erfassen.

Da C. lediglich in das Selbstbewußtsein das Wesen des Geistes setzt, das bewußte oder denkende Selbst nach ihm die ganze Seele oder der ganze Geist ist – denn er unterscheidet nicht Seele und Geist, wo also kein Bewußtsein und Wille, auch keine Seele, sondern nur Materie ist –, so ist es auch eine notwendige Folge seiner Philosophie, daß die Tiere bloße Automate, Maschinen, alle ihre Bewegungen nur mechanisch sind,[120] nicht aus einem geistigen Prinzip erfolgen – eine notwendige Folge überhaupt, daß C. in der

---

[120] Es tut nichts zur Sache, wenn C. schon lange vor seinen metaphysischen Meditationen diese seine Ansicht von den Tieren in einer Jugendarbeit niedergelegt hat. Vgl. Baillet, „La Vie de Mr. Descartes", Liv. I, ch. 11. – Daß die Tiere nicht denken, beweist C. daraus, daß sie keine eigentliche Sprache haben, und diesen Mangel leitet er nicht ab von dem Mangel der Organe, sondern dem Mangel des Denkens. („Epist.", P. I, Ep. 67, 54.)

Erklärung der Lebens- und Seelenerscheinungen ein bloßer Materialist ist, denn alle Tätigkeiten und Bewegungen, die ohne unser Selbst, ohne unsern Willen geschehen, geschehen nach ihm ohne Seele, also auf nur materielle oder vielmehr mechanische Weise. „Ita ut omnes motus, qui nobis eveniunt, voluntate nostra nihil ad eos conferente, (ut saepe evenit, nos respirare, ambulare et denique omnes actiones facere, quae nobis cum bestiis communes sunt) non aliunde pendeant, quam a conformatione nostrorum membrorum, et cursu, quem spiritus excitati per calorem cordis naturaliter sequuntur in cerebro, in nervis et in musculis: eodem modo, quo motus automati producitur sola virtute manuclae et figura suarum rotularum. [Darum hängen alle unsere Bewegungen, bei denen unser Wille nicht beteiligt ist (wie es oft vorkommt, wenn wir atmen, gehen und alles das tun, was wir mit den Tieren gemein haben), von nichts anderem ab als vom Bau unserer Glieder und vom Lauf, den die durch die Wärme des Herzens erregten Lebensgeister natürlicherweise durch Gehirn, Nerven und Muskeln nehmen; so wie die Bewegungen eines Automaten allein durch die Kraft der Feder und die Anordnung seiner Räder erzeugt werden.]" („De Passionibus", P. I, Art. 36) „Wenn jemand", sagt er ebendaselbst, Art. 13, „geschwind die Hand nach unsern Augen ausstreckt, als wenn er uns schlagen wollte, so können wir, wenn wir gleich wissen, daß er unser Freund ist und es nur aus Scherz tut, also uns kein Leid zufügen wird, uns doch nicht enthalten, die Augen zu schließen – ein Beweis, daß sie nicht durch unsere *Seele* geschlossen werden, denn es geschieht wider unsern *Willen*, welcher ihre einzige oder wenigstens vorzüglichste Tätigkeit ist, sondern daß die Maschine unseres Körpers so gemacht ist, daß die Bewegung jener Hand gegen unsere Augen eine andere Bewegung in unserm Hirn erregt, welche die Lebensgeister in die die Augenlider zusammendrückenden Muskel hinabführt."

§ 68. *Schlußbemerkungen über die C. Philosophie (1847)*

Die Cartesische Philosophie ist in vielerlei Beziehungen sehr lehrreich, besonders aber deswegen, weil sie die Entstehung der menschlichen Vorstellung vom Geiste – als einem selbständigen, von allem Körperlichen, Sinnlichen, Materiellen unterschiednen Wesen – so offen und klar darlegt. C. macht die Ausdehnung zum absoluten, zum allumfassenden, erschöpfenden Wesen des Körpers, des Materiellen überhaupt; nun hat aber der Gedanke keine Ausdehnung, keine Länge, Breite und Tiefe, also ist das Denken keine Körperkraft, sondern etwas schlechthin Unkörperliches, Unsinnliches. Wenn ich etwas zu allem mache, so ist notwendig das Gegenteil dieses Etwas das Nichts von allem, und ich habe zur Bestimmung desselben nur negative, d. i. nicht bestimmende, nichtssagende Prädikate oder Worte wie „immateriell“, „unkörperlich“, „unsinnlich“, „unausgedehnt“ u. dergl. Die einzige positive, d. i. etwas sagende Bestimmung, die einzige, mit der ich auf die Frage: *Was* ist denn dieses Nichts von allem Körperlichen? antworten kann, ist: *das Denken,* so daß es also heißt: Der Geist ist ein denkendes Wesen. Allein, was ist damit gesagt und erklärt? Ich erkläre das Denken durch ein denkendes Wesen, d. h., ich mache eine Wirkung zur Ursache, eine Erscheinung zum Wesen, eine Funktion zur Person; ich mache das Denken zum Grund, zur Voraussetzung des Denkens, kurz, das Denken zur Ursache seiner selbst. *Das* Wesen, welches als causa sui, als Ursache seiner selbst, als von sich selbst seiend gefaßt wird, ist nur der ontologische, gegenständliche Ausdruck *dieses* Denkens, welches das Denken aus sich selbst erklärt, das Denken zum Prädikat und Subjekt, d. i. zum Wesen und Grund des Denkens macht. Ich schließe, sagt C., meine Augen, verstopfe meine Ohren und denke, ich sei ohne Welt, ohne Sinne, ohne Körper; ich kann mich also denken ohne Körperliches, also bin ich ein ohnkörperliches Wesen, d. h., ich mache es wie der Vogel Strauß, welcher sich für unsichtbar hält, wenn *er* nicht sieht, mit dem Bewußtsein der Gefahr auch das Dasein der Gefahr aufgehoben glaubt. Im Denken als solchem habe ich kein Bewußtsein von meinem Kopfe, meinem Hirn, sowenig, als ich im Sehen ein Bewußtsein von meinen Augen, im Hören – versteht sich im gesunden und im Hören für sich – ein Bewußtsein von meinen Ohren habe. Im Denken weiß ich schlechterdings nichts von seinem Zusammenhange mit dem Hirn, ich weiß nur sozusagen, was es aus-

und vorwärts, aber nicht, was es ein- und rückwärts, was es *für mich,* aber nicht, was es *an sich,* kurz, ich weiß nur, was es seinen Produkten, den Gedanken nach ist, aber nicht, was es seinem letzten Wesen, seiner Ursache nach ist.[121] Diese *Unwissenheit* des Menschen von dem physiologischen Grund und Wesen des Denkens ist die Basis, das Prinzip der Psycho- und Pneumatologie und ihrer Tochter, der Theologie, das Prinzip des Platonismus, Christianismus, der nichts andres ist als ein populärer, sinnlicher, konzentrierter Platonismus oder Spiritualismus überhaupt, des Cartesianismus, Fichteanismus und Hegelianismus. C. sagt selbst in seiner Antwort auf Gassendis Einwürfe: „Da ich wahrnehme, daß ich eine denkende Substanz bin und von dieser denkenden Substanz einen klaren und deutlichen Begriff bilde, welcher nichts von dem enthält, was zur körperlichen Substanz gehört, so habe ich hinreichenden Grund zu behaupten, daß ich, *inwiefern ich mich selbst kenne* (me quatenus me ipsum novi), nichts andres als ein denkendes Wesen bin." Aber wie wenig kennt sich der Mensch, wenigstens solange, als er über dem göttlichen Wesen sein eignes, über dem Geist den Leib, über seinen Gedanken und Einbildungen die Wirklichkeit vergißt! Wie kann ich also gewiß sein, daß das Ich, das ich nicht kenne, mit dem mir bekannten dasselbe ist? Bin ich unbewußt nicht vielleicht etwas ganz andres, als ich bewußt bin? Aber wie komme ich denn hinter mein Be-

---

[121] So gut der Kopf oder der vermittelst der Einbildungskraft als ein Wesen personifizierte Denkakt sagt: Ich bin ein vom Körper, vom Hirn unabhängiges Wesen, so gut könnte das Auge oder der Sehakt sagen: Ich fühl und weiß im Sehen nichts von der Pupille, von der Traubenhaut, von der wäßrigen Feuchtigkeit, vom Glaskörper, von der Kristallinse, von der Retina, nichts von den Anstrengungen, Bewegungen und Verrichtungen dieser vielen verschiednen Körper, welche das himmlische Gefühl des Sehakts hervorbringen, also bin ich ein immaterielles, unkörperliches, durch mich selbst seiendes Wesen. Allerdings ist das Resultat das „dem Begriffe nach Erste", denn der *Sinn* des Organs ist die Funktion, aber es ist spekulative Taschenspielerei, dasselbe zugleich wieder zu dem der *Tat nach* Ersten zu machen, das Resultat abgetrennt von seinen Bedingungen als ein selbständiges Wesen zu personifizieren und dann die Natur aus dem Geiste, d. h. die Grundlagen, die Bedingungen und Voraussetzungen des Resultats aus dem Resultat zu deduzieren.

wußtsein? Gibt es kein Mittel, dieses Unbekannte, hinter dem Bewußtsein Liegende zum Bewußtsein zu bringen? Ja; aber es ist nicht das Denken, wenigstens das abstrakte, denn dieses sagt mir nur: Ich bin nichts weiter als ein denkendes Wesen; es ist das *Gefühl*, der *Sinn*, welcher mir unwidersprechlich beweist, daß ich ein mit meinem Leibe innigst verbundenes, ein körperliches, sinnliches Wesen bin. Diese Einheit oder Verbindung des denkenden und körperlichen Wesens erstreckt sich jedoch nach der C. Philosophie nur auf die Imagination, die Einbildungskraft und das Gefühl; das Denken als solches, der Begriff, der Intellekt oder Verstand bleibt und wirkt getrennt und unabhängig vom Hirn. Und diese Unabhängigkeit desselben beweist oder erschließt sie hauptsächlich oder zuletzt nur aus dem Begriff des Verstandes, Denkens selbst; denn bei allen andern Begriffen wie z. B. den mathematischen ist die Konkurrenz der Einbildungskraft unverkennbar oder wenigstens unableugbar, aber „von der denkenden Substanz, vom Geiste läßt sich kein Bild, keine Vorstellung machen"; der Geist wird nur durch sich selbst, das Denken nur durch das Denken begriffen und erklärt.

Die Cartesische Philosophie hat hierin wirklich einen Fortschritt gemacht, daß sie, während sonst der Geist als ein unsichtbares, immaterielles und doch zugleich wieder dem sichtbaren Menschen oder Körper ähnliches, durch den Leib ausgedehntes, gespenstisches Wesen vorgestellt wurde, das Wesen des Geistes in den *Akt des Bewußtseins, des Denkens* setzte. Ich denke, voilà tout [das ist alles]; und der Denkakt ist kein Akt wie der Zeugungsakt, wie der Akt des Essens und Trinkens, Schmeckens und Riechens, Hörens und Sehens; es ist ein von allen diesen Akten, auf welche wir das Wesen der Sinnlichkeit einschränken, unterschiedner, unvergleichlicher, origineller, nur durch sich selbst zu fassender Akt. Aber wenn nun C. diesen Akt sogleich wieder als ein Wesen verselbständigt, zu einer von der Gattung der sinnlichen Wesen unterschiednen Gattung macht, beweist er damit, daß er selbst noch auf dem Boden des phantastischen Spiritualismus steht; denn dem Begriff des Dings oder Wesens, der Substanz unterstellt sich notwendig – notwendig, denn er ist ja nur von der Anschauung abgezogen – das Bild einer sinnlichen Substanz, was schon daraus deutlich erhellt, daß C. den Begriff des Wesens ebensogut auf die Ausdehnung anwendet als auf das Denken. Mit Recht bemerkt daher der Verfasser der „Reise durch die C. Welt" [Daniel], als ihm die von ihren Leibern abgeschiednen Geister zweier Cartesianer erscheinen: „Ich habe vor einigen Tagen in C. gelesen, daß das Wesen der Seele darin besteht, daß sie eine denkende Substanz sei, also ohne Ausdehnung, ohne Gestalt, ohne Farbe. Wie reimt sich aber dies mit dem zusammen, was ich jetzt sehe. Ihr behauptet, bloße Geister zu sein, und doch sehe ich an euch verschiedne Farben, sehe euch in menschlicher Gestalt, sehe, daß ihr ebensogut wie ich ausgedehnte Wesen seid. Löst mir ums Himmels Willen diesen Widerspruch!" Und mit ebensoviel Recht bemerkt der Theosoph Oettinger in seinen schon früher angeführten „Auserles. Schriften Schwedenborgs" (V. Tl., 242) gegen die idealistische Erklärung des Denkens durch ein einfaches, denkendes Wesen: „Die Idealisten sagen alle, derjenige sei ein Materialist, welcher statuiere, daß die Materie denken könne. Zum Denken aber gehört *ein Wesen, das weder die physici noch die metaphysici bisher erkannt.* M. le Cat nennt es ein Amphibium, eine mittlere Substanz zwischen Leib und Seele (freilich eine phantastische Bestimmung!). Denken kann keine Substanz aus eingepflanzter innerer Kraft der simplicité [Einfachheit], sondern Denken, Reflektieren, Sich-selbst-offenbar-Werden hat seine Koordination zu den meningibus und membranis [äußere und innere Hirnhäute] des Gehirns, zu dem aequilibrio solidorum et fluidorum [Gleichgewicht der festen und flüssigen Bestandteile] in dem Leib, ja zu dem ganzen Umlauf des Geblüts. *Magna vis sanguinis ad intelligentiam [Groß ist die Wirkung des Blutes auf den Verstand],* sagt Hippokrates." Ebenso richtig und anführungswert ist, was die ungenannte Verfasserin eines im Geiste der kabbalistischen Philosophie gegen Cartesius, Hobbes und Spinoza geschriebnen Buchs, „Principia Philosophiae antiquissimae et recentissimae etc.", Amstel. 1690[122] gegen die Cartesische

---

[122] Als der Herausgeber oder vielmehr eigentliche Autor dieser höchst seltenen Schrift, deren erster Titel ist: „Opuscula philos. quibus continentur Princ. P. ant. et rec. ac Philosophia vulgaria refutata", wird in Vogtii „Catalogus Librorum Rariorum", p. 505, F. M. v. Helmont bezeichnet, von Leibniz aber die Gräfin Connaway.

Scheidung des Geistes vom Leibe sagt (p. 110–116): „Wenn der Geist wesentlich vom Körper unterschieden ist, warum bedarf er denn einen solchen organisierten Körper? Warum z. B. zum Sehen ein so wunderbar gebildetes und organisiertes körperliches Auge? Warum ein körperliches Licht, um die körperlichen Gegenstände zu sehen? Wenn er durch und durch nur Geist, durchaus nicht körperlich ist, warum ist er denn so mannigfacher körperlicher Organe, die doch gar nichts mit seinem Wesen gemein haben, benötigt? Ferner, warum ist denn der Geist oder die Seele so leidend in körperlichen Schmerzen? Wenn sie keine Körperlichkeit oder nichts Körperliches an sich hat, warum wird denn die Seele, sie, die doch von ganz andrer Natur ist, durch eine Wunde des Körpers so schmerzlich verwundet? Wahrlich lauter unauflösliche Fragen, wenn man nicht annimmt, daß die Seele *eines und desselben Wesens* mit dem Leibe ist, obgleich die Seele rücksichtslos der Lebendigkeit und Geistigkeit um viele Grade höher steht als der Leib.“

Die C. Philosophie bezeichnet aber noch einen andern höchst wichtigen, ohne Einschränkung anzuerkennenden Fortschritt in der Geschichte des menschlichen Geistes. Wenn das Christentum mit dem Satz beginnt: *„Gott* ist ein Geist“, so beginnt dagegen die neuere Zeit, deren Wesen die Verneinung des Christentums in der Bejahung desselben ist, in C. mit dem Satz: *Ich bin* ein Geist; wenn das Christentum mit der Abstraktion von der Welt beginnt, ein Wesen an die Spitze stellt, welches war, als nichts war, welches die Welt aus nichts schafft und ins Nichts verstößt, so beginnt C. mit derselben Fiktion, aber dieses das Nichtsein der Welt fingierende, ihr Dasein aufhebende Wesen bin ich, der Geist, der Denker. „Wir müssen“, sagt der Cartesianer *Wittich* in dem seinem „Anti-Spinoza“ angehängten „Comment. de Deo“, Amstel. 1690, p. 355, *„abstrahieren von aller Zeit* und in *Gedanken die Existenz aller Körper aufheben,* wie Cartesius in seinen ersten Meditationen getan hat, nur darauf reflektieren, daß wir, die wir denken, sind und daß Gott existiert, und an keine Bewegung und deren Eigenschaft, die Nacheinanderfolge, denken – so werden wir die Existenz Gottes als eine ewige Existenz, als eine solche, von der die Unvollkommenheit eines Anfangs, Endes und Nacheinanderseins ausgeschlossen ist, begreifen.“ Ist hier nicht mit den Fingern selbst zu greifen, daß das objektive Wesen nur das subjektive Wesen, das abstrakte Wesen ohne Welt, Zeit, Körper nur das eigne Wesen des von Welt, Zeit, Körper Abstrahierenden ist? Der Gott also, der ein Geist ist, der alles durch seinen Willen und Verstand hervorbringt, dessen Gedanken oder Ideen alle Dinge ihr Wesen, dessen Willensentschlüssen alle Dinge ihr Dasein verdanken, in Vergleich zu dessen Wesen alle sinnlichen Dinge nichts sind, ist nichts andres als *das Wesen des Idealismus,* nichts andres als des Menschen *eigner Geist,* der aber im Christentum als ein vom Menschen unterschiednes, gegenständliches Wesen vorgestellt wird. Die ersten Ansätze zu dieser Erkenntnis, der Erkenntnis der Theologie als der Anthropologie, liegen bereits in C. Der gegenständliche, göttliche Idealismus wird bereits in ihm subjektiver, menschlicher Idealismus. In C. ist im „Gottesbewußtsein" das Selbstbewußtsein, im Gottvertrauen das Selbstvertrauen des Menschen erwacht. „Gott *kann* alles, was ich klar und deutlich als möglich einsehe." (Resp. IV) Gott ist die Gewißheit von der Wahrheit und Unbeschränktheit meines Wesens, von der Gültigkeit und Richtigkeit meiner Gedanken, die Bestätigung, daß ich recht habe, daß ich mich nicht irre, nicht täusche in dem, was ich klar und deutlich einsehe.[123] Damit ist zwar nichts Neues gesagt. Wenn Augustin

[123] Über diesen so wichtigen Punkt der C. Philosophie nachträglich noch eine Bemerkung. C. geht in seiner V. Medit. folgenden Gang. Was ich mit dem Geist oder Verstand klar und deutlich einsehe, das ist wahr, das ist *etwas.* Wovon ich daher klar und deutlich einsehe, daß es zusammengehört, das *ist* untrennbar. Nun ist aber von dem vollkommenen Wesen die Vollkommenheit der Existenz unabtrennbar, also existiert es. Was drückt denn nun aber dieses vollkommne Wesen anders aus als das Wesen des vollkommnen Denkens, das Wesen des klaren und deutlichen Begriffs? Klar und deutlich ist nur der von der Sinnlichkeit und Einbildungskraft abgesonderte Begriff oder Verstand und nur das Klare und Deutliche das Wahre, Seiende, Wirkliche. Aber Gott ist das Allerklarste und Deutlichste. „Qui ad singulas ejus perfectiones attendere ... conantur, illi profecto multo ampliorum facilioremque materiam clarae et distinctae cognitionis in eo inveniunt, quam in ullis rebus creatis. [Wer auf seine einzelnen Vollkommenheiten zu achten ... sucht, wird in ihm weit reicheren und zugänglicheren Stoff für eine klare Erkenntnis finden als in jedem geschaffenen Wesen.]" (Resp. I.)

z. B. sagt: „Wenn ein unverweslicher Körper etwas Gutes (Wünschenswertes, bonum) ist, warum wollen wir zweifeln, daß Gott uns einen solchen Körper *machen* werde?", so ist damit das nämliche gesagt – daß Gott die Bejahung der menschlichen Wünsche und Gedanken ist. Aber bei C. springt diese Wahrheit in die Augen, weil in ihm das Selbstbewußtsein im Unterschied vom Gottesbewußtsein oder richtiger Gottesglauben hervortritt, während das religiöse Selbstbewußtsein oder richtiger Gemüt sein Bewußtsein in den Gegenstand versenkt und verlegt, mit seinem Gegenstand sich identifiziert. Der C. Philosophie gebührt daher das Verdienst, daß sie zu einer Zeit, wo der christliche Glaube noch eine despotische Gewalt ausübte, dem Menschen wieder das Vertrauen zu sich selbst, das Vertrauen zu seiner Vernunft einflößte. Die C. Schule war, wie ihr unter andern Gottlosigkeiten Huetius in seiner „Zensur" vorwirft, so kühn oder, theologisch gesprochen, so frech, zu behaupten, daß die Evidenz ebensoviel Gehorsam vom Menschen zu fordern berechtigt sei als der Glaube. Aber ein anderer Vorwurf, den Huetius der C. Schule macht, ist wirklich ein Vorwurf – der nämlich, daß sie außer der Philosophie, der Mathematik und höchstens noch Anatomie des Menschen alle andern nicht bloß historischen, sondern auch naturwissenschaftlichen Studien verachte. Wenn daher früher behauptet wurde, daß die Natur das interessanteste Objekt für den Menschen auf dem Standpunkt der C. Philosophie sei, so gilt das eben nur von der Natur, wie sie C. Gegenstand ist. Vom Standpunkt des Idealismus, sowohl des objektiven

---

Warum? Weil er nur begriffen oder gedacht, aber nicht sinnlich vorgestellt werden kann. Was ist also Gott anders als der sich als das wahre Wesen gegenständliche oder bejahende deutliche Begriff oder Verstand? Die Existenz Gottes behaupten heißt (hier) ihre Wahrheit oder Existenz des deutlichen Begriffs, des von der Körperlichkeit und Sinnlichkeit abgesonderten Geistes behaupten. Daher verbindet immer C. „die Erkenntnis Gottes und unsres Geistes". („Diss de Meth.") Das *positive* Prädikat Gottes ist ja allein, daß er Geist, Intelligenz, Denken ist, die negativen und unbestimmten Prädikate aber, wie Vollkommenheit, Unendlichkeit, Unermeßlichkeit, reduzieren sich allein darauf, daß er nicht wie der Mensch durch die Verbindung mit einer Materie, einem Leibe befleckt und beschränkt ist.

als subjektiven, d. h. göttlichen als menschlichen, hat der Mensch keinen wahren Natursinn, denn die sinnlichen Dinge sind ihm nichts, aber die Natur ist durch und durch sinnlich. Der Idealist kommt nicht *aus sich* heraus. „Wer", sagt z. B. Clauberg in der oben erwähnten Schrift, „die über die körperlichen Dinge erhabne, Gott ähnliche Natur seines Geistes betrachtet, der hält es unter der Würde des Menschen, seine Gedanken auf körperliche und irdische Dinge zu richten." Leibniz erzählt von diesem Clauberg, der übrigens selbst eine „Physik" geschrieben hat: „Cl. behauptete, er wisse, wie die Natur des Geistes auszusprechen sei, aber er wolle es nicht sagen. Oft geriet er im Denken in eine tiefe Ekstase und starb auch in einem solchen Zustande."[124] Wahrlich eine echt cartesianische Todesart! Die Scheidung der Seele vom Leibe, der Tod ist ja das Prinzip der Cartesischen, der idealistischen Philosophie überhaupt.

[124] L. Opp. Omn., ed. Dutens, T. VI, p. 296. Offenbar hat auch der Verfasser der „Reise durch die C. Welt" diese Anekdote im Sinne, wenn er (im ersten Teil derselben) das Arkanum der C. Philosophie, die Seele vom Leibe zu scheiden, persifliert. Freilich konnte er im C. selbst genug Stoff zu dieser Persiflage finden.

VI. ARNOLD GEULINCX

§ 69. *Ausbildung der Cartesischen Philosophie durch Arnold Geulincx*

Eine interessante und konsequente Ausbildung erhielt die Cartesische Philosophie durch *Arnold Geulincx* (geb. 1625 zu Antwerpen, gest. 1669), den Urheber des sogenannten Okkasionalismus, welcher darum eine besondere, wenngleich kurze Erwähnung und Darstellung verdient.[125]

Das Prinzip seiner Philosophie ist wie bei C. der Geist, dessen Wesen das Denken ist, und zwar wie bei diesem *das* Denken, das lediglich nur die Abstraktion und Unterscheidungstätigkeit vom Sinnlichen, nur das auf sich selbst sich beziehende Bewußtsein ist. Der Geist, sagt A. G., oder ich (nämlich als Geist), denn es ist eins, bin etwas von allem Sinnlichen absolut Unterschiedenes, meine *Begriffs*- und *Wesensbestimmung* ist *einzig das Denken*. „Ego sola cognitione volitioneque definior. [Ich werde allein durch Erkennen und Wollen definiert.]"

Unter den vielen äußern Objekten aber, die ich von mir unterscheide, d. i. als materielle wahrnehme, finde ich auch ein materielles Objekt, einen Körper, der mit mir enge verbunden ist, den ich darum *meinen* Leib nenne und der die *Gelegenheitsursache* ist, daß ich die andern Körper dieser Welt vorstellen kann. Diesen Körper nun kann ich zwar mannigfach nach Willkür bestimmen oder bewegen, aber ich bin nicht die Ursache dieser Bewegung; denn *ich weiß nicht, wie sie geschieht,* und es ist unmöglich, daß ich das *mache,* von dem ich *nicht einsehe, wie* es *gemacht* wird. Nun weiß ich aber nicht, auf welche Weise die Bewegung von meinem Gehirn in meine Glieder sich fortpflanzt, und wenn ich gleich durch physikalische oder anatomische Versuche einige Kenntnisse mir hierüber verschafft habe, so fühle ich doch ganz deutlich, daß von diesen Erkenntnissen nicht im ge-

---

[125] Diese Darstellung ist aus G.s Hauptwerk, seiner „Ethica" (Tract. I und II), Amstel. 1696, geschöpft.

ringsten die Bewegung meiner Glieder abhängt und daß ich sie ebensogut bewegte, als ich gar nichts davon wußte. Wenn ich nun aber die Bewegung in meinem Körper nicht hervorbringe, so bringe ich noch viel weniger außer meinem Körper eine hervor.

Ich kann daher nichts *außer mir* hervorbringen; alles, was ich tue, bleibt *in mir* haften, kann nicht in meinen oder einen andern Körper übergehen. Ich bin also bloß Zuschauer dieser Welt, die *einzige* Handlung, die *mein* ist, die mir übrigbleibt, die *ich* tue, ist die *Beschauung.* Aber selbst dieses Beschauen geschieht auf eine wunderbare Weise. Denn die Welt kann sich nicht selbst anschaulich machen, sie ist an und für sich selbst unsichtbar. Sowenig wir auf das einwirken, was außer uns ist, ebensowenig wirkt das, was außer uns ist, auf uns ein; unsre Wirkungen können nicht über uns, die der Welt nicht über die Welt hinaus, sie dringen nicht bis zu unserm *Geiste;* unser Körper, als ein Teil der Welt, ist die Grenze, über die sie nicht hinauskönnen. Denn wenn auch z. B. im Akte des Sehens die äußern Objekte ein Bild in meinem Auge hervorbringen oder einen Eindruck in meinem Gehirn wie in einem Wachse machen, so ist doch dieser Eindruck oder dieses Bild nur etwas Körperliches oder Materielles, das daher in mich, der ich etwas ganz andres bin, nicht kommen kann, außerhalb meines Geistes stehenbleibt.

Gott ist es daher allein nach A. G., der das Äußere mit dem Innern und das Innere mit dem Äußern verbindet, der die äußern Erscheinungen zu innern Vorstellungen, zu Vorstellungen des Geistes, die Welt daher ihm anschaulich macht und die Bestimmungen des Innern, den Willen, zu äußerer, über die Grenze der Ichheit hinausgehender Tat werden läßt. Jede Wirkung, jede Handlung, die Äußeres und Inneres, die Geist und Welt (Gegensätze) verbindet, ist daher weder eine Wirkung des Geistes noch der Welt, sondern nur eine unmittelbare Wirkung Gottes.

Die Bewegung in meinen Gliedern, sagt A. G., erfolgt nicht auf meinen Willen, es ist nur Gottes Wille, daß diese Bewegungen erfolgen, wenn ich will. Mein Wille bewegt jedoch nicht den Beweger dazu, daß er meine Glieder bewegt, sondern der, welcher der Materie die Bewegung mitteilte und ihr Gesetze gab, eben der schuf auch meinen Willen, und er hat daher die unterschiedlichsten Dinge, die Bewegung der Materie und die Willkür meines Willens, so untereinander verbunden, daß, wenn mein Wille will, eine solche Bewegung erfolgt, als er will, und wenn die Bewegung erfolgt, der Wille sie will, ohne daß sie jedoch ineinander einwirken oder einen physischen Einfluß gegenseitig auf sich ausüben. Im Gegenteil, wie die Übereinstimmung zweier Uhren, die ganz gleich gehen, so daß, wenn die eine, auch die andere die Stunden schlägt, nicht von einer gegenseitigen Einwirkung, sondern nur daher kommt, daß beide gleichgerichtet oder -gestellt wurden, so hängt die Übereinstimmung der Bewegungen des Körpers und des Willens nur von jenem erhabnen Künstler ab, der sie auf diese unaussprechliche Weise miteinander verbunden hat.

Meine Handlung geht daher nicht eigentlich über mich hinaus, sie bleibt immer in mir haften; nur deswegen, weil mit meiner Handlung, d. i. meinem Willen, Gott Bewegungen in meinem Körper verknüpft hat, scheint die Handlung meines Willens, wenn Bewegungen auf sie folgen oder sie begleiten, gleichsam außer mich hinaus und in meinen Körper überzugehen; jedoch die Handlung selbst, sie, wie sie *meine* Handlung ist, geht nicht über mich hinaus; denn die in den Körper übergegangene Handlung ist nicht mehr *meine*, sondern die Handlung des Bewegers.

Gott also verknüpft oder vereinigt durch seinen Willen nach bestimmten Gesetzen Geist und Körper, aber die *Art und Weise, wie* er sie verknüpft, ist *unerkennbar,* ist *unaussprechlich*; denn unaussprechlich ist das, von dem man wohl erkennt, daß es ist, aber nicht, *wie* es ist. Die Vereinigung von Geist und Körper ist daher ein *Wunder*, und ich selbst als der Zuschauer der Welt bin unter den anstaunungswürdigen Wundern der Welt das größte und unaufhörliche Wunder; denn es ist unbegreiflich, wie ich, der ich so ganz und gar von der Welt unterschieden bin, sie anschauen kann.

Nicht ohne Interesse für die Geschichte der Erkenntnis ist das System des *Arnold Geulincx* besonders auch deswegen, weil es in der offnen Behauptung, die Vereinigung von Leib und Seele und überhaupt die Welt sei ein Wunder, ein Unbegreifliches, Unaussprechliches, den wahren *Grund* oder *Ursprung* aller Unbegreiflichkeiten, der in vielen Denkarten oder sogenannten Systemen der neuern Zeit versteckt ist, wenigstens nicht leicht gefunden wird, so klar und unverhohlen an den Tag legt. Man geht nämlich von einseitigen und beschränkten Begriffen oder Vorstellungen aus, die aber, ungeachtet ihrer Einseitigkeit und Beschränktheit, für *absolute* gelten, ohne bezweifelt, d. i. ohne in ihrer Beschränktheit erkannt zu werden, für die richtigen, die einzig annehmbaren genommen werden; im Verlaufe aber des Denkens nun kommt man auf Fakta, die jenen Vorstellungen widersprechen, aus ihnen nicht erkennbar, ja vielleicht geradezu die Verneinung derselben sind. Da man nun nicht auf die Begriffe, von denen man anfängt und die die *Fundamentalbegriffe* sind, zurückgeht, um sie in ihre Schranke zurückzuweisen, weil sie als die unbeschränkt, absolut wahren vorausgesetzt sind, so ist es eine notwendige Folge, daß man die aus jenen einseitigen Vorstellungen oder Begriffen nicht erkennbaren Fakta als unbegreiflich, als Grenzen der Vernunft selbst, als Dinge, die über die Vernunft hinausgehen, bestimmt, aus dem sehr begreiflichen Grunde, weil jene einseitigen Begriffe für die einzig vernünftigen, für die Vernunft selbst gelten, und daher, statt daß die Ursache dieser Unbegreiflichkeit in der Beschränktheit jener Begriffe erkannt, sie vielmehr auf die Vernunft selbst geschoben wird.

So ist es auch hier bei A. G. der Fall. Er geht aus von dem Begriffe des Geistes als des sich nur im Unterschiede vom Materiellen wissenden Selbstes, das von ihm nicht in seiner Schranke, als ein Moment des Geistes erkannt ist, sondern ihm für den ganzen Geist, für das *Wesen* selbst des Geistes gilt, und von dem Begriffe der Ausdehnung als der einzig wesenhaften Bestimmung des Körpers. Beide Begriffe sind unvereinbar. Nun ist aber die Vereinigung von Leib und Geist ein Gewisses, ein Faktum, und jene Begriffe gelten für die einzig richtigen, für die absoluten, die vernünftigen oder mit der Vernunft identischen; die Vereinigung von Seele und Körper ist daher als ein über jene Begriffe Hinausgehendes, als ein ihre Einseitigkeit, die gerade ihre wesentliche Bestimmung ist, in der sie gerade als die richtigen festgehalten werden, Verneinendes, begreiflicherweise ein Unbegreifliches, die (negative) Grenze der Vernunft (weil jene einseitigen Begriffe für die *positive* Grenze der Ver-

244

nunft gelten), nach A. G. also ein nur von dem *Willen* Gottes Hervorgebrachtes, ein *Wunder.*

Es läßt sich daher hieraus folgende Lehre und Regel für alle philosophischen Forschungen abstrahieren: Wo du nur immer im Verlaufe deines Denkens auf Unbegreiflichkeiten stößest, da sei gewiß, daß sie nur Folgen oder Erscheinungen von den Mängeln und Einseitigkeiten *der* Begriffe sind, von denen du als den einzig richtigen ausgehst, daß du auf eine höchst sonderbare, ja komische und selbst unredliche Weise und an einem sehr ungeschickten Orte, nämlich nicht am Anfang, wo du es hättest tun sollen, sondern erst hinterdrein, wo es zu spät ist, im Verlaufe oder am Ende deines Denkens die Unzulänglichkeit und Mangelhaftigkeit deiner prinzipalen Begriffe eingestehst. Wo du also auf Unbegreiflichkeiten stößest, da nimm dir die Mühe, auf den Anfang zurückzugehen, d. h. von vornen anzufangen, deine Fundamentalbegriffe zu prüfen, in ihrer Einseitigkeit zu erkennen oder sie und hiermit deinen ganzen Standpunkt selbst aufzugeben; kannst du das nicht, so sei wenigstens so bescheiden, *deine* Beschränktheit als die *deinige* zu erkennen, *deine* Schranken nicht zu den Schranken *anderer* oder gar der *Vernunft* selbst zu machen.

VII. NIKOLAUS MALEBRANCHE

§ 70. Einleitung und Übergang von Cartesius zu Malebranche

Ihre vollkommene Entwicklung, Ausbildung und Vollendung fand die Cartesische Philosophie in *Malebranche* und *Spinoza.*

Geist und Materie, an und für sich selbst betrachtet, sind bei C. unvermittelte Gegensätze. Der nur seiner selbst gewisse Geist findet daher in sich selbst kein Medium, kein Vereinigungsmittel zwischen sich und seinem Gegenteil. Nur in dem Bewußtsein der absoluten Wahrheit des unendlichen Wesens hebt er die Gegensätze auf,[126] wird er der *Existenz* der materiellen Dinge, der *Realität* seiner Ideen

---

[126] Was ist denn nun aber, bei Lichte besehen, diese absolute Wahrheit, dieses absolute Wesen, worin die C. Philosophie die Gegensätze von Geist und Materie verbindet? Es ist das Wesen der menschlichen Phantasie und Willkür, welche an keine Grenzen, keine bestimmten Vernunftgründe sich binden, welche auch das Widersprechendste, das Unvereinbarste ohne Schwierigkeit vereinigen. „Wenn wir gleich zugeben", sagt de la Forge in der schon zitierten Schrift, cap. 15, § 14, „daß der menschliche Körper nichts in sich enthält, was einer Vereinigung mit der Seele Widerstand leistet, so finden wir doch auch *nichts in ihm,* was *die Ursache* einer solchen sein könnte. Man muß also die Ursache bei den geistigen Substanzen suchen. Aber der menschliche Geist hat nur seinen Willen, durch den er aus sich herausgehen und sich mit etwas anderm verbinden kann, und dieser Wille kann wohl die Ursache sein von dem, was in diesem Bündnis von dem Leibe unmittelbar von ihm abhängt, aber keineswegs von unzähligen andern, nicht von unserm Willen abhängigen Erscheinungen. Also kann die *Ursache* der *Verbindung* des Leibs und der Seele nur der *göttliche* Wille sein." Was ist denn nun aber dieser Wille oder diese Macht, welche Dinge verbindet, ohne daß in ihnen selbst irgendein Grund zu dieser Verbindung enthalten ist, anders als die Macht der alles vermögenden menschlichen Einbildungskraft und Willkür? Was anders überhaupt das unendliche Wesen als das durch das unbeschränkte Wesen der Phantasie ausgefüllte unendliche Gebiet der menschlichen Unwissenheit und Beschränktheit?

oder Vorstellungen von ihnen gewiß. Die Ideen von den Dingen hat aber der Geist bei C. teils von sich, aus seinem eigenen Wesen, teils von den Dingen empfangen; oder vielmehr: Nicht nur alle allgemeine Begriffe, sondern auch alle Vorstellungen *als geistige* sind *aus* und in dem Geiste (natürlich nur der Fähigkeit oder Möglichkeit nach); die Sinne und die Bewegungen im Körper sind nur die Veranlassung dazu, daß sie der Geist sich vergegenwärtigt und aus sich hervorbringt; sie erregen, aber verursachen sie nicht; denn die Vorstellungen als *geistige* Bestimmungen können nicht aus den sinnlichen oder körperlichen Bewegungen entspringen, da diese gar keine Ähnlichkeit oder Verwandtschaft mit den Vorstellungen haben. (S. „R. d. Cart. Notae in Progr. quodd.", p. 185)

Da nun aber bei C. die Selbständigkeit der Gegensätze nur in der Idee der unendlichen Substanz aufgehoben ist, nicht an und in den Gegensätzen selbst, nicht in *ihrer* Idee, so bleiben Geist und Materie an sich selber streng voneinander geschieden, unabhängig ihrem Begriffe nach. Der Geist kann darum, wenn man konsequent verfährt, wie M. tut, die *Ideen* der *körperlichen Dinge* weder *aus sich* noch *von* den Dingen selbst haben. Denn die Idee ist das ideale, *immaterielle* Objekt, „das dem Geiste nächste, das mit ihm unmittelbar identische Objekt, das wie der Geist selbst keinen Ort einnimmt", wie M. sagt. Der *Geist*, welcher der Materie und dem umgekehrt die Materie als eine Selbständigkeit entgegengesetzt ist, kann daher nicht die *Idealität*, die *Vergeistigung* der *materiellen* Dinge sein oder nicht die Kraft und Fähigkeit haben, die materiellen Dinge zu idealisieren, vergeistigen, d. h., er kann sie nicht in und aus sich selbst anschauen oder vorstellen; denn jede Vorstellung ist ja notwendig Vergeistigung. Der Geist ist zwar nicht materiell, nicht ausgedehnt, sein Wesen besteht vielmehr allein im Denken; aber er ist nur Gegensatz der Materie, sie steht als ein ihrem Begriffe nach Selbständiges ihm gegenüber; wie könnte daher er, der im Gegensatze steht, der *selbst Gegensatz* ist, den *Gegensatz* aufheben? Der Geist ist zwar nach M. wie nach C. ein höheres, edleres Wesen als die Materie; er nennt die Körper les dernieres des êtres [die niedrigsten Wesen] u. dergl.; aber durch diese unbestimmte Vorstellung wird nicht der wesentliche und bestimmte, auch bei

M. zugrunde liegende Begriff der Materie und des Geistes als zweier voneinander geschiedner und sich entgegengesetzter Wesen, die daher, als ihrem Begriffe nach voneinander unabhängig, gegeneinander ein schlechthin Andres und Reelles sind, aufgehoben.

Sowenig aber der Geist auf diesem Standpunkte aus oder durch sich selbst die materiellen Dinge erkennen kann, sowenig ist die *Materie durch sich selbst sichtbar,* sie ist ja als das Entgegengesetzte des Geistes ein schlechthin *nicht Intelligibles,* nicht Idealisierbares, ein absolut *Finsteres* und *Dunkles.*[127] Es ist daher nur möglich und notwendig, daß wir *in Gott alle Dinge schauen.* Denn Gott, die absolute Substanz, ist die *absolute Idealität,* die unendliche Vergeistigungskraft aller Dinge; für sie sind die materiellen Dinge kein reeller Gegensatz, keine undurchdringliche Finsternis, sondern ein Ideelles, d. i., in ihr sind alle, selbst die materiellen Dinge auf *geistige, ideale Weise enthalten;* sie ist selbst die *ganze Welt als intellektuelle oder ideale Welt.* Unsere Anschauungen von der Welt, unsre Ideen der Dinge sind daher nicht unterschieden von den Ideen der Gottheit.

Aus der Philosophie des C. geht somit mit Notwendigkeit die Philosophie des M. hervor, deren wesentlichster und für die Geschichte der Philosophie interessantester Gedanke ist, daß wir alle Dinge in Gott erkennen und sehen. Zu dieser spekulativen und allgemeinen Notwendigkeit kommt jedoch noch diese besondere hinzu: Schon C. sank von der dem erhabnen Satze „Cogito ergo sum" zugrunde liegenden spekulativen Idee, der Idee von dem geistigen

---

[127] M. sagt wohl auch, daß die Seele und ebenso reine Geister außer Gott sich selbst dunkel, nicht erkennbar sind. Allein der Grund dieser Finsternis ist hier natürlich nicht der Gegensatz oder Unterschied; denn die Seele ist ja aufs innigste mit sich eins, eine unmittelbare Einheit mich sich selbst. „Quoique nous soyons très-unis avec nous-mêmes, nous sommes et nous serons intelligibles à nous-mêmes, jusqu'a ce que nous nous vojons en Dieu. [Obwohl wir mit uns selbst ganz eins sind, können wir uns selber immer nur soweit begreifen, wie wir uns in Gott sehen.]" („De la Recherche de la Vérité", Liv. III, ch. 1.) Der Grund dieser Finsternis liegt woanders, wie sich zeigen wird. Übrigens ist in betreff der Seele oder des Geistes überhaupt M. sehr dunkel und wohl mit sich selbst nicht ganz im klaren.

Ursprung des Bewußtseins, von der Einheit des Denkens und Seins, sogleich herab in die populäre theologische Vorstellung des Geistes als des subjektiven, empirischen, einzelnen Selbstes als eines unvollkommnen, erschaffnen Wesens. Bei M. dagegen, der ganz voll ist von theologischen Vorstellungen, bei dem sich die Lichtstrahlen seiner Gedanken fast immer in dem Medium der Theologie brechen, ist schon unmittelbar von vorneherein mit dem *Geiste* oder der *Seele* die Vorstellung des *empirischen, individuellen, subjektiven Selbstes* verbunden. Die Natur der *Geister* oder der Geist ist daher bei ihm ein endliches, beschränktes, ein erschaffnes oder – die unbestimmte Vorstellung des Erschaffens zu einem bestimmten Gedankenausdruck erhoben – ein *besonderes Wesen;* denn alles Erschaffne ist nach M.s Bestimmung ein Besonderes. „L'ame est un *genre d'être particulier.* Elle n'est qu'un tel être, un être très-limité et très imparfait. [Die Seele ist eine *besondere Art Wesen.* Sie ist nur ein derartiges, sehr begrenztes und höchst unvollkommenes Wesen.]" („Eclairciss. sur le III. liv.") Nun ist aber unbestreitbar, daß die Seele *allgemeine Wahrheiten* oder *allgemeine Ideen* hat und daß ein besonderes Wesen nicht über seine Besonderheit hinaus kann. Ein *besonderes* Wesen kann also *keine allgemeinen Ideen in sich* oder nach M.s Bestimmung, der die Ideen Modifikationen, Bestimmungen nennt, keine allgemeine Modifikationen haben. „Comment pourroit-on voir dans une espèce d'être toutes les espèces d'êtres et dans un être *particulier* et *fini* un triangle ou un cercle *en général* et des triangles *infinis?* Nulle modification d'un être particulier ne peut être générale. [Wie könnte man in einer Wesensart alle Wesensarten sehen, in einem *besonderen, endlichen* Wesen ein Dreieck oder einen Kreis *im allgemeinen* und *unendlich* viele Dreiecke? Keine Modifikation eines besonderen Wesens kann allgemein sein.]" (l. c.) Eine allgemeine Idee wie z. B. die Idee der *Ausdehnung* (der Körperlichkeit und Räumlichkeit), in der wir alle körperliche Dinge sehen und sehen müssen, kann aber auch nicht etwa von den körperlichen Dingen kommen; denn sie sind ebensogut Besonderes und überdem ein Materielles, aus dem daher die Idee, die ein Ideales, ein Geistiges ist, nun und nimmermehr kommen kann, weil es mit ihr in keinem Verhältnis steht. Nur in dem *allgemeinen* Wesen also, in *dem* Wesen, das nicht dieses oder jenes ist, nur in diesem sind und können sein *allge-meine Ideen,* nur in Gott erkennen wir daher die Dinge; denn wir erkennen nach M. alles nur aus und in dem Allgemeinen, das Besondere setzt das Allgemeine voraus.

Gott ist also nach M. nicht nur das Prinzip der objektiven Gewißheit, denn auch nach M. wird der Geist erst durch die unendliche Substanz, in der Idee der absoluten Wahrheit der Realität der körperlichen Dinge gewiß ("Eclairciss. sur le I. liv."), sondern Gott ist auch das *Prinzip aller Erkenntnis,* ja, die *allgemeine Erkenntnis selbst, die allgemeine Weltanschauung aller Geister.* Mit derselben Notwendigkeit aber, mit der die göttliche Substanz die allgemeine Weltanschauung aller Geister und daher das *alle Geister Umfassende* und *Einende,* der *allgemeine Ort der Geister* ist, wie M. sagt, mit derselben ist er auch die *einzig wahre Ursache und Tätigkeit,* das *Prinzip aller Tätigkeit* und *Bewegung* wie in den Geistern, so in den körperlichen Dingen, der Materie oder Natur. Denn das Wesen der Natur ist bei M. wie bei C. die Materie und ihre einzige reale Bestimmung die *Ausdehnung*; das Prinzip der Bewegung ist also nicht in ihr selbst oder ihrem Begriffe und Wesen enthalten; es liegt außer ihr, und zwar nur in der göttlichen Substanz als der Idealität aller Dinge. Gott ist daher nicht nur die allgemeine Ursache der Bewegung wie bei C., sondern er ist auch und muß sein, wenn man konsequent die Prinzipien des C. fortentwickelt – da einmal außer dem Wesen der Materie die Bewegung liegt, folglich auch außer den bestimmten, besondern Körpern, deren Wesen eben die Materie oder Ausdehnung ist –, die *wahre* Ursache der besondern Wirkungen oder Bewegungen. Die Naturursachen sind daher jetzt nur *Gelegenheitsursachen,* die die göttliche Substanz veranlassen, so oder so zu handeln, nicht wirkliche, wahrhafte Ursachen.

Ebensowenig als die Natur kann aber die Seele oder der Geist das Prinzip der Bewegung in sich haben. Denn die Materie steht dem Geiste selbständig gegenüber, ist darum für ihn ein weder im Denken – als Idee – noch in der Zeit – als Bewegung – Überwindliches und Bestimmbares, ebenso wie für ihn ein nicht Intelligibles, ein nicht Bewegbares. Was dem Verstande ein andres, ein Finstres ist, das ist doch notwendig auch dem Willen ein solches. Worüber der Geist als denkendes Wesen nichts vermag, darüber vermag er doch auch nichts als wollendes. Die Seele kann daher selbst *ihren* Körper als Körper nicht aus sich selbst wahrhaft bestimmen oder bewegen, sie ist nicht die wahre, die positive, sondern nur die *gelegenheitliche, veranlassende* Ursache der Bewegungen, die auf ihren Willen erfolgen.

Es ist eine Inkonsequenz des C., daß er dem Geiste oder der Seele, wie er sie erfaßt, die Kraft zuschreibt, den Körper zu bewegen, indem er annimmt, daß sie die Glandula pinealis [Zirbeldrüse], in der sie sich, obwohl mit dem ganzen Leibe vereint, nach ihm unmittelbar betätigt und vermittelst dieser den Körper bewegt („De Passionibus", I, Art. 30–34); denn zwischen Geist und Materie findet keine *Beziehung* statt; nun drückt aber doch wohl jede Bewegung eine Beziehung des Bewegenden auf das Bewegte aus; wie kann also der Geist oder die Seele den Leib bewegen oder bestimmen, d. i., wie kann sie, die keine Beziehung auf ihn hat, ja, alle Beziehung auf ihn ausschließt, eine Beziehung auf ihn haben?

M. findet nur in der *Allmacht* oder dem allmächtigen Willen des unendlichen Wesens eine *notwendige* Beziehung auf die Bewegung des Körpers, und es ist daher nur der Wille Gottes die wahre Ursache, der eigentliche Grund,[128] daß, wenn ich, der endliche Geist, es will, mein Körper sich bewegt. Die Allmacht oder der Wille Gottes ist nun zwar mit Recht der Zufluchtsort der Unwissenheit genannt worden; aber M. ist doch konsequenter hierin als C. und hat damit indirekt den richtigen Gedanken ausgesprochen, daß für das, was das Prinzip oder Vermögen der Bewegung und Bestimmung in sich hat, das Bestimmtwerdende kein Andres, kein reeller Gegensatz sein darf und kann. Da nun aber für das unendliche Wesen endliche Gegensätze keine Realität haben, Geist und Materie aber solche Gegensätze sind, so kann nur er, d. i. Gott, das reale Vermögen haben, den Körper zu bestimmen; nur ihm kann die Materie parieren. Denn vor dem Geiste, der nur ihr Gegensatz ist, dessen Wesensbestimmung es selber ist, daß er von ihr unterschie-

---

[128] Allerdings ist diese Idee auch in C. schon gewissermaßen enthalten. Aber hier ist sie noch nicht bestimmt, entschieden ausgebildet, sie kann daher wie so manche andere seiner Ideen bei einer bestimmten Charakteristik seiner Gedanken nicht in Anschlag gebracht werden.

den und ihr entgegengesetzt ist, der eben deswegen, weil seine wesentlichen Bestimmungen nur Verneinungen *der* Bestimmungen sind, welche die Materie zur Materie machen, so selbständig er sich auch stellt und dünkt, doch nie von ihr loskommt, in einer gewissen (freilich indirekt oder negativ) notwendigen Beziehung zu ihr steht und ihr so indirekt Hab und Gut verdankt, hat sie notwendig keinen Respekt, macht sie keine gehorsame Dienerin, beugt sie nicht ihr trotziges Haupt und ihren steifen Rücken.

Ebensowenig aber der Geist auf diesem Standpunkte, wenn er konsequent behauptet wird, das Prinzip der Bewegungen seines Körpers sein kann, ebensowenig kann er auch das uranfängliche Prinzip seiner Willensbestimmungen und Handlungen sein oder in sich haben; denn er ist ja nur ein gegensätzliches, darum besondres, endliches, d. h. ein nur *gesetztes* (erschaffnes) Wesen, er kann also nirgendwo Urheber, Anfänger, Grund, Erstes sein. Das Prinzip, der Uranfang seines Willens muß daher ganz richtig, wie es bei M. der Fall ist, der Wille Gottes sein. Der Geist muß wollen, nur *was* er will, ist frei; nur der *Gegenstand* des Willens (der bestimmte, besondere Gegenstand), nicht das *Wollen* selbst hängt von ihm ab,[129] nur der Gegenstand des Willens ist *sein*, aber nicht der Wille, welcher eben darum, nämlich als ein nur in Rücksicht des *Objekts* oder vielmehr der besondern, einzelnen Objekte freier und unbestimmter, in Rücksicht aber des *Prinzips* bestimmter Wille, nicht sowohl Wille als vielmehr Trieb, Neigung, Hang, Liebe ist, wie M. ganz richtig von seinem Standpunkt aus den Willen bezeichnet und definiert. Die natürliche Liebe nämlich des Geistes oder Menschen zu Gott ist nach M. das Prinzip aller Neigungen, Triebe und Bewegungen; obwohl der Geist frei ist in dem, was er liebt, einen besondern, andern Gegenstand als Gott lieben kann, so ist doch das *Objekt* hinter oder in diesem Objekte, das eigentliche *wahre* Objekt, das der Geist

---

[129] „Voluntas, ut docent Philosophi, tantummodo fertur in bonum commune, dum *non potest non velle* bonum, sed *particulare bonum* quodcunque sit, voluntas *non necessario* vult. [Der Wille wird, wie die Philosophen lehren, nur insofern zum allgemeinen Guten bestimmt, als er das Gute *unmöglich nicht wollen kann,* aber das *besondere Gute,* was es auch sei, will der Wille *nicht notwendig*]" (Ern. *Sonerus,* „Comment. in Aristot. Metaphysic.", Jenae 1657, p. 35.)

will, sucht und begehrt, Gott selbst; denn das einzige Objekt aller seiner Triebe ist Glückseligkeit, diese aber in ihrer ganzen Fülle, in ihrer Wahrheit nur in Gott. Nun ist aber das Prinzip dieser Liebe des Geistes zu Gott der Wille Gottes oder die Liebe Gottes zu dem Geiste, die in ihm das Verlangen nach Glückseligkeit, d. i. nach Gott als dem allgemeinen Gut erzeugt; der Grund, die Ursache oder das Prinzip, wie aller Bewegung und Tätigkeit der Natur, so auch aller Bewegung und Tätigkeit und Willensbestimmung des Geistes, ist daher nach M. allein Gott selbst.

§ 71. *Leben und Charakter Malebranches*

Nikolaus Malebranche kam zu Paris 1638 mit einem sehr schwächlichen und selbst entstellten Körper auf die Welt. Ob ihm die Natur einen solchen Körper gab, um sich an ihm wegen seiner Verachtung alles Sinnlichen und Körperlichen, die er später in seiner Philosophie aussprach, im voraus zu rächen, oder ob sie ihm deswegen die Güter des Leibes vorenthielt, um ihn desto mehr den Wert der Geistesgüter fühlen zu lassen und ihm die Abstraktion von allem Materiellen, die der Charakter seines Lebens wie seiner Philosophie war, zu erleichtern, mögen die modernen Historiker entscheiden. Soviel ist übrigens gewiß, daß er wegen seiner Mißgestaltung in der Jugend den Umgang der Menschen scheute, aber um so fleißiger und lerneifriger war.

1660 trat er in das Oratorium (Congregationem patrum) zu Paris. Das Studium der Theologie, namentlich der Kirchengeschichte und Kritik der Bibel, mit dem er sich daselbst beschäftigte, ließ seinen Geist unbefriedigt. Glücklicherweise bekam er daher zufällig im 26. Jahre seines Lebens Cartesius' „Abhandlung vom Menschen" in die Hand; denn mit dieser Schrift ging mit einem Male ein neues Licht in seinem Geiste auf. Was er längst vermißt hatte, fand er in ihr: ein Wissen, das allein geeignet war, die Sehnsucht seiner Seele zu stillen, ein Wissen, von dem er bisher noch keine bestimmte Idee gehabt hatte. Die Bekanntschaft mit C. bildet daher auch den Wendepunkt seines Lebens. Denn seitdem gab er, die Mathematik ausgenommen, alle andere

Wissenschaften für das ihn allein beseligende Studium der Philosophie hin, schloß alle nur gelehrte Bücher von seiner Lektüre aus, studierte nur noch, um seinen Geist zu *erleuchten*, aber nicht, um sein Gedächtnis vollzuladen.[130] Als ihm die Historiker und Kritiker deswegen Vorwürfe machten, fragte er sie, ob Adam im Besitze des vollkommnen Wissens gewesen wäre. Als sie seine Frage bejahten, sagte er zu ihnen, daß das vollkommne Wissen also nicht Kritik und Geschichte wäre und daß er auch nichts weiter wissen wollte, als was Adam wußte. Bei diesem seinen entschiednen Enthusiasmus für die Philosophie ist es nicht zu verwundern, wenn er so schnelle und bedeutende Fortschritte in ihr machte, daß er schon 1674 sein Hauptwerk, *„De la Recherche de la Vérité,* où l'on traite de Nature de l'Esprit de l'homme et de l'usage qu'il en doit faire pour eviter l'erreur dans les Sciences [Erforschung der Wahrheit oder Abhandlung über die Natur des menschlichen Geistes und den Gebrauch, den man von ihm machen muß, um den Irrtum in der Wissenschaft zu vermeiden]", verfertigt hatte, wovon auch im nämlichen Jahre noch der erste Band im Drucke erschien.

Die schönste, die notwendigste und des Menschen würdigste Erkenntnis war M. die Selbsterkenntnis, die Erkenntnis des Menschen. Der Gegenstand dieses seines vorzüglichsten Werkes ist daher auch der Geist des Menschen sowohl an sich als in seinem Verhältnis zum Körper und zu Gott, mit dem er nach ihm auf eine innigere und notwendigere Weise verbunden ist als mit dem Körper. Er zeigt darin, daß unsre Sinne, unsre Einbildungskraft und unsre Leidenschaften zu unsrer innern Glückseligkeit und zur Erkenntnis der Wahrheit uns gar nichts nützen, daß sie im Gegenteil uns verblenden und bei jeder Gelegenheit verführen, daß überhaupt alle Erkenntnisse, die der Geist durch den Körper oder auf Veranlassung gewisser Bewegungen im Körper erhält, in Beziehung auf die von ihnen vorgestellten Objekte ganz falsch und verworren, obgleich zur Erhaltung des Leibs und der leiblichen Güter nützlich sind. Er zeigt

---

[130] S. Fontenelles Éloge du P. Malebranche in seinen „Éloges des Academiciens" im V. Bd. seiner Œuvres, Amsterdam 1764, p. 267, 248.

ferner darin die Abhängigkeit des Geistes von den sinnlichen Dingen, damit er aus seinem Schlafe erwache und von ihnen sich zu befreien bestrebe. Er untersucht die verschiednen Fähigkeiten des Geistes und die allgemeinen Quellen der Irrtümer, wobei er sich als einen trefflichen Psychologen bewährt, und gibt zuletzt dann die Methode an, wie man die Wahrheit erforschen soll.[131]

Das Werk „De la Recherche de la Vérité" erregte, wie sich bei der Menge frappanter und neuer Ideen, die es enthält, nicht anders als erwarten ließ, sehr großes Aufsehen und erwarb M. die Freundschaft vieler denkenden Menschen. Aber es wurden auch von verschiedenen Seiten her sehr harte Urteile darüber gefällt. Der erste, der es kritisierte, war der Abt Foucher. Es ging M. wie allen tiefern Philosophen: Er wurde mißverstanden. Er ließ sich aber dadurch nicht in seiner Überzeugung noch in dem Frieden seines Geistes stören. Denn er erwartete kein andres Los, er wußte nur zu gut, daß die evidentesten und erhabensten metaphysischen Wahrheiten dem größten Teil der Menschen unbegreiflich, ja, lächerlich sind und daß vor allem Bücher, die allgemeine Vorurteile bestreiten, ohne weiteres verdammt werden und die Wahrheit, die anfangs nur als ein lächerliches und chimäres Phantom erscheint, nur mit der Zeit sich bewährt und offenbart.[132]

1677 schrieb M. seine „Conversations Chrétiennes [Christliche Gespräche]", um das Verhältnis seiner Philosophie zur Religion näher auseinanderzusetzen. Seine Lehre von der Idee und der Gnade und seine Behauptung, daß das Vergnügen glücklich mache, verwickelten ihn in Streitigkeiten mit Arnauld und Regis, mit dem er schon früher in betreff eines physikalischen Gegenstandes eine Fehde bestanden hatte. Mehrere Abhandlungen erschienen von beiden Seiten. 1680 erschien M.s Abhandlung „De la Nature et de la Grâce [Von der Natur und von der Gnade]", 1683 seine „Meditations Chrétiennes et Metaphysiques [Christliche metaphysische Meditationen]", 1684 le „Traité de Morale [die Abhandlung

[131] Vgl. M.s Préface zum Tome premier seiner „Recherche de l. V.".

[132] Vgl. z. B. die interessante Vorrede zum zweiten Bande seiner „Rech. d. l. V." und I. Eclairc. sur le I. Liv. de l. „Rech. d. l. V." und Écl. sur le III. Liv., X. Écl., et Fontenelle, l. c., p. 256.

von der Moral]", 1688 *"Entretiens sur la Metaphysique et sur la Religion* [Gespräche über Metaphysik und Religion]", worin er seine ganze, schon in seiner „Rech. de la V." enthaltene Philosophie nochmals zusammenstellt und erörtert. Seine letzten Schriften waren *"Entretien d'un Philosophe chrétien et d'un Philosophe chinois* [Gespräch zwischen einem christlichen und einem chinesischen Philosophen]", 1708, und *"Réflexions sur la Prémotion physique* [Überlegungen über die göttliche Vorherbestimmung der Körper]", 1715, als Antwort auf eine Schrift, die den Titel hatte: *"De l'action de Dieu sur les créatures* [Die Einwirkung Gottes auf die Geschöpfe]". In diesem letztern Jahre, dem Todesjahre M.s, trat auch noch zu guter Letzt der Jesuit du Tertre gegen ihn auf.

Darstellung der Philosophie Malebranches[133]

§ 72. *Das Wesen des Geistes und der Idee*

Das *Wesen* des *Geistes* besteht allein im *Denken*, wie das Wesen der Materie nur in der Ausdehnung besteht. Der Wille, die Einbildungskraft, das Gefühl sind nur verschiedene Modifikationen, Bestimmungen (Arten) des Denkens, gleichwie die vielen besondern materiellen Formen wie Wasser, Feuer, Holz nur verschiedene Modifikationen der Ausdehnung sind. Man kann sich wohl einen Geist denken, der keine Gefühle, keine Phantasie, selbst keinen Willen hat, aber einen Geist sich vorzustellen, der nicht denkt, ist ebenso unmöglich als eine Materie, die nicht ausgedehnt ist, wiewohl es sehr leicht ist, sich eine Materie ohne bestimmte Gestalt und Form und selbst ohne Bewegung vorzustellen. So wie aber die Materie oder Ausdehnung ohne Bewegung ganz umsonst wäre und nicht die mannigfaltigen Formen in sich fassen könnte, die doch ihr Zweck sind, und

---

[133] Diese Darstellung ist lediglich aus M.s Hauptwerk, „De la Recherche de la Vérité", geschöpft, und die Ausgabe, nach der hier zitiert wird, ist die VII. Edit. revue et augmentée de plusieurs Éclaircissemens, à Paris 1721, II T. 4.

daher *so* nicht von einem vernünftigen Wesen hervorgebracht werden konnte, ebenso wäre das Denken oder der Geist ohne Willen ganz und gar unnütz, weil er dann keine Neigung zu den Gegenständen seiner Vorstellungen und keine Liebe zum Guten hätte, das der Zweck seines Daseins ist, und er konnte daher nicht in dieser Weise von einem vernünftigen Wesen hervorgebracht werden. Aber deswegen gehört doch nicht der Wille zum Wesen des Geistes, weil er das Denken voraussetzt, sowenig als die Bewegung zum Wesen der Materie, weil sie die Ausdehnung voraussetzt. Obgleich aber der Wille nicht wesentlich ist, so ist er doch immer mit dem Geiste verbunden. (Liv. III, ch. 1, P. I)

Die *Objekte* außer uns nehmen wir *nicht durch sie selbst* wahr. Wir sehen die Sonne, die Sterne und unzählige andere Objekte außer uns, und es ist nicht wahrscheinlich, daß die Seele außer den Körper hinausgeht und gleichsam im Himmel herumspaziert, um dort alle Objekte zu betrachten. Sie sieht sie also nicht durch sie selbst, und das unmittelbare Objekt unsers Geistes, wenn er z. B. die Sonne sieht, ist nicht die Sonne, sondern *eine mit unsrer Seele innigst vereinte Sache,* die ich *Idee* nenne. Die Idee ist also nichts andres als das *unmittelbare* oder *nächste Objekt* des Geistes, wenn er irgendein Objekt vorstellt, und die Seele kann nur *die* Sonne sehen, mit der sie aufs innigste vereint ist, *die* Sonne, die wie sie keinen Ort einnimmt. Zur Vorstellung eines Objekts ist die wirkliche Gegenwart der Idee dieses Objekts absolut notwendig, aber es ist nicht notwendig, daß irgend etwas Äußeres existiert, was dieser Idee ähnlich ist. Die Ideen jedoch haben eine sehr reelle Existenz. Die Menschen freilich, die so sehr zu dem Glauben geneigt sind, daß *nur* körperliche Objekte existieren, urteilen über nichts schiefer als über die Realität und Existenz der Dinge. Denn so wie sie etwas empfinden, so halten sie nicht nur die Existenz desselben für gewiß, obgleich oft nichts außer ihnen existiert, sondern sie meinen auch, daß dies Objekt ganz so sei, wie sie es empfinden, was doch niemals der Fall ist. Die Idee dagegen, die notwendig existiert und notwendig so ist, wie sie uns Objekt ist, halten sie für nichts, als wenn die Ideen nicht sehr viele sie voneinander unterscheidende Eigenschaften hätten und dem Nichts Eigenschaften zukämen. (Éclairc. III u. Liv. III, P. II, ch. 1)

Alles, was die Seele vorstellt, ist entweder *in* oder *außer* der Seele. In der Seele sind ihre verschiedene Modifikationen, d. h. alles, was nicht in ihr sein kann, ohne daß sie es durch ihr eignes innres Selbstbewußtsein wahrnimmt, also ihre eignen Vorstellungen, Gefühle, Begriffe, Neigungen. Zur Wahrnehmung dieser Gegenstände bedarf die Seele keiner Ideen; denn jene Modifikationen sind nichts als die Seele selbst in dieser oder jener Form. Aber die Dinge außer der Seele kann sie nur vermittelst der Ideen wahrnehmen. (Ebd.)

§ 73. *Die verschiedenen Ansichten über den Ursprung der Ideen*

Über den *Ursprung der Ideen* und die *Art und Weise,* wie wir die *materiellen* Dinge wahrnehmen, gibt es verschiedene Ansichten. Die verbreitetste ist die der Peripatetiker, nämlich daß die äußeren Objekte Bilder von sich ausströmen, die ihnen gleichen und durch die äußern Sinne bis zum Gemeinsinn gebracht werden. Allein, diese Bilder können von keiner andern Beschaffenheit sein, als die Körper selbst sind; sie sind also kleine Körperchen; als diese können sie sich aber nicht durchdringen, sie müssen sich daher zerbrechen und zerreiben und können so die Objekte nicht sichtbar machen. Man kann von einem einzigen Punkte aus eine Menge Gegenstände übersehen; es müßten sich also, wenn jene Ansicht wahr wäre, die Bilder von allen diesen Objekten auf *einen* Punkt vereinen, aber das erlaubt nicht ihre Undurchdringlichkeit. Auch läßt sich nicht einsehen, wie die Körper ohne merkliche Verminderung ihrer Masse nach allen Seiten hin Bilder von sich ausströmen könnten. (Liv. III, P. II, ch. 2)
Die zweite Ansicht ist, daß unsre Seelen die Macht haben, die Ideen von den Dingen, an die sie denken wollen, hervorzubringen, daß sie durch die Eindrücke, welche die Objekte auf den Körper machen, obgleich jene keine den sie verursachenden Objekten ähnliche Bilder seien, zur Hervorbringung derselben angeregt werden. Allein die *Ideen* sind *reelle Wesen,* weil sie *reelle Eigenschaften* haben, durch die sie voneinander *unterschieden* sind, und ganz unterschie-

dene Dinge vorstellen. Sie sind überdies geistige und von den Körpern, die sie vorstellen, sehr unterschiedene Wesen und daher unstreitig edlerer Natur als die Körper selbst; denn die intelligible Welt ist vollkommner als die materielle. Wenn also die Seele die Kraft hätte, die Ideen hervorzubringen, so hätten die Menschen die Macht, viel edlere und vollkommnere Wesen hervorzubringen, als die von Gott erschaffene Welt ist. Wenn auch die Ideen wirklich so gar miserable und elende Dinge wären, als man es sich gewöhnlich vorstellt, so sind sie doch immer Wesen, und zwar geistige Wesen. Und die Menschen können sie daher nicht hervorbringen, weil ihnen die Schöpfungskraft mangelt. Denn die Hervorbringung der Ideen in dem Sinne, wie man sie gewöhnlich versteht, ist eine wirkliche Erschaffung. Das Anstößige und Verwegene dieser Vorstellung wird nicht dadurch gemildert, daß man sagt, die Produktion der Ideen setzt etwas voraus, die Erschaffung aber nichts; denn es ist ebenso schwer, etwas aus nichts hervorzubringen als aus einem Dinge, das nichts zur Hervorbringung desselben beitragen kann. Ja, die Hervorbringung aus einem vorhandenen Stoff, der zu einer ganz andern Gattung von Wesen gehört als das Hervorzubringende, ist viel schwieriger als die Erschaffung aus nichts; denn bei dieser darf man nicht erst wie bei jener einen untauglichen Stoff vernichten. Da nun aber die Ideen geistig sind, so können sie nicht aus den materiellen Eindrücken oder Bildern, die im Gehirn sind und in keiner Beziehung zu den Ideen stehen, hervorgebracht werden. Selbst wenn die Idee keine Substanz wäre, so wäre es daher doch unmöglich, aus einem Materiellen eine geistige Idee zu produzieren. Gesetzt aber, der Mensch hätte auch die Fähigkeit, die Ideen hervorzubringen, so würde er doch von diesem Vermögen keine Anwendung machen können; denn er kann sich nur eine Vorstellung von einer Sache machen, wenn er sie schon vorher kennt, d. h., wenn er schon die Idee von ihr hat, die nicht von seinem Willen abhängt. Die Menschen geraten übrigens auf diese irrige Meinung vom Ursprung der Ideen durch einen übereilten Schluß. Weil sie nämlich die Ideen von den Objekten ihrem Geiste gegenwärtig haben, sobald sie es wollen, so schließen sie ohne weiteres daraus, daß der Wille die wahre Ursache davon ist, während sie doch daraus schließen sollten, daß zwar nach der Ordnung der Natur in der Regel ihr Wille dazu gehört, um die Ideen gegenwärtig zu haben, aber nicht, daß der Wille die ursprüngliche und wahre Ursache ist, die sie dem Geiste vergegenwärtigt oder gar aus nichts hervorbringt. (Ebd., ch. 3) Die dritte Ansicht ist die, daß alle Ideen mit uns erschaffen oder uns angeboren sind. Da aber der Geist eine unzählige Menge von Ideen hat und Gott auf eine viel leichtere und einfachere Weise denselben Zweck erreichen konnte, so ist es nicht wahrscheinlich, daß Gott eine solche Menge von Ideen zugleich mit dem Geiste des Menschen erschuf. (Ebd., ch. 4) Die vierte Ansicht ist die, daß der Geist zur Wahrnehmung der Objekte nichts weiter bedarf als sich selbst, daß er in der Beschauung seiner selbst und seiner Vollkommenheiten alle Dinge, die außer ihm sind, erkennen kann. Die diese Ansicht haben, glauben, daß die höhern Wesen die niedern auf eine viel erhabnere und edlere Weise, als sie in sich selbst sind, enthalten und daß daher die Seele gleichsam eine intelligible Welt sei, die in sich den gesamten Inhalt der materiellen oder sinnlichen Welt enthält, ja, noch unendlich mehr. Allein, dieser Gedanke ist zu vermessen. Es ist nur die Eitelkeit unsrer Natur, unsre Begierde nach Unabhängigkeit und das Streben, dem alle Wesen in sich enthaltenden Wesen zu gleichen, welches unsern Geist verwirrt und die verwegne Einbildung in uns erzeugt, daß wir besitzen, was wir nicht haben. Denn erschaffene Geister können *in sich* weder das *Wesen* noch die *Existenz* der Dinge schauen. Das Wesen derselben können sie nicht in sich selbst schauen, weil sie zu beschränkt sind und daher nicht alle Wesen enthalten gleich Gott, der das allgemeine Wesen ist oder schlechtweg der, der ist. Weil aber der menschliche Geist alle Dinge, und zwar unendliche Dinge, erkennen kann und sie nicht enthält, so sieht er sicher ihr Wesen nicht in sich. Denn der *Geist* sieht nicht nur nacheinander jetzt diese, dann eine andere Sache, er nimmt auch wirklich das *Unendliche* wahr, wenn er es gleich nicht begreift. Da aber der Geist selbst nicht unendlich ist und nicht unendliche Modifikationen in derselben Zeit in sich haben kann, so kann er das nicht in sich schauen, was er selbst nicht ist. Ebensowenig als das Wesen kann der unendliche Geist aber die Existenz der Dinge in sich selbst schauen; denn sie hängt nicht von seinem Willen ab, und es können dem Geiste die Ideen der Dinge gegenwärtig sein, ohne daß sie doch selbst existieren. (Ebd., ch. 5)

§ 74. *Gott, das Prinzip aller Erkenntnis*

Es bleibt also nur noch die Ansicht übrig, daß *wir alle Dinge in Gott schauen.* Gott enthält die Ideen aller erschaffnen Wesen in sich, denn ohne Erkenntnis und Idee konnte er die Welt nicht erschaffen; er enthält daher alle Wesen, selbst die materiellsten und irdischsten, auf eine höchst geistige und uns unbegreifliche Weise in sich. Gott sieht daher auch in sich selbst alle Wesen, indem er seine eigene Vollkommenheiten, die sie ihm vorstellen, beschaut. Er sieht aber in sich nicht nur ihr Wesen, sondern auch ihre Existenz, denn nur durch seinen Willen existieren sie. Gott ist ferner auf die allerinnigste Weise durch seine Gegenwart mit unsrer Seele vereint, so daß man ihn den *Ort der Geister* nennen kann wie den Raum den Ort der Körper. Der menschliche Geist kann darum das in Gott schauen, was in ihm die erschaffnen Wesen vorstellt, weil es höchst geistig, höchst erkennbar (ideal) und dem Geiste selbst unmittelbar nah und gegenwärtig ist. Für diese Ansicht spricht die ganze Ökonomie der Natur. Gott bewirkt nie durch schwierige und verwickelte Mittel, was er durch ganz leichte und einfache bewerkstelligen kann; denn Gott tut nichts umsonst und ohne Grund. So bringt Gott bloß vermittelst der Ausdehnung allein alle bewundernswürdigen Wirkungen in der Natur, selbst das Leben und die Bewegungen der Tiere hervor. Da nun aber Gott bloß dadurch den Geistern alle Dinge sehen lassen kann, daß er sie das sehen läßt, was in ihm *Beziehung* auf diese Dinge hat und sie *darstellt,* so ist es nicht wahrscheinlich, daß Gott anders handelt und etwa soviele unzählige Ideen hervorbringt, als es erschaffene Geister gibt. Übrigens sehen die Geister nicht deswegen etwa auch das Wesen Gottes, weil sie alle Dinge in Gott schauen. Denn Gott ist vollkommen, aber was sie in Gott sehen, nämlich teilbare, geformte Materie und dergleichen Dinge sind höchst unvollkommen; denn in Gott selbst ist nichts Geteiltes oder Geformtes; er ist *ganz Wesen,* weil er unendlich ist

und alles enthält, er ist *kein besonderes Wesen*. Für diese Ansicht spricht ferner, daß sie uns in die größte Abhängigkeit
von Gott versetzt, denn wir erkennen dadurch, daß es Gott
selbst ist, der die Philosophen in ihren Erkenntnissen *erleuchtet*, die die undankbaren Menschen *natürliche* nennen,
ob sie gleich vom Himmel kommen, daß er der allgemeine
Lehrer der Menschen, *das wahre Licht des Geistes* ist. (Ebd.,
ch. 5 u. 6)

Am meisten aber begründet diese Ansicht die Art und
Weise, wie der menschliche Geist alle Dinge wahrnimmt.
Es ist ausgemacht, daß, wenn wir an irgendeine besondere
Sache denken wollen, wir zuerst den Blick auf alle Dinge
werfen und dann erst das Objekt uns vergegenständlichen,
über welches wir denken wollen. Wir könnten nun aber
nicht ein besonderes Wesen zu sehen oder zu betrachten
verlangen, wenn es uns nicht schon Gegenstand wäre,
wenngleich nur im allgemeinen und dunkel. Dieses Verlangen daher, alle Dinge nacheinander zu betrachten, ist ein sicherer Beweis, daß alle Wesen unserm Geiste gegenwärtig
sind. Wie könnten nun aber dem Geiste alle Dinge gegenwärtig sein, wenn ihm nicht Gott gegenwärtig wäre, d. h.
das Wesen, das alle Wesen in seinem einfachen Wesen enthält? Selbst allgemeine Ideen wie z. B. die Gattung, die Art
könnte sich der Geist nicht vorstellen, wenn er nicht alle
Wesen in *einem* Wesen schaute. Denn da jedes erschaffne
Wesen nur ein besondres Wesen ist, so kann man nicht sagen, daß man etwas Erschaffnes zu seinem Objekte hat,
wenn man z. B. ein Dreieck im allgemeinen, wie es nämlich
nicht ein einzelnes oder besonderes ist, sondern in seinem
Begriffe alle Dreiecke enthält, betrachtet. (Ebd., ch. 6) Endlich der erhabenste, der schönste, der stärkste, der erste
oder unabhängigste Beweis von der *Existenz Gottes* ist die
Idee des *Unendlichen*. Denn ob wir gleich keinen Begriff vom
Unendlichen haben, so haben wir doch unbestreitbar eine,
und zwar sehr deutliche, Idee von Gott, eine Idee, die wir
nur durch unsre *Verbindung* mit ihm haben; denn die Idee
des unendlich vollkommnen Wesens ist unmöglich etwas
Erschaffnes. Der Geist hat aber nicht nur die Idee des Unendlichen, er hat sie sogar *vor* der des *Endlichen*. Denn die
Idee des unendlichen Wesens erhalten wir allein dadurch,
daß wir bloß *das Wesen* denken, abgesehen davon, ob es end-

lich oder unendlich ist. Um aber die Idee des Endlichen zu bekommen, müssen wir notwendig etwas von diesem *allgemeinen Begriffe des Wesens* hinwegnehmen, er ist folglich früher als der Begriff des endlichen Wesens. Der Geist nimmt daher jedes Ding nur *in der Idee des Unendlichen wahr,* und weit gefehlt, daß er diese Idee aus der dunklen Zusammenfassung aller seiner Ideen von den besondern Wesen bildete, so sind vielmehr alle diese *besonderen Ideen nur eingeschränkte Vorstellungen vom Unendlichen,* die an der allgemeinen Idee des Unendlichen teilhaben, gleichwie Gott selbst sein Wesen nicht von den Kreaturen hat, sondern alle besondere Wesen an dem göttlichen Sein nur auf beschränkte Weise teilhaben. (Ebd., ch. 6)

Die *Ideen* haben *Wirksamkeit.* Sie wirken auf den Geist, sie erleuchten ihn, sie machen ihn glücklich oder unglücklich durch die angenehmen oder unangenehmen Vorstellungen, mit welchen sie ihn affizieren. Nun kann aber nichts unmittelbar im Geiste wirken, wenn es nicht über ihm steht; Gott allein also kann auf ihn wirken, und alle unsre Ideen befinden sich daher notwendig in der wirksamen Substanz der Gottheit, die allein auf Intelligenzen wirken und sie bestimmen kann. (Ebd., ch. 6) Es ist nicht möglich, daß etwas andres als Gott selbst der Hauptzweck seiner Handlungen ist. Nicht nur unsere natürliche Liebe, d. i. der Glückseligkeitstrieb, den er unserm Geiste eingepflanzt, sondern auch unsre *Erkenntnis* hat daher Gott zu ihrem Ziele; denn alles, was von Gott kommt, kann nur für ihn sein. Wenn Gott einen Geist erschüfe und ihm zur Idee oder zum unmittelbaren Objekte seiner Erkenntnisse die Sonne gäbe, so würde ihn Gott für die Sonne, nicht für sich machen. Nur insofern kann daher Gott die Erkenntnis seiner Werke zum Ziele eines Geistes machen, als diese Erkenntnis zugleich eine Erkenntnis Gottes in irgendeiner Weise ist. Wir könnten darum gar nichts schauen, wenn wir nicht Gott in irgendeiner Weise schauten, wie wir gar kein besonderes Gut lieben könnten, wenn wir nicht das allgemeine Gut liebten. Wir sehen alle Dinge nur durch unsre natürliche Erkenntnis von Gott. *Alle unsre besondern Ideen, die Ideen der erschaffnen Wesen sind nur Einschränkungen von der Idee des Schöpfers,* gleichwie alle unsere Willensneigungen zu den Kreaturen nur Bestimmungen und Einschränkungen von unserer Neigung zu Gott sind. (Ebd.)

Es gibt vier verschiedene Erkenntnisweisen. Die Seele erkennen wir nicht wie die Körper außer uns durch ihre Idee; wir sehen sie daher nicht in Gott, wir erkennen sie allein durch unser *Selbstgefühl* oder *Bewußtsein*. Darum ist unsere Erkenntnis von ihr unvollkommen. Wir wissen von unsrer Seele nichts weiter, als was wir von ihr durch unser Gefühl erfahren. Hätten wir nie das Gefühl des Schmerzes, der Wärme, des Lichtes gehabt, so könnten wir nicht wissen, ob unsere Seele eine Empfänglichkeit für diese Gefühle hätte. Könnten wir dagegen in Gott die Idee sehen, die unsrer Seele entspricht, so könnten wir zugleich alle ihre möglichen Eigenschaften erkennen, wie wir in der Idee der Ausdehnung alle ihre möglichen Eigenschaften erkennen können. (Ebd., ch. 7)

Was wir von unsrer Seele erkennen, ist vielleicht soviel als wie nichts in Vergleich zu dem, was sie an sich ist. Denn unser *Bewußtsein* von uns selbst stellt uns vielleicht nur das wenigste von unserm Wesen vor. Wir haben daher von der Natur der Seele keine so vollkommne Erkenntnis wie von der Natur der Körper, ob wir gleich viel deutlicher die Existenz unserer Seele als die Existenz unsres Körpers und der uns umgebenden Körper einsehen. Wir können darum auch keine *Definitionen* von den Modifikationen oder Bestimmungen der Seele geben. Denn da wir weder die Seele noch ihre Modifikationen durch *Ideen*, sondern allein durch *Empfindungen* erkennen und solche Empfindungen wie Schmerz, Vergnügen, Wärme nicht an Worte gebunden sind, so ist klar, daß, wenn einer nie die Gefühle des Vergnügens und des Schmerzes gehabt hätte, er unmöglich durch Definitionen die Erkenntnis derselben bekommen könnte. Wir selbst für uns sind uns daher ganz dunkel und undurchsichtig; um uns zu sehen, müssen wir uns außer uns betrachten, und wir werden daher unser Wesen nicht erkennen, bis daß wir uns in dem betrachten, der unser Licht ist und in dem erst alle Dinge Licht werden. Denn außer Gott sind selbst die geistigsten Substanzen ganz unsichtbar.

Die Seelen der *andern Menschen* aber und die reinen Geister erkennen wir nur durch *Vermutung*. Wir erkennen sie weder in ihnen selbst noch durch ihre Ideen, und da sie von uns verschieden sind, so können wir sie auch nicht durch das Bewußtsein erkennen. Wir vermuten allein, daß die Seelen andrer Menschen ebenso sind wie die unsrigen. Wir behaupten von ihnen, daß sie dieselben Gefühle wie wir haben, und selbst dann, wenn diese Gefühle keine Beziehung auf den Körper haben, sind wir gewiß, daß wir uns nicht täuschen, weil wir in Gott gewisse unveränderliche Ideen und Gesetze erblicken, aus denen wir mit Gewißheit erkennen, daß Gott auf die andern Geister ebenso einwirkt wie auf uns. (Liv. III, ch. 7, u. Éclairc. sur le III. liv.) *Durch sich selbst* aber und *ohne Ideen* erkennt man die Gegenstände, wenn sie *durch sich selbst intelligibel* oder *erkennbar* sind, d. h., wenn sie auf den Geist einwirken und daher sich ihm offenbaren können; denn der Verstand ist ein rein passives Vermögen der Seele. Es ist nun aber *nur Gott allein*, den *man durch sich selbst erkennt,* denn ob es gleich außer ihm noch andere geistige Wesen gibt, die auch durch ihre Natur erkennbar zu sein scheinen, so ist es doch nur Gott allein, der in dem Geiste wirken und sich ihm enthüllen kann. Nur von *Gott allein* haben wir daher eine *unmittelbare und direkte Anschauung;* denn nur er kann den Geist durch seine eigne Substanz erleuchten, und es ist daher auch in diesem Leben nur unsre Einheit mit Gott die Ursache, daß wir das zu erkennen fähig sind, was wir erkennen. Es ist unmöglich, zu denken, daß etwas *Erschaffnes* das *Unendliche* vorstellen könne, daß das Wesen *ohne Einschränkung,* das *unendliche,* das *allgemeine* Wesen, durch eine *Idee,* d. h. ein *besonderes,* ein von dem allgemeinen und unendlichen Wesen verschiedenes Wesen, könnte vorgestellt werden. Was aber die besondern Wesen betrifft, so ist es nicht schwer, zu begreifen, daß sie durch das unendliche Wesen, welches sie in seiner höchst wirksamen und folglich höchst intelligiblen Substanz enthält, können vorgestellt werden. Wir müssen daher behaupten, daß wir *Gott durch sich selbst erkennen,* obgleich unsre Erkenntnis von ihm in diesem Leben sehr unvollkommen ist. (Liv. III, ch. 7)

Die *Körper* dagegen mit ihren Eigenschaften erkennen wir, wie oben gezeigt wurde, nur vermittelst *Ideen*, weil sie *nicht durch sich selbst intelligibel* sind und daher nur in dem Wesen geschaut werden können, welches sie auf *ideale* Weise in sich enthält. Deswegen ist unsre Erkenntnis von ihnen auch sehr vollkommen, d. h., unsre Idee von der Ausdehnung ist inhaltsreich genug, um durch sie alle ihre nur immer möglichen Eigenschaften zu erkennen; was unsrer Erkenntnis von der Ausdehnung, den Figuren und Bewegungen mangelt, ist nicht ein Mangel der Ideen, die sie vorstellen, sondern unsres Geistes, der sie betrachtet. (Ebd., ch. 7, Nr. 3)

Die Körper sehen (das Sehen hier bloß im Sinne des Wahrnehmens vermittelst des Gesichtssinnes genommen) heißt aber nichts andres, als in seinem Geiste die Idee der Ausdehnung, die ihn mit verschiedenen Farben berührt oder bestimmt, wirklich gegenwärtig haben. Die *Körper* sieht man daher nur in der *idealen* und *allgemeinen Ausdehnung,* die durch die Farben erst sinnlich und besondert wird, und die Farben sind nichts als die sinnlichen Vorstellungen, die die Seele von der Ausdehnung hat, wenn diese in ihr wirkt und sie modifiziert. Unter der Ausdehnung ist aber natürlich nur immer die intelligible, die *Idee* oder der *Archetyp der Materie* zu verstehen; denn die materielle Ausdehnung kann ja offenbar nicht unmittelbar auf den Geist einwirken. Sie ist absolut unsichtbar durch sich selbst; es sind nur die intelligibeln Ideen, die Intelligenzen affizieren können. („Réponse à Mr. Regis")

Wie alle besondern Körper aus einer allgemeinen Ausdehnung oder Materie bestehen und einer besondern Form, so sind alle besondern Ideen der Körper nichts weiter als die allgemeine Idee der Ausdehnung in verschiedenen Formen oder wird in allen bestimmten ausgedehnten Dingen nur die Ausdehnung auf eine bestimmte Weise angeschaut. Alles Ausgedehnte sehen wir darum nur in der Ausdehnung oder allgemeinen Idee der Ausdehnung. Diese Idee ist daher auch der hauptsächliche Beweis, daß wir alle Dinge in Gott sehen; denn die Idee der Ausdehnung kann sich nur *in Gott* finden, sie kann keine *Modifikation* unserer Seele sein.

Alle Modifikationen eines endlichen Wesens sind notwendig endlich; denn da die Modifikation einer Substanz eine bestimmte Weise ihres Seins ist, so kann sie offenbar keinen größern Umfang haben als die Substanz selbst. Nun ist aber unser Geist *beschränkt* und die Idee der Ausdehnung *unbeschränkt*; denn wir können sie nicht erschöpfen noch Grenzen in ihr entdecken. Man sieht daher die Körper nur in Gott, da sich die Idee der Ausdehnung, in der wir alle Dinge sehen, wegen ihrer Unbeschränktheit nur in ihm finden kann. (Ebd.)

Daß wir aber *sinnliche* Körper und *reelle* Figuren sehen, dazu ist nicht nötig, daß es auch in Gott selbst oder in der idealen Ausdehnung sinnliche Körper und wirkliche Figuren gibt. Der Geist kann einen Teil von der unendlichen idealen Ausdehnung, die Gott enthält, wahrnehmen und daher in Gott alle Figuren erkennen; denn jede begrenzte ideale Ausdehnung ist notwendig eine ideale Figur, da die Figur ja weiter nichts als eine Begrenzung der Ausdehnung ist. Einen bestimmten Körper aber sehen oder fühlen wir, wenn seine Idee, d. i. eine *bestimmte* Figur der idealen und allgemeinen Ausdehnung, *sinnlich* und *besondert* wird durch die Farbe oder irgendeine andere sinnliche Vorstellung, mit der seine Idee die Seele affiziert und welche die Seele mit ihr verbindet; denn die Seele breitet fast immer ihre Gefühle über *die* Ideen aus, die auf sie einen lebhaften Eindruck machen. Man muß die ideale Welt daher nicht in ein solches Verhältnis zu der sinnlichen oder materiellen setzen, als wenn es z. B. in ihr eine ideale Sonne, einen idealen Baum gäbe, um uns die Sonne oder den Baum vorzustellen. Denn da jede ideale Ausdehnung als ein Kreis oder in der idealen Form einer Sonne, eines Baums oder Pferdes vorstellbar ist, so kann sie uns zur Vorstellung der Sonne, eines Baums, eines Pferdes dienen, folglich eine ideale Sonne, ein idealer Baum usw. werden, wenn die Seele auf Veranlassung der Körper eine Empfindung mit diesen idealen Gegenständen oder Ideen verbinden kann, d. h., wenn diese Ideen die Seele mit sinnlichen Vorstellungen affizieren. (Éclairc. sur le III. Liv., X. Écl.) Die sinnlichen Dinge nehmen wir daher auch nicht mit einem vom Verstande verschiednen Vermögen wahr, es ist der *Verstand* selbst, der die Dinge, wenn sie abwesend sind, sich vorstellt und der sie fühlt, wenn sie gegenwärtig sind. Die *Einbildungskraft* und die *Sinne* sind nichts als der *Verstand* selbst, inwiefern er die Gegenstände durch die Organe des Körpers wahrnimmt; denn der Verstand ist nichts weiter als die Fähigkeit der Seele, alle Dinge oder, was eins ist, die Ideen aller Dinge in sich aufzunehmen. (Liv. I, p. 4)

§ 77. *Die allgemeine Vernunft*

Gott ist also die intelligible Welt, das Licht des menschlichen Geistes. Wäre diese Wahrheit nicht abstrakter und metaphysischer Natur, so bedürfte es keiner weitern Beweise. Aber das *Abstrakte* ist den meisten Menschen *unbegreiflich*, nur das *Sinnliche* bewegt und fesselt ihren Geist. Was über die Sinne und die Einbildungskraft hinausgeht, können sie nicht zum Objekt ihres Geistes machen und folglich nicht begreifen.

Hier also noch einige Gründe. Jedermann gesteht ein, daß alle Menschen fähig sind, die Wahrheit zu erkennen, und selbst die am wenigsten erleuchteten Philosophen räumen ein, daß der Mensch an einer gewissen Vernunft, die sie nicht näher bestimmen, Anteil hat; deswegen definieren sie ihn als ein der Vernunft teilhaftiges Wesen. Denn jeder weiß wenigstens dunkel, daß die *wesentliche Differenz* des Menschen in seiner *Einheit* mit der *allgemeinen Vernunft* enthalten ist, obgleich in der Regel keiner weiß, was denn diese Vernunft in sich enthält, und sich darum bekümmert, es zu entdecken. Ich weiß z. B., daß zwei mal zwei vier macht und daß man seinen Freund seinem Hunde vorziehen muß, und ich bin gewiß, daß es keinen Menschen in der Welt gibt, der es nicht ebensogut wie ich wissen kann. Nun erkenne ich aber nicht diese Wahrheiten in dem Geiste der andern, wie auch die andern sie nicht in dem meinigen erkennen. Notwendig gibt es also eine *allgemeine Vernunft*, die mich und alle Intelligenzen erleuchtet. Denn wenn *die* Vernunft, die ich befrage, nicht *dieselbe* wäre, die den Chinesen auf ihre Fragen an sie antwortet, so könnte ich es doch offenbar nicht so bestimmt wissen, als ich es weiß, daß die Chinesen dieselben Wahrheiten einsehen, die ich einsehe. Die Vernunft, die wir befragen, wenn wir *in uns gehen,* ist daher eine *allgemeine Vernunft.* Ich sage: wenn wir in uns gehen; denn ich meine nicht die Vernunft, der ein leidenschaftlicher Mensch folgt. Wenn einer das Leben seines Pferdes dem seines Kutschers vorzieht, so hat er dazu wohl auch seine Gründe, aber es sind nur besondere Gründe, vor denen jeder vernünftige Mensch zurückschaudert und die in Wahrheit unvernünftig sind, weil sie der höchsten Vernunft oder der allgemeinen Vernunft, die alle Menschen befragen, widersprechen.

Ich bin gewiß, daß die *Ideen* der Dinge *unveränderlich* und die ewigen *Wahrheiten* und *Gesetze notwendig* sind; es ist unmöglich, daß sie anders sind, als sie sind. Nun finde ich aber in mir nichts Unveränderliches und Notwendiges; ich kann nicht sein oder nicht so sein, als ich bin; es kann Geister geben, die mir nicht gleichen, und doch bin ich gewiß, daß es keine Geister gibt, die andre *Gesetze* und *Wahrheiten* erkennen als ich; denn jeder Geist sieht notwendig ein, daß zwei mal zwei vier macht und daß einer seinen Freund seinem Hunde vorziehen muß. Es ist daher ein notwendiger Schluß, daß die Vernunft, die alle Geister befragen, eine *ewige* und *notwendige Vernunft* ist.

Es ist ferner evident, daß ebendiese Vernunft *unendlich* ist. Der Geist des Menschen erkennt klar, daß es eine unendliche Anzahl von intelligibeln Dreiecken, Vier- und Fünfekken und andern ähnlichen Figuren gibt und geben kann. Er erkennt nicht nur, daß es ihm niemals an Ideen von Figuren mangeln wird und daß er immer noch neue entdecken kann, selbst wenn er sich auch eine ganze Ewigkeit hindurch nur mit diesen Arten von Ideen beschäftigte, sondern er nimmt selbst auch das *Unendliche* in der *Ausdehnung* wahr, denn er kann nicht zweifeln, daß seine Idee vom Raume unergründlich ist.[134] Der Geist ist nun wohl endlich, aber unendlich muß die Vernunft sein, die er befragt; denn er schaut klar das Unendliche in dieser höchsten Vernunft an, obgleich er es nicht begreift, und kann die Vernunft nicht

---

[134] Das Unendliche nimmt übrigens M. häufig und so auch hier, was sich namentlich in dem Beispiel von einer Irrationalgröße zeigt, das er bei dieser Gelegenheit gibt, in einem sehr unphilosophischen Sinne, im Sinne der bloßen Grenzenlosigkeit. Jedoch in Beziehung auf das, was er damit beweisen will, ist es ganz gleichgültig, *wie* das Unendliche aufgefaßt und bestimmt wird.

erschöpfen; sie hat auf jede seiner Fragen, es sei auch, worüber es nur immer wolle, eine Antwort bereit.

Wenn es aber wahr ist, daß die Vernunft, an der alle Menschen Anteil haben, allgemein ist, wahr, daß sie ewig und notwendig ist, so ist es gewiß, daß sie nicht von der *Vernunft Gottes* selbst *unterschieden* ist; denn nur das allgemeine und unendliche Wesen enthält in sich selbst eine allgemeine und unendliche Vernunft. Alle erschaffne Wesen sind *besondere* Wesen; die allgemeine Vernunft ist also keine Kreatur. Nichts Erschaffnes ist unendlich, die unendliche Vernunft ist also nicht *erschaffen*. Die Vernunft aber, die wir befragen, ist nicht bloß allgemein und unendlich; sie ist auch *notwendig* und *unabhängig*, ja, wir fassen sie gewissermaßen unabhängiger als Gott selbst; denn Gott kann nur in Gemäßheit dieser Vernunft handeln; er hängt von ihr in einem gewissen Sinne ab, er *muß* sie befragen und befolgen. Gott jedoch befragt nur sich selbst; er hängt von nichts ab. Die allgemeine Vernunft ist also von Gott selbst nicht unterschieden; sie ist mit ihm von gleicher Ewigkeit und Wesenhaftigkeit. (X. Éclairc. sur le III. Liv.)

§ 78. *Gott das Prinzip und das wahre Objekt des Willens*

Wie Gott das Prinzip aller Erkenntnis im Geiste ist, so ist er auch in ihm das Prinzip aller Bewegung und Tätigkeit, das Prinzip des Willens und der Neigungen.

Wie die Geister nichts erkennen können, wenn sie nicht Gott erleuchtet, nichts fühlen, wenn sie nicht Gott bestimmt, so können sie auch nichts wollen, wenn nicht Gott in ihnen den Trieb zum Guten überhaupt, d. h. zu Gott, erweckt. Sie können zwar dieser Bewegung oder diesem Triebe eine andere Richtung geben, nämlich die Richtung auf andere Objekte als Gott, aber dieses Können kann man wohl nicht ein positives Vermögen nennen. Denn wenn Sündigenkönnen ein Vermögen ist, so ist das ein Vermögen, das der Allvermögende nicht hat. Hätten die Menschen von sich selbst die Macht oder das Vermögen, das Gute zu lieben, so könnte man ihnen wohl einige Macht zuschreiben; aber die Menschen können nur deswegen lieben, weil Gott will, daß sie lieben, und sein Wille seine Wirkung nicht verfehlt. Sie können nur lieben, weil Gott unaufhörlich den Trieb zu dem allgemeinen Gut, d. h. zu sich, in ihnen erzeugt; denn da sie Gott seinetwegen erschafft, so erhält er sie auch nicht, ohne sie an sich zu ziehen oder ihnen den Impuls zu seiner Liebe zu geben. (T. II, Liv. VI, P. II, ch. 3, und Liv. III, P. II, ch. 6)

Der Wille ist nichts andres als der natürliche Trieb zu dem unbestimmten und allgemeinen Gut und die Freiheit oder Kraft unsres Geistes, jenen Trieb auf Objekte hin zu richten, die uns gefallen, und so die vorher unbestimmten Neigungen unsrer Natur jetzt durch die Richtung auf irgendein besondres Objekt zu bestimmen. Daß wir wollen, d. i., das *Gute überhaupt verlangen* und zu ihm uns hinneigen, ist daher zwar eine *Notwendigkeit*; daß wir aber dieses oder jenes wollen, zu diesem besondern Gut uns bestimmen, ist unsre Freiheit; denn Gott treibt uns unaufhörlich und durch einen unwiderstehlichen Eindruck zur Liebe des Guten überhaupt an. Gott stellt uns zwar auch die Idee eines besondern Gutes vor oder gibt uns das Gefühl von ihm; denn nur er erleuchtet uns, und die uns umgebenden Körper können nicht auf uns einwirken, noch sind wir selbst unsre Glückseligkeit oder unser Licht. Gott bewegt uns daher auch zu dem besondern Gute hin, insofern er in uns die Vorstellung davon erzeugt; denn Gott erregt in uns den Trieb zu allem, was gut ist. Aber Gott treibt uns nicht notwendig noch unwiderstehlich zur Liebe dieses Gutes an. Es steht in unsrer Freiheit, ob wir uns bei diesem besondern Gute aufhalten oder weitergehen wollen. Denn wir haben das Vermögen, an alle Dinge zu denken, weil unsre natürliche Liebe zu dem Guten überhaupt alle Güter umfaßt, an die wir denken können, und wir können zu jeder Zeit an alle Dinge denken, weil wir mit dem vereint sind, der alle Dinge in sich enthält. Wir haben daher ein Selbstbestimmungsprinzip in uns, und dieses Prinzip ist immer *frei* in Betracht der *besondern* Güter. Denn, da wir sie prüfen und mit unsrer Idee vom höchsten Gute oder mit andern besondern Gütern vergleichen können, so sind wir nicht zu ihrer Liebe gezwungen. (Éclairc., I. Écl.)

Gott ist also, wie das *Prinzip* des Willens, so auch das wahre, das eigentliche *Objekt* desselben. Denn es ist unbezweifelbar, daß Gott der Urheber aller Dinge ist, daß er sie um seinetwillen geschaffen hat und daß er das menschliche Herz durch einen unwiderstehlichen Impuls stets zu sich hinreißt. Gott kann ja nicht wollen, daß irgendein Wille ihn nicht liebt oder ihn weniger als irgendein andres Gut liebt, wenn es anders außer ihm ein Gut noch geben kann. Denn er kann nicht wollen, daß ein Wille das nicht liebe, was der höchste Grad des Liebenswürdigen ist, und das am meisten liebe, was der geringste Grad des Liebenswürdigen ist. Unsre eingeborne oder *natürliche Liebe* hat daher *Gott* zu ihrem *Objekte*; denn sie kommt von Gott, und es wäre nichts imstande, diese Neigung zu Gott von ihm abzuwenden, als Gott selbst, der sie uns eindrückt. Jeder Wille folgt daher notwendig den Bewegungen dieser Liebe. Die *Gerechten* wie die *Gottlosen*, die *Seligen* wie die *Verdammten lieben Gott mit dieser Liebe.* Denn da diese unsre natürliche Liebe zu Gott eins ist mit unsrer natürlichen Neigung zu dem allgemeinen Gut, zu dem unendlichen Gut, zu dem höchsten Gut, so ist offenbar, daß alle Geister Gott mit dieser Liebe lieben, da nur er allein das allgemeine Gut, das unendliche, das höchste Gut ist. Denn alle Geister und selbst die Teufel brennen vor Begierde, glücklich zu sein und das höchste Gut zu besitzen, und verlangen es ohne Wahl, ohne Überlegung, ohne Freiheit, bloß aus einem notwendigen Triebe ihrer Natur. Da wir für Gott erschaffen sind, für ein unendliches Gut, für ein Gut, das alle Güter in sich faßt, so kann daher auch erst der Besitz dieses Gutes das Verlangen, den Trieb unsrer Natur stillen. (Liv. III, ch. 4, u. Liv. I, ch. 17)

§ 79. *Gott das Prinzip aller Tätigkeit und Bewegung der Natur*

Gott ist ebenso wie das Prinzip aller geistigen Bewegungen das *Prinzip aller Wirkungen* und *Bewegungen* in der *Natur.* Denn die *Materie* ist durchaus *ohne Tätigkeit.* (Ebd., Liv. I, ch. 1) Die heidnischen Philosophen nahmen zwar zur Erklärung der Wirkungen in der Natur substantielle Formen, reelle Qualitäten und andre ähnliche Wesenheiten an; allein, wenn man die *Idee der Ursache* oder der Macht zu wirken sorgfältig untersucht, so stellt diese Idee unbezweifelbar etwas *Göttliches* vor. Denn die Idee einer höchsten

Macht ist die Idee der höchsten Gottheit, und die Idee einer geordneten Macht die Idee einer niedern, aber dennoch wahren Gottheit, wenigstens im Sinne der Heiden, vorausgesetzt nur, daß sie die Idee einer Macht oder wahren Ursache ist. Man nimmt daher etwas *Göttliches* in den *Körpern* an, wenn man *Formen, Fähigkeiten, Qualitäten, Kräfte* oder *reelle Wesen,* die durch die Kraft ihrer Natur gewisse Wirkungen hervorzubringen imstande sind, annimmt, und gerät so unmerklich durch die Verehrung der Philosophie der Heiden in ihre Gesinnungen hinein. Denn es ist nicht einzusehen, wie man nicht wahre Mächte oder Ursachen fürchten und lieben sollte, Wesen, die auf uns wirken, die uns strafen können mit Schmerzen, lohnen mit Vergnügungen, und noch schwerer aber ist es einzusehen, wie man sie nicht verehren sollte, da Furcht und Liebe die wesentlichen Bestandteile der Verehrung ausmachen. Allein, wie es nur *einen* wahren Gott gibt, so gibt es auch nur *eine wahre Ursache,* die *Natur* oder *Kraft* jedes *Wesens* ist nur der *Wille Gottes.* Alle Naturursachen sind nicht wahre Ursachen, sie sind nur die *gelegentlichen* Ursachen. (T. II, Liv. VI, P. II, ch. 3)

Alle Körper, sie mögen nun klein oder groß sein, haben nicht die Kraft oder das Vermögen, sich zu bewegen. Aber ebenso, wie den Körpern das Vermögen mangelt, sich zu bewegen, mangelt den Geistern die Kraft, sie zu bewegen. Ihr Wille ist nicht imstande, auch nur den allerkleinsten Körper von der Welt zu bewegen; denn es findet offenbar keine *notwendige Verbindung* zwischen unserm Willen, z. B. den Arm zu bewegen, und der Bewegung selbst dieses Armes statt. Es ist allerdings wahr, daß sich der Arm bewegt, wenn wir es wollen, und wir also die natürliche Ursache der Bewegung unsers Armes sind. Aber die natürlichen Ursachen sind nicht die wahren Ursachen, sondern nur die gelegentlichen oder veranlassenden, die selbst nur durch die Kraft und Wirksamkeit Gottes wirken. Eine *wahre* Ursache ist nur eine *solche,* mit welcher die *Wirkung* in einer *notwendigen Verbindung* steht. Nun kann aber nur zwischen dem Willen Gottes, d. i. des unendlich vollkommnen und allmächtigen Wesens, und zwischen der Bewegung der Körper der Geist eine notwendige Verbindung, und zwar eine solche erkennen, daß es ein Widerspruch wäre, wenn auf seinen Willen oder Befehl, daß ein Körper bewegt sei, doch keine

Bewegung erfolgte. Gott allein ist also die wahre Ursache und hat wahrhaft das Vermögen in sich, die Körper zu bewegen. Alle *Kräfte* der Natur sind in der Tat und Wahrheit nur der Wille Gottes. (Ebd.)

§ 80. *Der wahre Sinn der Malebrancheschen Philosophie*

Um den wahren Sinn, die eigentliche Idee der Malebrancheschen Philosophie, deren interessantester und wesentlichster Gedanke ist, daß wir alle Dinge nur in und durch Gott erkennen oder alle Dinge nur in ihm Objekte unsrer Anschauung und Erkenntnis werden können und sind, muß man nicht bloß den Gegensatz zwischen Geist und Körper im Auge haben, welchen die Philosophie des *Cartesius* fixierte und wovon M. ausging, sondern, wie schon in der Einleitung angeführt wurde, hauptsächlich bedenken, daß dieser die Seele oder den Geist als ein besonderes Wesen faßte – eine Auffassung, die übrigens nichts weiter als eine nähere Bestimmung jenes Gegensatzes ist, denn entgegengesetzte Wesen sind eben besondere –, daß also bei ihm, da die Besonderheit wesentlich Vielheit und Einzelheit in sich schließt, die Anschauung des Geistes als lauter *Geister*, als einer Vielheit von Geistern, d. i. eben als eines einzelnen Wesens – denn mit *einem* einzelnen sind zugleich *viele* einzelne gesetzt – zugrunde liegt. M. ging von der Theologie in die Philosophie über, aber er wird von ihr nicht frei; es bleiben die Vorstellungen der Theologie, wenn er sie gleich größtenteils nur anwendet, um sie aufzuheben, dennoch wenigstens die äußere Grundlage seiner Gedanken. In der Theologie ist nämlich der Geist nur als lauter *einzelne Geister, d. i. als Personen,* Gegenstand, und *der* Geist, die *Einheit* des Geistes oder der vielen Geister kommt nur zum Vorschein als ein Geist, der selbst wieder ein besonderer Geist ist, zugleich aber nicht wie die andern einer *unter* den vielen, sondern einzig ist, keinen seinesgleichen hat, als der vollkommene Geist über den andern als ihre *Einheit* insofern steht, inwiefern sie vor ihm *alle gleich* sind. Wenn daher M., der von der Theologie ausgeht, vom *Geiste*, von der Seele spricht, so versteht er darunter nichts als die sogenannten *erschaffenen Geister,* die *vielen einzelnen* Seelen, die *Personen*, die *Menschen*. M. sagt daher auch gleichbedeutend bald „esprit [Geist]", bald *„esprits créés [erschaffene Geister]"*, bald wieder *„les esprits [die Geister]"*, bald *„les hommes [die Menschen]"*.

M. versteht unter dem Geiste, der Seele nichts andres eben als das Ich, das unmittelbar nur mit sich identische, *unmittelbare, einfache, einzelne Selbst* des Menschen, das als einzelnes Selbst nur im Gefühle sich Objekt ist und erkennt, nur soviel von sich weiß, als es erlebt, erfährt. Die Seele, sagt M., erkennt sich nicht durch die Ideen, sondern nur durch das Selbstgefühl, durch die Erfahrung des innern Gefühls. „Je *sens* mes perceptions (d. i. nicht die Ideen, die *allgemein* oder *objektiv* sind, sondern die *Affektionen* derselben in mir, sie, wie sie als allgemeine, zugleich *meine, in mir* sind, oder die Vorstellung, die Gefühle in mir von den Ideen) sans les connoître, parce que n'ayant une idée claire de mon ame je ne puis découvrir que par le *sentiment intérieur* les modifications, dont je suis capable. [Ich *empfinde* meine Wahrnehmungen (…), ohne sie zu erkennen; denn da ich keine deutliche Idee von meiner Seele habe, kann ich nur durch die *innere Empfindung* die Modifikationen entdecken, derer ich fähig bin.]" („Réponse à Mr. Regis") „Lorsque nous voyons les choses *en nous,* … nous ne voyons que *nos sentimens* et non pas les choses. [Wenn wir die Dinge *in uns* wahrnehmen …, so nehmen wir nur *unsere Gefühle* wahr und nicht die Dinge.]" („Rech. de la V.", Liv. IV, ch. 11, 1) Unter den Dingen, die in der Seele sind, oder unter den Modifikationen oder Bestimmungen der Seele versteht daher M. auch hauptsächlich[135] nur die selbstischen Bestimmungen der Seele, die *Empfindungen*, die Gefühle z. B. des Schmerzes, Vergnügens, selbst die *sinnlichen Empfindungen* wie Wärme, Farbe, die von der Cartesischen Schule bloß für Bestimmungen der Seele gehalten wurden, ob er gleich auch unter die Modifikationen, unter denen er die sensations [Empfindungen], die passions [Affekte] und inclinations [Neigungen] aufführt, auch die pures intellections [reinen Verstandeserkenntnisse] rechnet.[136] Aber unter diesen pures intellections

---

[135] Man vergleiche z. B. Éclaircissement sur la „R. de la Vérité", XI. Éclairc., sur le III. Liv.
[136] Man vergl. z. B. l. c., XI. Écl.

können nichts verstanden werden als die Vorstellungen überhaupt oder die reinen Begriffe nur *insofern*, als sie nicht in der Beziehung auf ein Objekt, sondern nur auf das *Selbst* gedacht werden, etwas Subjektives ausdrücken, das Selbstgefühl des Individuums affizieren.

Aus dieser Auffassung des Geistes, welcher nichts andres zugrunde liegt als die Vorstellung vom Menschen, inwiefern er sich von der Außenwelt und von andern unterscheidet, sein innres eignes Selbst erfaßt und dieses Selbst seine Seele, seinen Geist nennt, ergibt sich nun mit Notwendigkeit der Gedanke, daß wir alle Dinge in Gott sehen, und erhellt zugleich, was denn eigentlich der *Sinn* desselben ist. Denn was das Wesen des einzelnen Geistes als einzelnen ausmacht, was den Menschen zum Menschen als Individuum macht, ist eben sein unmittelbares, innres Selbstbewußtsein oder Selbstgefühl, sein Ich oder Selbst, das Prinzip seiner Gefühle, Leidenschaften, Neigungen und übrigen Modifikationen.[137] Nun hat aber – eine unbezweifelbare Tatsache – der Mensch *allgemeine* und *notwendige Ideen,* die für alle gelten, in denen alle übereinstimmen; er

---

[137] Unendlich ist die Konfusion in diesem Paragraphen, an dem ich daher auch soviel als möglich gestrichen habe. Sie liegt aber keineswegs nur in den Worten „Ich", „Selbst", „einzelner Geist", „Mensch", „Individuum"; sie liegt in der Sache, im Wesen der Abstraktion, der Philosophie, welche die Tätigkeit des Denkens vom Menschen absondert und zu einem selbständigen Wesen macht, dem sich aber doch stets unwillkürlich wieder das sinnliche Bild des Menschen unterschiebt. Ich denke, ich bin. Wer ist denn aber das Ich in diesem Cogito? Ist es ganz und gar in diesem Denken enthalten? Nein, nur das Ich, „inwiefern" es ein denkendes Wesen ist! Also haben wir noch ein andres Ich, ein Ich, das kein denkendes, sondern ausgedehntes, sinnliches Ich oder Wesen ist. Warum spaltest du mich aber in zwei Wesen? Warum soll denn nicht Ich, dieses sinnliche, ausgedehnte Wesen, auch das denkende sein? Weil „Ich jeder", Ich universal, aber die res extensa [das ausgedehnte Wesen] eine res singularis [ein einzelnes Wesen] ist? Ist denn aber nicht jeder auch dieser, Ausgedehnter? Stimmst du denn nicht deswegen im Denken mit andern Menschen überein, weil du im Leibe mit ihnen übereinstimmst? Könntest du mit einem Philosophen fraternisieren, wenn er dir zum Zeichen seiner Freundschaft statt der menschlichen Hand eine Katzenpfote oder Bärentatze reichte?

hat zum Gegenstand ideale Objekte, die alle auf die nämliche Weise ansehen und ansehen müssen. Das Gefühl gehört ihm an, das ist in ihm, das ist *sein*; aber das *ideale* Objekt, das ist mehr als *er*, das ist nicht Bein von seinem Bein, Fleisch von seinem Fleisch, das ist nicht sein, das ist *allgemein*, nicht in ihm, inwiefern er nur ein Einzelnes, ein Besonderes ist – denn in ihm als einzelnen können nur einzelne Ideen, die aber darum keine Ideen mehr sind, sondern Gefühle, Affektionen, kann nur Subjektives sein –, das ist also nur in dem, was allgemein ist, gehört nur dem an, was selbst nicht dieses oder jenes, sondern allgemeines Wesen ist. Dieses ist aber Gott; die *Ideen* sind also *allgemeinen Wesens*, nicht menschlichen, besondern Wesens, sie sind in Gott, aber eben weil Gott das allgemeine Wesen ist, sind sie zugleich auch die Ideen des Menschen, das Gott- und Menschgemeine. „Nous ne les (créatures) voyons *qu'en lui* (Dieu), que *par lui,* que *comme lui,* je veux dire, que dans *les mêmes idées que lui.* De sorte que nous penserons comme lui. Nous aurons par les mêmes idées quelque société avec lui. [Wir sehen sie (die Geschöpfe) *nur in ihm* (Gott), nur *durch ihn* und nur *wie er,* ich meine, nur in *denselben Ideen wie er,* so daß wir dann mit ihm denken. Wir treten durch dieselben Ideen in eine Gemeinschaft mit ihm]." („Réponse à Mr. Regis") Sind aber die Ideen in Gott, so schauen wir an und erkennen die Dinge nur in Gott; denn wir erkennen sie nur durch die Ideen.

Die Haupt- und *Grundidee* aber, in der wir alle Dinge anschauen, ist die Ausdehnung; denn alle Dinge außer uns, d. i. alle Körper, sind ausgedehnt, und diese Idee ist nicht etwa abgezogen von der Wahrnehmung der besondern, ausgedehnten Dinge oder aus einer konfusen Zusammenfassung derselben in eine Idee gebildet. Im Gegenteil, daß ich etwas, was ein Körper ist, sehe, daß ich es *als* Körper, *als Ausgedehntes* wahrnehme, dazu ist die *Idee der Ausdehnung vorausgesetzt.* Sehen heißt eben nichts andres, als ein Ausgedehntes *als* Ausgedehntes wahrnehmen, und selbst dem sinnlichen Wahrnehmen des Sehens ist daher die Idee der Ausdehnung vorausgesetzt; ich kann die Dinge nur im Raume, d. i. in der Ausdehnung, sehen, sie sind mir nur *in* ihr und *durch* sie Objekt; der Raum, die *Ausdehnung* oder ihre Idee ist daher *eher in mir* als die Idee der *bestimmten* ausgedehnten Dinge. Alle besondere Dinge kann ich deswegen nur anschauen, erkennen und denken in der allgemeinen und unendlichen Idee der Ausdehnung. „Tous les corps sont présens à l'ame, confusément et en général, parce qu'ils sont renfermés dans l'idée de l'étendue. [Alle Körper sind der Seele in allgemeiner, verworrener Weise gegenwärtig, weil sie in der Idee der Ausdehnung enthalten sind.]" („Rép. à Mr. Regis") Diese *Idee* nun oder *Anschauung* der *Ausdehnung* und aller Dinge in ihr ist aber eine notwendige, allen Geistern gemeine, in allen sich selbst gleiche, ewige Anschauung, also eine Anschauung *notwendiger* und *allgemeiner Natur,* folglich die *Anschauung Gottes* selbst. „Cette *idée* est éternelle, immuable, nécessaire, *commune* à *tous les esprits* et à *Dieu même:* ainsi elle est bien *différente* des modalités *changeantes* et *particulières* de *notre esprit.* [Diese *Idee* ist ewig, unwandelbar und notwendig *bei allen Geistern* wie bei *Gott selbst;* also ist sie ganz *verschieden* von den *besonderen, sich wandelnden* Modalitäten *unseres Geistes.*]" (l. c.) Um diese Idee nicht mißzuverstehen, muß man sich nur nicht vorstellen, als hätten wir auch die *sinnlichen* Vorstellungen oder *Empfindungen* von den Dingen in Gott, als sähe ich z. B. diesen Baum von dieser besondern Höhe, dieser besondern Farbe in Gott. Nicht dieses *sinnlich bestimmte* Sehen, das *einfache Sehen* nur in diesem bestimmten Sehen, das *allgemeine* und *notwendige* Sehen, nämlich, daß ich den Baum *als Ausgedehntes* ansehen muß, ihn als diesen Baum mit seiner besondern Gestalt und Farbe nur sehen kann, *wiefern,* wenn und indem ich ihn *als Ausgedehntes schaue,* ist das Sehen in Gott. Die *sinnlichen* Qualitäten oder die Empfindungen sind nur *in mir;* in mir, dem *besondern,* dem *bestimmten* Wesen, dem Empfindenden, wird die allgemeine, aller möglichen Formen und Bestimmungen fähige Ausdehnung auf Veranlassung der äußern Körper, wenn ich sie sehe, eine *besondere,* wird sie bestimmt, empfindbar. „Il faut bien prendre garde que je ne dis pas, que nous en ayons en Dieu les sentimens, mais seulement que c'est Dieu qui agit en nous; car Dieu connoît bien les choses sensibles, mais il ne les sent pas. Lorsque nous appercevons quelque chose de sensible, il se trouve dans notre perception *sentiment et idée* pure. Le sentiment est une *modification* de *notre ame.* Pour l'idée qui se trouve jointe avec le sentiment, elle est en Dieu. [Wohlgemerkt, ich sage nicht, wir hätten diese Empfindungen in Gott, sondern nur, daß Gott in uns wirkt; denn Gott erkennt wohl die empfindbaren Dinge, aber er empfindet sie nicht. Wenn wir ein empfindbares Ding wahrnehmen, findet sich in unserer Wahrnehmung *Empfindung und* reine *Idee.* Die Empfindung ist eine *Modifikation unserer Seele;* die mit der Empfindung verknüpfte Idee ist in Gott.]" („Rech. de la V.", Liv. III, P. II, ch. 6)

Der Sinn des Malebrancheschen Grund- und Hauptsatzes, daß wir alle Dinge nur in Gott sehen, läßt sich einfach so veranschaulichen: Die Seele ist ein besonderes, bestimmtes Wesen, ebenso wie die Materie und alle materiellen Dinge solche bestimmte besondere Wesen sind, d. i., die Seele oder der Mensch ist ein dunkles, unklares, finstres Wesen ebenso wie die materiellen Dinge; denn die Besonderheit, die bestimmte Beschaffenheit verdunkelt, macht trüb und finster; das reine Wasser z. B. ist wohl hell, durchsichtig, aber ein Wasser mit besondern Ingredienzen und Beschaffenheiten ist trüb. Die Seele kann daher unmöglich in sich oder durch sich die Dinge erkennen und sehen; denn zum Erkennen und Sehen ist *Licht* erforderlich, sie kann als ein besonderes Wesen ebensowenig in sich und durch sich die Dinge erkennen, als wir durch ein besonderes, bestimmtes Licht die Farbe der Dinge wahrnehmen können, da die Anschauung der Farben die Anschauung des Lichts voraussetzt, nur in ihr möglich ist. Gott ist daher nur das Licht der Menschen; denn er ist kein besonderes, sondern ein allgemeines, beschaffenheitsloses Wesen; er ist allein das reine, das klare, durch keine Bestimmtheit getrübte Wesen; wir können daher nur in ihm die Anschauung der Dinge haben, wie wir nur im Lichte die Farben oder farbigen Dinge sehen. „Les idées que nous voyons en lui sont lumineuses. [Die Ideen, die wir in ihm schauen, sind licht.]" („Rép. à Mr. Regis")

Der wahre *Sinn* des Malebrancheschen Hauptsatzes ist also kein andrer als der: *Gott ist die Vernunft oder der Geist in uns,* oder: *Der Geist, die Vernunft in uns ist Gott.*[138] „Elle (scl. la sub-

[138] Eine Wahrheit, die schon die Griechen erkannt und ausgesprochen hatten. „Ὁ Ἐμπεδόκλης τῷ ἐν ἑαυτῷ Θεῷ (worunter nichts andres als der Geist oder die Vernunft verstanden werden kann) τὸν ἐκτὸς κατείληφεν [Empedokles hat durch den Gott in sich

stance de Dieu) est la lumière ou la raison universelle des esprits. [Sie (nämlich die Substanz Gottes) ist das Licht oder die universelle Vernunft der Geister.]" (l. c.) Da M. den Geist nur im Sinn des einzelnen Geistes erfaßt, ihn für eins mit dem Menschen nimmt, der seine eigentliche individuelle Existenz nur in seinem moralischen und empfindenden Selbst, im Gefühl, Herz u. dergl. hat, kurz, so, wie er Objekt der Theologie und der empirischen Psychologie überhaupt ist, so war es ganz richtig und konsequent von ihm, so war er darin und nur darin allein Philosoph, daß er die allgemeinen Begriffe, die allgemeinen und notwendigen Ideen, die als diese dem einzelnen Geiste nicht angehören, nicht in ihm, nicht aus ihm sein können, in Gott setzte, ihn nur durch Gott die Dinge sehen und erkennen ließ.[139] Der

selbst den äußeren Gott erfaßt.]" *Sextus Empir.,* „Adv. Gramm." I, c. 13, 303 Und bei *Euripides* findet sich irgendwo ausdrücklich der Satz: Ὁ νοῦς γὰρ ἡμῖν ἐστιν ἐν ἑκάστῳ θεός. (Die Vernunft ist in jedermann Gott.)"

[139] *Leibniz* akkommodiert in seinem „Examen des principes du R. P. Malebranche", den er ganz aus seinem eignen Standpunkt prüft und beurteilt, das Prinzip Malebranches seinen Gedanken auf folgende Weise: „Je suis persuadé que Dieu est le seul objet immédiat externe des Ames, puisqu'il n'y a que lui hors de l'ame qui agisse immédiatement sur l'ame. Et nos pensées avec tout ce qui est en nous, entant qu'il renferme quelque perfection, sont produites sans intermission par son opération continuée. Ainsi entant que nous recevons nos perfections finies des siennes qui sont infinies, nous en sommes affectés immédiatement. Et c'est ainsi, que notre esprit est affecté immédiatement par les idées éternelles qui sont en Dieu, lorsque notre esprit a des pensées qui s'y rapportent et qui en participent. Et c'est dans ce sens, que nous pouvons dire que notre esprit voit tout en Dieu. [Nach meiner Überzeugung ist Gott das einzige unmittelbare äußere Objekt der Seele, weil er als einziger außerhalb der Seele unmittelbar auf sie einwirkt. Und unser Denken mit allem, was in uns an Vollkommenheit ist, wird unaufhörlich durch sein ständiges Wirken hervorgebracht. Insofern wir daher unsere endlichen Vollkommenheiten von seinen unendlichen empfangen, werden wir unmittelbar von ihnen affiziert. Auf diese Weise wird unser Geist von den ewigen Ideen in Gott unmittelbar affiziert, da unser Geist Gedanken hat, die sich auf sie beziehen und an ihnen teilhaben. In diesem Sinne können wir sagen: Unser Geist schaut alles in Gott.]" (L. Opp. Omn., ed. Dutens, T. II.)

große Mangel an M. aber ist eben der, daß er von jener Vorstellung des Geistes und allen mit ihr zusammenhängenden Folgen ausgeht und so überhaupt nicht frei wird von der Theologie. Aus dieser Verschmelzung der theologischen, besonders Augustinischen Vorstellungen mit seiner Philosophie ergeben sich alle Schwächen, Unbegreiflichkeiten, Willkürlichkeiten, Unklarheiten und Widersprüche in derselben. Daher kommen die vielen unpassenden Ausdrücke und Vorstellungen, die sich in ihm finden, daher, daß er von der Gnade, vom Willen, von der Macht Gottes ableitet, was er aus innrer Notwendigkeit, von bestimmten, Erkenntnis gewährenden Begriffen ableiten sollte. So bemerkt schon *Locke* („Examen du sentiment du P. Malebranche etc.", (Œuvres diverses, Tom. II, p. 184, 169), der ihn übrigens, so recht er in vielen einzelnen Punkten hat, doch in den wesentlichen Punkten (man vergleiche z. B. p. 161, 176, 180, 190) unrichtig versteht, ohne auf die eigentliche Idee einzugehen, *den* Widerspruch, daß er die Anschauung und Erkenntnis der Dinge erst von der Einheit des Geistes mit Gott und dann doch gleich wieder von der Gnade, dem Willen Gottes abhängig macht, Gott dem Geiste nur das offenbaren läßt, was ihm gefällt. („R. d. l. Vér.", Liv. III, P. II, ch. 6) Der Hauptmangel aber, der aus jener Verschmelzung theologischer Vorstellungen und philosophischen Denkens hervorgeht, ist folgender. Gott ist zwar als das allgemeine Wesen bestimmt, es sind alle Wesen, auch die materiellen, in ihm enthalten und aufgehoben; die *Materie* ist daher insofern keine unüberwundene Realität für Gott, kein Gegensatz gegen ihn, und der Geist kann daher auch in ihm, weil in ihm der Gegensatz aufgehoben, die Materie ideell gesetzt ist, die Dinge schauen und erkennen. Aber die Trennung oder Kluft vielmehr zwischen der geistigen, *intelligiblen* und der *materiellen*, sinnlichen Welt bleibt doch zugleich in Wahrheit befestigt. Die Materie wird nicht auf eine wahrhafte und positive Weise aufgehoben, d. i., nicht in ihrer Notwendigkeit begriffen. Denn Gott, das allgemeine, das unendliche, das absolut reelle Wesen ist als das höchst geistige, höchst immaterielle, d. i. als das von aller Materie abgesonderte Wesen bestimmt und in diese Immaterialität gerade seine wesentliche Bestimmung gesetzt; die Materie und mit ihr die Natur ist daher zwar als ein Ungöttliches, als ein Nichtiges, Unreelles gesetzt, weil es als ein von Gott Ausgeschiedenes bestimmt ist; aber ein solches Negatives, das nur ein Ausgeschiedenes, ein Verstoßenes, nur als ein Nichtiges gefaßt ist, bleibt eben gerade dadurch als ein eignes, isoliertes, zwar kopfhängerisches, aber nichtsdestoweniger heimtückisches und arglistiges Wesen im Dunkeln für sich bestehen.

Gott enthält zwar auch nach M. die Natur oder Materie, die körperlichen Dinge in sich, aber er enthält sie nur als immaterielle Dinge, als Ideen, in der Abstreifung von allem Materiellen; die materiellen Dinge bleiben ein von Gott Ausgeschiedenes, die Ideen ein von ihnen Abgetrenntes. Es ist daher insofern auch nicht einzusehen, wie der Geist in Gott die materiellen Dinge schauen könne, und es bleibt unentschieden, ob der Geist die Dinge wirklich, die materiellen Dinge als materielle oder nur die Ideen derselben wahrnimmt. M. sagt daher auch bald, daß der Geist die Dinge selbst sieht, bald, daß er nur die idealen Objekte, die Ideen der Dinge sieht.[140] Zugegeben selbst, daß, wie M. sagt, man erst die Dinge in ihrer Wahrheit, so, wie sie wirklich sind, in Gott sieht,[141] daß man also, wenn man gleich nur die idealen Objekte sieht, deswegen doch nicht etwa „Scheindinge" sieht, so bleibt doch die Wahrnehmung des Materiellen als Materiellen, die Wahrnehmung überhaupt einer Materie ein Unbegreifliches. Die materiellen Dinge *als materiell,* die Materie oder die Natur bleibt deswegen auch ein fremdes, im Organismus des Ganzen nicht notwendig enthaltenes, unheimliches, unbegreifliches Wesen, ihr Dasein ein unauflösliches Rätsel: „Sie hat keinen andern Grund als die Macht und den Willen Gottes, d. h., sie hat *keinen Grund,* sie ist kein Notwendiges, sondern ein absolut Zufälliges und Willkürliches. „La création de le matière (est) arbitraire, et dépendante de la Volonté du Créateur. Si nos

---

[140] Zum Beispiel Éclairc. sur le Liv. III, X. Écl.

[141] On ne voit la Vérité que lorsque l'on voit les choses, comme elles sont, et on ne les voit jamais, comme elles sont, si on ne les voit dans celui qui les renferme d'une manière intelligible. [Man sieht die Wahrheit nur, wenn man die Dinge sieht, wie sie sind, und man sieht sie nie, wie sie sind, wenn man sie nicht in dem sieht, der sie auf intelligible Weise in sich enthält.]" („R. de la Vér.", Liv. IV des inclin., ch. 11.)

idées sont représentatives, ce n'est que parce qu'il a plû à Dieu de créer des êtres qui leur répondissent. Quoique Dieu n'eût point créé de corps, les esprits seroient capables d'en avoir les idées. [Die Erschaffung der Materie (ist) willkürlich, sie hängt vom Willen des Schöpfers ab. Wenn unsere Ideen sie widerspiegeln, so nur, weil es Gott gefiel, Wesen zu schaffen, die ihnen entsprechen. Hätte Gott auch die Körper nicht erschaffen, so vermöchte es unser Geist doch, Ideen von ihnen zu haben.]" („Rép. à Mr. Regis")

VIII. BENEDIKT v. SPINOZA

§ 81. *Übergang von Malebranche zu Spinoza*

Malebranches Philosophie enthält schon viel bestimmter und entwickelter als die des Cartesius die Elemente der Philosophie des Spinoza; nur sind sie auch hier noch zerstreut und in der Form der Vorstellungen des christlichen Idealismus ausgedrückt; es darf nur das Ganze streng konsequent zusammengedacht und -gefaßt werden, so haben wir den Spinoza. Bei C. ist auch schon das unendliche Wesen oder Gott der *Mittelpunkt* des Systems, aber nur der *Vorstellung* nach, nicht der Sache und *Wirklichkeit* nach, er schwebt nur oben über den Gegensätzen im Reich der Vorstellung; er *soll* der Mittelpunkt sein, aber er *ist* es nicht, oder er ist es nur subjektiv, noch nicht objektiv; die objektive Existenz, die *bestimmte Wirklichkeit* im System haben *Geist* und *Materie*; was von Gott vorkommt, kommt nur vor, um seiner Existenz und durch diese der Existenz der materiellen Dinge gewiß zu werden. Es muß daher die Idee Gottes *verwirklicht* werden; es muß Gott in die Sphären, die Geist und Materie für sich einnehmen, hinabsteigen; der weite freie Spielraum, den sie noch bei C. haben, muß beschränkt werden; sie müssen Gott Platz machen, damit der Mittelpunkt in die Wirklichkeit tätig eingreife und von ihr Besitz nehme. Bei M. ist nun schon Gott in das Zentrum der Geisterwelt gerückt; die Geister existieren zwar noch als selbständige Wesen, als einzelne; aber Gott ist bei ihm der Geist der Geister, die allgemeine Vernunft, die allgemeine Einheit derselben; in ihm sind alle Geister *ein* Geist, er ist der gemeinschaftliche, gleiche Inhalt in allen einzelnen, sie haben nur noch eine subjektive, formelle, äußerliche Existenz und Selbständigkeit für sich, ihrem Inhalt, ihrem Wesen nach sind sie eins, und dieses eine Wesen ist eben Gott. Die Materie, die Natur ist zwar bei ihm noch ein Ausgeschlossenes, aber es sind doch auch schon in ihm die Elemente da, um sie mit dem Geiste zu vereinen. Das notwendige Band zwischen dem Geiste und dem Körper ist die

Macht, der Wille Gottes. Ob nun gleich zwischen dem Körper und dem Willen, er mag nun als allmächtiger oder als Wille des endlichen Geistes vorgestellt werden, in der Tat kein innrer, notwendiger Zusammenhang stattfindet, so ist doch der Wille Gottes die Kraft, die Natur jedes Wesens, das Positive in ihm; und obwohl der Wille eine unbestimmte, erkenntnislose Bestimmung ist, so liegt ihr doch der Gedanke schon zugrunde, daß eben der Gott, eben das allgemeine Wesen, in dem alle Geister erkennen und anschauen, der ihr gemeinschaftliches Licht, ihre wahre Substanz ist, auch das Wirkliche, das Substantielle der Natur ist; es bleibt daher nur noch die Materie als bloße Materie übrig. Diese ist aber selbst schon in Wahrheit nur noch eine Form, *Wesen* ist nur Gott. Es darf also nur die Materie als das, was sie in Wahrheit ist, als eine bloße Form, die kein Bestehen, keine Existenz für sich haben kann, als eine Modifikation[142] des Wesens Gottes erkannt, also nur das, was noch bei M. formell auseinandergehalten ist, zusammengefaßt werden, so haben wir den Spinoza. Bei C. ist der Mittelpunkt nur noch ein mathematischer Punkt, ohne alle Ausdehnung und Umfang; bei M. wird er schon wirklicher, ausgedehnter Punkt, gewinnt Umfang, beschränkt dadurch die bei C. unbeschränkte Sphäre der beiden Gegensätze, attrahiert die Kraft, das *Positive* des Geistes und der Natur, als das Seinige, bekommt Inhalt und bildet sich eben auf diese Weise zum Kerne der spinozistischen Substanz aus.

[142] In seinen „Entretiens sur la Métaphysique", die ich mir jedoch nicht verschaffen konnte, nur aus den Stellen, die andre daraus anführen, kenne, nährt sich auch schon M. hinsichtlich der Ausdehnung, als der extensio τοῦ infiniti [Ausdehnung des Unendlichen] mehr dem Sp. „L'étendue est une realité et dans l'infini toutes les réalités s'y trouvent. *Dieu est donc étendu aussi bien que les corps,* puisque Dieu possède… toutes les perfections. Mais Dieu n'est pas éntendu comme les corps… il n'a pas les limitations et les imperfections de ses créatures. [Die Ausdehnung ist eine Realität, und im Unendlichen finden sich alle Realitäten. *Gott ist daher ebenso wie die Körper ausgedehnt,* da Gott … alle Vollkommenheiten besitzt. Aber Gott ist nicht in der Art der Körper ausgedehnt … er hat nicht die Schranken und Unvollkommenheiten seiner Geschöpfe.]" (Erdmann, „Geschichte der neuern Philos.", I. Bd., II. Abt., Beil. XX.)

„Das Wesen", sagt C., „welches eine solche Existenz hat, daß es keines andern Wesens bedarf, um zu existieren, nenne ich *Substanz*. Nur *Gott* aber ist ein solches Wesen, das durchaus keines andern bedarf. Alle andern Substanzen können nicht ohne den Beistand Gottes existieren. Das Wort *Substanz* hat daher eine andere Bedeutung, wenn von Gott, eine andere, wenn von den übrigen Wesen die Rede ist. Die körperliche Substanz und der Geist oder die denkende Substanz können beide unter der gemeinschaftlichen Bestimmung begriffen werden, daß sie Gottes Mitwirkung oder Beistand zur Existenz bedürfen. Allein aus der bloßen Existenz kann die Substanz nicht erkannt werden; denn die Existenz bestimmt nicht; leicht wird sie dagegen aus jedem ihrer Attribute erkannt. Jede Substanz hat jedoch nur eine Haupteigenschaft, die ihr Wesen ausmacht und auf die alle andern Eigenschaften oder Attribute zurückgeführt werden. So konstituiert die *Ausdehnung* das Wesen der körperlichen Substanz, das *Denken* das Wesen der denkenden, alle übrigen Eigenschaften sind nur Modi, bestimmte Arten und Weisen des Denkens. Wir haben also zwei klare und deutliche Ideen oder Begriffe, den Begriff der erschaffnen denkenden Substanzen und den Begriff der körperlichen Substanz, vorausgesetzt nämlich, daß wir alle Attribute des Denkens genau von den Attributen der Ausdehnung unterschieden. Ebenso haben wir auch eine klare und deutliche Idee von der unerschaffnen und unabhängigen denkenden Substanz, nämlich von Gott." („Princ. Philos.", P. I, § 51–54 und 63–65)

Wir haben also hier drei Wesen oder Substanzen, zwei endliche Substanzen, d. i. die körperliche und die erschaffene denkende Substanz, und eine unendliche, d. i. die unerschaffne und unabhängige denkende Substanz. Die Materie und der Geist sind nun zwar erschaffen, abhängig von der unerschaffnen Substanz, sie bedürfen Gottes zu ihrer Exi-

---

[143] Zur Ergänzung dieser meiner Darstellung des Sp. verweise ich auf meine späteren Schriften, zur Ergänzung aber dieses Paragraphen insbesondere auf die gründliche Schrift „Der Spinozismus hist. u. philos. erläutert" v. Sigwart, 1839.

stenz, sie können ohne ihn nicht sein noch bestehen; aber gleichwohl sind beide selbständig und unabhängig, und zwar nicht nur voneinander, sondern auch von Gott. Zum *Begriff* der Materie nämlich gehört nichts als die Ausdehnung, diese macht ihr Wesen aus, die Materie ist Materie nur durch ihre Ausdehnung, nicht durch Gott, in ihrem Begriffe liegt nichts als sie selbst; sie *drückt nichts aus, sie repräsentiert nichts als sich selbst;* ihr Begriff oder *Wesen* enthält keine *Beziehung* auf *Gott,* die eine *Bestimmung* der *Materie* wäre, denn *die* Bestimmung, die ihre wesentliche ist, durch die sie das ist, was sie ist, deutet nicht *außer sie* hinaus *auf Gott* hin, sondern sie drückt vielmehr nur die *Beziehung* der Materie *auf sich selbst* aus, bejaht nur sie selbst; *ihr Begriff ist unabhängig vom Begriffe Gottes;* ihr Wesen hängt also nicht von Gott, sondern nur von der Ausdehnung ab, in der und durch die sie ist, was sie ist. Die Figur z. B. ist nicht unabhängig. Warum? Weil sie nicht ohne die Ausdehnung gedacht werden kann, weil in ihrem Begriffe diese enthalten ist als ihr Grund, als ihre positive Bestimmung, weil sie sich wesentlich, ihrem Begriffe nach bezieht auf die Ausdehnung. Dasselbe, was von der Materie gilt, gilt vom Geiste. In seinem *Begriffe* liegt nichts als das Denken; statt daß diese Bestimmung eine Beziehung auf Gott ausdrückte, ist sie vielmehr die Beziehung des Geistes *auf sich selbst,* das, wodurch er das ist, was er ist; ja, wenn wir hierher noch die ersten geistvollen Bestimmungen des Geistes ziehen dürfen, mit denen C. anfängt, die er aber nicht ausführt, nicht konsequent fest behält, sondern verläßt, sie in geistlose Bestimmungen umsetzend, so ist das Denken sowenig eine Beziehung auf etwas andres über den Geist hinaus, daß es vielmehr die von jeder Beziehung auf alles, was als ein vom Geiste Unterschiedenes bestimmt werden kann, *unabhängige Beziehung des Geistes auf sich,* seine Selbstgewißheit, sein Wesen und sein Sein in einem ist, mit der unbedingten Selbstgewißheit des Geistes zugleich seine unbedingte Selbständigkeit ausdrückt.

Aber auch das Denken nicht in dieser geistvollen, den Geist treffenden Bestimmung, sondern in der geistlosen Bestimmung eines Wesens oder eines Attributs genommen, das ebensogut von dem Geiste als seiner Substanz ausgesagt wird wie die Ausdehnung von der Materie, so liegt in dem

Begriffe des Geistes, zu dem nur das Denken gehört, keine Beziehung auf Gott, die ihn *von dem Begriffe Gottes abhängig machte.* Der unerschaffnen Substanz wird zwar auch das Prädikat des Denkens beigelegt, aber dadurch wird in den Geist keine notwendige Beziehung auf sie und folglich keine Abhängigkeit von ihr gesetzt. Überdem ist bei C. dieses Prädikat, als Prädikat der unerschaffnen Substanz, ein ganz leeres, unbestimmtes, nichts aussagendes, aus der theologischen Vorstellung aufgenommenes; denn wenn man nach der *positiven* Bestimmung dieses Prädikats fragt, muß man auf den Anfang der Cart. Philosophie zurückgehen, wo das Denken lediglich die Bedeutung des Bewußtseins und dieses die Bedeutung der Abstraktion, der Unterscheidung vom Sinnlichen hat, die aber nicht auf die gegensatzlose unendliche Substanz angewandt werden kann.

Die beiden Substanzen also, der Geist und die Materie, sind ihrem Begriffe und ihrem *Wesen* nach *unabhängig, selbständig;* nur ihrer *Existenz* nach sind sie *abhängig, unselbständig;* sie können nicht *sein* noch *bestehen* ohne Gott. Oder: Sie werden *unabhängig begriffen*[144], aber *abhängig vorgestellt.* C., der Theolog, und C., der Philosoph, sind miteinander im Kampfe; dem bestimmten, sachgemäßen, den beiden Substanzen immanenten Begriffe nach sind beide unabhängig, der äußerlichen, unbestimmten, theologischen Vorstellung aber nach sind sie abhängig. Es ist daher ein Widerspruch

---

[144] „Possumus enim facere", sagt der Cartesianer Wittich in seinem „Anti-Spinoza", p. 107, „cujusvis creaturae conceptum, et si de Deo nihil quicquam cogitemus. [Wir können uns nämlich (...) von jedem Geschöpf einen Begriff machen, selbst wenn wir von Gott überhaupt nichts dächten.]" Übrigens gibt dies Sp. selbst im besondern zu. Es ist ja nur das Allgemeine, die Gattungsbegriffe des Denkens und der Ausdehnung, welche das Wesen Gottes begründen und welche alle Dinge als ihre Fundamentalbegriffe voraussetzen; aber das Besondere wird aus und für sich selbst begriffen. Man vergleiche hierüber besonders „Tract. Theol.-pol.", c. 4, p. 206, ed. Paulus. Daher die langweiligen Tautologien bei Sp.; denn es ist ganz eins, ob ich z. B. sage: „Gott, inwiefern er durch das menschliche Wesen ausgedrückt und dargestellt wird", oder schlechtweg sage: das menschliche Wesen; denn Gott, *inwiefern* er durch den Menschen ausgedrückt wird, schließt alles andre aus, ist nichts als der Mensch.

vòrhanden zwischen *Existenz* und *Wesen* oder (subjektiv ausgedrückt) zwischen *Vorstellung* und *Begriff*. Der Widerspruch muß daher aufgehoben werden, was nur dadurch geschehen kann, daß die *äußerliche* Abhängigkeit eine *innere*, die Unselbständigkeit der *Existenz* eine *Unselbständigkeit* des *Wesens* und *Begriffes* wird, daß also weder die Materie noch der Geist oder das Denken einen selbständigen Begriff, sondern beide nur den Begriff Gottes darstellen, daß Geist und Materie sich nicht selbst, sondern Gott allein vorstellen, beide das *Wesen Gottes,* jedes auf seine Art, jedes in seiner besondern Selbständigkeit, *ausdrücken.*

Die Abhängigkeit jener beiden Wesen oder Substanzen bei C. ist eine halbe, unwahre, heimtückische, versteckte und darum sophistische Abhängigkeit. Eine halbe und unwahre ist sie eben darin, daß beide Substanzen ihrem Begriff nach selbständig, ihrer Existenz nach abhängig sind oder, wie es auch ausgedrückt werden kann, daß sie ihrer *Ursache* oder ihrem Grunde nach, inwiefern sie nämlich erschaffen, ihre Existenz eine bewirkte ist, zwar abhängig, ihrem *wirklichen Wesen* nach aber unabhängig sind. Eine heimtückische, verborgne und sophistische ist sie aber darin, daß eine Abhängigkeit allein der Existenz nach eine nur ganz äußerliche ist, gegen die ein Ding ganz gleichgültig bleibt, die einem Wesen *im Rücken* liegt, seine Essenz nicht affiziert und berührt, vor dem Selbst des Dings, vor seiner affirmativen Wesensbestimmung ins Nichts verschwindet, weil sie eben zu dem Begriff des Dings nichts hinzu-, nichts hinwegtut, ihn nicht *bestimmt.* Daß ein Ding erschaffen ist, selbst wenn auch die Erschaffung wie bei C., der Gott die Ursache nicht bloß secundum fieri [der Entstehung nach], sondern auch secundem esse [dem Sein nach] nennt, als ein ununterbrochner Akt vorgestellt wird, das greift dasselbe sozusagen nicht an, das geht ihm nicht zu Herzen; dabei bleibt sein Selbst aus dem Spiele, das versetzt es in keine *gründliche*, sondern nur oberflächliche, seine positive Bestimmung, seinen Begriff, sein Wesen unberührt lassende Abhängigkeit, weil sie eben keine innere, keine in dem Begriffe oder *in* der *affirmativen Bestimmung* des Dings liegende *Beziehung* auf das ausdrückt, wovon es abhängig sein soll.

Ein Gleichnis möge dies anschaulich machen. Andere Menschen haben diesen Menschen erzeugt oder erschaffen; sie sind der Grund oder die Ursache[145] seiner Existenz; er bedarf ferner noch ihrer zu seiner Existenz, ist abhängig von ihnen. Aber wenn oder inwiefern er zum bewußten Selbste herangereift ist, zum bestimmten Begriffe seiner selbst kommt, in dem er Ich ist und sein Ich von andern unterscheidet, so sinkt jetzt in einen sein lebendiges Selbstgefühl nicht berührenden, entlegenen Hintergrund *die* Bestimmung hinab, daß er erzeugt ist; seine Ursache und die Abhängigkeit von ihr verschwindet vor seinem bestimmten Begriffe, vor seinem Selbstbewußtsein, in dem er nur sich selbst gegenwärtig ist, sich weiß und fühlt, in nichts; in das klare Licht seines Selbstbewußtseins wirft der für sein Selbstgefühl in die Nacht des Nichts verschwundne Grund keinen störenden Schatten, und damit ist alles Gefühl der Abhängigkeit, alle Beziehung auf Erzeugung ausgeschlossen; sie liegt außer dem Bereiche seines unmittelbaren und bestimmten Selbstbewußtseins, das nur die Gegenwart seines Selbstes, die Affirmation desselben ausdrückt und offenbart. Die Bestimmung der Erzeugung wäre nur etwas mein Selbstbewußtsein Bestimmendes, mein Wesen An- und Ergreifendes, wenn ich selbst, der ich jetzt bin und als dieses persönliche Wesen mich weiß, in dem Augenblick der Hervorbringung gewesen wäre, und zwar ganz als derselbe, als dieser bestimmte Selbstbewußte, der ich bin, d. i., wenn ich eher gewesen wäre, als ich gewesen bin, oder in demselben Moment, wo ich nicht gewesen bin, gewesen wäre, was aber ein ungereimter Widerspruch ist.

Es ist daher notwendig, daß jene unwahre, versteckte und sophistische Abhängigkeit, die in der Tat keine Abhängigkeit ist und darum als eine sich selbst widersprechende den Keim ihres Untergangs und die Notwendigkeit, eine andere zu werden, in sich selbst trägt, eine wahre und totale, eine wirkliche und offenbare wird, daß daher der Gott, der in der Cart. Philosophie nur die *Mittel* für ihre *Existenz* den beiden Substanzen hergibt, jetzt auch für die *Bildung* ihres *Innern* sorgt, in ihr *inneres Wesen tätig eingreift,* daß der Gott, der in ihr nur hinter den Kulissen steht oder vielmehr nur die Rolle eines Souffleurs hat, der den beiden Substanzen

---

[145] Die Ausdrücke: Grund und Ursache werden hier natürlich nur zum Behufe der Vergleichung angewandt.

aushilft, wenn sie entweder für sich oder miteinander nicht mehr weiter können und steckenbleiben, jetzt selbst, und zwar als der Haupteld des Stücks, auf der Schaubühne der Welt auftritt, daß der Grund oder die Ursache aus dem *dunkeln Hintergrunde,* wo sie nur eine schaffende und erhaltende oder mitwirkende Macht ist, an das *Licht hervorkommt* und *einwärts* in das Herz der Dinge sich kehrt, daß also jetzt Gott nicht bloß die causa existentiae [Ursache des Seins,] sondern auch essentiae [des Wesens][146], und nicht bloß die äußerliche (transeuns), sondern auch innere, innewohnende Ursache (causa immanens) wird, daß die Wesen nicht nur nicht ohne Gott *sein,* sondern auch *nicht* ohne ihn *gefaßt und begriffen* werden können, Gott selbst jetzt der wahre Begriff, das Wesen, die Substanz des Geistes und der Materie wird und so beide nur *Attribute der Substanz* oder Gottes ausmachen, der dadurch jetzt als die *einzige* Substanz notwendig bestimmt wird.

Ein Gleichnis dieses Übergangs: Die erste Abhängigkeit des Kindes von seinen Eltern ist nur die ganz äußerliche der Existenz nach; es hängt seine Existenz von ihnen als seiner Ursache ab, es bedarf ihres concursus ad existendum [ihrer Mitwirkung zum Dasein], wie die Substanzen bei C. des concursus Dei ad existendum [der Mitwirkung Gottes zum Dasein]; aber in dieser Abhängigkeit bezieht sich das Kind nur *auf sich selbst,* auf seine *Bedürfnisse* und deren Befriedigung, auf seine Erhaltung, und sein Wesen ist daher von ihr unberührt; die Eltern, die Ursache seiner Existenz ist ihm was ganz Fremdes, Nichtgegenständliches, sie liegt ganz außer dem Kreis seines Verlangens, seiner Begierden. Indem aber das Kind heranwächst, wird die bloße Abhängigkeit der Existenz jetzt eine *Abhängigkeit des Wesens,* die physische Abhängigkeit wird jetzt eine geistige, *innere* Abhängigkeit, eine substantielle Einheit, *Liebe,* das Kind existiert jetzt nur *in* seinen Eltern, sie werden aus der transeunten Ursache der bloßen Existenz jetzt eine *immanente* Ursache des Wesens, sie erfüllen sein Wesen mit ihrem Wesen (ihren Gesinnungen u. dergl.), und das Kind drückt jetzt nicht mehr

---

[146] Allerdings hat auch schon beim C. Gott diese Bedeutung; aber er wird nur so vorgestellt, die Idee kommt nicht zur bestimmten Wirklichkeit; es bleibt nur beim Sein*sollen.*

sich selbst aus, seine physischen, nur auf es selbst bezogenen Bedürfnisse und Begierden, sondern in seinem Wesen das Wesen der Eltern, in seinem Willen ihren Willen. –

Es ist wesentlich, sogleich hier zu bemerken, daß auch bei Spinoza die Materie für sich und durch sich selbst begriffen wird, keines andern Begriffes bedarf, daß sie also ein Selbständiges und Unabhängiges ist und ebenso auch der Geist oder das Denken für sich selbst begriffen wird und daher ein Selbständiges ist. Aber *gerade darin,* daß Geist und Materie jedes für und in sich selbst begriffen werden, beide in ihrem Begriffe unabhängig sind, drücken sie nicht *sich selbst,* sondern die *Substanz,* Gott aus. Der Geist ist Substanz, die Materie ist Substanz; denn das Wesen der Materie besteht in der Ausdehnung, das Wesen des Geistes im Denken; die Ausdehnung wird aber wie das Denken lediglich nur *in* und *durch sich selbst* gefaßt, und *das* Wesen eben ist Substanz, dessen Begriff von keinem andern Begriffe abhängig ist. Indem daher beide, Geist und Materie, Substanz sind, drücken sie nur eben dieses aus, daß sie *Substanz* sind. Das Affirmative, das Substantielle in ihnen ist daher nur die *Affirmation,* das *Wesenhafte als solches* oder *die Substanz* nicht als Geist oder Materie, sondern die Substanz rein *als solche,* die gleichgültig dagegen ist, ob sie Geist oder Materie ist, und für die daher beide, *inwiefern* sie ein *Bestimmtes,* von sich Unterschiednes sind – denn die Bestimmtheit des Geistes ist das Denken, die der Materie die Ausdehnung – und *inwiefern* nur auf *diese Bestimmtheit als* Bestimmtheit, nicht darauf, daß sie Substanz ist und ausdrückt, gesehen wird, nur Attribute, Eigenschaften, den Begriff oder die Idee Gottes konstituierende Momente sind.

Von diesem Gesichtspunkt aus macht sich daher der Übergang von C. zu Sp. folgendermaßen: Denken und Ausdehnung oder Geist und Materie sind sich entgegengesetzt; was von dem einen gilt, eben das gilt nicht von dem andern, sie verneinen sich, schließen sich gegenseitig aus. Aber gleichwohl sind beide Wesen *Substanzen,* jedes *Wirklichkeit;* beide haben, ungeachtet sie sich entgegengesetzt sind, den Begriff der Substanz gemein, kommen darin miteinander überein, daß sie Substanzen sind. Die Begriffe des Geistes und der Materie sind daher sich *verneinende, entgegengesetzte,* negative Begriffe, der *positive* Begriff in ihnen ist der *Begriff der Substanz.* Wenn beide *Substanzen* sind, so ist nicht dieses, daß der Geist Geist, sondern daß er *Substanz* ist, nicht seine von der Materie ihn unterscheidende Bestimmung noch die die Materie von ihm *unterscheidende Bestimmung,* sondern das, worin sie eins sind, nämlich der *Begriff der Substanz,* das *Reale, das Positive in ihnen.* Wenn beide Substanzen sind, so ist ja der Begriff der Substanz ein in beiden Gegensätzen *ungeteilt* gegenwärtiger, durch den *Gegensatz nicht aufgehobener* Begriff,[147] so ist der Begriff der Substanz ein von den Begriffen des Geistes und der Materie *unabhängiger* Begriff, so ist es folglich nicht notwendig, daß die Substanz entweder Geist oder Materie ist, sie kann beides sein und ist beides. Denn da die zwei Entgegengesetzten, Geist und Materie, in dem Begriff der Substanz übereinkommen, so läßt sich bei der denkenden Substanz das Denken von der Substanz und bei der ausgedehnten die Ausdehnung von der Substanz *unterscheiden* und *abtrennen,* und es bleibt so der Begriff der *reinen Wirklichkeit* als solcher, der reinen Substantialität übrig, es erweisen sich Geist und Materie nur als unterschiedene Bestimmungen (Modi) der Substanz.

Bei C. sind aber noch Geist und Materie als besonders existierende Substanzen vorausgesetzt; das, worin beide eins sind, ist daher nur ein *abstrakt Gemeinsames,* ein abstrakter Begriff. Weil beide als besonders existierend vorausgesetzt sind, hat darum dieser Begriff seine reale Existenz nicht als die substantielle Einheit beider, sondern wird wieder *besonders* für sich fixiert und vorgestellt in der von beiden selbst wieder unterschiedenen und besonders existierenden unendlichen Substanz, d. i. in Gott, vor dem beide als endliche, als erschaffne Substanzen gesetzt sind.[148] Da aber in

---

[147] „Possunt", sagt Wittichius, l. c., p. 41, „his duabus substantiis multa attributa *notionalia* esse communa, quale vel hoc ipsum est, quod utraque dictatur *substantia.* [Diesen beiden Substanzen können viele begriffliche Attribute gemeinsam sein, wozu wohl auch gehört, daß man beide als *Substanz* bezeichnet.]"

[148] C. unterscheidet wohl auch die Substanz von dem Denken und der Ausdehnung. „Facilius intelligimus substantiam extensam vel substantiam cogitantem, quam substantiam solam, ommisso eo, quod cogitet vel sit extensa. Nonnulla enim difficultas est in abstrahenda notione substantiae a notionibus cogitationis vel extensionis, quae scilicet ab ipsa, ratione tantum, diversae sunt. [Wir begrei-

Wahrheit der in den beiden Begriffen des Geistes und der Materie reale Begriff der gegen sie indifferente Begriff der Substanz ist, das Reale in Geist und Materie und gegen sie also das Wesen, die Substanz ist, so muß die Substanz auch *wirklich als das* erkannt und ausgesprochen werden, was sie schon ist, der Begriff derselben zur *Wirklichkeit* kommen. Geist und Materie haben den Begriff der Substanz gemein; nicht der Geist und die Materie, die Substanz ist also das Reale; sie sind endlich, aber *sie* unendlich; die *Substanz* ist daher in Wahrheit *jenes unendliche Wesen,* das bei C. oben im leeren Luftraum der unbestimmten Vorstellung gleich einer dunkeln, die selbständige Existenz der beiden Substanzen bedrohenden Gewitterwolke über ihnen dahinschwebt.

Der Begriff der Substanz hat seine positive Existenz, seine Wirklichkeit in und an Gott; der Begriff der *Substanz* daher ist *nicht unterschieden vom Begriffe Gottes;* denn Gott ist das unendliche Wesen, Geist und Materie sind von ihm erschaffne, abhängige Wesen; aber eben dieses unendliche Wesen ist die Substanz, als vor welcher Geist und Materie nur endliche Wesen, d. i., an der sie nur *endliche Unterschiede* oder Gegensätze sind, die bloß in ihr sind und bestehen. Weder die Substanz oder Gott hat aber jetzt, wo die Begriffe Gottes und der Substanz als identisch erkannt sind, eine *besondere* Existenz für sich, noch haben Geist und Materie für sich eine *besondere* Existenz, sondern die Substanz ist die *alleinige Wirklichkeit.*

Dadurch, daß nach Sp. Denken und Materie ebenso als *Substanz* wie als *Attribute* angesehen werden können, modifi-

fen die ausgedehnte wie die denkende Substanz leichter als die bloße Substanz, unabhängig davon, ob sie denkt oder ausgedehnt ist. Denn der Begriff der Substanz läßt sich nicht ohne weiteres von den Begriffen des Denkens und der Ausdehnung abstrahieren, weil diese sich nur in gewisser Beziehung von ihm unterscheiden.]" („Princ. Phil.", P. I, § 63.) Aber die Substanz bleibt und ist bei ihm ein leeres, unbestimmtes Abstraktum; denn Geist und Körper sind in ihrer Bestimmtheit und Unterschiedenheit voneinander als das Reale und Positive vorausgesetzt. Der Begriff der Substanz, des Unendlichen, des wahrhaft Reellen kann daher nur zur Existenz kommen wieder als *ein* Wesen, welches von den beiden endlichen Substanzen unterschieden ist, aber als das unendliche gegen sie, als die Macht über ihnen bestimmt ist.

ziert sich jetzt die Weise, wie anfangs der Übergang von C. zu ihm gemacht wurde. Es wurde nämlich vom Widerspruch der Existenz und des Wesens der beiden Substanzen ausgegangen und derselbe so gelöst, daß die Abhängigkeit der Existenz, die in Wahrheit *für sich allein* keine Abhängigkeit ist, auch zur Abhängigkeit des Wesens wurde.[149] Jetzt läßt sich die Lösung jenes Widerspruchs dahin modifizieren, daß die Selbständigkeit des Wesens auch zur Selbständigkeit der Existenz wurde. Die Materie wird nach C. nicht in Gott begriffen; denn zu ihrem Begriffe gehört nichts weiter als die Ausdehnung, und diese wird unabhängig für sich selbst begriffen; ihrem Wesen nach ist sie darum, wie früher entwickelt wurde, selbständig. Die Ausdehnung ist ihre Bestimmung, aber nicht von ihr selbst unterschieden, sie ist ihre positive, ihre Wesensbestimmung, in der sie ist, was sie ist, ihre unmittelbare Affirmation und Wirklichkeit. Da sie aber ihrem Begriffe oder Wesen nach unabhängig ist, so ist sie notwendig auch unabhängig ihrer Existenz nach; ihr *selbständiger Begriff* schließt *notwendig selbständige Existenz* oder ihr unabhängiges *Wesen* unabhängige *Existenz* ein. Dasselbe gilt vom Denken. Aber ebendiese *Einheit* von Begriff oder *Wesen* und *Existenz*, diese Selbständigkeit, diese Substantialität, die in beiden Substanzen so gedacht und begriffen wird, *dies ist Gott, der in ihnen begriffen und gedacht* wird. Das, *was beide in dieser Selbständigkeit und Unabhängigkeit erfassen läßt,* sind nicht sie selbst für sich, sondern *das ist eben die Substanz selbst,* die *ebensogut* als Geist wie als Materie betrachtet werden kann. Gerade deswegen, weil sie nur Attribute sind, die das Wesen der Substanz ausdrücken, die gleichgültig dagegen ist, ob sie als Geist oder Materie, ob sie in der Eigenschaft (oder Form) des Geistes oder der Materie betrachtet wird, sind sie für sich und in sich selber faßbar und unabhängig.

[149] Die Formen oder Ausdrücke von Abhängigkeit und Unabhängigkeit werden nur als Übergangsformen zu Sp. gebraucht, nur dazu, um sie unter und in andere zureichende Bestimmungen aufgehen zu lassen. Ebenso wurden manche andere Bestimmungen gebraucht, die nur als einleitende, das Verständnis des Sp. vermittelnde Formen angesehen werden dürfen. So kann man z. B. auch nicht, strenggenommen, nach Sp. sagen: *Das Denken* macht das Wesen des Geistes (des menschl.) aus, sondern das bestimmte, auf eine gewisse Weise begrenzte Denken, d. i. die Idee.

Die tumultuarischen Gegensätze und Widersprüche der Cartes. Philosophie, die darin liegen, daß die geistigen und körperlichen Dinge oder die beiden entgegengesetzten Substanzen, Geist und Materie, zwar ohne Gott nicht *sein*, aber ohne ihn *begriffen* und *gedacht* werden können, daß das *Reale* und *Unendliche* in den Begriffen beider der Begriff der *Substanz* ist, aber dieser doch nur ein Abstraktum, ein unbestimmter Gattungsbegriff bleibt, ohne Wirklichket und Realität, und daher der Begriff der Unendlichkeit und Substantialität, der auf philosophische Weise hätte realisiert werden sollen, wieder *besonders* fixiert wird als ein von beiden Substanzen unterschiedenes Wesen, nur in der Vorstellung eines populären, theologischen Gottes zum Vorschein kommt, daß also das absolut vollkommne Wesen, dem alle Realität zukommen soll, das unendliche Wesen, selbst wieder eine *besondere*, von der Existenz der beiden endlichen Substanzen unterschiedene, d. i. *endliche* Existenz hat und, obgleich ihm alle Wirklichkeit zukommt, nur oben im schönen Dunkelblau, im asylo ignorantiae, im Dunstkreis der unbestimmten Vorstellung herumschwebt, die als endlich bestimmten Substanzen dagegen das Reich oder die ganze Sphäre der *wirklichen* Welt einnehmen – diese und andere Widersprüche, die sich bei einer genauern Analyse ergeben, lösen sich jetzt mit der Realisierung des Begriffs der Substanz in Harmonie auf, in eine Welt des Friedens und der Einheit, „in den Himmel des Verstandes". Es ist nur *eine Substanz,* damit ist aller Widerspruch niedergeschlagen; denn Geist und Materie, Denken und Ausdehnung sind jetzt nur Eigenschaften dieser einen Substanz oder konstituieren das Wesen Gottes selber.

Als wesentliche Realitäten und damit als Bestimmungen oder Attribute Gottes oder der unendlichen Substanz erweisen sie sich aber auf folgende Weise, die zugleich die allgemeinen Elemente der Spinozistischen Substanzlehre kürzlich darstellt: Die Ausdehnung ist der wahre Begriff sowohl als das Reale, das Wesenhafte aller ausgedehnten oder körperlichen Dinge. Die Bestimmung ist Negation, Bestimmtsein gleich Nichtsein; das, wodurch die Körper sich voneinander unterscheiden, wodurch sie bestimmte sind, ist daher nicht das Wahre, das Substantielle an und in ihnen; das wahre Sein eines Körpers ist nur seine Einheit mit allen andern Körpern, ist nur die *körperliche Substanz als solche,* die keine Negation, keine endliche Bestimmtheit in sich hat. Das *Positive* an diesem Körper ist nicht, daß er *dieser,* sondern vielmehr nur, daß er *Körper* ist. Wie nun aber die körperliche Substanz als solche das Affirmative, das Reale, d. i. das allein Wirkliche der Körper ist, so habe ich auch nicht den wirklichen *Begriff* des Körpers, wenn ich ihn nur in seinen sinnlichen Bestimmungen, seinen Beschaffenheiten, seinen Unterschieden begreife, sondern erst dann, wenn ich ihn in der körperlichen Substanz, in der Ausdehnung oder als Ausdehnung begreife. Erst wenn ich den Körper als Ausdehnung oder in der Ausdehnung, d. i. als bloßen Körper, begreife, begreife ich ihn unter der Form der Ewigkeit, nicht in seinen wandelbaren, vergänglichen, endlichen Bestimmungen, begreife ich ihn daher in seinem wirklichen, seinem positiven Wesen.

Was nun von der körperlichen Substanz oder der Ausdehnung in Beziehung auf die körperlichen Dinge gilt, dasselbe gilt auch von der denkenden Substanz oder dem Denken in Beziehung auf die denkenden Wesen. Gott ist aber die *absolute Wirklichkeit,* der *alle Realität* zukommt; die Ausdehnung als das schlechthin Positive und Wirkliche in allen körperlichen Dingen und das Denken als das schlechthin Wirkliche in allen denkenden Wesen kommen daher Gott zu, sind eins mit der Substanz oder der absoluten Wirklichkeit, aber so eins, daß sie zugleich nur Bestimmungen derselben sind. Alle Dinge sind daher nicht nur in Gott, sondern sie können auch nur in ihm gefaßt und begriffen werden. Nur die *Substanz* ist *in sich* und kann *durch sich selbst* gefaßt werden. Denn ein bestimmtes ausgedehntes Ding kann wohl nur in der Ausdehnung oder durch sie gefaßt werden; aber die Ausdehnung selbst kann nicht durch ein anderes, welches sie als ihr Wesen voraussetzte, gefaßt werden, *ihr Begriff hängt von keinem andern Begriffe ab,* er wird nicht etwa gar durch Abstraktion von etwas anderm abgezogen und gebildet; denn was wäre, was könnte dieses andre sein? Ihr Begriff ist ein schlechthin unmittelbarer, an und für sich seiender, ursprünglicher, schlechthin *positiver Begriff.* „Intellectus proprietates", sagt Sp., „quas praecipue notavi, et clare intelligo, hae sunt: ... Quod quaedam percipiat, sive quadam formet ideas *absolute,* quasdam ex aliis.

Nam *quantitatis* ideam format *absolute*, nec ad alias attendit cogitationes, motus vero ideas non, nisi attendendo ad ideam quantitatis. Quas *absolute* format, *infinitatem exprimunt,* at determinates ex aliis format. [Die Eigenschaften des Verstandes, die ich hauptsächlich bemerkt habe und klar begreife, sind: ... Was er erfaßt, bildet er als Ideen teils *unbedingt,* teils aus anderen Ideen. So bildet er die Idee der *Quantität unbedingt,* ohne andere Denkinhalte zu berücksichtigen, die Ideen von Bewegung dagegen nicht ohne Rücksicht auf die Idee der Quantität. Was er *unbedingt* bildet, *drückt die Unendlichkeit aus,* doch die bestimmten Ideen bildet er aus anderen.]" ("De Intell. Emend. Tract.", p. 455) Ebenso können aber die einzelnen denkenden Wesen nur durch das Denken gefaßt werden; denn sie setzen es als ihre immanente Substanz, als ihren wesentlichen Begriff voraus, in dem sie alle zusammen *eins* ausmachen; aber das Denken selbst, wodurch anders als nur durch sich selbst könnte es gefaßt werden? Es ist ebenso ein *schlechthin positiver,* durch keinen andern Begriff vermittelter, auf keinen andern Begriff reduzierbarer oder in ihm auflöslicher, durch keinen andern Begriff bestimmter, ein *schlechthin unbedingter und unendlicher Begriff.* Die Substanz allein kann also durch sich selbst gefaßt und begriffen werden, und nur sie allein hat ihre Existenz und Realität in sich selber; denn eben das nur *ist* in einem andern, welches durch ein andres gefaßt wird, weil dieses allein seine Substanz ist, in der es ist und besteht, oder umgekehrt: Es wird nur durch ein andres gefaßt, weil es in diesem andern als seinem Wesen gegründet ist und besteht und dieses daher sein wesentlicher Begriff ist.

Die Einheit der Spinozistischen Substanz beruht, wenn man von ihr, von Gott, ausgeht und anfängt, eigentlich nur auf einer konsequenten, wahrhaften, die Folgen nicht scheuenden und ihnen ad libitum [nach Belieben] ausbeugenden philosophischen Aus- und Durchführung des Satzes: Gott ist das absolut reelle, das absolut unendliche Wesen, das alle Realitäten in sich faßt, *das* Wesen, dessen Existenz nicht von seinem Wesen unterschieden ist. Wenn nämlich Gott das absolut reale Wesen ist oder das Wesen, das alle Realitäten in sich faßt und bei dem nicht die Existenz vom Wesen unterschieden ist, so folgt notwendig, daß Gott eben keine von seinem Wesen unterschiedene, d. h. keine bestimmte und besondere (keine endliche), und damit keine eigene, für sich abgetrennte, keine persönliche Existenz hat; das absolut reale Wesen hat notwendig auch absolut reale Existenz, das unendliche Wesen unendliche Existenz. Ist Gott wirklich das absolut reale Wesen, das alle Realitäten, alle Wesenhaftigkeiten in sich faßt, so nimmt er, um diese an sich ungeschickten Ausdrücke der größern Deutlichkeit wegen anzuwenden, nicht einen Teil von der Sphäre des Begriffs des Wesens ein, er ist nicht eine Einschränkung desselben, es geht dieser Begriff *ohne Rest* in ihm auf, er ist nicht *ein* Wesen, sondern *das* Wesen selbst, er ist sozusagen jener Begriff in Wirklichkeit, als Individuum, das ihn ganz in sich verschlingt und realisiert enthält. Ist aber Gott nicht *ein* Wesen, sondern *das* Wesen, so nimmt er ganz unbedingt notwendig auch von der Sphäre des Seins oder der Existenz nicht einen bestimmten Teil oder Platz ein, so daß noch für andres darin Platz bliebe; er füllt allein diese Sphäre aus; es kann in Beziehung auf die Existenz keine *Gütergemeinschaft* zwischen den endlichen Dingen und Gott stattfinden, *sein* Sein ist *alles* Sein und *alles* Sein *sein* Sein, *„est omne esse et praeter quod nullum datur esse [er ist alles Sein und außer ihm gibt es kein Sein]"*. („De Intell. Emend.", p. 443) Hat aber Gott keine von seinem unendlichen Wesen unterschiedene, d. i. keine bestimmte und besondere, keine persönliche Existenz, so ist er eben damit die einzige, die allgemeine Wirklichkeit, die einzige, die allgemeine Substanz, so sind damit alle bestimmten, endlichen Wesen, die wir, wenn wir außerhalb des Standpunkts der Substanz stehen, als selbständige, eigne Existenzen fixieren oder denen wir selbständige, von der Existenz Gottes unterschiedene Existenz zuschreiben, nichts andres als das Sein Gottes selbst in einer endlich bestimmten Weise, nichts als Bestimmungen der allgemeinen, unendlichen, mit Gott selbst gleich ewigen und wesenhaften Bestimmungen, der Ausdehnung und des Denkens, Modifikationen seiner Attribute, welche für sich keine Realität haben.

Wenn man von den endlichen Wesen aber ausgeht und von ihnen aus die Idee der Substanz entstehen läßt, so beruht die Einheit der Substanz auf dem Satz des Sp.: „Determinatio est negatio, determinatum nihil positivi, sed tantum privationem existentiae ejusdem naturae, quae determinata concipitur, denotat. [Bestimmung ist Negation; das Bestimmte bezeichnet nichts Positives, sondern nur eine Einschränkung im Sein desjenigen Wesens, das als bestimmt gedacht wird.]" („Epist." 41) Alle Bestimmung ist nur Einschränkung der reinen, der uneingeschränkten Wirklichkeit, Verminderung der Realität, Nichtsein. Was die Dinge aber unterscheidet, sie für uns zu bestimmten, eignen, zu selbständigen Wesen macht, ist eben ihre Bestimmtheit; diese ist aber nur Einschränkung, nur Unwirklichkeit, also haben sie keine selbständige Existenz, kein selbständiges Wesen. Alle Dinge zusammen und zugleich, nämlich alle Wesen nicht nacheinander und folglich nicht auseinander, sondern in ihre Wesenheit zusammengefaßt als eines, als ein Unteilbares, d. i. alle Wesen zusammen, inwiefern sie als nicht voneinander unterschieden, nur *ein* Wesen, *eine* Sache, *ein* Ganzes ausmachen, konstituieren daher Gott selbst. Deswegen ist aber Gott nicht etwa zusammengesetzt aus den Wesen oder Dingen als seinen Teilen, sondern er ist das absolute prius [Erste]; die Substanz ist früher als ihre Affektionen, ist das absolut Eine, das einzig Selbständige, von dem die Wesen keine Teile, sondern von dessen Eigenschaften sie nur Bestimmungen sind.

Sp. wendet allerdings auch das Verhältnis des Ganzen und der Teile auf das Verhältnis der Substanz und Akzidenzen an; so nennt er z. B. den Geist einen Teil des unendlichen Verstandes. Aber er wendet nur dieses Verhältnis an, um es aufzuheben, er nimmt *die* Bestimmungen von ihm weg, die es zu dem Verhältnis der Teile und des Ganzen machen. Denn die eigentümliche Bestimmung dieses Verhältnisses ist, daß es kein Verhältnis innrer substantieller Einheit ist, sondern nur eine äußerliche, oberflächliche Einheit, eine Zusammensetzung ausdrückt. Der Teil kann, ob er gleich Teil eines Ganzen ist, zugleich für sich, ohne das Ganze, gefaßt werden und sein, denn das Ganze ist aus den Teilen zusammengesetzt; aber im Substanzverhältnis sind die endlichen Dinge nur so Teile der Substanz, daß diese das absolute Eine, die in allen identische Natur derselben ist, ohne die sie nicht sein noch gedacht, wovon sie nicht abgetrennt und abgesondert werden können wie die Teile vom Ganzen, so daß die Substanz nicht aus den endlichen Dingen besteht wie das Ganze aus den Teilen, sondern sie vielmehr das *Bestehen*, das Reale der Teile, das in ihnen allein Selbständige ist. Das Verhältnis der Teile zum Ganzen ist also hier in der Substanz aufgehoben. „Cum de naturae substantiae sit, esse infinitam, sequitur, ad naturam substantiae corporeae unamquamque partem pertinere, nec sine ea esse aut concipi posse. [Da die Substanz von Natur unendlich ist, gehört folgerichtig jeder einzelne Teil der körperlichen Substanz zu ihrer Natur und kann ohne sie weder sein noch gedacht werden.]" („Epist." 15)

§ 83. *Spinozas Leben und intellektueller Charakter*

Benedikt v. Spinoza wurde den 24. November 1632 zu Amsterdam geboren. Als ein Jude seiner Abkunft nach hatte er in seiner Jugend das Hebräische erlernt und mit vielem Fleiße die Bibel und den Talmud studiert. Aber es dauerte nicht lange, so vertauschte er das Studium der Theologie, zu diesem Schritte durch die Kenntnis der lateinischen Sprache, die er mit besonderer Liebe erlernt hatte, hinlänglich befähigt, mit dem der Physik und der Werke des Cartesius und trennte sich zugleich, wie er sich in seinem freien Geiste von der israelitischen Religion lossagte, auch äußerlich, weil ihm alle Heuchelei zuwider war, von seiner Gemeinde ab, vermied den Besuch der Synagogen und den Umgang mit den jüdischen Lehrern. Deswegen wurden die Juden aufs heftigste über ihn erbittert; denn sie hatten in ihm eine kräftige Stütze ihrer Synagoge einst zu finden gehofft und befürchteten, er möchte die christliche Religion annehmen, wiewohl ohne Grund; denn ob er gleich alle Gemeinschaft mit ihnen abbrach, so trat er doch nie zum Christentum über.

Um sich den Verfolgungen der Juden, die ihm sogar nach dem Leben strebten und ihn endlich, als sie sahen, daß alle ihre Versprechungen und Versuche, ihn an sich zu fesseln, fruchtlos waren, exkommunizierten, zu entziehen und seinen philosophischen Studien ungestört obliegen zu können, verließ er Amsterdam und begab sich zunächst auf das Land in der Nähe dieser Stadt, dann nach Rhynsburg unweit Leiden, hierauf nach Voorburg in der Nähe vom Haag, endlich auf Zureden einiger Freunde nach dem Haag selbst. Aber auch hier wie an seinen frühern Aufenthaltsorten lebte Sp., einzig mit wissenschaftlichen Arbeiten und der Verfertigung optischer Gläser, wodurch er sich seinen Lebensunterhalt verschaffte, beschäftigt, in größter Eingezogenheit, in philosophischer Ruhe und Unabhängigkeit.

So zurückgezogen aber und einfach Sp. als Privatmann lebte, so berühmt war er als Schriftsteller schon bei Lebzeiten durch die Herausgabe einiger seiner Werke geworden. Der Segen oder, wenn man lieber will, „der Fluch der Zelebrität" blieb daher auch bei ihm nicht aus. Viele Wiß- und Neugierige, darunter auch viele sowohl durch Rang und Geburt als durch Gelehrsamkeit ausgezeichnete Personen suchten ihn auf oder knüpften einen Briefwechsel mit ihm an, um ihn kennenzulernen oder sich in betreff sowohl politischer als philosophischer Gegenstände von ihm belehren zu lassen. Der Kurfürst von der Pfalz, Karl Ludwig, ließ ihm selbst von freien Stücken durch Ludwig Fabricius eine Professur der Philosophie in Heidelberg antragen. Aber Sp. nahm sie aus weisen Gründen nicht an. „Nam cogito primo", sagt Sp., „me a promovenda Philosophia cessare, si instituendae juventuti vacare velim. Cogito deinde, me nescire, quibus limitibus libertas ista philosophandi (die ihm nämlich versprochen wurde) intercludi debeat, ne videar publice stabilitam Religionem perturbare velle: quippe schismata non tam ex ardenti Religionis studio oriuntur, quam ex vario hominum affectu vel contradicendi studio, quo omnia etsi recte dicta sint, depravare et damnare solent. Atque haec, cum jam expertus sim, dum vitam privatam et solitariam ago, multo magis timenda erunt, postquam ad hunc dignitatis gradum adscendero. [Denn ich fürchte zuvörderst, daß ich die Philosophie nicht weiter voranbringe, wollte ich mich der Lehrtätigkeit für die Jugend widmen. Sodann weiß ich nicht, welchen Beschränkungen sich jene Freiheit des Philosophierens (…) unterwerfen müßte, damit es nicht scheint, ich wolle die offizielle Religion stören. Denn Religionsstreitigkeiten entspringen ja nicht so sehr echtem Glaubenseifer als den verschiedenen menschlichen Leidenschaften und dem Widerspruchsgeist, der gewöhnlich alles noch so richtig Gesagte verdreht und verdammt. Was ich schon bei meinem zurückgezogenen, einsamen Leben erfahren mußte, stünde um so mehr zu fürchten, sobald ich zu so hohem Rang aufstiege.]" („Epist." 54) Ungeachtet der strengen und mäßigen Lebensart, die Sp. ebensowohl aus Rücksicht für seine Gesundheit – denn er hatte einen schwachen, ungesunden, schon seit mehr als 20 Jahren von der Schwindsucht angegriffenen Körper – als aus eignem Antriebe führte – denn er war von Natur nüchtern, mit wenigem zufrieden, Herr seiner Leidenschaften, nie unmäßig traurig oder fröhlich –, starb er doch schon 1677, den 21. Febr., oder, nach dem Ausspruch eines christlichen Orthodoxen, „impuram animam et extremum spiritum placide efflavit. Qualis obitus an Atheo competere possit, in disceptationem ab eruditis non ita pridem vocatum est [hauchte er sanft seine schmutzige Seele und seinen niedrigen Geist aus. Ob ein solches Hinscheiden zu einem Atheisten paßt, ist jüngst von Gelehrten erörtert worden]".[150]

Sp.s Schriften erschienen in folgender Ordnung: 1663 *„Renati des Cartes Principiorum Philosophiae* Pars I et II more geometrico demonstratae per B. de Sp. Accesserunt ejusdem *Cogitata Metaphysica* etc. [*René Descartes' Prinzipien der Philosophie* Teil I und II, nach mathematischer Weise dargestellt von B. v. Sp., samt dessen *Metaphysischen Gedanken* usw.]"[151], in denen aber auch noch nicht seine eigentümlichen philosophischen Prinzipien niedergelegt sind; 1670 sein *„Tractatus theologico-politicus",* deswegen besonders merkwürdig, weil er die erste gründlichere rationelle Kritik der Bibel enthält; in seinem Todesjahre 1677 sein wichtigstes philosophisches Werk, die *„Ethica,* ordine geometrico demonstrata et in quinque Partes distincta, in quibus agitur 1. de Deo, 2. de Natura et Origine Mentis, 3. de Origine et Natura Affectuum, 4. de Servitute humana seu de Affectuum viribus, 5. de Potentia Intellectus seu de Libertate humana [*Ethik,* in mathematischer Beweisform behandelt, in fünf Abschnitten: 1. Gott, 2. die Natur und den Ursprung des Geistes, 3. den Ursprung und die Natur der Affekte, 4. die menschliche Unfreiheit und die Macht der Affekte, 5. die Kraft des

[150] Sebastian Kortholt in seiner Praefatio zu: Christiani Kortholdi etc. „De Tribus Impostoribus Magnis Liber denuo editus cura S. K.", Hamb. 1701.
[151] Über die Veranlassung dieses Werkes vergleiche die Vorrede dazu von *Ludwig Mayer* und „Epist." 9.

Verstandes oder die menschliche Freiheit]". Spinoza wollte seine Ethik wahrscheinlich noch bei Lebzeiten selbst herausgeben, aber das gehässige Gerücht, daß er ein Atheist sei, hat ihn wohl davon abgehalten. Sein Freund *Ludwig Mayer* gab sie jedoch seinem Willen gemäß ohne seinen Namen in den „Opera Posthuma [Nachgelassenen Werken]" von Sp. heraus, die außerdem noch den vortrefflichen „Tractatum de *Emendatione Intellectus* [Abhandlung über die *Läuterung des Verstandes*]", leider ein Fragment, seinen gleichfalls unvollendeten „Tractatum *Politicum*", worin Sp. wie Hobbes dem status civilis [staatlichen Zustand] einen statum naturalem [Naturzustand] voransetzt, in welchem die Menschen in einem feindlichen Verhältnisse zueinander stehen, jedes Individuum nur soviel Recht hat, als es Macht und Kraft zu existieren und wirken hat, die Grenze des positiven Naturvermögens auch die Grenze des Rechts ist – eine Bestimmung, die es auch im statu civili behält –, aber keineswegs wie H. die unumschränkte Monarchie für die beste und zweckmäßigste Staatsform hält (c. 6. de Monarch., § 4–8, und c. 7, § 30);[152] ferner eine Sammlung höchst interessanter Briefe *(„Epistolae et Auctoris Responsiones")* und einen gleichfalls unvollständigen Abriß einer he-

---

[152] Als die natürlichste und der Freiheit, welche die Natur einem jeden einräumt, sich am meisten annähernde, folglich dem Zweck des Staates, welcher die Freiheit ist (c. 20), entsprechende Regierungsform bestimmt vielmehr Sp. in seinem „Tract. Theol.-pol." (c. 16) die *Demokratie*. In der Demokratie, sagt er ebendaselbst, sind weniger als in irgendeiner Staatsform *Absurditäten* zu befürchten, „in democratio imperio minus timenda sunt absurda". Das *Geheimnis* der *Monarchie*, sagt er in der Vorrede, besteht darin, die Menschen zu *betrügen* und unter dem Deckmantel der Religion in Furcht zu erhalten, damit sie für die Knechtschaft, als gälte es ihr Heil, kämpfen und es nicht für Schande, sondern vielmehr für die höchste Ehre halten, ihr Blut für die Prahlerei *eines* Menschen zu verschwenden. Der Friede, der in den Monarchien herrscht, sagt er in den oben zitierten Stellen, und den man uns so sehr anpreist, ist nur der Friede der Knechtschaft. Zwischen Eltern und Kindern finden heftigere Streitigkeiten statt als zwischen Herren und Sklaven. Friede besteht nicht in der Abwesenheit des Krieges, sondern in der Eintracht der Gemüter. Der Monarch fürchtet aber mehr die Bürger als die Feinde. *„Je suis bon Républicain [Ich bin guter Republikaner]"*, sagte einst Sp. nach Colers Erzählung.

bräischen Grammatik enthalten. Eine ganz vollständige Ausgabe von Sp.s Werken, denen noch überdies die Lebensbeschreibung von *Colerus* und andere sein Leben, seine Schriften und seinen Charakter betreffende Nachrichten und Bemerkungen beigefügt sind, ist bekanntlich die von *Paulus*. Neuere minder vollständige Ausgaben sind die von Gfrörer, Bruder, Riedel, die jedoch nur die „Ethik", den „Traktat von der Verbesserung des Verstandes" und den „Politischen Traktat" enthält.

Sp. fand aus sehr begreiflichen und natürlichen Gründen zu seiner Zeit wenige Freunde, die in seine Gedanken eingingen und sie zu den ihrigen machten, unter ihnen besonders den schon genannten Ludwig *Mayer*, den Grafen von *Boulainvilliers*, A. J. *Cufaeler* [Cufeller], den Arzt *Lucas*, aber desto mehr Feinde und Bestreiter, sogenannte Widerleger, wie z. B. Christ. *Wittich*, Peter *Poiret*, Christ. *Kortholt* etc., derer zu geschweigen, die ihn gelegentlich oder in besondern Artikeln bekämpften. Eine von den frühern rohen Mißverständnissen gereinigte, in mehrfacher Hinsicht treffliche Darstellung von Sp. gab bekanntlich Fr. H. *Jacobi*. Auch *Herder* verbreitete für seine Zeit ein besseres Licht über ihn. Vortreffliche Gedanken über ihn finden sich bei *Lessing* und *Hegel*.[153] Ausführlichere Notizen über die Spinoza betreffende Literatur suche man in Erdmanns „Geschichte der neuern Philosophie" (I. Bd., II. Abt.) und Riedels „R. de Cartes" und „B. de Sp. praecipua opera philosophica", Lipsiae 1843, Vol. II, 277–280.

Der Charakter, die intellektuelle Persönlichkeit eines Philosophen ist in seiner ganzen Philosophie enthalten. Diese ist nicht ein oberflächlicher Abdruck von ihr, sie ist ihr positives, ihr lebendiges, adäquates Dasein. Wenn von irgendei-

---

[153] Folgende merkwürdige Stelle *Lichtenbergs* möge hier einen Platz finden, weil in ihr Spinozas auf eine auffallende Weise gedacht ist. „Wenn nur der Scheidepunkt erst überschritten wäre! Mein Gott, wie verlangt mich nach dem Augenblick, wo die Zeit für mich aufhören wird, Zeit zu sein, wo mich der Schoß des mütterlichen Alles und Nichts wieder aufnehmen wird, in dem ich damals schlief, als der Heinberg (ein Berg bei Göttingen) angespült wurde, als Epikur, Cäsar, Lukrez lebten und schrieben und Spinoza den größten Gedanken dachte, der noch in eines Menschen Kopf gekommen ist." Vermischte Schriften, Bd. II, Göttingen 1801.

nem Philosophen, so gilt dies von Sp., diesem so erhabnen, so gedankenhellen, so ganz mit dem Geist und Objekt seiner Philosophie identischen Charakter. Wer aber noch ein besonderes Faksimile von der Schöpferhand seines Geistes haben will, um desto besser seine geistige Persönlichkeit zu erkennen, der mag sie in der erhabnen Art und Weise finden, wie er über den Menschen urteilt, wie er ihn mit seinen Fehlern und Leidenschaften zum Gegenstande seiner Betrachtung und Untersuchung macht. Um die Gegenstände der Politik, sagt er, mit derselben *Geistesfreiheit* zu erforschen, mit welcher wir die Gegenstände der Mathematik zu untersuchen pflegen, habe ich mich sorgfältig bestrebt, die menschlichen Handlungen nicht zu belachen, nicht zu beklagen noch zu verabscheuen, sondern zu *erkennen*, und ich habe daher die menschlichen Affekte wie Liebe, Haß, Neid, Ehrsucht, Mitleid und die übrigen Gemütsbewegungen nicht als *Fehler*, sondern als *Eigenschaften* der menschlichen Natur betrachtet, welche ebenso zu ihr gehören wie zur Natur der Luft Hitze, Kälte, Wetter, Donner und andre dergleichen Erscheinungen, welche, obgleich unbequem, doch notwendig sind und bestimmte Ursachen haben, durch die wir ihr Wesen zu erkennen suchen und an deren Betrachtung der Geist sich ebenso als an der Erkenntnis der den Sinnen angenehmen Dinge ergötzt. („Tract. Polit.", c. 1, § 4) Die menschlichen Handlungen und Begierden betrachte ich gerade so, als wenn es sich um Linien, Flächen und Körper handelte. („Ethices" P. III, Praef.)

Darstellung der Philosophie Spinozas

§ 84. *Die allgemeinen Prinzipien derselben*

I. Def[inition]. Unter *Ursache seiner selbst* verstehe ich das, dessen *Wesen* die *Existenz* in sich einschließt oder dessen Wesen gar nicht anders als existierend gedacht werden kann. II. *Das* Ding heißt in seiner Art *endlich*, welches durch ein andres von derselben Art oder Natur begrenzt werden kann. So heißt z. B. ein Körper endlich, weil wir uns immer noch einen größern vorstellen können. So wird ein Gedanke durch einen andern begrenzt. Aber der Körper wird nicht durch einen Gedanken noch der Gedanke durch einen Körper begrenzt oder beschränkt. III. Unter *Substanz* verstehe ich *das*, was *in sich ist* und *durch sich gedacht* oder *begriffen* wird, d. h. *das*, dessen *Begriff nicht des Begriffs eines andern Dings bedarf,* um aus ihm erst gebildet zu werden; IV. unter *Attribut das,* was der *Verstand* von der Substanz als ihr Wesen ausmachend oder als das Wesen der Substanz begreift; V. unter *Modus* (Art und Weise, Bestimmtheit oder Beschaffenheit) die *Affektionen* der Substanz oder *das*, was in *einem andern ist, durch welches es auch gedacht oder begriffen* wird; VI. unter *Gott* das *absolut unendliche* Wesen oder die *Substanz,* die aus *unendlichen Attributen* besteht, von denen ein jedes *ewige* und *unendliche Wesenheit* ausdrückt. Ich sage: das absolut, nicht in seiner Art unendliche Wesen, denn *dem,* was nur in *seiner Art* unendlich ist, *können* unendliche Attribute abgesprochen werden, zum Wesen des absolut Unendlichen aber gehört *alles,* was *Wesenheit ausdrückt* und *keine Verneinung* in sich enthält. VII. *Das Wesen* heißt *frei,* welches allein durch die *Notwendigkeit* seiner *Natur* existiert und *von sich allein* zum Wirken bestimmt wird, *notwendig* aber oder vielmehr *gezwungen das,* was auf eine gewisse und bestimmte Weise zur Existenz und zum Wirken *von einem andern bestimmt wird.* VIII. Unter *Ewigkeit* verstehe ich die *Existenz selbst,* inwiefern sie allein aus der *Definition* der ewigen Sache als eine *notwendige Folge* erkannt wird.

Axiome. I. Alles, was ist, ist entweder *in sich* oder in einem *andern.* II. Das, was durch ein *andres* nicht begriffen werden kann, muß *durch sich* begriffen werden. III. Aus einer bestimmten gegebnen *Ursache* folgt *notwendig* eine *Wirkung,* und umgekehrt: Ist keine bestimmte Ursache gegeben, so ist es unmöglich, daß eine Wirkung erfolge. IV. *Die Erkenntnis der Wirkung hängt von der Erkenntnis der Ursache ab* und schließt sie ein. V. Dinge, die nichts miteinander *gemein* haben, können auch nicht *durch einander begriffen* werden, oder der Begriff des einen schließt den Begriff des andern nicht ein. VI. Die *wahre Idee* muß mit ihrem *Gegenstande übereinstimmen.* VII. Was *als nicht existierend* gedacht werden kann, dessen Wesen schließt nicht die Existenz ein.

Lehrsätze. I. Die *Substanz* ist der *Natur* nach *früher* als ihre *Affektionen.* (Dies erhellt aus Def. 3 u. 5.)

II. Zwei Substanzen, die *verschiedene Attribute* haben, haben nichts miteinander *gemein*. Dies erhellt auch aus Def. 3. Denn eine jede muß in sich sein und durch sich gefaßt werden, oder der Begriff der einen schließt nicht den Begriff der andern ein.

III. Von Dingen, die *nichts* miteinander *gemein* haben, kann keine *die Ursache* der andern sein. *Beweis*: Wenn sie nichts miteinander gemein haben, so können sie nicht (Ax. 5) durch einander begriffen werden, also kann keine (Ax. 4) die Ursache der andern sein.

IV. *Zwei* oder *mehrere verschiedene Dinge* werden entweder durch die *Verschiedenheit der Attribute der Substanzen* oder die *Verschiedenheit ihrer Affektionen* voneinander *unterschieden*. *Bew.*: Alles, was ist, ist entweder in sich oder in einem andern (Ax. 1), d. h. (Def. 3 u. 5), außer dem Verstande existieren nur Substanzen oder ihre Attribute und Affektionen, außer ihnen gibt es also nichts, wodurch mehrere Dinge voneinander unterschieden werden können.

V. In der Wirklichkeit kann es nicht *zwei* oder *mehrere Substanzen* von *demselben Attribut* oder Wesen geben. *Bew.*: Gäbe es mehrere unterschiedene, so müßten sie (Lehrs. 4) entweder durch die Verschiedenheit der Attribute oder Affektionen unterschieden werden. Ist das erste der Fall, so wird man also zugeben, daß es nur *eine* Substanz von demselben Attribut gibt. Im zweiten Falle aber kann die Substanz, wenn man von ihren Affektionen, als welche der Natur nach später sind als die Substanz, abstrahiert und sie in sich selbst, d. i. wahrhaft (Def. 3 u. 6), betrachtet, nicht als verschieden von einer andern gedacht werden, d. h. (L. 4), *es kann nur eine, aber nicht mehrere Substanzen geben*.

VI. *Keine Substanz kann von einer andern hervorgebracht* werden. *Bew.*: In der Wirklichkeit kann es nicht zwei Substanzen von demselben Attribute geben, d. h. (L. 2), die etwas miteinander gemein haben. Also kann keine (L. 3) die Ursache der andern sein, folglich die Substanz von nichts anderm hervorgebracht werden. Widrigenfalls hinge ihre Erkenntnis von der Erkenntnis ihrer Ursache ab; sie wäre also nicht Substanz (Ax. 4, Def. 3).

VII. *Die Existenz gehört zum Wesen der Substanz. B.*: Die Substanz kann nicht von andern hervorgebracht werden, sie wird also Ursache ihrer selbst sein, d. h. (Def. 1), ihr Wesen enthält notwendig Existenz oder Existenz gehört zu ihrem Wesen.

VIII. *Jede Substanz ist notwendig unendlich. B.:* Es existiert nur *eine* Substanz von einem und demselben Attribut (L. 5), und die Existenz gehört zu ihrem Wesen (L. 7). Es gehört also zu ihrer Natur, entweder endlich oder unendlich zu existieren. Das erste kann aber nicht sein; denn (Def. 2) sie müßte dann von einer andern Substanz derselben Art, die auch notwendig existieren müßte, beschränkt werden, und es gäbe daher (L. 7) zwei Substanzen von demselben Attribute, was sich widerspricht (L. 5). Sie existiert also unendlich. Scholion I. Da Endlichsein in der Tat zum Teil eine Verneinung, aber Unendlichsein die *absolute Bejahung der Existenz* eines Wesens ist, so folgt also schon aus dem siebenten Satze, daß jede Substanz unendlich sein muß.

IX. *Jede Substanz ist unteilbar.* Dies erhellt schon daraus, daß die Natur oder das Wesen der Substanz nur unendlich gedacht und unter einem Teil der Substanz nichts anders verstanden werden kann als eine endliche Substanz, was sich aber (L. 8) offenbar widerspricht. („Ethices" P. I)

§ 85. *Erläuterung des Begriffs von der Einheit des Wesens und der Existenz in der Idee der Substanz*

Im zweiten Scholion zum achten Lehrsatze erklärt sich Sp. über die Schwierigkeit, die es für die Menschen hat, die Wahrheit des siebenten Lehrsatzes einzusehen, und sagt, sie liege darin, daß sie zwischen Substanzen und Modifikationen, die in einem andern sind und deren Begriff von dem Begriff *des* Wesens, worin sie sind, abgeleitet ist, keinen Unterschied machen. „Von *Modifikationen* nämlich", sagt er, „können wir *wahre Ideen* haben, wenn sie gleich *nicht existieren,* weil, wenn sie auch nicht wirklich existieren, doch so *in einem andern* ihr Wesen enthalten ist, daß sie *durch dasselbe begriffen* werden können. Aber die *Substanzen* existieren, außer der Intelligenz, nur *in sich selbst,* weil sie *durch sich selbst* gedacht werden. Wenn daher einer sagte, er habe eine klare und deutliche, d. i. *wahre Idee von der Substanz,* er zweifle aber dennoch, ob so eine Substanz existiere, so ist das gerade soviel, als wenn er sagte, er habe eine wahre Idee, zweifle aber nichtsdestoweniger, ob sie wahr sei. Denn *wer die wahre Idee hat, der kann nicht daran zweifeln, daß er sie hat.*" *Tennemann* sagt dagegen (in seiner „Geschichte der Philosophie"): „Dieser Begriff, daß die Substanz nur in sich, nicht in einem andern ist, ist jedoch ebenfalls wieder ein Denken, aus welchem kein reales Sein folgt." Da unter „dem realen Sein" vom Kantischen Standpunkt aus nicht das mit dem Denken identische, d. i. durch die Vernunft nur wahrnehmbare Sein verstanden werden kann, sondern das mit dem Sinn identische, das Sein „im Kontext der Erfahrung", im Umfang der wahrnehmbaren Gegenstände, so ist es ganz richtig, daß aus diesem Begriffe von der Substanz nicht ihr reales Sein, d. i., aus dem Begriffe von der *Realität* der Substanz nicht ihre *Unrealität*, aus dem Begriffe der Substanz nicht folgt, daß sie nicht Substanz ist. Denn die Substanz wäre nicht Substanz, wenn sie ein Objekt der Erfahrung, d. i. ein *wahrnehmbares* wäre; denn dann wäre sie *bestimmtes*, besonderes Ding, d. i. ein Sinnliches, welches nur eine endliche Affektion der Substanz, aber nicht Substanz ist.

Kant sagt: „Für Objekte des reinen Denkens ist ganz und gar kein Mittel, ihr Dasein zu erkennen, weil es gänzlich a priori erkannt werden müßte, unser Bewußtsein aller Existenz aber (es sei durch Wahrnehmung unmittelbar oder durch Schlüsse, die etwas mit der Wahrnehmung verknüpfen) gehört ganz und gar zur Einheit der Erfahrung, und eine Existenz außer diesem Felde kann zwar nicht schlechterdings für unmöglich erklärt werden, sie ist aber eine Voraussetzung, die wir durch nichts rechtfertigen können." („Kritik der reinen Vernunft", S. 629) Wäre in der *Kant*schen Philosophie wenigstens in Beziehung auf die theoretische Vernunft nicht das sinnliche Sein als das reale Sein vorausgesetzt, so würde sie am ontologischen Beweise, vor allem aber an der Substanz erkannt und eingestanden haben, daß es allerdings Objekte des reinen Denkens gibt, deren Dasein durch kein anderes Mittel als eben das Denken selbst erkannt wird, daß der Begriff der Substanz eben der ist, mit der unmittelbar sein Objekt gegeben ist, daß die Substanz das ist, bei dem das Sein nicht vom Denken sich unterscheiden läßt, und daß eben dieses vom sinnlichen Sein unterschiedne, mit dem Denken aber identische Sein, das reale, substantielle Sein, das Sein der Substanz, dagegen das vom Denken unterschiedne Sein, d. i. das sinnliche Sein, nur das Sein der endlichen Modifikationen ist. „Respondeo", sagt Sp., „nos nunquam egere *experientia*, nisi ad illa, quae ex rei *definitione* non possunt *concludi*, ut ex gr. existentia Modorum: haec enim a rei definitione non potest concludi. Non vero ad illa, quorum existentia ab eorundem essentia non distinguitur ac proinde ab eorum definitione concluditur. Imo nulla experientia id unquam nos docere poterit, nam experientia nullas rerum essentias docet, sed summum, quod efficere potest, est, mentem nostram determinare, ut circa certas tantum rerum essentias cogitet. Quare cum *existentia* attributorum ab eorum *essentia non differat,* eam *nulla experimentia* poterimus assequi. [Ich erwidere, daß wir die *Erfahrung* nur für das benötigen, was wir nicht aus der *Definition* der Sache *schließen* können, wie z. B. die Existenz der Modi; denn diese kann nicht aus der Definition der Sache geschlossen werden. Keineswegs aber für dasjenige, dessen Existenz sich nicht von seinem Wesen unterscheidet und deswegen aus seiner Definition erschlossen wird. Keine Erfahrung kann uns dies je lehren, denn die Erfahrung sagt uns nichts vom Wesen der Dinge, sondern vermag höchstens unsern Geist darauf zu richten, über ganz bestimmte Wesenheiten nachzudenken. Da sich also die *Existenz* der Attribute *nicht von deren Wesen unterscheidet,* können wir sie durch *keinerlei Erfahrung* begreifen.]"[154] („Epist." 28)

Gesetzt aber auch, es wäre die Substanz nur ein Gedankending, dem kein Objekt entspräche, so hätte eben dieses Gedankending selbst als Gedankending mehr Objektivität, *mehr* Wirklichkeit als alle äußerliche Objektivität und Wirklichkeit mit allen ihren einzelnen Existenzen und Objekten

---

[154] Es gehört hierher auch noch folgende, auch in andrer Rücksicht merkwürdige, sich auf den Begriff der Einzigkeit und Einheit Gottes beziehende Stelle: „Quoniam vero Dei *existentia ipsius sit essentia,* deque ejus *essentia universalem non possimus formare ideam,* certum est, eum, qui Deum unum vel unicum nuncupat, nullam de Deo veram habere ideam, vel improprie de eo loqui. [Da jedoch *die Existenz* Gottes *seinem Wesen eigen ist* und wir von seinem *Wesen keinen Allgemeinbegriff bilden können,* so hat, wer Gott den Einen oder Einzigen nennt, gewiß keinen wahren Begriff von Gott oder spricht unangemessen von ihm.]" („Epist." 50.)

samt und sonders. „Si enim tale ens (scl. quod est omne esse) non existeret, nunquam posset produci, adeoque *mens plus posset intelligere,* quam *natura praestare.* [Denn wenn ein solches Wesen (nämlich, das alles Sein ist) nicht existierte, so könnte es nie erzeugt werden, und *der Geist* gar *könnte mehr begreifen,* als *die Natur hervorbringt.*]" („De Intell. Emend., p. 431)[155] Und wenn auch gleich der Begriff der Substanz, *des* Wesens, dessen Begriff die Existenz enthält, das nur *als seiend* gedacht werden kann und das man gar nicht gedacht hat, wenn man es nicht *als seiend* gedacht hat, auch *nur* ein Begriff wäre, so könnte doch das Denken nie auf diesen Begriff kommen, wenn jene Kantische Trennung wirklich in der Tat begründet wäre, wenn der Unterschied von Begriff oder Denken und Sein, der wohl bei den Modifikationen der Substanzen, aber nicht bei der Substanz selbst stattfinden kann, eine Wahrheit wäre. Allein der Begriff der Substanz – und eben deswegen ist es der Begriff der Substanz, nicht irgendeiner andern beliebigen und eingebildeten Sache, eben deswegen der *einzige* Begriff, der keinesgleichen hat, der *unvergleichliche,* den daher jener sonst allgemeine Unterschied von Begriff überhaupt und Sein gar nicht trifft und berührt, der absolute, der *unendliche* Begriff – hat seine Wirklichkeit unmittelbar in sich selber, *er* ist ein unmittelbar sich selbst bejahender und als reell bewähren-

---

[155] Epistola 45 drückt Sp. diesen Gedanken so aus: *„Quod cogitandi potentia ad cogitandum non major est, quam naturae potentia ad existendum et operandum.* Clarum hoc verumque est axioma, unde Dei existentia clarissime et efficacissime ex sua idea sequitur. [*Das Denken hat zum Denken keine größere Kraft als die Natur zum Existieren und Wirken.* Dies das klarste und überzeugendste Axiom, auf Grund dessen die Existenz Gottes aufs klarste und überzeugendste aus seinem Begriff folgt.]" Wir bemerken dagegen: Wenngleich das Denkvermögen ein Naturvermögen ist, so folgt doch keineswegs eine *solche* Identität hieraus, daß, was die Natur als res cogitans [denkendes Wesen] denken kann, sie auch als res extensa oder existens und operans „prästieren" kann [als ausgedehntes oder existierendes und wirkendes Wesen „verrichten" kann], denn das eben ist das eigentümliche Wesen der potentia cogitandi [des Denkvermögens], daß sie den Positiv der Natur auf den Superlativ steigert. Alle Vollkommenheiten des entis perfectissimi [vollkommensten Wesens] existieren zwar als Positive in der Natur, aber als Superlative nicht außer dem Denken.

der, über die Subjektivität übergreifender, unmittelbar als Objektivität, als Wahrheit sich erweisender Begriff. Es ist unmöglich, daß man den Begriff der Substanz habe und doch noch zweifle oder frage, ob ihr wohl Wirklichkeit zukomme; denn die Substanz eben ist dieses, wo sich jene Unterscheidung, die nur bei den Modifikationen gilt, aufhebt, das, was den Begriff der Substanz zum *Begriff der Substanz* und *keines andern Dings* macht, eben dieses, daß in ihm der Unterschied zwischen Sein und Denken sich auflöst; und man hat daher entweder gar nicht den Begriff der Substanz, wie sie Sp. dachte und wie sie gedacht werden muß, sondern nur eine Einbildung davon, oder man vernichtet den Begriff der Substanz, identifiziert ihn mit dem Begriff überhaupt, einem Abstraktum oder andern Begriffen, hebt den Unterschied zwischen dem Begriff der Substanz und dem Begriffe andrer beliebiger Dinge auf, *den* Unterschied, der gerade den Begriff der Substanz zum Begriff der Substanz macht, wenn man noch fragt, ob er denn eine ihm entsprechende Wirklichkeit habe, oder die Substanz für ein bloßes Gedankending hält. Wie das Licht sich selbst als Licht offenbart, so offenbart sich die Substanz als Substanz und eben damit als Existenz, als Wirklichkeit. Bei dem Begriffe der Substanz daher noch fragen, ob er denn auch Wirklichkeit habe, ist gerade soviel, als wenn einer mitten im Glanze des Lichtes noch fragte: Ist denn das Licht, das ich sehe, auch wirkliches Licht und nicht etwa gar Finsternis? Denn, wie die Finsternis die reine Abwesenheit des Lichtes ist, so ist die Privation oder Negation der Existenz der Substanz nicht eine *bestimmte* oder *beschränkte* Verneinung des Begriffes der Substanz, so daß ungeachtet dieses Mangels oder dieser Verneinung mir doch noch ein klarer Begriff der Substanz übrigbliebe, wie mir die Idee einer Modifikation übrigbleibt, wenngleich ihre Existenz aufgehoben ist, sondern die *reine,* die *totale Verneinung* der *Substanz* und *ihres Begriffes,* die nicht etwas von ihm hinwegnimmt, sondern ihn selbst aufhebt. Wie das Sehen die unmittelbare Offenbarung von der Wirklichkeit des Lichtes oder die unmittelbare Offenbarung des Lichtes *als* Lichtes, die Affirmation ist, daß es Licht und nicht Finsternis ist, so ist das Denken der Substanz die unmittelbare Offenbarung ihrer Wirklichkeit, die Affirmation derselben als Substanz und eben damit als Wirklichkeit.

Sp. demonstriert allerdings die Existenz der Substanz, aber wenn man auf den Geist und Inhalt, auf die Idee der Substanz, die die Grundlage ist, nicht auf die bloße äußere Form sieht, so findet man, daß – selbst abgesehen von dem historischen Umstande, daß es der Gebrauch der frühern Philosophen war, ihre Ideen in der Form von Demonstrationen oder Schlüssen zu geben – der Beweis bei ihm nur die Bedeutung eines *Formellen*, nur einer Vermittlung der an sich *unmittelbar sich als wahr affirmierenden Idee für das Subjekt* haben kann, daß der Beweis nicht die Bedeutung eines *Objektiven* oder eines *Erzeugenden* und *Hervorbringenden*, sondern nur einer Bewahrheitung und Erörterung zum Behufe des Subjektes hat. Bei Hobbes hat die Demonstration objektive, reale Bedeutung, denn sein Objekt ist ein ganz äußerliches, zusammensetzbares, auflösbares: der Körper; aber bei Sp., dessen Objekt, die Substanz, geradezu das Gegenteil des *Hobbes*schen Objektes ist, ist der Beweis nur äußerliches Mittel zur Sache, nicht selbst Sache. „*Mentis* enim *oculi*", sagt er, „quibus res *videt* observatque, sunt ipsae *demonstrationes.* [Denn *die Augen des Geistes,* mit denen er die Dinge *sieht* und beobachtet, sind eben die *Beweise.*]"[156] („Eth.", P. V, Prop. [Lehrsatz] 23, Schol.) Sp. statuiert ja schlechthin unmittelbare Begriffe, die nicht aus andern Begriffen erzeugt oder von ihnen abstrahiert werden, Begriffe, die, weil sie schlechthin Positives oder Wirkliches ausdrücken, weil sie die unmittelbare Affirmation der Existenz ihrer Gegenstände sind, selbst schlechthin positive, sich *selbst aus* und *durch sich,* d. i. *unmittelbar als wahr bejahende Begriffe* sind. Diese unendlichen, durch nichts andres vermittelten, unab-

---

[156] Die Stelle in seinem „Tractat. Theolog.-politico", c. 13, p. 337: „Res invisibiles et quae solius mentis sunt objecta, nullis aliis oculis videri possunt, quam per demonstrationes [Dinge, die nicht sichtbar und nur Objekte des Geistes sind, können allein mit den Augen des Beweises gesehen werden]", steht hiermit, zumal in ihrem dortigen Zusammenhange, nicht in Widerspruch. Um sich übrigens hiervon vollkommen zu überzeugen, verbinde man auch hiermit Sp.s Gedanken von der *Gewißheit* und der *wahren Idee,* die weiter unten vorkommen. Hieraus erhellt zugleich die Grundlosigkeit des Räsonnements Jacobis, wenn er den Weg der Demonstration und die Sucht, alles erklären und beweisen zu wollen, für den Grund des Spinozischen Systems oder Unheils ansieht.

hängigen Begriffe sind aber die Begriffe der Ausdehnung und des Denkens oder vielmehr der Begriff der Substanz. „Terminus extensionis *necessariam includit existentiam* (aut, quod idem est, *existentiam affirmat*), aeque *extensionem sine existentia, ac existentiam sine extensione impossibile* erit *concipere.* [Der Begriff der Ausdehnung *schließt notwendige Existenz ein* (oder, was dasselbe bedeutet, er *versichert die Existenz*); ebenso wird es *unmöglich sein, Ausdehnung ohne Existenz* wie *Existenz ohne Ausdehnung anzunehmen.*]" („Epist." 41) Da der Begriff der Substanz ein schlechthin unbedingter und unabhängiger Begriff und die *unmittelbare Affirmation ihrer Wirklichkeit* oder Existenz ist, so kann eben der Beweis von ihrer Existenz nur die Bedeutung eines Formellen, einer nur subjektiven Vermittlung haben. Der siebente Lehrsatz: „Ad naturam substantiae pertinet existere [Zur Natur der Substanz gehört die Existenz]" stützt sich daher in Wahrheit nicht etwa, wie Tennemann meint, auf den Beweis, der aus den früheren Sätzen hervorgeht, sondern auf den *Begriff* der Substanz selbst, der die *Notwendigkeit seiner selbst* ist, der sich selbst als Wahrheit, wie das Licht sich als Licht, manifestiert oder für sich selber die Affirmation der Existenz seines Objektes und Wahrheit seiner selbst ist.[157]

§ 86. *Die notwendige Existenz der einzigen Substanz und ihre Attribute*

Gott oder die aus *unendlichen Attributen,* von denen ein jedes *ewige* und *unendliche Wesenheit ausdrückt,* bestehende Substanz *existiert notwendig.*[158] Denn Nicht-existieren-Können ist ein Unvermögen, wie von sich selbst erhellt, dagegen Existieren-Können ein Vermögen. Wenn daher das, was bereits notwendig existiert, nur endliche Wesen sind, so haben die endlichen Wesen mehr Vermögen, mehr Macht als das ab-

[157] Die Stelle im „Tract. Theol.-polit.", c. 6, p. 237 (ed. Paulus): „cum Dei existentia non sit per se nota etc. [da die Existenz Gottes nicht aus sich selbst bekannt ist]", widerspricht dem Gesagten nicht, wenn sie gehörig gefaßt und in ihrem Zusammenhange erwogen wird.
[158] Sp. gibt mehrere Beweise hiervon. Hier möge dieser eine hinreichend sein.

solut unendliche Wesen, was aber, wie durch sich selbst klar ist, ein Widerspruch ist. Also existiert entweder nichts, oder das absolut unendliche Wesen existiert auch notwendig. Nun existieren aber wir, sei es nun in uns oder in einem andern, was notwendig existiert. (Ax. 1 u. L. 7) Also existiert das absolut unendliche Wesen, d. i. Gott (Def. 6), notwendig. („Eth.", P. I, Prop. 11 und Demonstr.)

Gottes Existenz und *Wesen sind identisch.* Das, was das Wesen Gottes ausmacht, macht zugleich auch seine Existenz aus, seine Existenz und sein Wesen sind daher eins. Denn keine ihrer Realitäten oder Vollkommenheiten verdankt die Substanz einer äußern Ursache, es muß daher auch ihre Existenz aus ihrem Wesen folgen, und ihre *Existenz ist folglich nichts andres als ihr Wesen.* (Ebd., Schol.)

Außer Gott kann keine Substanz sein noch gedacht werden. Denn da Gott das absolut unendliche Wesen ist, von dem kein Attribut, welches substantielle Wesenheit ausdrückt, verneint werden kann (Def. 6), und notwendiges Dasein hat, so müßte, wenn es noch eine Substanz außer Gott gäbe, diese durch irgendein Attribut Gottes gedacht werden, und es gäbe so zwei Substanzen, die ein und dasselbe Attribut hätten, was (L. 5) abgeschmackt ist. Es kann daher außer Gott keine Substanz sein und folglich auch nicht gedacht werden. Denn könnte sie gedacht werden, so müßte sie als existierend gedacht werden, aber dieses ist zufolge des ersten Teils des Beweises ungereimt.

Es folgt hieraus, daß die *körperliche* und die *denkende Substanz* zu *Gott* gehören. *Das Denken ist also ein Attribut Gottes,* oder *Gott ist ein denkendes Wesen.* Ebenso ist aber *die Ausdehnung ein Attribut Gottes,* oder *Gott ist ein ausgedehntes Wesen.* (Ebd., Prop. 15, u. P. II, Prop. 1 u. 2)

Alle, die nur einigermaßen über das Wesen Gottes nachgedacht haben, behaupten, daß Gott nichts Körperliches oder kein Körper sei. Dies ist auch ganz richtig; denn unter einem Körper versteht man eine bestimmte Ausdehnung von einer bestimmten und begrenzten Gestalt, und diese kann natürlich nicht dem absolut unendlichen Wesen zukommen. Aber sie gehen noch weiter; sie sprechen selbst die körperliche *Substanz* durchaus Gott ab und nehmen an, daß sie erschaffen sei. Aus welchem Vermögen Gottes sie übrigens erschaffen werden konnte, wissen sie durchaus nicht und zeigen damit an, daß sie selbst nicht verstehen, was sie sagen. Sie verneinen aber die körperliche Substanz von Gott aus diesen Gründen, nämlich weil sie aus Teilen zusammengesetzt, also endlich, weil sie teilbar, also passiv, und folglich eine Gottes als des unendlichen und absolut reellen Wesens unwürdige Bestimmung sei. Allein, die Annahme, daß die körperliche Substanz, die doch nur *unteilbar, einzig* und *unendlich* gedacht werden kann, aus endlichen Teilen zusammengesetzt, vielfach und teilbar sei, ist eben ganz falsch und nicht weniger ungereimt als die Annahme, daß der Körper aus Oberflächen, die Oberfläche aus Linien, die Linien aus Punkten zusammengesetzt sind, und kommt nur daher, daß wir auf doppelte Art die Ausdehnung auffassen. Die eine ist die oberflächliche und abstrakte, nämlich die der *sinnlichen Vorstellung,* die andere die *der Vernunft,* die sie nicht abstrakt und oberflächlich, sondern *allein als Substanz denkt.* Wenn wir daher die Quantität betrachten, wie sie in der sinnlichen Vorstellung ist – und diese Betrachtungsweise ist uns die geläufigste –, so finden wir sie endlich, teilbar, zusammengesetzt; betrachten wir sie aber, wie sie in der Vernunft ist, und fassen sie als Substanz – was übrigens sehr schwer ist –, so finden wir, daß sie unendlich, einzig und unteilbar ist.

Dies wird auch allen, die einen Unterschied zu machen wissen zwischen Vorstellung oder Einbildung und Vernunft, hinlänglich klar sein, zumal wenn sie erwägen, daß die *Materie überall dieselbe* ist und Teile in ihr nur unterschieden werden, wiefern wir sie auf verschiedene Weise bestimmt denken, ihre Teile daher nicht ihrem *wirklichen Wesen,* sondern nur der *Art und Weise* nach, wie dieses eine Wesen bestimmt ist (nicht der Materie, nur der Form nach), unterschieden sind. Das Wasser z. B. als Wasser kann wohl geteilt und seine Teile können voneinander abgesondert werden, aber inwiefern es *körperliche Substanz* ist, kann es nicht geteilt und gesondert werden. So entsteht und vergeht auch das Wasser als Wasser, aber *als Substanz ist es unentstanden und unvergänglich.* Die Ausdehnung oder Materie ist daher als *Substanz* notwendig ein Attribut oder eine Bestimmung Gottes. („Eth.", P. I, Prop. 15, Schol.)

§ 87. *Erörterung des Begriffs der Ausdehnung als eines göttlichen Attributs*

Obgleich der Begriff der Ausdehnung schon in der Einleitung zu Sp. erörtert wurde, so ist es doch nötig, noch einiges über diesen Punkt zu sagen; denn daß das Denken etwas Reelles ausdrückt und daher zu Gott gehört, dies erhellt sich von selbst. Daß aber auch die Ausdehnung oder Materie (die man die Teufelsbrücke auf dem St. Gotthard der Substanz nennen könnte) ein Attribut Gottes ist, sieht man nicht so leicht, so unmittelbar ein. Um dies einzusehen, braucht man übrigens nur mit Sp. zu zeigen und zu erkennen, daß ihr die Bestimmungen der *Unendlichkeit, Einzigkeit* und *Unteilbarkeit* zukommen. Daß ihr aber diese zukommen, zeigt sich folgendermaßen.

Alle bestimmte oder einzelne Körper sind nur Einschränkungen oder Bestimmungen des Körpers als Körper oder der *körperlichen Natur, d. i. der Ausdehnung,* die ihre gemeinschaftliche Substanz ist, ohne die sie nicht sein noch gedacht werden können. „Corpora ratione motus et quietis, celeritatis et tarditatis et non ratione substantiae ab invicem distinguuntur. Omnia corpora in quibusdam conveniunt. In his enim omnia corpora conveniunt, quod unius ejusdemque attributi conceptum involvunt. [Die Körper unterscheiden sich voneinander durch Bewegung und Ruhe, Beschleunigung und Verlangsamung, aber nicht durch ihre Substanz. Allen Körpern kommt etwas Gemeinsames zu, nämlich der Begriff des Attributs.]" („Eth.", P. II, Lemma 1, 2) Sie können nicht sein ohne sie (denn eben als bestimmte, d. i. eingeschränkte, negative Wesen haben sie kein Bestehen in sich oder für sich) noch ohne sie gedacht werden; denn sie setzen sie als das Eine und Allgemeine, als ihren wesenhaften Begriff, dessen Einschränkungen nur die Begriffe der einzelnen bestimmten Dinge sind, voraus. Die Ausdehnung oder die körperliche *Substanz* schließt aber *keine Negation in sich,* sie ist unbestimmte, unbeschränkte Wirklichkeit, ihr Wesen reines Sein, reine Position. Eine bestimmte Figur oder ein bestimmter Körper dagegen ist eine Beschränkung der unbeschränkten und unbestimmten Ausdehnung, darum an sich selbst nur Einschränkung, Privation des reinen Seins, ein Endliches oder Negatives, ein

Nichtsein. „Quantum ad hoc, quod figura *negatio*, non vero aliquid *positivum* est, manifestum est, integram materiam, indefinite consideratam, nullam posse habere figuram, figuramque in finitis ac determinatis corporibus locum tantum obtinere. Qui enim se figuram percipere ait, nihil aliud eo indicat, quam se rem determinatam, et quo pacto ea sit determinata, concipere. Haec ergo *determinatio ad rem juxta suum Esse non pertinet, sed econtra est ejus non-esse.* [Was die Meinung betrifft, die Gestalt sei eine *Negation* und überhaupt nichts *Positives*, so ist offenkundig, daß die Materie als Ganzes, als unendlich aufgefaßt, keine Gestalt haben kann und daß die Gestalt nur bei endlichen und bestimmten Dingen ihren Platz hat. Denn wer erklärt, eine Gestalt wahrzunehmen, besagt damit lediglich, daß er ein bestimmtes Ding und die Art der Bestimmtheit begreift. Diese *Bestimmtheit gehört aber nicht wie das Sein zum Ding, sondern macht vielmehr sein Nichtsein aus.*]" („Epist." 50) Die Ausdehnung ist daher auch Ursache ihrer selbst, eben weil sie ein Unendliches, Uneingeschränktes, ein schlechthin Wirkliches ist; ihr Wesen schließt Existenz ein, ihr Begriff bejaht und drückt nur Existenz aus, während dagegen das Wesen eines bestimmten Körpers oder Ausgedehnten, dessen Wesen *als eines bestimmten* seine Bestimmtheit, seine Schranke ist, weil nur Einschränkung, nur Unwirklichkeit ausdrückt.

Wie die bestimmte, d. i. sinnliche Ausdehnung als bestimmte endlich ist, ebenso ist die Ausdehnung, wie sie in der sinnlichen Vorstellung ist, die sinnliche oder *sinnlich bestimmte Ausdehnung,* wohl ein *Teilbares,* aber nicht die Ausdehnung, wie sie Objekt der Vernunft oder wie sie in ihrem Wesen ist. Der *Körper,* in seinem *Wesen* betrachtet, ist eine ganz *einfache* Natur. Teilen heißt nichts anders, als etwas Zusammengesetztes in das, woraus es zusammengesetzt ist, auflösen oder überhaupt etwas von einem Dinge wegnehmen. Von der bestimmten Quantität oder Ausdehnung, inwiefern sie bestimmt ist, d. i. von bestimmten Körpern, läßt sich wohl vieles wegnehmen, ja alles, was eben ihre Bestimmtheit ausmacht, die wesentlich eine Verbindung von Verschiedenem und darum teilbar ist, aber von dem Körper als Körper, von der körperlichen Substanz, d. i. der Ausdehnung, läßt sich nichts hinwegnehmen, nichts zu ihr hinzutun. Worein könnte ich sie denn teilen, was könnte ich von ihr hinwegnehmen? Woraus wäre die Ausdehnung zusammengesetzt? Sie wäre nur teilbar, wenn sie aus sich und etwa noch aus andern, der Himmel weiß, was für welchen Ingredienzen oder Bestimmungen zusammengesetzt wäre.[159] Aber im Begriff der Ausdehnung liegt nichts Fremdes oder andres als sie selbst, sie besteht nur in sich und aus sich selbst, sie ist also ein Unauflösliches, Unteilbares. Die Ausdehnung wird nur durch sich selbst gedacht, ihr Begriff hängt nicht vom Begriff eines andern Dinges ab, aber *das, dessen Begriff nicht den Begriff eines andern Dings einschließt, ist unteilbar,* das dagegen, was *durch* ein andres gedacht wird, dessen Begriff von dem Begriff eines andern abhängt, *teilbar.* So ist z. B. der Stein als Stein teilbar, denn er reduziert sich auf die Ausdehnung als seinen wesentlichen Begriff und seine Substanz, seine Bestimmungen sind also ein Trennbares, ein Auflösliches, ein von ihm und voneinander Wegnehmbares. Der Begriff der Ausdehnung *als Substanz* ist daher ein unauflöslicher, unzerlegbarer, schlechthin einfacher Begriff und der Körper selbst daher, im Begriffe oder in seinem Wesen (der Ausdehnung) betrachtet, ein Unteilbares.

Ebenso wie die Bestimmung der Unendlichkeit und Unteilbarkeit liegt aber auch die der Einheit oder Einzigkeit in der Ausdehnung. Denn ihr *Wesen* ist, da sie nicht ein Bestimmtes, sondern Substanz ist, reine Wirklichkeit, Uneingeschränktsein; aber was ist denn *Sein, Existenz* als solche, anders als uneingeschränkte (durch keine Beschaffenheiten

---

[159] Wie Spinoza bestimmten auch die Neuplatoniker die Materie, d. h. die erste von aller Gestalt und Qualität abgesondert gedachte Materie, als einfach, unveränderlich, unverderblich. „Materiam corrumpi est impossibile; in quid enim et quomodo resolvatur, cogitare non possumus. [Die Materie zu zerstören, ist unmöglich; denn wir können uns nicht denken, in was und auf welche Weise sie sich auflösen sollte.]" (Plotin, „Ennead." III, l. VI, c. 8.) Aber sie nannten deswegen auch die Materie ein unkörperliches Wesen, eine res incorporea. Die Spinozische Bestimmung „körperliche Substanz" ist ein Widerspruch, denn das corpus hebt die Substanz auf und umgekehrt; körperliche Substanz ist soviel als körperliche Unkörperlichkeit. Findest du die *Leiden* des Körpers im Widerspruch mit dem Wesen der Substanz, wohlan, so bestimme sie auch geradezu als ein unkörperliches, immaterielles Wesen.

bestimmte) Position? Ihr *Wesen* ist daher ihre *Existenz*, ihre Existenz nichts anders als ihr Wesen selber, da dieses nichts ausdrückt als *Bejahung*, als *schlechthin Positives.* Aber das, *dessen Existenz nichts anders ist als sein Wesen, ist notwendig eines und einzig,* schließt alle Vielheit und Mehrheit aus; denn ein Mehreres, ein Vieles ist nur das, dessen Existenz von seinem Wesen unterschieden ist, ja, die *Vielheit* oder Mehrheit ist selbst nichts anders als eben dieser *Unterschied* der *Existenz* vom *Wesen;* denn das Wesen ist eines, der Unterschied von dem, was eines ist, von der Einheit also Viel- oder Mehrheit.[160]

Die körperliche Substanz drückt also reine uneinge-schränkte Wirklichkeit (Realität, Vollkommenheit) aus; denn ob sie gleich nicht denkt oder das Denken von sich ausschließt, so drückt dies doch keine Unvollkommenheit, keinen Mangel aus; denn nicht das Denken gehört zu ihrem Wesen, sondern nur die Ausdehnung; Mangel, Unvollkommenheit ist aber nur dort, wo etwas einer Sache abgeht, was gleichwohl zu ihrem Wesen gehört. Da nun aber alles zu Gott gehört, was *das Sein vollkommen ausdrückt,* weil er nicht eine bestimmte Art des Wesens, sondern das *absolut uneinge-schränkte Wesen ist,* dem daher alles eigen ist, was *keine Schranke, keine Verneinung einschließt,* indem sonst sein Wesen ein bestimmtes wäre, so gehört auch die *Ausdehnung,* da sie *das Sein vollkommen ausdrückt, zu Gottes Wesen,* ist sie ebenso-gut wie das Denken ein *Attribut Gottes.*

„Praesupposui, *perfectionem in* τῷ *esse* et *imperfectionem in pri-vatione* τοῦ *esse consistere.* Dico privationem, quamvis enim ex. gr. extensio de se cogitationem neget, nulla tamen hoc ipsum in ea est imperfectio. Notari vellem, vocabulum im-

---

[160] Es sind dies lauter Begriffe im Geiste des Sp., ob sie gleich nicht verbotenus [wörtlich] und in dieser Verbindung sich in ihm finden. – Es gehört hierher übrigens auch, was Sp. über die Modifikatio-nen im Unterschied von der Substanz und über die Definitionen sagt. „Die *Definition* drückt bloß das *Wesen* einer Sache aus, keine Viel- oder Mehrheit. Bloß aus der *Definition* Gottes, die notwendige Existenz ausdrückt, folgt daher seine *Existenz,* und zwar die Exi-stenz nur *eines* Gottes; die Existenz der Modifikationen aber, die *viele* sind, kann nicht aus ihrer Definition, sondern nur aus der *Er-fahrung* erkannt werden." Vgl. „Eth.", P. I, Prop. XVII, Schol.; „Epist." 39, 40 und den oben zitierten 28.

perfectionis significare, rei alicui quicquam deesse, quod tamen ad suam naturam pertinet. Ex. gr. Extensio solummodo respectu durationis, situs, quantitatis imperfecta dici potest, nimirum quia non durat longius, quia suum non retinet situm, vel quia major non evadit. *Nunquam vero, quia non cogitat, imperfecta dicatur,* quandoquidem ejus natura nihil tale exigit, quae in sola extensione consistit, h. e. in certo entis genere. Et quandoquidem Dei natura in certo entis genere non consistit, sed in Ente, quod absolute indeterminatum est, ejus etiam *natura exigit id omne, quod* τό *esse perfecte exprimit* eo quod ejus natura alias determinata et deficiens esset. Si ponamus, quod extensio existentiam involvit, aeterna et indeterminata ut sit, absoluteque nullam imperfectionem, sed perfectionem exprimat, opus est: Ideoque Extensio ad Deum pertinebit, aut aliquid erit, quod aliquo modo Dei naturam exprimit, quia Deus est Ens, quod non certo duntaxat respectu, sed absolute in essentia indeterminatum et omnipotens est. [Ich habe vorausgesetzt, *daß die Vollkommenheit im Sein und die Unvollkommenheit im Mangel am Sein besteht.* Obwohl z. B. die Ausdehnung an sich das Denken ausschließt, so ist doch, wie ich behaupte, der Mangel deshalb keine Unvollkommenheit bei ihr. Ich möchte bemerken, daß das Wort ‚Unvollkommenheit' das Fehlen von etwas bedeutet, das zur Natur der Sache gehört. Unvollkommen kann z. B. die Ausdehnung allein im Hinblick auf Dauer, Lage und Größe genannt werden, eben weil sie nicht länger dauert, ihre Lage nicht beibehält oder sich nicht vergrößert. *Niemals jedoch kann sie unvollkommen genannt werden, weil sie nicht denkt,* da ihre Natur, die allein in der bestimmten Seinsweise der Ausdehnung besteht, nichts Derartiges erfordert. Da nun die Natur Gottes nicht in einer bestimmten Seinsweise besteht, sondern im Sein, das durch keinerlei Bestimmungen begrenzt wird, so erfordert seine *Natur alles das, was ein bestimmtes Sein vollkommen ausdrückt,* und zwar deswegen, weil seine Natur sonst durch Bestimmungen begrenzt und mangelhaft wäre. Setzen wir, daß Ausdehnung Existenz einschließt, so muß sie ewig und unbegrenzt sein und absolut keine Unvollkommenheit, sondern Vollkommenheit ausdrücken. Daher kommt die Ausdehnung Gott zu oder ist etwas, das die Natur Gottes auf gewisse Weise ausdrückt, denn Gott ist das Wesen, das nicht nur in bestimmter Hinsicht, sondern in seiner Wesenheit durch keinerlei Bestimmungen begrenzt und allmächtig ist.]" („Epist." 41)

Da aber Ausdehnung und Denken, jedes *nur in seiner Art,* unendliches Wesen ausdrückt, jedes nur in seiner Art oder in einer *bestimmten Gattung des Wesens* uneingeschränkt und unbestimmt (nicht-negativ, affirmativ) ist, *Gott aber das in seinem Wesen absolut uneingeschränkte Wesen ist,* so drücken sie das *Wesen Gottes* selbst nur auf eine *bestimmte* Weise aus, die Ausdehnung ist nur eines von und unter den unendlichen Attributen Gottes und ebenso das Denken.

§ 88. *Kritik der Spinozischen Lehre von den Attributen*

Sp. bestimmt die Substanz als das aus unendlichen, d. i. nicht nur dem Wesen, sondern auch der *Zahl* nach unendlichen oder unendlich vielen Attributen bestehende Wesen. Je mehr Realität oder Sein ein Wesen hat, desto mehrere Attribute kommen ihm zu. „Quo plus realitatis aut esse unaquaeque res habet, eo plura attributa ipsi competunt." [Deutsch im Satz zuvor.] („Eth.", P. I, Prop. 9, et „Epist." 27) Sp. nennt aber nur *zwei* Attribute, nämlich *Denken* und *Ausdehnung,* die der endliche Verstand als die das Wesen Gottes konstituierenden Momente begreift, andere oder mehrere nennt er nicht. „Denn der menschliche Geist erkennt", wie Sp. sagt, „nichts weiter als das, was die *Idee eines wirklich eixistierenden Körpers* einschließt oder was aus ihr folgt, aber *diese Idee des Körpers drückt keine andern Attribute Gottes aus als Denken und Ausdehnung.* Der menschliche Geist oder die Idee des menschlichen Körpers, denn diese ist der Geist selbst, enthält daher keine andern als diese *zwei Attribute.* Und aus diesen Attributen oder ihren Affektionen kann kein andres Attribut Gottes erschlossen oder erkannt werden" („Epist." 66 u. 60); denn jedes Attribut Gottes muß *durch sich selbst* begriffen und gedacht werden. („Eth.", P. I, Prop. 10) Sp. statuiert hier also eine Unbegreiflichkeit. Wie alle derartige Unbegreiflichkeit aber nichts ist als die Folge eines Mangels in dem Prinzip, von dem man ausgeht, der aber nicht erkannt wird und daher einen sehr begreiflichen Ursprung hat, so ist es auch hier der Fall. Die Substanz ist uneingeschränkte Wirklichkeit. Die Ausdehnung ist nur insofern Attribut Gottes, konstituiert nur insofern das Wesen der Substanz, als sie *uneingeschränkt, unbestimmt* in ihrer Art ist, als sie *Sein, nicht eine bestimmte Art* des Seins und Wesens ausdrückt. Nun ist aber die Ausdehnung *nur* eine *Art* des Wesens, als diese ein *Bestimmtes* und als ein Bestimmtes Schranke, Nichtsein; das *Reale* in ihr ist also die *schlechthin uneingeschränkte, nicht als Ausdehnung bestimmte Substanz.* Dasselbe gilt vom Denken. Was bleibt also von den beiden Attributen noch übrig als die ganz abstrakte, die quantitative Bestimmtheit, die Zahl, *die* Bestimmtheit, daß sie zwei sind? Zwei ist aber selbst eine Beschränktheit, es muß also unendlich, unbestimmt viele Attribute der Substanz geben.

Denken und Ausdehnung sind wohl voneinander unterschieden, aber sie drücken doch ein und dasselbe Wesen, eine und dieselbe Sache, nämlich die Substanz aus, die gleichgültig dagegen ist, ob sie als Ausdehnung oder Denken gefaßt wird, und sind insofern eins mit der Substanz. Inwiefern sie aber beide nur auf eine *gewisse Weise* die Substanz ausdrücken oder darstellen, sind sie für sie ein Nichtsein, ist ihr *Unterschied* in Beziehung auf sie daher ein Unreelles. Es bleibt also für sie nichts übrig als die *Zahlverschiedenheit,* die *indifferente* Bestimmtheit, daß sie zwei sind. Diese *indifferente Grenze* geht aber von selbst über und hebt sich auf in *indifferente Vielheit,* in den Progreß in infinitum [ins Unendliche]. Die beiden Attribute verlieren sich und verschwinden haltungslos (denn ihr *Halt* wäre nur die *Realität* ihrer *Bestimmtheit;* nur die *Realität* ihrer *Differenz machte eine unbestimmte Mehrheit* von Attributen *unnötig*) als zwei in der unendlichen Vielheit der andern unbekannten Attribute, die zwar, jedes auf eine gewisse Weise, die Substanz ausdrücken, aber, da diese gewisse Weise als eine bestimmte eine Unrealität ist, sich auch nicht weiter voneinander unterscheiden, als daß sie *viele* sind. Hierin liegt offenbar ein Mangel der Spinozischen Philosophie, der daraus hervorgeht, daß die Determinatio [Bestimmung] in ihr *nur als Negatio* [Verneinung] bestimmt ist.

So gegründet aber auch dieser Vorwurf sein mag, so ungegründet ist, was *Tennemann* in seiner „Geschichte der Philosophie" dem Sp. in betreff der Attribute vorwirft. Sein Vorwurf ist nämlich folgender: „Die Ausdehnung und das

Denken sind wesentlich verschieden, denn das Denken setzt nicht die Ausdehnung und diese nicht das Denken voraus. Jedes ist ein absolutes Attribut, gleich der Substanz. Er würde nun nach dem fünften Satze haben annehmen müssen, daß es nur *eine* ausgedehnte und nur *eine* denkende Substanz geben müsse, wenn er nicht weiterhin durch einen Scheinbeweis (?) bewiesen hätte, daß es nur *eine* Substanz überhaupt geben müsse. Darum betrachtet er die Ausdehnung und das Denken als Attribute dieser einen Substanz. Aber eben diese Behauptung beweiset, daß etwas nach gewissen Rücksichten ohne Einsicht angenommen worden, was mit den Grundsätzen nicht in Einklang steht. Denn zwei real verschiedene Attribute, von denen keines die Folge des andern ist, welche von Ewigkeit immer in der Substanz beisammen gewesen, bringen eine ewige und wesentliche Trennung der Substanz hervor, welche mit der Einheit der Substanz streitet. Denn drückt das Attribut das Sein der Substanz aus, so hat die Substanz ein doppeltes real verschiedenes Sein, wenn es zwei real verschiedene Attribute der Substanz gibt, welches notwendig auf zwei Substanzen hinführt." Denken und Ausdehnung sind allerdings realiter unterschieden, d. i., sie werden ein jedes durch sich selbst gedacht und begriffen. Das Denken setzt nicht die Ausdehnung, diese nicht jenes voraus. Beide werden selbständig gefaßt. Aber *dadurch* und *darin*, daß ein jedes *selbständig* gefaßt wird, ist es gerade die Substanz, und zwar die eine und dieselbe Substanz, die in beiden mit sich selbst identisch bleibt; sie drücken gerade in dieser ihrer Selbständigkeit nur *ein* Wesen und folglich, da das Sein der Substanz nichts andres als ihr Wesen ist, nur *ein Sein* aus. Eben deswegen, weil nur *eine und dieselbe Sache* in ihnen ist, jedes *in seiner Art die absolut vollkommne Substanz* ausdrückt, kann und muß ich *jedes für sich* fassen. *Der Substanz nach ist kein Unterschied zwischen ihnen.* Die Substanz ist nur Substanz *als uneingeschränkte Wirklichkeit,* als nicht determiniertes Wesen; der Unterschied, die Bestimmtheit der beiden Attribute affiziert also nicht die Substanz; ihr Wesen und folglich ihr Sein bleibt unangefochten von den beiden Unterschieden. Sie drücken das Wesen der Substanz zwar auf eine gewisse, unterschiedne und bestimmte Weise aus, aber eben die Bestimmtheit ist Negation; sie setzen daher keinen Unterschied in die Substanz, sie unterbrechen nicht ihre Einheit.

Die Notwendigkeit, daß es nur *eine* Substanz gibt und geben kann, enthält übrigens schon der Begriff der Substanz als des Wesens, dessen Wesen Existenz enthält. Die *Beweise*, die Spinoza davon gibt, stützen sich auf diesen *Begriff*, der durch sich selbst notwendig ist, aber nicht stützt sich dieser Begriff auf die Beweise.

Sp. erklärt sich selbst im Scholion zum zehnten Lehrsatz über die Attribute folgendermaßen: „Apparet, quod quamvis duo attributa realiter distincta concipiantur, h. e. *unum sine ope alterius,* non possumus tamen inde concludere, ipsa duo entia sive duas diversas substantias constituere, id enim est de *natura substantiae,* ut unumquodque ejus attributorum *per se* concipiatur, quandoquidem omnia, quae habet, attributa *simul* in ipsa semper fuerunt, nec unum ab alio produci potuit, sed unumquodque *realitatem* sive *esse substantiae* exprimit. [Obwohl beide Attribute als real verschieden, d. h. *eins ohne Vermittlung des andern,* gedacht werden können, dürfen wir doch offenbar daraus nicht schließen, daß sie zwei Wesen oder zwei verschiedene Substanzen bilden; denn aus der *Natur der Substanz* folgt, auch wenn sich jedes ihrer Attribute *für sich* fassen läßt, daß sie doch alle ihre Attribute immer *zugleich* in sich enthalten hat und nicht eins aus dem andern entstehen konnte, vielmehr ein jedes *die Realität* oder *das Sein der Substanz* ausdrückt.]" Übrigens ist auch nicht zu leugnen, daß der Begriff der beiden Attribute und ihre Beziehung zur Substanz einer der allerschwierigsten Punkte in der Spinozischen Philosophie ist, dessen Schwierigkeit Sp. noch dadurch erhöhte, daß er im Anfang seiner Ethik zuerst im allgemeinen den Begriff der Substanz erörtert und daher von Substanzen spricht, ehe er auf die wahrhafte, einzige Substanz kommt, in der allein der Begriff der Substanz seine Wirklichkeit hat.

§ 89. *Die Affektionen der Attribute und die Wirkungsweise Gottes*

Gottes Wesen ausdrückende Bestimmungen oder Attribute sind also Denken und Ausdehnung, in denen alle Dinge begriffen sind. Alle *besondere Dinge* sind daher nichts als *Affektionen* der Attribute Gottes oder Arten und Weisen, welche die Attribute Gottes auf eine *bestimmte Weise ausdrücken.* („Eth.", P. I, Prop. 25, Coroll.)

Alles, was ist, ist in Gott, und *nichts kann ohne Gott sein noch gedacht werden.* Alles drückt auf eine *bestimmte Weise* Gottes Wesen aus. Das Vermögen oder die innere Naturkraft jedes Wesens ist die Kraft Gottes selbst. (Ebd., Pr. 15, Pr. 36, Dem., u. „Tract. Theol.-pol.", c. 6)

Gott ist daher in- (sich) bleibende (immanens), nicht die über- (sich auf andres) gehende (transeuns[161]) *Ursache der Dinge,* und er ist nicht nur die Ursache von der *Existenz* der Dinge, sondern auch von ihrem *Wesen.* – Gott aber wirkt (oder ist tätig) *allein* nach den *Gesetzen seiner Natur* und von niemandem gezwungen, *Gott allein* ist daher *freie Ursache,* denn es kann nichts außer ihm sein, wovon er zum Handeln bestimmt oder gezwungen werden könnte. Aus Gott oder dem unendlichen Wesen ist *Unendliches auf unendliche Weisen,* d. i. alles *notwendig* gefolgt und folgt immer *mit derselben Notwendigkeit* aus ihm, ebenso wie aus der Natur des Dreieckes von Ewigkeit in Ewigkeit folgt, daß seine drei Winkel zweien Rechten gleich sind. Von Ewigkeit her war die Allmacht Gottes tätig und wird bis in Ewigkeit in derselben Tätigkeit beharren. („Eth.", P. I, Pr. 16–18 u. Pr. 25)

Der (wirkliche) Verstand, er mag nun endlich oder unendlich sein, sowie Wille, Begierde, Liebe usw. müssen nur auf die bewirkte Natur (oder Wesenheit), *naturam naturatam,* nicht auf die ursachliche oder ursprüngliche Natur, *naturam naturantem,* bezogen werden. Unter der *natura naturans* nämlich muß man das verstehen, *was in sich ist* oder *durch sich gedacht wird,* oder solche Attribute der Substanz, welche ewige und unendliche Wesenheit ausdrücken, d. h. *Gott,* inwiefern er als *freie Ursache* betrachtet wird; unter der *bewirkten* Natur aber alles, was aus der Notwendigkeit der Natur Gottes oder eines seiner Attribute folgt, d. h. alle *Arten* und *Weisen* (oder Beschaffenheiten) der Attribute Gottes, *inwiefern* sie als Dinge betrachtet werden, welche *in Gott* sind und

---

[161] So, nicht „vorübergehend", wie es früher gedankenloserweise hieß, muß transeuns übersetzt werden, wie Sigwart in der zitierten Schrift, S. 61 und 242, bemerkt.

ohne Gott nicht sein noch gedacht werden können. Zur natura naturans kann nun aber der *Verstand* nicht gerechnet werden, denn unter *Verstand* verstehen wir, wie von selbst erhellt, nicht das *absolute Denken,* sondern nur eine *bestimmte Art und Weise* des Denkens, welche als eine Art und Weise von andern Arten und Weisen wie Liebe, Begierde usw. unterschieden ist und daher (Def. 5) durch das absolute Denken muß begriffen werden, nämlich (Lehrs. 15 u. Def. 6) durch ein Attribut Gottes, welches die ewige und unendliche Wesenheit des Denkens ausdrückt, so begriffen oder gedacht werden muß, daß sie ohne dasselbe weder sein noch gedacht werden kann, und muß daher nur auf die entstandene oder bewirkte Natur bezogen werden. (Pr. 29, Schol., Pr. 31)

Der Wille kann *nicht eine freie Ursache,* sondern nur eine notwendige oder gezwungene genannt werden. Denn der Wille ist wie der Verstand nur eine *bestimmte Art des Denkens;* und es kann daher, da alles *Einzelne* nur durch *Einzelnes, alles Bestimmte* nur durch *Bestimmtes bestimmt* wird (Pr. 28), kein Willensakt existieren oder zum Wirken bestimmt werden, wenn er nicht von einer andern Ursache bestimmt wird, diese wieder von einer andern und so fort bis ins Unendliche. Der *Wille* kann also nur eine notwendige, d. i. *bestimmte* oder gezwungne *Ursache* genannt werden, nicht aber eine freie. *Gott handelt* darum *nicht aus Willensfreiheit,* und *der Wille gehört nicht zu ihm. Wille* und *Verstand* verhalten sich nur so zum *Wesen Gottes* wie *Bewegung* und *Ruhe* und überhaupt alles, was aus der Notwendigkeit der göttlichen Wesenheit folgt. Wenn Verstand und Wille zum ewïgen Wesen Gottes gehörten, so müßte man wenigstens etwas ganz andres unter diesen beiden Attributen verstehen, als man gewöhnlich darunter versteht. Denn zwischen dem Verstand und Willen Gottes und unserm Verstand und Willen müßte ein himmelweiter Abstand stattfinden, sie könnten nichts gemein haben als den bloßen Namen, gleich wie das Himmelsgestirn des Hundes und der Hund, das bellende Tier, nichts als den Namen miteinander gemein haben. (Pr. 32 u. 17, Schol.)

Gott wirkt daher nicht aus Absicht oder irgendeines *Zweckes* wegen; denn das ewige und unendliche Wesen, nämlich Gott oder die Natur, wirkt aus derselben Notwendigkeit, aus der es ist. So *notwendig* nämlich, als seine *Existenz* aus seinem *Wesen* folgt, ebenso *notwendig* folgt auch sein *Wirken aus ihm.* Die Ursache daher oder der Grund, warum Gott *wirkt,* und die Ursache oder der Grund, warum Gott *existiert,* ist *einer und derselbe.* Wie er also *keines Zweckes wegen existiert,* so *wirkt er auch keines Zweckes wegen,* sondern wie seine *Existenz,* so hat auch sein *Wirken keinen Zweck und Grund.* („Eth.", P. IV, Praef.)

Die Zweckursachen sind überhaupt nur menschliche Erfindungen oder Erdichtungen, denn alles quillt aus der *ewigen Notwendigkeit* und *höchsten Vollkommenheit der Natur hervor.* Die Annahme von Zwecken in der Natur kehrt daher die ganze Natur um. Denn das, was wahrhaft Ursache ist, macht sie zur Wirkung und umgekehrt, ferner das, was der Natur nach früher ist, zum Spätern, und endlich das, was das Höchste und Vollkommenste ist, zum Unvollkommensten. Denn die *vortrefflichste* Wirkung ist die, welche von Gott *unmittelbar* hervorgebracht wird; je mehr Mittelursachen zur Hervorbringung einer Sache erfordert werden, desto unvollkommener ist sie. Wenn nun aber die unmittelbar von Gott hervorgebrachten Dinge deswegen gemacht wären, damit Gott durch sie seinen Zweck erreichte, so müßten notwendig die letzten, weil ihretwegen die früheren hervorgebracht sind, die allervortrefflichsten sein. Endlich hebt jene Annahme die Vollkommenheit Gottes auf; denn wenn Gott eines Zweckes wegen wirkt, so begehrt er etwas, was er nicht hat. („Eth.", P. I, Pr. 36, Append.)

Die Dinge konnten auf *keine andere Weise* und in *keiner andern Ordnung von Gott hervorgebracht* werden, als sie *hervorgebracht* sind. Denn alle Dinge sind notwendig aus der Natur Gottes gefolgt. („Eth.", P. I, Pr. 33)

In der Wirklichkeit gibt es *nichts Zufälliges,* sondern alles ist von der Notwendigkeit des göttlichen Wesens bestimmt, auf eine gewisse Weise zu existieren und zu wirken. (Ebd., Pr. 29)

Wenn aber alles aus der Notwendigkeit des vollkommensten Wesens Gottes gefolgt ist, woher, kann man fragen, kommen so viele Unvollkommenheiten in der Natur wie Verderbnis der Dinge bis zum Gestank, ekelerregende Häßlichkeit, Wirrwarr aller Art, Übel, Sünde? Allein, die *Vollkommenheit* der Dinge ist allein *nach ihrer Natur* und *ihrem*

Wesen zu schätzen, und deswegen sind die Dinge nicht vollkommner oder unvollkommner, weil sie die Sinne der Menschen ergötzen oder beleidigen, der menschlichen Natur nützlich oder zuwider sind. Die Menschen nennen nur aus einem Vorurteile die Dinge der Natur vollkommen oder unvollkommen. Nachdem nämlich die Menschen allgemeine Ideen zu bilden, Musterbilder von Gebäuden, Türmen und dergl. sich zu machen und die einen den andern vorzuziehen angefangen hatten, kam es natürlich dahin, daß sie *das* vollkommen nannten, was mit ihrer allgemeinen Idee übereinstimmte, und *das* dagegen unvollkommen, was mit dem Modell, das sie in ihrem Kopfe entworfen hatten, nicht übereinstimmte, wenn es gleich im Sinne des Baumeisters ganz vollendet sein mochte. Aus demselben Grunde nannten sie nun auch die Dinge der Natur vollkommen oder unvollkommen; denn auch von ihnen wie von den Werken der Kunst machen sich die Menschen allgemeine Ideen, die sie gleichsam für die Modelle oder Urbilder der Dinge halten und die nach ihrer Meinung selbst die Natur sich zum Muster nimmt. Finden sie daher etwas in der Natur, was nicht mit dem Bilde übereinstimmt, das sie sich davon gemacht haben, so glauben sie, die Natur habe einen Fehler gemacht und es in einem unvollendeten Zustande gelassen. Die *Fehler* und *Unvollkommenheiten* der Natur sind daher *menschliche Erdichtungen.* Vollkommenheit und Unvollkommenheit sind in der Tat nichts weiter als *gewisse Denkweisen,* nämlich Begriffe, die wir aus der Vergleichung der Individuen derselben Art oder Gattung untereinander bilden; daher auch dasselbe zu verstehen ist unter Realität und Vollkommenheit. Denn wir sind gewohnt, alle Individuen der Natur auf *eine* Gattung, welche die allgemeinste heißt, zurückzuführen, d. i. auf den Begriff des Wesens, der sich schlechthin auf alle Individuen der Natur erstreckt. Inwiefern wir daher die Individuen der Natur auf diesen Gattungsbegriff zurückführen und untereinander vergleichen und bemerken, daß die einen mehr Realität oder Wesenheit haben als die andern, nennen wir die einen vollkommner als die andern, und inwiefern wir ihnen Prädikate beilegen, die Negation enthalten, wie Grenze, Unvermögen, nennen wir sie unvollkommen, weil sie unsern Geist nicht auf dieselbe Weise affizieren als die Dinge, die wir vollkommen nennen, aber nicht deswegen, weil ihnen etwas, was zu ihnen gehört, fehlt oder die Natur einen Fehler gemacht hat. Denn *nichts gehört zur Natur eines Wesens, außer was aus der Notwendigkeit der Natur seiner Ursache folgt,* und alles geschieht notwendig, was aus der notwendigen Natur der wirkenden Ursache folgt. Wie aber die Unvollkommenheit nichts Reelles in der Natur ist, so ist auch das Böse, der Irrtum, die Sünde als Sünde *nichts Positives,* was Wesen ausdrückt, Gott daher nicht ihre Ursache; denn er ist nur die *Ursache von dem, was Wesen ausdrückt.* Alle Beraubung, alle Privation ist aber nichts Positives, sie ist nur etwas in Beziehung auf uns, aber nicht auf Gott, sie ist nur eine endliche Vorstellungsart, ein Begriff, den wir uns aus der Vergleichung der Dinge untereinander machen. („Epist." 36, 34, 32, 25; „Eth.", P. I, Pr. 36, App., u. P. IV, Praef.)

§ 90. *Die nähere Bestimmung der Wirkungsweise der Substanz*

Ob aber gleich alles eine notwendige Wirkung Gottes ist, necessarius effectus Dei („Epist." 58), und aus Gottes Wesen folgt, so folgt doch nicht alles aus ihm auf *gleiche* oder *dieselbe* Weise, sondern die mit den allgemeinen, ewigen und unendlichen Bestimmungen oder Attributen gleich ewigen und unendlichen Beschaffenheiten oder *Affektionen dieser Bestimmungen* folgen auf *unmittelbare* Weise aus Gott, die weitern speziellern Bestimmtheiten aber dieser Beschaffenheiten oder diese Affektionen, wie sie selbst wieder auf *irgendeine Weise bestimmt sind,* und die endlichen Dinge nur auf eine *mittelbare* Weise.
Alles, was aus der *unendlichen* oder *absoluten* Natur eines Attributes Gottes folgt, mußte *immer* und *unendlich* existieren, oder es ist durch dasselbe Attribut ewig und unendlich. („Eth.", P. I, Pr. 21)
Alles, was aus einem Attribute Gottes folgt, inwiefern es auf eine solche Art und Weise bestimmt ist oder mit einer *solchen* (Beschaffenheit oder) Modifikation modifiziert ist, welche *notwendig* und *unendlich* durch dasselbe existiert, muß auch *notwendig* und *unendlich* existieren. (Pr. 22)
Jeder Modus daher oder jede *Art und Weise,* die *notwendig*

und *unendlich* existiert, mußte *notwendig* folgen, entweder aus der *absoluten* Natur eines Attributes Gottes oder aus einer *solchen* Modifikation eines Attributes, welche *notwendig* und *unendlich* existiert. (Pr. 23)

Alles *einzelne* oder jedes Ding, welches *endlich* ist und *bestimmte* Existenz hat, kann nicht existieren noch zum Wirken bestimmt werden, wenn es nicht von einer andern Ursache, die auch *endlich* ist und *bestimmte* Existenz hat, zum Existieren und Wirken bestimmt wird, und wiederum diese Ursache kann auch nicht existieren noch zum Wirken bestimmt werden, wenn sie nicht von einer andern dazu bestimmt wird, welche gleichfalls endlich ist und zum Dasein und Wirken bestimmt wird, und so fort bis ins Unendliche. Denn das, was *endlich* ist und eine *bestimmte* Existenz hat, konnte nicht von der *absoluten Natur* eines *Attributes* Gottes hervorgebracht werden; denn alles, was aus der absoluten Natur eines Attributes Gottes folgt, ist ewig und unendlich; es konnte aber ebensowenig aus einer *unendlichen Art und Weise* (Modifikation oder Affektion) eines Attributes folgen; es kann daher nur zum Dasein und Wirken von Gott oder irgendeinem Attribut von ihm bestimmt werden, inwiefern es bestimmt ist mit einer Bestimmtheit, modifiziert mit einer *Modifikation*, welche *endlich* ist und *bestimmte* Existenz hat. (Pr. 28 u. Dem.)

Unmittelbar von Gott hervorgebracht ist daher, was aus seiner *absoluten Natur notwendig* folgt oder aus der absoluten Natur eines seiner Attribute, wie z. B. aus dem *Denken* der *absolut unendliche* Verstand, aus der *Ausdehnung* die *Bewegung* und *Ruhe; mittelbar* aber, was entweder vermittelst einer *unendlichen Modifikation* – wie z. B. vermittelst der Bewegung und Ruhe, inwiefern sie als unendliche Modifikationen betrachtet werden, die Form der ganzen Welt, die immer dieselbe bleibt, wenn sie sich gleich auf unendliche Weise verändert – oder vermittelst einer *endlichen* Modifikation, d. i. einer Modifikation, wie sie auf *bestimmte (spezielle)* Weise bestimmt ist, hervorgebracht wird (z. B. vermittelst der bestimmten Bewegung oder der Bewegung, wie sie auf endliche Weise bestimmt ist, die einzelnen körperlichen Dinge). (Pr. 28, Schol., u. „Epist." 65, 66)

§ 91. *Entwickelung des Spinozischen Begriffs von der Kausalität der Substanz und dem Ursprung des Endlichen*

Da nach Sp. aus unendlichen Modifikationen der Attribute Gottes immer wieder nur unendliche Modifikationen folgen, so könnte man die Frage aufwerfen: Wie entstehen denn nun aber oder woher kommen wohl die endlichen Modifikationen, d. i. die endlichen Dinge oder das Endliche überhaupt? Allein, diese Frage ist eine nicht aus der Philosophie des Sp. hervorgehende und in ihr enthaltne, sondern ihr ganz äußerliche und fremde Frage. Sp.s Philosophie ist sowenig ein Versuch, den Ursprung der endlichen Dinge aus dem Unendlichen oder das Dasein derselben zu „erklären" oder die Frage zu lösen, wie die Welt aus Gott komme, daß sie vielmehr die Frage selbst und den Standpunkt, von dem aus diese Frage allein möglich ist und getan wird, aufhebt und verwirft. Denn diese Frage ist eine theologische oder theologisch metaphysische; aber die Philosophie des Sp. ist eben eine Reinigung und Befreiung von aller Theologie und theologischen Metaphysik, sie ist reine, absolut selbständige Philosophie.

Wahrhaft wirkliche Existenz ist nach Sp. allein *unendliche, uneingeschränkte* Existenz, ja, der Begriff der *Unendlichkeit* und der Begriff der *Existenz* ist im Geiste Sp.s *ein Begriff, nur Unendlichsein Sein;* denn was ist das *Sein* anders als eben das, was *keine Negation* einschließt? Und ist nicht dasselbe das Unendliche? Daß das *Endliche wahrhaft wirkliche* Existenz habe, ja überhaupt, daß das Endliche *als Endliches* Existenz habe, ist nach Sp. unmöglich; denn Existenz ist ein *schlechthin Positives, Unbeschränktheit,* aber das Endliche kann doch wohl nicht Unendlichkeit haben, das Endliche nicht unendlich sein. Das Endliche hat also nur *endliche* Existenz, also nicht wahre, nur negative Existenz, es kommt ihm *als* Endlichem nur Nichtsein zu. Von der Spinozischen Philosophie aus ist also die Frage: Wie ist das Endliche aus dem Unendlichen erklärbar? oder wie sie sonst noch ausgedrückt werden mag, ganz unmöglich; denn dem Endlichen kommt als Endlichem kein (reelles) Dasein zu. Wahre Existenz oder überhaupt Existenz – denn die *wahre* Existenz ist erst *Existenz* – haben die einzelnen Dinge nur, inwiefern sie *nicht* einzelne, bestimmte, außer- und nacheinander seiende sind und eines von dem andern zum Dasein und Wirken bestimmt wird, sondern inwiefern sie als nicht voneinander unterschiedne *eins* ausmachen, in der *Einheit ihrer göttlichen Attribute begriffen* sind. Wahre Existenz haben sie nur in Gott, aber *so* sind sie nicht außereinander, nicht einzelne, nicht bestimmte, also nicht endliche Wesen; denn in Gott ist alles dieses *ein* wesentliches Zugleich und Zusammen, *"ibi enim omnia haec sunt simul natura* [dort nämlich sind sie alle von Natur zugleich]". ("De Intell. Emend.")[162]

Allerdings kommt auch nach Sp. den endlichen Dingen Sein und Wirklichkeit zu, aber nicht *als nur endlichen.* Denn es ist, wie soeben entwickelt wurde, unmöglich, daß dem Endlichen als Endlichem *Sein* im Sinne des Sp., d. i. *uneingeschränkte Position,* zukomme. Das Sein ist (um diesen Gedanken von einer andern, in der Philosophie Sp.s liegenden Seite her zu entwickeln) unteilbar, ist einfach, ist an sich selber eines nur, denn es ist das schlechthin Undeterminierte, Uneingeschränkte, und nur Bestimmtes, Verschiede-

---

[162] Trotzdem ist mit dem hier (1833) Gesagten der Gordonische Knoten der spinozistischen Philosophie nur zerhauen, aber nicht aufgelöst. Wie Denken und Ausdehnung trotz der Einheit der Substanz im Widerspruch des Cartesischen Dualismus stehenbleiben, so auch das Unendliche und Endliche. Aus dem Unendlichen kommt immer nur Unendliches, aus dem Endlichen immer nur Endliches heraus. "So haben wir", wie sich Sigwart hierüber l. c., S. 93, ausdrückt, "zwei Regionen, innerhalb jeder eine Vermittlung, aber *unvermittelt miteinander.* Dieser Hiatus in dem Spinozischen Systeme ist daher auch sonst nicht unbemerkt geblieben." Nein, schon Wittich in der zitierten Schrift bemerkt ihn. Übrigens hat Spinoza im Gegensatz zur theistischen Erklärung, welche unmittelbar oder, was eins ist, durch das Mittel der schrankenlosen Willkür oder Allmacht das Endliche aus dem Unendlichen ableitet, vollkommen recht, wenn er behauptet, daß das Endliche oder Bestimmte nicht aus dem Unbestimmten, sondern nur aus einem selbst wieder Bestimmten entspringen könne, aber gleichwohl läßt er als erste und ausgemachte Wahrheit das alte theistische unendliche Wesen bestehen; so kommt er auf keine organische Weise zum Endlichen, Bestimmten, d. i. Wirklichen. Dieser wie alle andern Widersprüche und Unbegreiflichkeiten Spinozas finden ihre Erklärung und Lösung in der Definition: "Sp. ist die Negation der Theologie auf dem Standpunkt der Theologie" oder die selbst theologische Verneinung der Theologie.

nes, Beschränktes läßt sich teilen, ist vielfach; das *Sein* kann daher auch nur *einem* zukommen, nämlich der Substanz. Allerdings folgen daher auch die einzelnen Dinge aus der Substanz oder dem Unendlichen, aber nicht als einzelne, nicht als endliche, oder vielmehr sie sind, *inwiefern* sie *als Ausdrücke der göttlichen Wesenheit* gedacht werden, ursprünglich, a priori eins mit der Substanz, gleich ewig mit Gott; denn was sind die unendlichen Attribute Gottes anders als die einzelnen endlichen Wesen als *ein* Wesen? So notwendig die Attribute oder die unendlichen Modi der Substanz zugleich mit ihr gesetzt sind, so notwendig sind die einzelnen Dinge zugleich mit ihr gesetzt.

Gott oder die Substanz ist daher, wie sich für jeden Denkenden von selbst versteht, nicht der Zeit nach etwa eher als die Dinge oder ihre Affektionen, sondern nur der Natur nach,[163] nur, wie die Ursache eher ist als die Wirkung, das Wesen eher als seine Eigenschaften. Das Unendliche oder die Substanz hat ja kein apartes, spezielles, von dem Sein des Endlichen oder der endlichen Affektionen für sich selbst abgesondertes Sein, noch viel weniger aber hat das Endliche ein selbständiges, vom Sein des Unendlichen abgesondertes, für sich wahres Sein; es hat sein Sein nur in Gott. Die Substanz ist der Kern der Dinge, die immanente Ursache derselben, die nicht die Wirkung außer sich in ein von ihr unterschiednes, selbständiges Dasein hinausläßt und, wie es gewirkt hat, von der Wirkung in sich wieder zurücktritt, eine Ursache also, in der die Wirkung bleibt, deren Wesen oder Substanz also die Ursache selbst ist. Der Substanz ist eben deswegen, weil sie die *immanente* Ursache der Dinge ist, die Bestimmung, *Ursache* zu sein oder zu wirken, nicht gleichgültig oder äußerlich; die *Macht* Gottes, d. i. die Bestimmung, Ursache zu sein, ist selbst sein *Wesen.* „Dei *potentia* est ipsa ipsius *essentia.* Potentia Dei, qua ipse et omnia sunt et agunt, est ipsa ipsius essentia. [Die *Macht* Gottes ist sein *Wesen* selbst. Die Macht Gottes, durch die er

---

[163] Diesen Punkt sowie den bereits in der Einleitung zu Sp. abgehandelten, daß nämlich die Substanz nicht „aus Teilen zusammengesetzt, sondern schlechterdings unteilbar und im strengsten Verstande eins" und daher nicht „ein ungereimtes Aggregat aus endlichen Dingen, folglich auch kein bloßes Abstraktum sei", hat schon Fr. H. *Jacobi* vortrefflich beleuchtet.

und alle Dinge sind und wirken, ist sein Wesen selbst.]"
(„Eth.", P. I, Pr. 34) *„Eo sensu, quo Deus dicitur causa sui, etiam omnium rerum causa dicendus est. [In dem Sinne, in welchem Gott die Ursache seiner selbst genannt wird, muß er auch die Ursache aller Dinge genannt werden.]"* (Prop. 25, Schol.) „Tam nobis impossibile est concipere, *Deum non agere quam Deum non esse.* [Wir können ebensowenig denken, *Gott wirke nicht, wie, Gott existiere nicht.*]" („Eth.", P. II, Pr. 3, Schol.)[164] Es ist nicht seine Willkür, es hängt nicht von seinem Willen ab, es ist nicht ein Zweck, eine Absicht dabei, daß er wirkt; er wirkt aus Notwendigkeit, eine Notwendigkeit, welche aber nichts von ihm Unterschiednes, sondern sein Wesen, er selbst, darum *Freiheit* ist, d. h. also, im *Begriff Gottes als Substanz* liegt der *Begriff der Ursache,* ja, der *Begriff der Substanz* und der *Begriff der Ursache* ist *Ein Begriff;* ich kann die *Bestimmung, Ursache zu sein, von der Substanz nicht weglassen,* sie ist Substanz nur als Ursache; so notwendig sie Substanz ist, so notwendig ist sie Ursache. So notwendig aber, so wesentlich, so eins mit der Substanz die Bestimmung ist, daß sie Ursache ist, so notwendig, so wesentlich, so eins mit der Substanz ist die Wirkung.

Da die Bestimmung, Ursache zu sein, eins ist mit dem Wesen der Substanz, so ist die Substanz selbst notwendig das absolute Wesen der Wirkung, der absolute Gehalt derselben, und die Bestimmung, die *Substanz* der *Wirkung* zu sein, eine *Wesenbestimmung* von der Substanz. Aus *dem* Unendli-

---

[164] „,Dieu est cause de tout dans le même sens qu'il est cause de lui-même.' Mais s'il est cause de lui-même, ce n'est pas qu'il agisse pour se donner l'existence, ou qu'il se produise. Il n'agit donc pas pour donner l'existence aux autres choses, il ne les produit pas, et il n'y a proprement dans toute la nature ni action, ni production, ni cause, ni effet. [,Gott ist die Ursache von allem in demselben Sinne, wie er Ursache seiner selbst ist.' Aber wenn er Ursache seiner selbst ist, so bedeutet das nicht, daß er wirkt, um sich ins Dasein zu setzen, oder daß er sich schafft. Er wirkt daher nicht, um den anderen Dingen Existenz zu verleihen, er schafft sie nicht, und eigentlich gibt es in der gesamten Natur weder Tätigkeit noch Schöpfung, weder Ursache noch Wirkung.]" (*Condillac,* „Traité des Systèmes", ch. X.) Ganz richtig. Das Wesen des Verstandes ist dem Sp. das Wesen der Dinge. Die Wirkung hat daher keine andere Bedeutung als die einer logischen Folge. „Eatenus tantummodo *agimus,* quatenus *intelligimus.* [Nur soweit wir *verstehen, wirken* wir.]"

chen daher, welches nicht für sich selbst als ein vom Endlichen *besonders* Unterschiednes und nicht die zufällige oder willkürliche Ursache desselben, sondern als seine *Ursache* seine *Substanz* und als seine *Substanz* seine *Ursache* ist, dessen *wesentliche, substantielle* Bestimmung es ist, die Substanz und die Ursache des Endlichen zu sein, oder welches nur das ist, was es ist, das Unendliche nämlich als die Ursache und Substanz des Endlichen, ist dieses nicht entstanden oder hervorgetreten – denn entstehen heißt aus einem andern in ein eignes besonderes Dasein für sich heraustreten –, es ist und bleibt in seiner Ursache als in seinem Wesen. Das Verhältnis der Ursache zur Wirkung und umgekehrt ist ein innres, wesentliches, ewiges; *sowenig in der Substanz die Bestimmung, Ursache zu sein, entstanden ist* – dies könnte sie nur sein, wenn sie ein von dem Wesen derselben Abgesondertes wäre –, *sowenig ist die Wirkung ein Entstandnes* oder von der Ursache für sich Abgesondertes und damit kein Grund zu der Frage nach der Entstehung und Entstehungsart der Wirkung vorhanden, die Frage hiermit selbst eine nichtige und unpassende.[165] Das *Verhältnis der Wirkung*

---

[165] Es muß hier noch, um viele andere Berichtigungen und Bemerkungen, die sich über die Kritik *Jacobis* und *Tennemanns* über Sp., die wir allein berücksichtigen, machen ließen, zu übergehen, in Beziehung auf den letztern nachträglich bemerkt werden, daß er („Geschichte der Philosophie", 10. Bd., S. 473) das Scholion zum 17. Lehrsatz unrichtig auslegt. Was dort Sp. vom intellectus dei [Verstand Gottes] sagt, ist nur eine Annahme, und es ist ganz richtig, daß der intellectus dei, inwiefern er als das *Wesen* Gottes konstituierend betrachtet wird, zu welchem noch mehr und andres als der Verstand gehört, mit unserm intellectus nichts gemein haben kann als den Namen; aber der intellectus ist nach Sp., er mag nun infinitus oder finitus [unendlich oder endlich] gedacht werden, nur ein Modus des Attributs des absoluten Denkens; die Substanz des intellectus infiniti sowohl als finiti ist daher das Denken; dieses haben sie miteinander gemein, nicht einen bloßen Namen. Übrigens muß ich (1847) gestehen, daß ich die Gründe, die Sp. hier anführt, warum der Verstand nicht zu Gott gerechnet werden könne, nicht mit der causa immanens [Ursache in sich selbst] und andern spinozistischen Bestimmungen zusammenreimen kann. Dasselbe muß ich in Beziehung auf manche andre Sätze Sp.s bekennen, die mir entweder für sich selbst dunkel sind oder die ich wenigstens nicht mit den Grundsätzen Sp.s zusammenreimen kann.

zur Ursache oder *der Ursache zur Wirkung* ist *kein von dem Verhältnis der Akzidenzen zu ihrer Substanz und umgekehrt abgesondertes, der Begriff des Akzidenz ebensowenig vom Begriffe der Wirkung abgesondert* oder *besonders für sich unterschieden als der
Begriff der Substanz von dem der Ursache.*

Das Werden ist daher überhaupt nichts Seiendes, d. i.
nichts Abolutes, da *Seiendes* und *Absolutes* nach Sp. identisch
sind, die *Zeit* ist nur ein *modus* cogitandi oder *imaginandi*
[Modus des Denkens oder der Vorstellung].[166] Die einzelnen endlichen Dinge, die nur eine bestimmte Existenz haben, werden nur von andern einzelnen Dingen zum Dasein
bestimmt; aber *das* Dasein, zu dem ein einzelnes Ding von
andern einzelnen bestimmt wird, ist nur sein Sein in der
Zeit. Nur in ihr gibt es daher überhaupt eine Entstehung.
Aber die Zeit ist eben nicht die wahre, die göttliche oder
substantielle Anschauung der Dinge – denn diese ist die
Anschauung von ihnen in ihrem Einssein, in ihrem Sein in
der Substanz –, sondern nur eine Art und Weise, wie die
einzelnen denkenden Wesen die Dinge vorstellen; nur in
der Anschauungsweise endlicher Wesen haben also die einzelnen Dinge einzelnes, endliches Dasein, wird eins von
dem andern zum Dasein bestimmt, entstehen und vergehen
sie.[167]

[166] Vgl. z. B. B. d. Sp., „Cogitata Metaphysica", p. 90, und „Epist." 29.
„Clare videre est, Mensuram, Tempus et Numerum nihil esse
praeter cogitandi seu potius imaginandi modos. [Offensichtlich
sind Maß, Zeit und Zahl lediglich Modi des Denkens oder vielmehr
der Vorstellung.]" Ausführlich und belehrend handelt *Hegel* von
dem Begriffe und der Bedeutung der Zeit im Systeme des Sp. in
dem von ihm und *Schelling* herausgegebenen „Kritischen Journal
der Philosophie", II. Bd., 1. St., S. 73–89, wo er die Mißgriffe, die
sich *Jacobi* in der Auffassung und Beurteilung dieses Punktes der
Spinoz. Philosophie zuschulden kommen ließ, aufzeigt.
[167] Über den Gegenstand dieses Paragraphen verbreiten auch folgende Stellen des Sp. Licht: „Consideres, homines non creari, sed
tantum generari, et quod eorum corpora jam antea existebant,
quamvis alio modo formata ... Si una pars materiae annihilaretur,
simul etiam tota Extensio evanesceret. [Bedenke, daß die Menschen nicht erschaffen, sondern nur erzeugt werden und daß ihre
Körper schon zuvor existierten, wenn auch in anderer Form ...
Könnte ein einziger Teil der Materie vernichtet werden, so wäre
damit alle Ausdehnung aufgehoben.]" („Epist." 4.)

Da Gott nach Sp. die einzige Substanz ist, die ist und gedacht werden kann, und alle Dinge in Gott, Denken und Ausdehnung aber die Attribute Gottes sind, die, jedes in seiner Art, unendliches und ewiges Wesen von ihm ausdrücken, so drücken folglich alle einzelnen Dinge, die endlichen Modi der Attribute, Denken und Ausdehnung zugleich aus, oder alle einzelne Dinge müssen ebensowohl in dem Attribut der Ausdehnung als dem Attribut des Denkens begriffen werden. Alle Dinge drücken auf eine bestimmte und gewisse Weise die Substanz, also Denken und Ausdehnung zugleich aus, d. h., *alle Dinge sind,* wenngleich in verschiedenen Graden *beseelt,* Leib und Seele zugleich; denn die *Seele* ist nichts weiter als ein Modus, eine *bestimmte Art* des Denkens. *„Omnia,* quamvis diversis gradibus, *animata* tamen sunt. [*Alle Dinge* sind, wenn auch in verschiedenem Grade, gleichwohl *beseelt.*]" („Eth.", P. II, Pr. 13, Schol.) Da aber das Denken und die Ausdehnung, obwohl voneinander unterschieden, doch keinen *Unterschied in die Substanz selbst* bringen, sie vielmehr die absolute Indifferenz dieser Unterschiede ist, da es immer nur *eine und dieselbe* Substanz ist, sie mag nun unter dem Attribut der *Ausdehnung* oder des *Denkens* gedacht werden, beide nur Formen sind, die *eine und dieselbe Sache, einen und denselben Inhalt* enthalten, so drücken auch die *endlichen Modi als Leib und Seele* nur *eine* und *dieselbe Sache* aus, so ist es auch nur eine und dieselbe Sache, die jetzt von der Seite oder unter der Form der Ausdehnung betrachtet wird und dann Leib heißt, jetzt von der Seite oder unter der Form des Denkens betrachtet wird und dann Seele heißt. Die Seele ist *nicht eine besondere Substanz für sich,* ebensowenig der Leib; im Gegenteil, die Substanz beider ist eine und dieselbe; ob ich sie als Ausdehnung, d. i. als Leib, betrachte oder als Seele, ist ganz eins; ich habe immer dasselbe.

Die Seele ist nichts anders als der direkte, der *unmittelbare, d. i. mit der Existenz des Leibes identische, sein Sein unmittelbar bejahende und in sich schließende Begriff (Idee* oder *Bewußtsein)* ihres Leibes; was der Leib formaliter, eigentlich, wirklich ist, das ist die Seele objektiv, d. i. in der Weise des Denkens, oder *was der Leib in der Form der Ausdehnung* ist, *das ist die*

Seele in der Form des Denkens; die Sache, die der Leib als Ausgedehntes ist, dieselbe Sache ist die Seele als Denkendes, oder wie *Lessing* es etwas kühn ausdrückt: *„Die Seele ist nichts als der sich denkende Körper und der Körper nichts als die sich ausdehnende Seele."* [168] Aber eben deswegen, weil Denken und Ausdehnung *unterschieden* sind, gleichwohl aber jedes *in seiner Art einen* und *denselben Inhalt,* die *eine* Sache, die Substanz, ausdrücken, so kann und darf das *Denken nur durch die Ausdehnung, die Ausdehnung nur durch das Denken bestimmt werden;* und es haben daher auch die Modi eines jeden Attributs Gott zur Ursache nur, inwiefern er unter *diesem* Attribute, dessen Modi sie sind, aber nicht wiefern er unter einem andern Attribut gedacht wird. Die Bestimmungen der Ausdehnung haben also Gott nur als ein ausgedehntes Wesen, die Bestimmungen des Denkens nur als ein denkendes Wesen zu ihrer Ursache; die *Seele* und *ihre Bestimmungen können nicht aus der Materie* oder *Ausdehnung* und *diese wiederum nicht aus jener abgeleitet werden.* Und sie können eben deswegen nicht gegenseitig voneinander bestimmt oder abgeleitet werden, weil *jedes in seiner Art absolut, vollkommen* ist, dieselbe Sache, die Substanz, jedes in seiner Weise ausdrückt.

§ 93. *Die Einheit des Geistes und Körpers wie überhaupt der idealen und materiellen Objekte*

Die *Idee* ist der Begriff des Geistes, welchen der Geist deswegen, weil er ein denkendes Wesen ist, bildet. („Eth.", P. II, Def. 3)
Die *Idee* ist der *Natur* nach *eher* als die übrigen Arten des Denkens; denn die übrigen Denkarten wie Liebe, Verlangen setzen die Idee der geliebten, der verlangten Sache voraus, aber das Dasein der Idee setzt nicht das Dasein einer andern Denkweise voraus. (Axiom 3)
In Gott gibt es notwendig eine *Idee* sowohl von seinem *Wesen* als von *allem,* was *notwendig* aus seinem *Wesen folgt;* denn

---

[168] In seinem Traktat „De Intell. Emend." (p. 447, ed. Paulus) sagt Sp., daß die Seele nach gewissen Gesetzen handle und gleichsam ein geistiges Automat sei.

Gott *kann* Unendliches auf unendliche Arten und Weisen denken oder, was dasselbe ist, eine Idee von seinem Wesen und allem, was aus ihm folgt, bilden. Aber alles, was Gott *kann, ist notwendig;* es existiert also eine solche Idee, und zwar in Gott. Diese Idee Gottes, aus der Unendliches auf unendliche Weisen folgt, ist aber nur eine *einzige*, gleichwie es nur eine einzige Substanz gibt. (Pr. 3 u. 4)

Die *Ideen* der einzelnen Dinge müssen aber so in der *unendlichen Idee Gottes* enthalten sein und begriffen werden, als das formale wirkliche Wesen der einzelnen Dinge oder die *einzelnen Dinge selbst* in den *Attributen* Gottes enthalten sind. (Pr. 8)

Das *formale Sein,* d. i. das eigentliche *Wesen* der Ideen (als Ideen), hat Gott zu seiner Ursache, inwiefern er nur als ein *denkendes* Wesen, nicht unter einem andern Attribut gedacht wird, d. h., die *Ideen* sowohl von den Attributen Gottes als von den einzelnen Dingen haben nicht diese ihre Gegenstände oder die begriffnen Dinge zur bewirkenden Ursache, sondern Gott selbst *als ein denkendes Wesen.* (Pr. 5)

Die Arten und Weisen eines jeden Attributes haben daher Gott zu ihrer Ursache, wiefern er nur unter *dem* Attribut, dessen Beschaffenheiten oder Weisen sie sind, aber nicht unter einem andern betrachtet wird. Denn ein jedes Attribut wird *unmittelbar durch sich selbst* gedacht. Die Arten und Weisen eines Attributs enthalten daher den Begriff *ihres*, aber nicht eines andern Attributes und haben darum Gott zur Ursache, inwiefern er nur unter dem Attribut betrachtet wird, dessen Modi sie sind. Hieraus folgt, daß das formale Sein (das eigentliche Wesen) *der* Dinge, welche keine Bestimmungen oder Arten und Weisen des Denkens sind, nicht deswegen aus der göttlichen Natur kommt, *weil* er sie vorher erkannte und dachte, sondern daß *auf die nämliche Weise und mit derselben Notwendigkeit* die *Objekte* der Ideen aus *ihren* Attributen folgen als die *Ideen* aus dem *Attribut des Denkens.* (Pr. 5 u. Coroll.)

Die *Ordnung* und der *Zusammenhang* der *Ideen* ist *identisch* mit der *Ordnung* und dem *Zusammenhang* der *Dinge.* Hieraus folgt, daß das Denkvermögen Gottes seinem Vermögen zu wirken gleich ist, d. i., daß alles, was formaliter (als eigentliches, wirkliches Objekt) aus der unendlichen Natur Gottes folgt, auch objective (als geistiges Objekt, als Idee) in Gott aus der Idee Gottes in derselben Ordnung und demselben Zusammenhang folgt. *Die denkende und die ausgedehnte Substanz ist nämlich eine und dieselbe Substanz, die jetzt unter diesem, jetzt unter jenem Attribut betrachtet wird.* So ist auch eine *bestimmte Art und Weise* der Ausdehnung und die *Idee* dieser Art und Weise *eine und dieselbe Sache,* aber in zwei verschiedenen Formen ausgedrückt. Der wirklich existierende Kreis z. B. und die Idee dieses Kreises, die auch in Gott ist, ist ein und dasselbe Wesen, welches aus verschiedenen Attributen begriffen wird, und wir mögen deswegen die Natur unter dem Attribut der Ausdehnung oder unter dem Attribut des Denkens oder unter irgendeinem andern Attribute betrachten, wir finden immer nur *eine und dieselbe Ordnung* oder Verbindung der Ursachen, d. i., wir finden immer *die nämlichen Dinge in der nämlichen Folge.* Gott ist allein deswegen nur als denkendes Wesen die Ursache der Idee z. B. des Kreises und nur als ausgedehntes die Ursache des wirklichen Kreises, weil das formale Sein oder Wesen der Idee des Kreises nur durch eine andere Idee oder Art des Denkens als seine nächste Ursache und diese wieder durch eine andere und so fort bis ins Unendliche gedacht werden kann, so daß wir, wiefern die Dinge als Arten des *Denkens* betrachtet werden, die *Ordnung der ganzen Natur* oder *die Verbindung der Ursachen bloß durch das Attribut* des *Denkens,* wiefern sie aber als Arten oder Bestimmungen der *Ausdehnung* betrachtet werden, die Ordnung der ganzen Natur *bloß durch das Attribut* der *Ausdehnung* begreifen dürfen und müssen. (Pr. 7 u. Schol.)

Das erste, was das wirkliche *Sein* und *Wesen des menschlichen Geistes* ausmacht, ist nichts weiter als die *Idee eines wirklich existierenden Dinges.* Das *Objekt* nämlich dieses das Wesen des menschlichen Geistes ausmachenden Begriffs ist der *Körper* oder eine bestimmte, wirklich existierende Art und Weise der Ausdehnung und nichts weiter. Alle Dinge in der Natur sind daher, aber in verschiedenen Graden, beseelt. Denn von jedem Dinge gibt es notwendig in Gott eine Idee, deren Ursache Gott ist. Der Begriff des Körpers aber, der der Geist oder die Seele selbst ist oder sein Sein ausmacht, ist ein *direkter, unmittelbarer Begriff,* und daraus ergibt sich der Unterschied, der zwischen *der* Idee z. B. des Petrus, die das Wesen selbst *seines* Geistes ausmacht, und zwischen der Idee desselben Petrus, die ein anderer Mensch, z. B. Paulus, von ihm hat, stattfindet. Denn jene Idee drückt *unmittelbar* das *Wesen* von dem Körper des Petrus aus und enthält nur so lange Existenz, als Petrus selbst existiert; diese aber drückt mehr die körperliche Beschaffenheit des Paulus aus als das Wesen des Petrus, und es kann daher der Geist des Paulus, solange jene körperliche Beschaffenheit dauert, den Petrus sich als gegenwärtig vorstellen, wenngleich Petrus selbst nicht mehr existiert. Die *Einheit* des Geistes mit dem Leibe besteht daher darin, daß der Leib *das unmittelbare Objekt* der Seele ist. (Pr. 11, 13, 17, Sch.)

Alles, was daher in dem *Körper*, dem Objekt des Begriffes ist, welcher der Geist selbst ist, das ist auch im *Geiste*, und alles, was im Körper vorgeht, geht auch im Geiste vor oder wird von ihm wahrgenommen. Da das Wesen des Geistes nur darin besteht, daß er der Begriff eines wirklich existierenden Körpers ist, das *Vermögen* eines Dinges aber nichts anders als sein *Wesen* ist, so erstreckt sich das Erkenntnisvermögen des Geistes auch nur auf das, was die Idee des Körpers enthält und aus ihr folgt. (Pr. 12 u. „Epist." 66)

Die Idee jeder Affektion des menschlichen Leibes oder jeder Art und Weise, wie er von äußern Körpern affiziert wird, drückt zugleich die Natur des äußern und des menschlichen Körpers aus. Mit dem Wesen *seines* Körpers nimmt der Geist daher *zugleich* das Wesen sehr vieler Körper wahr. Die Ideen aber, die wir von den äußern Körpern haben, drücken mehr die Beschaffenheiten *unsers* Körpers als der *äußern* Körper aus. („Eth.", P. II, Pr. 16, Cor. 1, 2)

Der menschliche Geist nimmt übrigens nicht nur die *Affektionen* (Eindrücke, Bestimmtheiten) des Körpers wahr, sondern auch die *Ideen* dieser Affektionen. Der Geist erkennt aber nur sich selbst, inwiefern er die Ideen von den Affektionen seines Körpers wahrnimmt. Auch nimmt er keinen äußern Körper als einen wirklich existierenden wahr außer durch die Ideen von den Affektionen seines Körpers. (Pr. 22, 23, 26) Da der Geist nur der direkte Begriff des Körpers ist, so folgt auch notwendig, daß, je *vortrefflicher und tüchtiger* das *Objekt* des Geistes, d. i. der *Leib*, ist, um so *vortrefflicher* und *tüchtiger* auch der *Geist* ist. (Pr. 13, Sch., Pr. 14)

Von dem menschlichen *Geiste* existiert in *Gott* auch ein Begriff oder eine *Idee*, welche aus Gott auf dieselbe Weise folgt und auf ihn sich bezieht wie die Idee oder der Begriff des menschlichen Körpers. Diese *Idee* des *Geistes* (das Bewußtsein) ist *auf die nämliche Weise mit dem Geiste vereint* wie der Geist mit dem Leibe. (Pr. 20, 21)

Geist und *Körper* sind also *ein* und *dasselbe Individuum,* welches jetzt unter dem Attribut des Denkens, jetzt unter dem der Ausdehnung betrachtet wird, und ebenso ist die Idee des Geistes und der Geist selbst eine und dieselbe Sache, ein und dasselbe Wesen, welches unter einem und demselben Attribute, nämlich dem des Denkens, gedacht wird. (Pr. 7, Sch., Pr. 21, Sch.)

Gleichwohl kann aber *weder* der *Körper* den *Geist* zum *Denken noch* der *Geist* den *Körper* zur *Ruhe* oder *Bewegung* oder sonst etwas *bestimmen.* („Eth.", P. III, Pr. 2)

§ 94. *Vom Willen*

Da die Ordnung und der Zusammenhang der Dinge immer dieselben sind, die Natur mag unter dem Attribut des Denkens oder der Ausdehnung betrachtet werden, so folgt, daß die Ordnung der leiblichen Tätigkeiten und Leidenschaften und die Ordnung der Tätigkeiten und Leidenschaften des Geistes der *Natur nach zugleich* ist. Die Willensbestimmung oder der Entschluß des Geistes und die Bestimmung des Körpers ist der Natur nach zugleich oder vielmehr eine und dieselbe Sache, die, unter der Eigenschaft des Denkens betrachtet, *Entschluß* heißt, unter der der Ausdehnung aber betrachtet und aus den Gesetzen der Ruhe und Bewegung abgeleitet, *Bestimmung* heißt. („Eth.", P. III, Pr. 2, Sch.)

Die Menschen glauben freilich steif und fest, daß Ruhe und Bewegung und andere Handlungen des Körpers bloß vom Willen des Geistes und dem Denkvermögen abhängen; aber sie wissen nicht und niemand hat noch gezeigt, was der Körper allein nach den Gesetzen seiner Natur, inwiefern sie nur als körperliche betrachtet wird, alles zu tun und zu wirken vermag. Sie wollen sich dabei auch auf die Erfahrung stützen und es als eine Tatsache behaupten, daß der Körper träg wäre, wenn nicht der menschliche Geist zum

Denken aufgelegt wäre, und daß es ganz in der Gewalt des Geistes stehe, z. B. ebensowohl zu sprechen als zu schweigen. Aber was das erste betrifft, lehrt uns denn nicht im Gegenteil die Erfahrung, daß, wenn der Körper träg ist, zugleich auch der Geist nicht zum Denken aufgelegt ist? Denn wenn der Körper im Schlafe ruht, so bleibt auch zugleich mit ihm der Geist in Untätigkeit und hat nicht die Fähigkeit, so wie im Wachen zu denken. Auch haben wohl alle schon die Erfahrung gemacht, daß die Fähigkeit zu denken zu verschiedenen Zeiten auch verschieden ist und von der Disposition und Fähigkeit des Körpers die Fähigkeit des Geistes abhängt. Was aber das zweite betrifft, so würde es wahrlich besser mit dem menschlichen Leben stehen, wenn das Schweigen ebenso in der Gewalt der Menschen stünde als das Reden. Leider wissen wir aber nur zu gut aus der Erfahrung, daß die Menschen nichts weniger als ihre Begierden bezähmen können. Das Kind glaubt freilich, es begehre die Milch aus Freiheit, der zornige Knabe, er *wolle* die Rache, der Feige, er *wolle* die Flucht, der Betrunkene, er spreche aus freiem Geistesentschlusse das, was ihn nachher im nüchternen Zustande reut, gesagt zu haben. Das Kind, der Narr, der Schwätzer und die meisten Menschen dieses Gelichters sind derselben Meinung, nämlich, daß sie aus freiem Geistesentschlusse reden, während sie doch ihrem Drang zum Reden keinen Einhalt tun können. Ebenso deutlich als die Vernunft lehrt daher die Erfahrung, daß die Menschen nur deswegen glauben, sie seien *frei, weil sie ihrer Handlungen zwar sich bewußt sind,* aber *nicht die Ursachen wissen, von denen sie bestimmt werden.*

In betreff des Vermögens, nach Belieben zu schweigen und zu reden, nur noch dieses. Wir können uns zu nichts entschließen, wenn wir uns nicht daran erinnern. Wir können z. B. kein Wort sprechen, wenn wir uns desselben nicht erinnern. Aber *Erinnern* oder *Vergessen* hängt nicht vom *Willen* des Geistes ab. Der Entschluß des Geistes daher, welcher für frei gehalten wird, ist *nicht unterschieden* von der *Vorstellung* selbst oder der *Erinnerung* und nichts anderes als jene *Affirmation* oder *Bejahung*, welche die *Idee als Idee* enthält. Die Entschlüsse des Geistes entstehen darum mit derselben Notwendigkeit in ihm, mit welcher die Ideen der wirklich existierenden Dinge in ihm entstehen. (Ebd.)

Daher, daß die Menschen wohl ihrer Triebe und Handlungen sich bewußt sind, aber nicht die Ursachen kennen, von denen sie zum Verlangen oder zur Begierde nach einer Sache bestimmt werden, kommt auch ihre Vorstellung von den *Zweckursachen*. Die Zweckursache ist aber in der Tat nichts als der *Trieb* oder das *Verlangen* des Menschen, inwiefern es als das Prinzip oder die erste Ursache von etwas angesehen wird. Wenn wir z. B. sagen, die Bewohnung war die Zweckursache oder der Zweck dieses oder jenes Hauses, so heißt dies nichts andres, als daß der Mensch, weil er die Vorteile des häuslichen Lebens oder des Wohnens sich vorstellte, das Verlangen hatte, ein Haus zu bauen. Die Bewohnung daher, inwiefern sie als Zweckursache angesehen wird, ist nichts als dieses einzelne Verlangen, welches in der Tat die äußerliche Ursache ist, welche nur darum als die erste angesehen wird, weil die Menschen gewöhnlich nicht die Ursachen ihrer Triebe kennen. („Eth.", P. IV, Praef.)

Der Geist hat keinen *absoluten* oder *freien* Willen, sondern der Geist wird zu diesem oder jenem Willen von einer Ursache bestimmt, welche auch von einer andern bestimmt ist, die wieder von einer andern und so fort bestimmt ist. Denn der Geist ist eine *gewisse* und *bestimmte Weise* des *Denkens*, und er kann nicht („Eth.", P. II, P. 17, Coroll. 2) freie Ursache sein, oder er kann nicht eine absolute Fähigkeit haben, zu wollen und nicht zu wollen. Ebenso kann es aber auch im Geiste kein *absolutes Vermögen* der Einsicht, des Begehrens, der Liebe usw. geben. Diese und ähnliche Fähigkeiten sind nichts als allgemeine, vom Einzelnen und Besondern abgezogene Abstrakta. („Eth.", P. II, Pr. 48)

Der *Wille* ist nichts als die Fähigkeit, zu *bejahen* und zu *verneinen*. Der Geist hat aber keinen Willen, d. i. keine Affirmation und keine Negation, in sich außer der, welche *die Idee als Idee* enthält. Denn im Geiste gibt es kein absolutes Vermögen, zu wollen und nicht zu wollen, sondern nur *einzelne Willensakte,* nämlich diese und jene Bejahung, diese und jene Verneinung. Der Geist z. B. bejaht, daß die drei Winkel des Dreieckes zweien Rechten gleich sind. Diese Bejahung schließt in sich den Begriff oder die Idee des Dreiecks ein, d. i. kann ohne die Idee des Dreiecks nicht *gedacht* werden, aber ebensowenig ohne sie *sein* (nach Ax. 3 des I. Teils der „Ethik"); denn die *Bejahung* setzt wie alle andern Denkweisen die *Idee* als das der Natur nach *Frühere* voraus. Die Idee des Dreiecks muß aber selbst auch eben diese Bejahung, nämlich, daß seine drei Winkel zweien Rechten gleich sind, in sich enthalten. Es kann daher umgekehrt auch die Idee des Dreiecks nicht ohne diese Bejahung sein noch gedacht werden, und es gehört daher *diese Bejahung zum Wesen der Idee* des Dreiecks und ist nichts außer ihr. Was aber nun von diesem einzelnen Willensakt gilt, gilt von jedem, nämlich, daß er *nichts außer der Idee* ist. *Wille* und *Verstand* sind daher *eines und dasselbe.* Denn Wille und Verstand sind nichts außer den einzelnen Willensakten und Ideen. Aber der *einzelne Wille* und die *Idee* sind *identisch,* also sind es auch der *Wille* und der *Verstand.* Um aber einzusehen, daß die *Idee selbst Bejahung* und *Verneinung* enthält, muß man sie von einem sinnlichen Bilde genau unterscheiden. Denn die Idee ist nicht wie ein totes Bild an der Tafel, sie ist der Begriff des Geistes, eine Art und Weise des Denkens, der *Verstand,* das *Erkennen* oder die *Tätigkeit des Erkennens selbst.* (Pr. 48, 49, 43, Sch.)

§ 95. *Von der Freiheit und Tugend des Geistes oder der Erkenntnis*

Das Wesen (die Freiheit des Geistes) besteht allein in der *Erkenntnis.* („Eth.", P. V, Pr. 36, Sch.) *Wir sind nur insofern (frei oder) tätig, als wir erkennen;* denn nur die Erkenntnis folgt *mit Notwendigkeit* aus dem *Wesen* unsers *Geistes allein,* sie kann nur aus den *Gesetzen* der *Natur des Geistes allein* abgeleitet und erkannt werden. (P. IV, Pr. 23 u. 24) Wir sind aber nur dann tätig, wenn wir die *adäquate* oder *vollständige* Ursache von einer Wirkung sind, d. i., wenn etwas so aus unsrer Natur folgt, daß es durch sie *allein* klar und deutlich erkannt werden kann. Wir *leiden* dagegen, wenn etwas aus unserm Wesen folgt, wovon wir nur die *teilweise* Ursache sind.[169] (P. III, Def. 2)

[169] Was Sp. über die Leidenschaft, die Begierde, den Trieb, namentlich aber über die Vernunft und Erkenntnis sagt, gehört unstreitig zu dem Tiefsten und Erhabensten, dem Geist- und Gedankenreichsten, was nur je hierüber noch gesagt wurde. – Überhaupt findet man bei ihm, besonders in seiner „Ethik", sowohl über Ge-

Der Geist *leidet*, inwiefern er *unadäquate* Ideen (d. i. solche, von denen er nicht *allein* die vollständige Ursache ist), unvollständige oder verstümmelte und verworrene Ideen (mutilatae et confusae) (d. i. sinnliche Vorstellungen, zu denen er von außen her bestimmt wird) in sich hat, inwiefern er aber *adäquate* (klare und deutliche) Ideen hat, d. i. vollständige, solche, von denen er allein die Ursache ist, ist er tätig. (P. III, Pr. 1)

Die *Leidenschaften* beziehen sich daher insofern nur auf den Geist, als er etwas in sich hat, was *Negation* einschließt, oder als er als ein *Teil* der Natur betrachtet wird, welcher *für sich ohne andere nicht klar und deutlich gedacht* werden kann. (Ebd., Pr. 3, Sch., u. P. IV, Pr. 2)

Die Form oder das *Wesen* des wahren Gedankens oder der *adäquaten Idee* besteht allein im *Denken* selbst; sie hängt *allein* von der *Macht* oder dem *Vermögen* des Denkens selbst ab, d. h., sie ist nur aus der *Natur* der *Intelligenz abzuleiten*. Die erdichteten, die falschen (d. i. die konfusen, *unadäquaten*) Ideen kommen von der *Imagination*, d. h. von gewissen zufälligen und zerstreuten Vorstellungen oder Empfindungen, die nicht von dem Wesen des Geistes abhängen, sondern von äußern Dingen, inwiefern sie in dem Leibe, sei es im Schlaf oder im Wachen, verschiedene Bewegungen erzeugen. Der Grund des Leidens der Seele ist daher die *Imagination*. Unsere unadäquaten Ideen kommen darum daher, daß wir Teile eines denkenden Wesens sind, von dem gewisse Gedanken *ganz* und *vollständig*, gewisse nur *zum Teil*

genstände der philosophischen als empirischen Psychologie die fruchtbarsten, trefflichsten Gedanken. Was kann man z. B. Trefflicheres über die Freude sagen? „Quo *majori Laetitia afficimur,* eo *ad majorem perfectionem transimus,* hoc est, eo *nos magis de natura divina participare necesse* est. Rebus itaque uti et iis, quantum fieri potest, delectari (non quidem ad nauseam usque nam hoc delectari non est) viri est *sapientis* ... Nihil profecto nisi *torva et tristis superstitio delectari prohibet.* [*Je größere Freude wir empfinden,* desto *größere Vollkommenheit erlangen wir,* d. h., desto *mehr werden wir unausbleiblich der göttlichen Natur teilhaftig.* Die Dinge so zu brauchen und sich an ihnen möglichst viel zu *erfreuen* (freilich nicht bis zum Überdruß, denn das ist keine Freude mehr), ist Sache des *Weisen* ... Gewiß kann nur *düsterer, trübsinniger Aberglaube die Freude verbieten.*]" („Eth.", P. IV, Pr. 45, Schol.)

das Wesen unsers Geistes ausmachen. („De Intell. Emend.",
p. 440, 441, 446, ed. Paulus)

Tugend ist nichts anders als Vermögen oder Kraft, d. h., die
Tugend, inwiefern sie auf den Menschen bezogen wird, ist
das *wirkliche Wesen* des Menschen selbst, insofern es die
Kraft oder das Vermögen hat, etwas zu tun, welches *bloß aus
den Gesetzen seines Wesens folgt.* Nichts steht aber im Vermögen des Geistes als die Erkenntnis, seine Tätigkeitskraft hat
er allein in seiner Intelligenz. Der Mensch, der durch unadäquate Ideen zum Handeln bestimmt wird, handelt daher
auch nicht aus Tugend oder der Tugend gemäß, sondern
nur der, der durch Erkenntnis zum Handeln bestimmt wird.
(„Eth.", P. IV, Def. 8; P. V, Praef.; P. IV, Pr. 23)

Der *ewige* Teil des Geistes ist daher auch die *Erkenntnis* oder
die *Vernunft, durch die wir allein tätig sind,* der vergängliche
Teil die sinnliche Vorstellung oder die Erinnerung, durch
die wir leiden. („Eth.", P. V, Pr. 34, Schol.) Inwiefern unser
Geist erkennt, ist er eine *ewige* Denkweise, die von einer andern ewigen Denkweise bestimmt wird, diese wieder von
einer andern und so fort bis ins Unendliche, so daß *alle zusammen* und *zugleich* die *ewige Vernunft Gottes ausmachen.*
(Pr. 40, Cor. u. Sch.)

Nur von dem, was unsrer *Intelligenz nützt oder schadet, wissen
wir mit Gewißheit, daß es ein Gut oder Übel ist.* (P. IV, Pr. 27)

§ 96. *Die verschiedenen Gattungen der Erkenntnis*

Es gibt aber *drei Gattungen* der *Erkenntnis. Zur ersten Gattung*
gehören *alle Vorstellungen* und *alle allgemeinen Begriffe,* die von
den *Sinnen* konfus und ohne Ordnung abgezogen worden
sind, kurz, alle Vorstellungen, die aus einer unbestimmten,
d. i. durch Verstand nicht geleiteten *Erfahrung* entspringen.
Zur *zweiten Gattung* gehören alle *allgemeinen Begriffe,* die wir
aus *allgemeinen Begriffen* und den *adäquaten Ideen* von den Eigenschaften der Dinge bilden. Diese Erkenntnisweise ist
die *Vernunft.* Außer diesen beiden gibt es aber noch eine
dritte Gattung, das *intuitive Wissen.* Diese Erkenntnisweise
schreitet von der adäquaten Idee des Wesens gewisser Attribute Gottes zur adäquaten Erkenntnis der Dinge fort.
(„Eth.", P. II, Pr. 40, Sch.)

Es gehört zum *Wesen der Vernunft,* die Dinge nicht als zufällig, sondern als *notwendig* anzuschauen. Es kommt nur von der sinnlichen Vorstellung her, daß wir die Dinge auf die Zeit beziehen und so als zufällig betrachten. Zum Wesen der Vernunft dagegen gehört es, die Dinge unter einer gewissen Art oder *Form der Ewigkeit* anzuschauen, da es in ihrem Wesen liegt, die Dinge nicht als zufällig, sondern als notwendig anzuschauen. Die Notwendigkeit der Dinge ist aber die Notwendigkeit selbst der ewigen Natur Gottes, es gehört also zum Wesen der Vernunft, die Dinge unter der Form der Ewigkeit zu betrachten. Ohnedem sind ja die Grundlagen der Vernunft Begriffe, die das allen Individuen Gemeinsame ausdrücken, was daher ohne Beziehung auf die Zeit betrachtet werden muß. (Pr. 44, Sch. u. Cor.)

Jede *Idee jedes wirklich existierenden einzelnen Dings* oder *Körpers* enthält notwendig das *ewige* und *unendliche Wesen Gottes* in sich. Denn alle einzelne Dinge können ohne Gott nicht gedacht werden, sie enthalten also den Begriff *des* Attributes in sich, dessen *Modi* sie sind, folglich das ewige und unendliche Wesen Gottes. (Pr. 45)

Die Erkenntnis des *ewigen* und *unendlichen Wesens Gottes,* welches eine jede Idee einschließt, ist *adäquat* und *vollkommen.* (Pr. 46)

Alle *Ideen,* inwiefern sie auf *Gott* bezogen werden, sind *wahr.* (Pr. 32)

Je mehr wir die *einzelnen* Dinge erkennen, desto mehr erkennen wir *Gott.* Daher ist die Erkenntnis der *einzelnen* Dinge, welche eben die intuitive oder die Erkenntnis der dritten Gattung ist, vortrefflicher als die allgemeine Erkenntnis (cognitione universali), die Erkenntnis der zweiten Gattung. (P. V, Pr. 24 u. Pr. 36)[170]

Alles aber, was der Geist unter der *Form der Ewigkeit (oder als ewig) erkennt,* erkennt er nur deswegen so, weil er seinen *Körper* nicht in seiner *gegenwärtigen* wirklichen Existenz, sondern in seinem *Wesen* auffaßt. (Pr. 29)

Die *Existenz* der Dinge nämlich wird auf eine doppelte Art von uns gedacht. Entweder denken wir ihre Existenz in Be-

---

[170] Als ein Beispiel von so einem einzelnen Ding oder Wesen führt Sp. hier den menschlichen Geist an, dessen Wesen allein in der Erkenntnis besteht, deren Urquell und Grund aber Gott ist.

ziehung auf *Zeit* und *Ort*, oder wir denken sie als *in Gott* enthalten und als *notwendige Folgen der göttlichen Natur*. Wird die Realität oder Existenz der Dinge auf diese letztere Weise gedacht, so denken wir sie als *ewig*, und ihre *Ideen* enthalten das *ewige und unendliche Wesen Gottes*. (Pr. 29, Sch.)

Insofern der Geist sich und den Körper unter der Form der Ewigkeit erkennt, insofern hat er notwendig die *Erkenntnis Gottes* und weiß, daß er in Gott ist und durch Gott gedacht wird. Die *Ewigkeit* ist das *Wesen Gottes* selbst, wie es *notwendige Existenz* enthält. Die Dinge als ewig denken, heißt daher, die Dinge denken, wie sie *durch oder in Gottes Wesen* als *wirkliche reale* Wesen gedacht werden oder wie sie durch oder in *Gottes Wesen Existenz enthalten,* und unser Geist hat daher insofern notwendig eine Erkenntnis Gottes, als er sich und seinen Körper unter der Form der Ewigkeit erfaßt. (Pr. 30 u. Dem.)

§ 97. *Die wahre Methode der Erkenntnis*

Die *wahre Methode* der Erkenntnis beruht daher allein auf der *Idee Gottes*. Die wahre Methode sucht nicht nach der Erhaltung der Ideen ein *Kennzeichen* der Wahrheit; denn die Methode ist nichts als die *reflexive Erkenntnis* oder die *Idee der Idee,* und sie setzt daher als die Idee der Idee schon das Dasein der Idee voraus. Die wahre Methode ist daher die Anweisung, wie der Geist nach der Norm der gegebenen wahren Idee geleitet werden muß.

Da zwischen zwei Ideen dasselbe Verhältnis stattfindet wie zwischen den formalen (wirklichen) Wesen oder Objekten dieser Ideen, so ist notwendig auch die *reflexive Erkenntnis der Idee* des *vollkommensten Wesens vortrefflicher* als die *reflexive Erkenntnis* der *übrigen Ideen* und die *vollkommenste Methode* die, welche zeigt, wie nach der Norm der *Idee* des *vollkommensten Wesens* der Geist sich zu verhalten hat. Da die Idee durchaus mit ihrem formalen Wesen (ihrem Objekte) übereinstimmt, so stellt der Geist, wenn er diese Methode befolgt, das *Abbild der ganzen Natur* in sich dar, indem er dann alle seine Ideen aus der Idee *des* Wesens, welches der Ursprung und die Quelle der ganzen Natur in sich enthält, ableitet, so daß *diese Idee* die *Quelle* und der *Ursprung aller übri-*

gen Ideen ist. Der Geist hat so objective, *als Idee,* in sich, was sein Gegenstand formaliter oder *wirklich* in sich hat. Die *Norm der Wahrheit* und Erkenntnis ist also die *Idee Gottes* als *des* Wesens, das *einzig,* das *unendlich,* das *alles Sein* ist, *außer dem es kein Sein gibt.* („De Intell. Emend.", p. 426, 428, 452, 443, ed. Paul.)

Aber woher die Gewißheit, daß die wahre Idee, die die Norm für die übrigen Ideen sein soll, die wahre ist? Die *Gewißheit* ist nichts als das *objektive Wesen (d. i. die Idee)* selbst, d. i. die Art und Weise, wie das formale (das eigentliche wirkliche) Wesen Objekt unsers Geistes ist. Zur Gewißheit der Wahrheit wird daher kein andres Kennzeichen erfordert als die wahre Idee selbst. (Ebd., S. 425) Wer die wahre Idee hat, der weiß zugleich, daß er die wahre Idee hat, und kann an ihrer Wahrheit nicht zweifeln oder ist ihrer als der Wahrheit gewiß; *denn die Gewißheit ist* nicht bloß ein Nichtzweifeln, sondern *etwas Positives.* („Eth.", P. II, Pr. 43, 49, Sch.) Jeder, der eine wahre Idee hat, weiß ja, daß die wahre Idee die höchste Gewißheit enthält; denn eine wahre Idee haben, heißt eben nichts andres, als von einer Sache die vollkommenste und beste Erkenntnis haben. Was gäbe es denn auch noch Klareres und Gewisseres als die wahre Idee, so daß es die Norm der Wahrheit sein könnte? Wahrlich, wie das Licht sich selbst und die Finsternis offenbart, so gibt die Wahrheit sich selbst und ihr Gegenteil zu erkennen. Überdem bedenke man, daß der menschliche Geist, insofern er die Dinge *wahrhaft betrachtet,* ein Teil der unendlichen Vernunft Gottes ist. (Pr. 43, Sch.)

§ 98. *Das Ziel des Geistes*

Die *Erkenntnis der dritten Gattung oder die Erkenntnis Gottes* ist aber nicht ohne *Affekt;* denn es gibt auch *Affekte,* die aus der *Vernunft* oder dem *Denken* selbst entspringen („Eth.", P. III, Pr. 58; P. IV, Pr. 61; P. V, Pr. 7), und wir können durch die Vernunft zu allen Handlungen bestimmt werden, zu denen wir durch Affekte, die Leidenschaften sind, bestimmt werden (P. IV, Pr. 59); aus dieser Erkenntnis entspringt vielmehr die höchste Wonne und Freude des Geistes, sie ist die Quelle der Liebe Gottes, die aber eine geistige Liebe, die Liebe der Erkenntnis ist. (P. V., Pr. 32, Cor.)

Gott liebt sich selbst mit einer unendlichen intellektuellen Liebe. Die intellektuelle Liebe des Geistes zu Gott ist die Liebe Gottes selbst, mit der er sich liebt, nicht wiefern er unendlich ist, sondern wiefern er durch (oder als) das unter der Form der Ewigkeit betrachtete Wesen des menschlichen Geistes definiert werden kann, d. h., die intellektuelle Liebe des Geistes zu Gott ist ein Teil der unendlichen Liebe, mit der Gott sich selbst liebt. Insofern als Gott sich selbst liebt, liebt er die Menschen, und die Liebe Gottes zu den Menschen und die intellektuelle Liebe des Geistes zu Gott ist folglich eines und dasselbe. (Pr. 35, 36, Cor.)

Das *Ziel* des Geistes ist die *Erkenntnis* der *Einheit,* die er mit der *ganzen Natur* hat („De Intell. Emend."), sein *höchstes Gut* und seine *höchste Tugend* die *Erkenntnis Gottes.* Denn das *Höchste,* was der Geist erkennen kann, ist Gott, d. h. das absolut unendliche Wesen, ohne welches nichts sein noch gedacht werden kann, das höchste Gut des Geistes also die Erkenntnis Gottes. Nur insofern ist der Geist tätig, als er denkt oder erkennt, und nur insofern kann man unbedingt von ihm sagen, daß er aus Tugend handelt. Die *absolute Tugend* oder *Kraft* des Geistes ist daher die *Erkenntnis.* Aber das Höchste, was der Geist einsehen kann, ist Gott, also die höchste Tugend des Geistes, Gott zu erkennen; die Erkenntnis und Liebe Gottes ist daher als unser höchstes Gut das letzte Ziel des Geistes. („Eth.", P. IV, Pr. 28, u. „Tract. Theol.-pol.", c. 4, p. 208–209, ed. Paul)

Die *Seligkeit* ist daher nicht der *Lohn* der Tugend, sondern die *Tugend selbst;* und wir erfreuen uns nicht an ihr, weil wir die Leidenschaften beherrschen, sondern im Gegenteil, weil wir an ihr uns erfreuen, deswegen können wir die Leidenschaften beherrschen. („Eth.", P. V, Pr. 42)

Das *höchste Gut* der Tugendhaften oder, was eins ist, der Vernünftigen ist *allen Menschen gemein,* und alle können sich auf die nämliche Weise an demselben erfreuen. Und es ist nicht zufällig, sondern es hat in dem *Wesen der Vernunft* selbst seinen *Grund,* daß das *höchste Gut* des Menschen ein *allgemeines* ist, weil es nämlich aus dem *Wesen des Menschen* selbst, *insofern es allein in der Vernunft besteht,* abgeleitet wird, und der Mensch gar *nicht sein noch gedacht* werden könnte, und er nicht das *Vermögen* hätte, dieses höchste Gut zu besitzen und zu genießen. Denn es gehört zum *Wesen* selbst des menschlichen Geistes, eine *adäquate Erkenntnis* von dem *ewigen* und *unendlichen Wesen Gottes* zu haben. (P. IV, Pr. 36 u. Schol.)

§ 99. *Kritische Schlußbemerkungen von 1833*

Der Philosophie des Spinoza hat man bis zum Ekel oft vorgeworfen, daß sie Atheismus sei oder Pantheismus im gewöhnlichen abgeschmackten Sinne, das Unendliche mit dem Endlichen identifiziere, verwechsle, das Endliche zum Unendlichen mache. Allein diese Vorwürfe sind zu grundlos, um sie einer besondern Kritik zu unterwerfen; denn keiner hat *mehr* Existenz, *mehr* Realität, *mehr* Macht Gott eingeräumt als er und keiner noch Gott so erhaben, so frei, so objektiv, so gereinigt von allen Endlichkeiten, Relativitäten und Menschlichkeiten gedacht, als er.[171]

Außer diesen und andern, nicht der Erwähnung werten Vorwürfen, die der Philosophie des Sp. gemacht wurden, ist der noch einer der gewöhnlichsten, nämlich, daß sie die Prinzipien der Moralität vernichte. Es ist allerdings richtig, daß die Unterschiede von Gut und Bös in ihr nur endliche Unterschiede sind, die Idee des Guten und der moralischen Vollkommenheit, da sie keine Bestimmung der Substanz ist, keine an und für sich seiende, d. i. keine substantielle, also keine wahre Realität in ihr hat. Das Gute und Böse sind nichts Wirkliches in den Dingen an und für sich selbst, sondern drücken nur relative Begriffe aus, die wir aus der Vergleichung der Dinge untereinander bilden.[172] Seine Phi-

---

[171] Zum Überfluß hier nur noch eine Stelle als Beleg: „Res singulares non possunt sine Deo esse nec concipi, et tamen *Deus* ad earum *essentiam non pertinet.* [Die einzelnen Dinge können ohne Gott weder sein noch gedacht werden, und dennoch *gehört Gott nicht* zu ihrem *Wesen.*]" („Eth.", P. II, Pr. 10, Schol.)

[172] Die Folgerung: Also ist kein Unterschied zwischen guten und schlechten Menschen, also ist es eins, ob ich gut oder bös bin und dgl. ist ebenso absurd als die Folgerung, die man aus Sp.s Prinzip der Einheit gezogen hat, nämlich, daß nach ihm kein Unterschied zwischen Mensch und Bestie und Pflanze sei, weil ja alle Dinge

losophie hebt ferner die Freiheit des Willens auf, denn der einzelne Willensakt wird nur von einer bestimmten Ursache zum Handeln bestimmt, diese wieder von einer andern und so fort. Die so viel gepriesene Freiheit der Menschen besteht nur darin, daß die Menschen wohl ihrer Handlungen bewußt, aber in Unwissenheit über die Ursachen sind, die sie zum Handeln bestimmen. Allein, was uns die Philosophie des Sp. an Willen nimmt, das gibt sie uns an Erkenntnis reichlich wieder; indem sie uns die Freiheit des Willens nimmt, gibt sie uns ein höheres Gut, die Freiheit der Intelligenz, und indem sie lehrt, daß nur aus adäquaten Ideen solche Handlungen folgen, die wir wahrhaft die unsrigen nennen können, daß unser wahres und ewiges Leben, unsre Tätigkeit und Freiheit, unser Bestes und Vortrefflichstes, unser höchstes Gut allein in der Erkenntnis besteht, daß das nur ein Übel und böse ist, was unsrer Erkenntnis schadet, und das nur ein wahrhaftes Gut, was sie fördert, hat sie den Charakter der *erhabensten Geistigkeit,* die nur immer gedacht werden kann. Überdem ist das Denken oder die Anschauung der Substanz unmittelbar als Denken, als Anschauung ein religiöser und sittlicher Akt, ein Akt der höchsten Resignation und Freiheit, der Reinigung der Gesinnung und Empfindung von allem Eitlen, Negativen, Subjektiven, ein Akt der reinsten Hingebung seiner selbst mit dem ganzen Anhang aller seiner besondern Angelegenheiten und Partikularitäten, die den Menschen vom Menschen trennen, den einen dem andern entgegensetzen und in dieser Trennung und Entgegensetzung die Quellen alles Bösen und Unsittlichen sind, die aber eben in dem Gedanken der Substanz als nichtige, eitle verschwinden. Das Denken der Substanz ist kein leeres, sondern erfülltes, seiner selbst als der Wahrheit gewisses, seinen Gegenstand unmittelbar als wirklich wissendes Denken, ein Denken, mit dem unmittelbar sein Gegenstand und die Wirklichkeit desselben gegeben ist, das Denken *des Seins, das alles Sein* ist, des einzig, des absolut Wirklichen. Die Erkenntnis der Sub-

pêle-mêle [bunt durcheinander] nur *ein* Ding seien. Wer jedoch hierüber noch einer besondern Belehrung benötigt ist, der lese z. B. „Epist." 34, 21, und vor allem das interessante Scholion zur 57. Prop. „Eth.", P. III, und das Scholion I zur Pr. 37, P. IV, und das Scholion zur Pr. 13, P. II.

stanz erweist sich daher zugleich als das höchste Gut des Geistes, als das einzige Positive und Wirkliche des Geistes, sie ist Affekt, Liebe, ein Denken, das also als ein echt philosophisches zugleich ein Akt der erhabensten Religiosität und reinsten Sittlichkeit ist.

Verderbliche Grundsätze kann die Philosophie des Sp. also nur entweder für den ganz gemeinen Haufen enthalten, der bloß aus Furcht vor Strafe und Aussicht auf Lohn, aus Gewinnsucht Gutes tut, oder für die, die solche Sätze wie: Das Gute und Böse ist nichts in den Dingen an sich Wirkliches, d. i. nach Sp. nichts Absolutes, von der *Idee* und *Anschauung der Substanz als Folgen für sich absondern* und so, indem sie *außer* dem Standpunkt der spinozistischen Philosophie stehen, aus dem beschränkten Kämmerchen ihres Verstandes, in dem engen dunklen Talgrund ihres um sein Dasein, seine Sündenkapazität und Imputationsfähigkeit bekümmerten Selbstes weit aus der Ferne her das Ungeheuer der Substanz wie eine allzermalmende Lawine die Unterschiede von Gut und Bös vernichten sehen und weiter auch gar nichts sehen, als daß sie diese nur als endliche Unterschiede setzt, also für alle die, für welche überhaupt keine Philosophie, geschweige die des Sp. Dasein und Realität hat.[173]

---

[173] Sp. spricht sich selbst in betreff dieses und ähnlicher Punkte also aus: „An, quaeso, ille omnem religionem exuit, qui Deum summum bonum agnoscendum statuit, eundemque libero animo, ut talem, amandum? et quod in hoc solo nostra summa felicitas, summaque libertas consistit? porro quod praemium virtutis sit ipsa virtus, stultitiae autem et impotentiae supplicium sit ipsa stultitia? et denique quod unusquisque proximum suum amare etc. debet et mandatis summae potestatis obedire? [Hat sich denn, so frage ich, von aller Religion losgesagt, wer Gott als das höchste Gut betrachtet und gewillt ist, ihn als solches aus freiem Entschluß zu lieben? Der überzeugt ist, daß allein darin unser höchstes Glück, unsere ganze Freiheit besteht, daß ferner Tugend wie Torheit und Zügellosigkeit ihren Lohn in sich selber tragen und schließlich ein jeder seinen Nächsten lieben usw. und den Geboten der Obrigkeit gehorchen soll?]" („Epist." 49.) Von den Gegenständen, die man gewöhnlich nach dem Tode hofft oder fürchtet, ist freilich bei Sp. nicht die Rede. Hier gibt er vielmehr die Lehre: „Homo liber de nulla re minus, quam de morte cogitat et ejus sapientia non mortis, sed vitae meditatio est. [Der freie Mensch denkt an nichts weniger als an den Tod; seine Weisheit ist das Nachdenken nicht über den Tod,

Was die Aufhebung der Willensfreiheit betrifft, so ist auch dieses noch wesentlich zu bemerken, daß die Anschauung der Dinge, wie sie einzeln voneinander zum Dasein und Handeln bestimmt werden, nicht die *wahre* Betrachtungsweise der Dinge ist, sondern nur die endliche, die zeitliche. Der Determinismus oder Fatalismus, den selbst Jacobi noch dem Sp.[174] vorwirft, hat daher keine objektive, keine wahre oder substantielle Existenz in seiner Philosophie, er hat nur soviel oder vielmehr sowenig Existenz als die Zeit, als die einzelnen Dinge als einzelne. Aber da diese ihre Existenz nicht die wahre, nicht die Existenz der Substanz ist, so ist eben damit auch die Existenz des Determinismus, als welcher sich nur auf die Dinge in ihrer Einzelheit bezieht, aufgehoben. Sp. ist ein scheinbarer Determinist, Hobbes dagegen z. B. ein *wahrer*; denn von ihm wird das Verhältnis des Determinismus nicht aufgehoben, sondern als das wirkliche, objektive permanent gesetzt.

Der hauptsächlichste Vorwurf, der dem Sp. zu machen ist, besteht nicht etwa darin, daß er Gott als das Eins und Alles faßte oder die Substanz zum einzigen Inhalt der Philosophie machte, sondern darin, daß er die Substanz weiter nicht als nur *als das schlechthin Wirkliche, als das uneingeschränkte Sein* faßte, *sie nicht wahrhaft bestimmte.*

Denn obgleich Denken und Ausdehnung als die Attribute der Substanz bestimmt sind, so sind sie doch, da sie keinen besondern Inhalt haben, keinen positiven Unterschied ausdrücken, d. i. keinen Unterschied der Sache nach, in der Tat nur endliche, formelle Unterschiede, ganz gleichgültige, indifferente Bestimmungen, die daher notwendig durch sich selbst die Forderung, das *Postulat* noch anderer unendlicher Bestimmungen enthalten, die aber eben nur ein Postulat bleiben. Denn es ist nicht nur nicht *kein Grund* da, beim Denken und der Ausdehnung als den einzigen Bestimmungen der Substanz stehenzubleiben, sondern vielmehr die Notwendigkeit vorhanden, über sie hinauszugehen und

sondern über das Leben.]" ("Eth.", P. IV, Pr. 67.) Die Folgen und Beziehungen seiner Lehre von dem Willen auf das Leben erörtert selbst Spinoza am Ende des zweiten Teils seiner „Ethik".

[174] Der allerelendeste Vorwurf, der dem Sp. gemacht wurde, ist, daß er sogar Gott dem Schicksal unterwerfe. Sp.s eigene Worte hierüber siehe z. B. „Epist." 23.

noch andere zu postulieren. Wäre ihre Differenz als Differenz zugleich als ein Reales gesetzt, d. i. als eine wirkliche Bestimmung der Substanz – wodurch die Einheit der Substanz nicht zerstört, sie nicht zwei oder mehrere würde, da eben die Substanz dadurch Substanz ist, daß sie die absolute Kraft und Macht ist, durch den Unterschied nicht getrennt, auseinandergerissen zu werden –, so gäbe es nicht noch mehrere Attribute; sie wären genug; es wäre dann durch die Realität der Bestimmtheit *erreicht*, was jetzt durch die unendliche Vielheit erreicht werden *soll*, aber nicht erreicht wird. Die unendlichen Attribute sind nur eine Folge oder Erscheinung von der innern Wert-, Bedeutungs- und Interesselosigkeit jener beiden Attribute. Würde bei ihnen haltgemacht, so könnte der Grund hievon nur in ihrer Differenz und Bestimmtheit liegen, so hätte diese für sich Wert, Bedeutung, Realität; aber die Bestimmtheit ist nur als negatio gesetzt, die Substanz ist die absolute Indifferenz der Bestimmtheit, ihre Attribute, ihre Bestimmungen sind daher *ihr* und *an sich indifferente,* d. i. *unendlich viele.* Die Bestimmtheit ist Nichtsein, heißt eben nichts andres als: Sie ist ein dem *Wesen* nach Bedeutungsloses, ganz *Indifferentes,* d. i. eben ohne Realität.

Die Substanz ist daher dadurch in der Tat *nicht näher bestimmt,* daß sie als denkende und ausgedehnte Substanz oder als die Einheit des Denkens und der Ausdehnung bestimmt ist. Obgleich Sp. ein wesentliches Bedürfnis des Denkens dadurch befriedigte, daß er in der Substanz den Gegensatz von Leib und Seele, Geist und Materie aufhob, und zwar so, daß er *diese Einheit als die Substanz, als Gott selbst erkannte,* nicht wie Malebranche und Cartesius auf eine unphilosophische Weise beide durch Gott, durch seinen *Willen* nur verbinden ließ, so ist doch diese Einheit dadurch mangelhaft, daß sie *keine bestimmte* Einheit ist, daß nur gesagt und erkannt ist, daß beide *in der Substanz* eins sind, die Einheit also nur in der Substanz, *nicht in und an ihnen* selbst, wie sie bestimmte, unterschiedene sind, nicht in ihrer Bestimmtheit erkannt ist. Der *Unterschied* bleibt deswegen ein Unbegreifliches, ein *Unnotwendiges,* wie bei Cartesius und Malebranche umgekehrt die *Einheit* von Geist und Materie nur ein Willkürliches, d. i. ein Unbegreifliches ist; der Unterschied ist bei Sp. nur als ein *vorhandner* aus der Cartesischen Philosophie *aufgenommen*, nicht aus der Substanz selbst heraus entwickelt oder nicht in und aus ihr als ein notwendiger aufgezeigt. Vielmehr liegt in der Substanz gar *kein Prinzip dieses Unterschieds.*

§ 100. *Kritische Schlußbemerkungen von 1847*

Was ist denn, bei Lichte besehen, das, was Spinoza *logisch* oder *metaphysisch Substanz, theologisch Gott* nennt? Nichts andres als die *Natur.* Dies beweisen nicht nur indirekt die Bestimmungen, welche Sp. von der Substanz gibt, wie z. B., daß sie nicht um eines Zweckes willen handle, nicht mit Vorbedacht und Absicht, sondern mit Notwendigkeit wirke – Bestimmungen, die nur in der Anwendung auf die Natur Sinn haben –, sondern auch ausdrücklich und direkt seine Worte. Gott und Natur sind ihm gleichbedeutend.[175] „Die Macht", sagt er z. B. („Eth.", P. IV, Pr. 4, Dem.), „wodurch die einzelnen Dinge und folglich der Mensch sein Sein erhält, ist selbst die Macht *Gottes oder der Natur.* Die Macht des Menschen ist daher ein Teil der unendlichen *Macht Gottes oder der Natur.*" Seine Gegner warfen ihm daher schon bei Lebzeiten vor, daß er Gott mit der Natur konfundiere. Sie hatten recht; aber ebenso recht hatte Spinoza, wenn er seinen Gegnern, den christlichen Philosophen und Theologen, vorwarf, daß sie Gott mit dem Menschen konfundierten.
Die historische Bedeutung und Würde Spinozas liegt eben gerade hierin, daß er im Gegensatz zur christlichen Religion und Philosophie die Natur vergötterte, die Natur zum Gott und Ursprung des Menschen machte, während jene das menschliche Wesen zum Gott und Ursprung der Natur machen. Der „Tractatus Theolog.-politicus" ist deswegen eine der wichtigsten Schriften Sp.s, weil er diesen Gegensatz aufs schärfste hervorhebt. Der praktische Zweck dieser

---

[175] Mosheim („Notae ad Cudworth Systema Intell.", Jenae 1733, p. 209) führt aus J. Clericus, „Biblioth. anc. et mod." an, daß diesem ein glaubwürdiger Mann erzählt habe, Spinoza hätte in seiner „Ethik" ursprünglich nur das Wort „Natur", nicht „Gott" gebraucht, aber auf die Vorstellung seines Freundes Meyer endlich an die Stelle des Wortes Natur den Namen Gott gesetzt. Wahrscheinlich beruht aber diese Erzählung bloß auf theologischer Klatscherei.

Schrift ist, die Notwendigkeit und Heilsamkeit vollkommner religiöser und philosophischer Gedankenfreiheit zu beweisen, den Despotismus des Geistes zu bekämpfen, denn dort sagt er, wird am gewalttätigsten regiert, wo nicht jeder die Freiheit hat, zu sagen und lehren, was er denkt (cap. 20), wo selbst die Meinungen, zu denen jeder ein unveräußerliches Recht hat, für Verbrechen gelten (cap. 18). Seine Gründe für diese Freiheit sind aber kürzlich folgende: Die Verschiedenheit der Menschen zeigt sich nirgends mehr als in ihren Meinungen, namentlich religiösen, so daß, was den einen zur Ehrfurcht, den andern zum Lachen stimmt; es ist daher dem Urteil eines jeden zu überlassen, was er glauben will, wofern ihn nur sein Glauben zu guten Werken bewegt, denn der Staat hat sich nicht um die Meinungen, die sich ja so seiner Macht entziehen, sondern nur um die Handlungen der Menschen zu bekümmern. Der Glaube, die Religion, die Theologie hat überhaupt keine theoretische Bedeutung, Wahrheit und Gültigkeit, ihr Wert und Beruf ist einzig ein praktischer, ist allein, die Menschen, die nicht durch Vernunft bestimmt werden, zum Gehorsam, zur Tugend und Glückseligkeit zu bringen; Torheit darum, tiefe Geheimnisse und Erkenntnisse geistiger und natürlicher Dinge in der Religion zu suchen. (cap. 2) *Wahrheit* ist nicht die Sache der Theologie, sondern der *Philosophie.* Philosophie und Theologie haben daher gar nichts miteinander gemein. Philosophiae enim scopus nihil est praeter veritatem, fidei autem nihil praeter obedientiam et pietatem. [Denn das Ziel der Philosophie ist allein die Wahrheit, Ziel des Glaubens aber Gehorsam und Frömmigkeit.]" (cap. 14) Was ist denn nun aber der Grund dieser Differenz zwischen Religion oder Theologie und Philosophie? Dieser: Der Gegenstand oder Gott, wie er Gegenstand der Religion, ist ein menschliches, der Gegenstand aber oder Gott, wie er Gegenstand der Philosophie, ein *nicht* menschliches Wesen. Oder: Die Religion hat zu ihrem Gegenstande nur die moralischen, die Philosophie aber die physischen Eigenschaften Gottes, jene denkt Gott nur in Beziehung auf den Menschen, diese aber in Beziehung auf sich selbst oder an und für sich selbst. „Die heilige Schrift", sagt Sp., „gibt keine eigentliche Definition von Gott, sie offenbart nicht die absoluten Prädikate seines Wesens, sondern nur die Attribute der göttlichen *Gerechtigkeit* und *Liebe* – ein deutlicher Beweis, daß die intellektuelle oder philosophische Erkenntnis Gottes, welche seine Natur betrachtet, wie *sie in sich ist* und welche die Menschen nicht in einer bestimmten Lebensweise nachahmen, nicht *zum Muster ihres Lebenswandels* nehmen können, schlechterdings keine Sache des Glaubens und der geoffenbarten Religion ist." (cap. 13) „Ich wenigstens", sagt er von sich („Epist." 34), „habe aus der heiligen Schrift keine ewigen Attribute Gottes gelernt noch lernen können." Die Religion stellt Gott dar, sagt er dem Sinne nach, im Einklang mit dem sinnlichen Vorstellungsvermögen, der Einbildungskraft des Menschen, sie „stellt ihn vor als Lenker, als Gesetzgeber, als König, als gerecht, als barmherzig usw., aber alle diese Attribute sind *Attribute der menschlichen Natur,* die man von *der göttlichen Natur fernhalten muß".* („Tract. Theol.-pol.", cap. 4) „Die Theologie stellt Gott als den *vollkommnen Menschen* vor, sie schreibt daher Gott Verlangen, Abscheu an den Werken der Gottlosen, Freude und Wohlgefallen an den Werken der Frommen zu; aber in der Philosophie, wo nur klare Begriffe gelten, können solche Attribute, welche Gott zu einem vollkommnen Menschen machen, sowenig ihm zugeschrieben werden als die Eigenschaften, welche einen vollkommnen Elefanten oder Esel machen, dem Menschen beigelegt werden können." („Epist." 36) Aber was ist denn nun dieser philosophische Gott, dieser Gott ohne menschliche Attribute, ohne Gerechtigkeit und Barmherzigkeit, ohne Auge und Ohr, dieser Gott, der ohne Rücksicht auf den Menschen wirkt, wirkt nur nach Gesetzen, welche sich nicht nach dem Wohle des Menschen, das die Religion allein im Auge hat *(„Religioni humanum tantum utile intendenti")*[176], sondern nach dem Ganzen der Natur richten („Tract. Theol.-pol.", cap. 16), wirkt nur nach der Notwendigkeit seines Wesens? Er ist, wie gesagt, nichts andres als die *Natur.* Spinoza spricht dies selbst deutlich genug aus, wenn er sagt: „Gewöhnlich stellt man sich die Macht Gottes und die Macht

---

[176] So wichtig und richtig dieser Ausspruch Sp.s ist, so richtig und wichtig ist der von ihm in der Praefatio ausgesprochene Gedanke, daß alle Menschen von Natur dem Aberglauben unterworfen sind … „Sequitur, omnes homines natura superstitioni esse obnoxios."

der natürlichen Dinge als zwei der Zahl nach voneinander unterschiedene Mächte vor; allein, die Kraft und Macht der Natur ist die Kraft und Macht Gottes selbst, aber das Wirkungsvermögen, die Macht eines Dings ist sein Wesen selbst, also das Wesen der Natur das Wesen Gottes selbst. Wenn daher Gott, wie die Theologie beim Wunder annimmt, wider die Gesetze der Natur handele, so würde er wider sein eignes Wesen handeln." (Ebd., cap. 6) „Wir kennen daher die *Macht Gottes* nur soweit, als wir die *natürlichen Ursachen* kennen, nichts ist darum törichter, als zur Macht Gottes seine Zuflucht zu nehmen, wenn man die natürliche Ursache von etwas, d. h. eben die Macht Gottes, nicht kennt." (cap. 1) „Je mehr wir die *natürlichen Dinge* erkennen, desto vollkommner erkennen wir *Gottes Wesen,* welches die Ursache aller Dinge ist." (cap. 4)

Die *Natur* ist also das Prinzip, der Gott, das Wesen, die Vernunft Spinozas. Was wider die *Natur*, sagt er selbst, ist wider die *Vernunft*: „Quicquid enim contra naturam est, id contra rationem est." (Ebd., cap. 6) Aber die Natur ist dem Sp. nicht Gegenstand als sinnliches, sondern als unsinnliches, abstraktes, metaphysisches Wesen, so daß das *Wesen der Natur* bei ihm gar nichts andres ausdrückt als das *Wesen des Verstandes,* und zwar *des* Verstandes, der allein im Widerspruch oder Gegensatz gegen das Gefühl, den Sinn, die Anschauung erfaßt ist. Halten wir uns nur z. B. an die körperliche Substanz. Sie ist eine göttliche Wesenheit. Aber wie ist die Ausdehnung, das Wesen des Körpers, ein göttliches Attribut – abgesondert von allen den Bestimmungen, die sie in der sinnlichen Vorstellung und Anschauung hat, selbst von der Bestimmung der Teilbarkeit und Vielfachheit?[177]

---

[177] Übrigens gibt Sp. die Teilbarkeit der Materie preis, wenn man nur ihre Ewigkeit und Unendlichkeit anerkenne, aber unhaltbar ist der Grund, den er anführt, warum sie ihrer Teilbarkeit ungeachtet nicht der göttlichen Natur unwürdig, nämlich weil außer Gott keine Substanz sei, also Gott von keinem andern Wesen etwas leiden könne, wenn er gleich als ausgedehnt und die Ausdehnung als teilbar angenommen würde. Wenn das Außereinandersein Nichtsein, Unrealität ist, so ist es auch das Körper- oder Ausgedehntsein; wenn du daher jenes verneinst, so mußt du auch dieses verneinen; widrigenfalls machst du die Negation des Körpers zum Wesen desselben.

Aber ist denn diese abstrakte Ausdehnung noch ein Ausdruck, ein Bild, eine Bejahung der körperlichen und nicht vielmehr nur der denkenden Natur, des Verstandes? Das Wasser als Wasser, sagt Sp., ist teilbar und trennbar, erzeugbar und zerstörbar, aber nicht das Wasser als körperliche Natur. Aber was ist denn das auf die dürre, trockene Bestimmung der bloßen Ausdehnung oder Körperlichkeit reduzierte Wasser? Ein bloßes Vernunftding, in dem der Verstand nur *sich* geltend macht, *sein* Wesen als das Wesen der Dinge ausspricht. Im Begriffe der körperlichen Substanz oder Ausdehnung hat freilich das Wasser ewige Existenz, aber nur weil es *keine* Existenz mehr hat. Dem Wasser wird die höchste Ehre angetan, indem es in den Schoß der göttlichen Substanz aufgenommen wird, aber diese höchste Ehre ist auch die *letzte* Ehre – die Ehre, die dem Toten erwiesen wird. De mortuis nil nisi bene [Über Tote nur Gutes]. Aber was habe ich davon, wenn du mich bei Lebzeiten einen „stinkenden Madensack" schmähst, um dann post festum [nachträglich] als einen Gott mich zu preisen? Glaube mir, herrlicher Spinoza, nur das Wasser, das eine verderbliche Existenz hat, hat auch eine wirkliche und notwendige Existenz. Oder glaubst du nicht, daß *das* Wasser, welches meine Augen und Ohren ergötzt, meine Glieder stärkt, meinen brennenden Durst mir löscht, das *sinnliche* Wasser, ein an Attributen unendlich reicheres und folglich deiner eignen Philosophie zufolge göttlicheres Wesen ist als das un- und übersinnliche Wasser, das ein aller seiner individuellen Eigenschaften beraubtes Denkwesen ist? Oder glaubst du, daß ich meinen Verstand in den Fluten der Sinnlichkeit ersäufe, weil ich mich jusqu'à la tête [bis zum Kopf] in sie hineinstürze? Bewahre! Mir ist der Verstand so heilig wie dir, aber ich will, daß mein Verstand mit Bewußtsein sei, was er in Wahrheit ist: die Bejahung, aber nicht die Verneinung der Sinnlichkeit; ich will denken[178] wie du, ich will mein Hirn nicht am Feuer der Sinnlichkeit verbrennen; aber ich will nicht in meinem Kopfe verneinen, als ein

---

[178] Auch handeln; aber die Handlung gehört nicht hierher, d. h. aufs Papier. Dem Papier gehört nur die zu vollbringende oder schon vollbrachte Tat, d. h. die Tat, die *noch nicht* oder *nicht mehr* Tat ist.

Non-Ens, ein Nichtsein, setzen, was ich mit allen meinen Sinnen und Gliedern als ein Wesen, und zwar wahres, wirkliches, göttliches Wesen, bejahe. Ich will als wahr erkennen, was ich als wirklich fühle, aber ich will auch als ein wirkliches und folglich sinnliches Wesen fühlen, was ich als wahres Wesen erkenne. Ich will nicht Bürger *zweier* Welten, einer Intellektual- und einer Sinnenwelt sein, ich will nur *einer* und *derselben* Welt angehören; ich will mit meiner Seele da sein und bleiben, wo ich mit meinem Leibe bin; ich will auf *demselben* Standpunkt denken und wollen, auf dem ich mit meinen Beinen stehe, aus denselben Wesen und Stoffen, aus denen ich meine leibliche Nahrung hole, auch mein nutrimentum spiritus [meine geistige Nahrung] schöpfen. Ich will das erquickliche Wasser der Natur und Sinnlichkeit allerdings nicht auch in meinem Kopfe trinken, genießen – suum cuique [jedem das Seine]! –, ich überlasse dieses Geschäft andern Gliedern meines Leibes, aber ich will das Wasser, das meine Sinne erquickt, doch auch im Kopf noch als Wasser erkennen und halte nur dieses, wenngleich destillierte, doch immer noch als Wasser erkennbare und gegen seine Auflösung in das Nichts der göttlichen Substanz oder, was eins ist, des göttlichen Verstandes reagierende Wasser für das Wesen des Wassers.

Ich habe eben die Natur oder Substanz, wie sie Spinoza denkt und welcher er den Namen „Gott" gibt, und den Verstand identifiziert. Diese Identifikation wäre hinlänglich gerechtfertigt, wenn wir auch keinen andern Ausspruch Sp.s hätten als den: „Gott ist nur ein Gegenstand des Denkens oder Verstandes", aber nicht der Imagination, d. i. der sinnlichen Vorstellung („Epist." 60); denn es ist durch sich selbst klar, daß, was nur ein denkbares Wesen ist, nur durch das Denken gegeben wird, auch nur ein Denk- oder Verstandeswesen ist, gleichwie, was nur ein sichtbares, durch das Auge gegebnes Wesen ist, nur eine optische Existenz und Wesenheit hat. Cartesius sagt zwar, daß eigentlich selbst die Körper nicht durch den Sinn, sondern den Verstand, den Intellekt wahrgenommen werden – allerdings gehört auch zum Sehen, zum Wahrnehmen der Körper, der Sinnenwesen überhaupt Verstand –, aber hier ist der Verstand nichts andres als der Sinn und Verstand der Sinne. Das Auge zeigt mir, um ein Cartesisches Beispiel beizubehalten, den Stock im Wasser gebrochen, die Hand gerade. Auge und Hand widersprechen sich; dieser Widerspruch reizt mich zum Denken: Was ist der Grund, was der Sinn dieser Erscheinung? Der Stock ist nur gebrochen für mein Auge, also ist dieser Bruch kein wirklicher, sondern nur ein optischer. Diese Verneinung des Bruchs als eines wirklichen und die Bejahung desselben als eines optischen sind Urteile, Denkakte, aber drücken nichts andres aus, als was mir die Sinne getrennt und für sich freilich verstandlos sagen. Etwas andres ist es dagegen bei *dem* Wesen, dessen Wesen nicht nur, sondern dessen Dasein selbst nur eine Sache, ein Objekt des Verstandes, des Denkens ist, dessen Wesen uns nicht durch sein Dasein, wie es bei allen andern Wesen der Fall ist, sondern dessen Dasein uns erst durch sein Wesen, seinen Begriff gegeben wird, dessen Existenz also selbst (ganz im Widerspruch mit dem Wesen und Begriffe der Existenz) eine vermittelte, gedachte, abstrakte ist. Dieses Wesen hat keine Wirklichkeit *außer* dem Verstande – welche wäre diese? Du könntest sie dann ja noch mit einem außer dem Verstande existierenden oder von ihm unterschiednen Organ wahrnehmen –, dieses Wesen drückt nichts andres aus als das Wesen des Denkens, ist nichts andres als der sich selbst vergötternde, als das Wesen der Wesen bejahende Verstand. Dies erhellt am deutlichsten aus dem Begriffe, welcher das metaphysische Prinzip und Fundament der Spinozischen Theologie und Philosophie ist – der Bestimmung der Substanz oder Gottes als des Wesens, dessen Begriff oder Wesen die Existenz enthält oder bei dem die Existenz nicht vom Wesen unterschieden ist, während bei den partikulären, endlichen Dingen oder Wesen das Gegenteil stattfindet, die Existenz vom Wesen unterschieden ist. Was ist denn nun aber der Grund und Sinn dieses Unterschieds? Der Unterschied zwischen dem Allgemeinen und Einzelnen, der Gattung und dem Individuum. Die endlichen Wesen sind einzelne, viele, verschiedene, aber die Vernunft hebt das, worin sie sich gleichen, nicht voneinander unterscheiden, für sich hervor und bestimmt dieses Gemeinsame im Unterschied von den einzelnen als ihr Wesen. Aber dieser Unterschied zwischen der Gattung und den Individuen oder einzelnen, zwischen dem Wesen und der Existenz ist nichts andres als der Unterschied zwi-

schen der *Vernunft* und *Sinnlichkeit* und sagt nichts weiter
aus als: Die Existenz ist eine Sache des Sinns, das Wesen
eine Sache der Vernunft. Ewigkeit des *Wesens* – aber Ewigkeit ist eben keine Sache der Imagination, nichts sinnlich
Vorstellbares, sondern nur eine Sache der Vernunft, ja, es
gehört zum Wesen der Vernunft, die Dinge, d. h. ihr von
der Sinnlichkeit abgesondertes Wesen, als ewig zu denken –
kommt daher auch den endlichen Dingen zu, aber nur nicht
ewige Existenz. Diese kommt allein Gott zu. Aber warum?
Weil er kein sinnliches Wesen, also bei ihm der Unterschied zwischen Gattung und Individuum, Begriff und Anschauung aufgehoben ist. Von Gott, sagt Sp., läßt sich kein
allgemeiner Begriff abstrahieren.[179]
Allein, indem die Vernunft das Wesen, worin sich dieser
Unterschied zwischen Begriff und Existenz aufhebt, als das
göttliche, wahre Wesen ausspricht, spricht sie nur sich als
das wahre Wesen aus. Sie verurteilt ja nur deswegen die
Dinge zur Vergänglichkeit, Endlichkeit, Nichtigkeit, weil
ihre Existenz nicht mit ihrem Begriffe, d. h. nicht durch die
Vernunft, sondern ein von der Vernunft unterschiednes
Organ, den Sinn, gegeben wird; sie hält es für eine Beleidi-
gung ihrer Majestät, daß sie sich zu den Sinnen herablassen,
erniedrigen muß, um sich von ihrer Existenz zu überzeugen; sie erklärt sich selbst für das Kriterium der Wahrheit
und Gottheit, indem sie nur das mit ihrem Wesen überein-
stimmende, das mit dem Gedachtwerden identische Sein
für das göttliche, wahre Sein erklärt. Die Identität des Wesens und der Existenz drückt nichts weiter aus als die Identität der Vernunft mit sich selbst. Wo die Existenz vom Wesen unterschieden ist, da ist Gütergemeinschaft zwischen
ihr und den Sinnen, da gehört bloß *ein* Teil ihr, der andere
aber den Sinnen, da ist sie im Widerspruch mit sich, denn
sie hat nur etwas und will doch alles haben, nichts den Sinnen lassen; wo aber dieser Unterschied sich aufhebt, wo das
Wesen selbst die Existenz ist, wo Sein und Gedachtsein zusammenfällt, da ist sie unumschränkt, vollkommen bei sich,
frei von der lästigen Opposition der Sinne. Wo die Sinne

---

[179] Ich verweise in betreff dieses Gegenstandes auf „Epist." 28, 29,
39, 40, 50, „Eth." P. I, Prop. 8, Schol., Prop. 17, Schol., und „Tract.
de Emend. Intell.", p. 442–443, ed. Paul.

ein Wort mit darein zu reden haben, da kann sich die Vernunft nur bedingt bejahen und geltend machen; *das* Wesen aber, das nicht teilweise Vernunft (oder Objekt der Vernunft, der adäquaten Idee), teilweise Unvernunft (oder Objekt der Sinne, der konfusen Idee), sondern *ganz* Vernunft ist, ist und drückt nichts andres aus als die unbedingte Selbstbejahung der Vernunft, als den Satz: Die Vernunft ist das absolute Wesen. Die sinnlichen Wesen sind *beschränkt, weil der Sinn die Grenze der Vernunft* ist, die Sinne der Vernunft ein „Bis hierher und nicht weiter!" zurufen; Gott aber ist das unendliche Wesen, weil er der Vernunft keine Schranken auflegt, weil sie in ihm an kein andres, keine Negation anstößt, also in ihm sich als ein unendliches Wesen fühlt.[180]

Der Beweis von der Existenz Gottes ist folglich gar nichts andres als der Beweis von der Gottheit der Vernunft. Dies erhellt auch schon daraus, daß, was Sp. dem objektiven Wesen, er auch dem subjektiven Wesen, dem Begriff, der Idee zuschreibt, denn je vollkommner, je vortrefflicher der Gegenstand der Idee, desto vollkommner, desto vortrefflicher ist auch die Idee selbst. („De Intell. Emend.", p. 456) Wie es daher absolute Wesenheiten gibt, dergleichen die Attribute der Substanz sind, so gibt es auch absolute Begriffe oder Ideen. Was wir in der Substanz, das haben wir im Verstande, im Intellekt, und umgekehrt; der Verstand ist die (sozusagen) idealistische oder subjektive Substanz, die Substanz der realistische oder objektive Verstand, der Verstand

---

[180] Sp. sagt in der schon § 85 aus „Epist." 28 zitierten Stelle: „Die *Erfahrung* bedürfen wir nur zu dem, was aus der *Definition* eines Gegenstandes *nicht* gefolgert werden kann, wie z. B. die Existenz der Moden, d. i. der einzelnen, sinnlichen Dinge, denn diese Existenz kann *nicht* aus der Definition gefolgert werden." Aber dieses Nichtkönnen, diese Schranke der Vernunft, wird auf diesem Standpunkt als eine Schranke *der Dinge,* nicht der Vernunft erfaßt und ausgesprochen, ein deutlicher Beweis, daß das Wesen, wo die Vernunft die Existenz aus der Definition ableiten *kann,* nur deswegen als das unendliche, göttliche Wesen bestimmt wird, weil es dem Egoismus der Vernunft nicht widerspricht, ihr keinen Abbruch tut, ihrer Macht zu denken keine Grenze setzt. Übrigens bemerke ich, daß in *meinem* Sinne die Sinnlichkeit keine Schranke der Vernunft ist, weil mir Sinnlichkeit mit Wahrheit und Wesentlichkeit identisch ist.

als res, als Wesen, Ding.[181] „Mens nostra ... Dei *naturam objective* (in unserer Sprache: subjektiv) *in se continet* et de eadem participat. [Unser Geist ... *enthält die Natur* Gottes *objektiv* (...) *in sich* und hat insofern Anteil an ihm.]" („Tract. Theol.-pol.", cap. 1) Der klare und deutliche Begriff, sagt Sp. z. B. „Epist." 42, hängt ab von der „absoluten Macht unsers Geistes", folglich, da Macht und Wesen identisch sind, von seinem absoluten, unabhängigen, durch sich selbst allein begreifbaren Wesen, aber das Wesen Gottes oder der Substanz ist ein adäquater, klarer und deutlicher Begriff, also ist das göttliche Wesen nicht das absolute Wesen schlechtweg und ohne Beisatz, sondern das absolute Wesen des Geistes, der Vernunft, des Denkvermögens.

Doch wieder zurück zur Hauptsache. Das Geheimnis, der wahre Sinn der spinozistischen Philosophie ist – die Natur. Aber die Natur ist ihm nicht als Natur, das sinnliche, antitheologische Wesen der Natur ist ihm nur als abgezognes, metaphysisches, theologisches Wesen – als Gott Gegenstand. Sp. hebt in der Natur Gott auf, aber er hebt auch wieder umgekehrt die Natur in Gott auf. Er verwirft den Dualismus von Gott *und* Natur: Die Wirkungen der Natur, nicht die Wunder, sind Wirkungen Gottes; aber gleichwohl bleibt doch Gott als ein von der Natur unterschiednes Wesen zugrunde liegen, so daß Gott die Bedeutung des Subjekts, die Natur nur die des Prädikats hat. Die christlichen Philosophen und Theologen warfen dem Sp. *Atheismus* vor. Mit Recht; die Aufhebung der Gemütlichkeit, der Gütigkeit und Gerechtigkeit, der Übernatürlichkeit, der Ungebundenheit, der Wundertätigkeit, kurz, der Menschlichkeit Gottes ist die Aufhebung Gottes selbst. Ein Gott, der keine Wunder tut, keine von den Naturwirkungen unterschiedne Wirkungen hervorbringt, sich also nicht als ein von der Natur unterschiednes Wesen erweist, ist in der Tat *kein* Gott. Aber Sp. wollte kein Atheist sein und konnte es auch auf seinem Standpunkt und in seiner Zeit nicht sein. Er macht also die Verneinung Gottes zur Bejahung Gottes, das We-

---

[181] Schon Condillac, a. a. O., macht daher bei Gelegenheit der Demonstration der 16. Proposition („Eth.", P. I) dem Spinoza den Vorwurf, daß er voraussetze, „que *la définition* et *l'essence ne sont qu'une* même chose [*Definition* und *Wesen seien nur ein und dasselbe*]".

sen der Natur zum Wesen Gottes. Ist aber Gott kein besonderes, persönliches, von der Natur und dem Menschen unterschiednes Wesen, so ist er ein ganz überflüssiges Wesen – denn nur in dem Unterschied liegt der Grund und die Notwendigkeit eines Wesens –, der Gebrauch des Wortes „Gott", mit dem sich immer die Vorstellung eines besondern, unterschiednen Wesens verbindet, ein störender, verwirrender Mißbrauch. „Gott ist ein ausgedehntes Wesen." Warum? Weil die Ausdehnung Wesenheit, Wirklichkeit, Vollkommenheit ausdrückt. Wozu machst du also die Ausdehnung und das mit ihr verbundne Denken zu Attributen oder Prädikaten eines Wesens, das dir eben durch diese Prädikate nur als etwas Wesenhaftes, Seiendes, Wirkliches gegeben ist? Hast du nicht ebensoviel Wahrheit, Wesenheit, Vollkommenheit *ohne* Gott als *mit* Gott? Ist er etwas andres als ein Name, und zwar ein Name, mit dem du nur deine eigne Unbestimmtheit, Unklarheit und Unfreiheit ausdrückst? Warum willst du als Naturalist noch Theist und als Theist zugleich Naturalist sein? Weg mit diesem Widerspruch! Nicht „Deus sive Natura [Gott oder auch die Natur]", sondern „Aut Deus, aut Natura [Entweder Gott oder die Natur]" ist die Parole der Wahrheit. Wo Gott mit der Natur oder umgekehrt die Natur mit Gott identifiziert oder konfundiert wird, da ist *weder* Gott *noch* Natur, sondern ein mystisches, amphibolisches Zwitterding. Dies ist der Grundmangel Spinozas.

ANHANG

Ludwig Feuerbach über seine Geschichte der neuern Philosophie von Bacon bis Spinoza[1]

Ich gehöre zu den Menschen, welche eine fruchtbare Einseitigkeit bei weitem einer unfruchtbaren, nichtsnutzigen Vielseitigkeit und Vielschreiberei vorziehen, zu den Menschen, welche ihr ganzes Leben hindurch *einen* Zweck im Auge haben und auf diesen alles konzentrieren, welche zwar sehr viel und sehr vieles studieren und immerfort lernen, aber nur eines lehren, nur über eines schreiben, in der Überzeugung, daß nur diese Einheit die notwendige Bedingung ist, etwas zu erschöpfen und in der Welt durchzusetzen. Demgemäß habe ich denn auch in allen meinen Schriften nie die Beziehung auf die Religion und Theologie außer acht gelassen, stets den Hauptgegenstand meines Denkens und Lebens, freilich je nach der Verschiedenheit der Jahre und des Standpunkts verschieden, behandelt. Bemerken muß ich jedoch, daß ich in der ersten Ausgabe meiner „Geschichte der Philosophie", keineswegs aus politischer Rücksicht, sondern aus jugendlicher Kaprice und Antipathie, alle unmittelbaren Beziehungen auf die Theologie im Druck ausgelassen, daß ich aber in der zweiten, in meine gesammelten Schriften aufgenommenen Ausgabe diese Lücken, jedoch nicht von meinem frühern, sondern jetzigen Standpunkt aus, ausgefüllt habe. Der erste Name, der nun hier in Beziehung auf die Religion und Theologie zur Sprache kommt, ist Bacon von Verulam, der Vater der modernen Philosophie und Naturwissenschaft, wie er nicht ohne Grund von vielen genannt wird. Er gilt vielen für das Muster eines frommen, christlichen Naturforschers, weil er feierlich bekannte, die profane Kritik, die er auf dem Gebiete

---

[1] Aus: Ludwig Feuerbach, *Vorlesungen über das Wesen der Religion;* Sämtliche Werke, Bd. 8, Leipzig 1851, S. 6–9; Gesammelte Werke, Bd. 6, Berlin 1967, S. 12–15.

der Naturwissenschaft geltend machte, nicht auf das Gebiet der Religion und Theologie anwenden zu wollen, nur in menschlichen Dingen ein Ungläubiger, in göttlichen aber ein unbedingt, ein untertänigst Gläubiger zu sein. Von ihm stammt der berühmte Satz: „Die oberflächliche Philosophie führt von Gott ab, die tiefere Philosophie zu Gott zurück", ein Satz, der, wie so viele andere Sätze vergangener Denker, einst allerdings eine Wahrheit war, aber jetzt keine mehr ist, obwohl er von unseren Historikern, die zwischen Vergangenheit und Gegenwart keinen Unterschied machen, auch jetzt noch geltend gemacht wird. Ich zeigte nun aber in meiner Darstellung, daß Bacon die Prinzipien, die er im Glauben, in der Theologie bekenne, in der Physik verneine, daß die alte Weise, die Natur zu betrachten, die Teleologie (d. h. die Lehre von den Absichten oder Zwecken in der Natur), eine notwendige Folge des christlichen Idealismus sei, welcher die Natur aus einem mit Absicht und Bewußtsein wirkenden Wesen ableitet, daß er die christliche Religion aus ihrer alten, weltumfassenden Stellung, die sie bei den wahrhaft Gläubigen im Mittelalter eingenommen, verdrängt, daß er nur als Privatmann, nicht aber als Physiker, als Philosoph, als geschichtlich wirkende Person sein religiöses Prinzip betätigt habe, es also ganz falsch sei, Bacon als christlich-religiösen Naturforscher zur Devise zu machen. Der zweite für die Religionsphilosophie interessante Mann ist Bacons jüngerer Zeitgenosse und Freund Hobbes, hauptsächlich wegen seiner politischen Ansichten berühmt. Er ist unter den modernen Philosophen derjenige, auf den man das Schreckenswort „Atheist" zuerst angewendet hat. Die gelehrten Herren haben übrigens im vorigen Jahrhundert darüber gestritten, ob er wirklich Atheist sei. Ich habe aber den Streit so geschlichtet, daß ich ihn ebensosehr für einen Theisten als Atheisten erklärte, indem er allerdings, wie überhaupt die moderne Welt, einen Gott statuiere, aber dieser Hobbessche Gott soviel wie keiner sei, indem alle Wirklichkeit bei ihm die Körperlichkeit, die Gottheit also, da er keine körperlichen Prädikate derselben angeben könne, seinem philosophischen Prinzip nach nur ein Wort, aber kein Wesen sei. Die dritte bedeutende Person, die aber in religiöser Beziehung keine wesentliche Verschiedenheit darbietet, ist Cartesius. Sein Verhältnis zur

Religion und Theologie habe ich jedoch erst im „Leibniz" und „Bayle" behandelt, weil nämlich erst nach der Erscheinung meines ersten Bandes Cartesius als das Muster eines religiösen, und zwar katholisch-religiösen Philosophen proklamiert wurde. Ich aber zeigte auch von ihm, daß Cartesius der Philosoph und Cartesius der Gläubige zwei ganz sich widersprechende Personen sind. Die für die Religionsphilosophie bedeutendsten, originellsten Erscheinungen, die ich im ersten Bande behandelt habe, sind Jakob Böhm und Spinoza, beide dadurch unterschieden von den genannten Philosophen, daß sie uns nicht nur den Widerspruch des Glaubens und der Vernunft darstellen, sondern *beide ein selbständiges religionsphilosophisches Prinzip* aufstellen. Der erste, Jakob Böhm, ist der Abgott der philosophierenden Theologen oder Theisten, der andere Spinoza, der Abgott der theologischen Philosophen und Pantheisten. Den ersteren haben seine Verehrer in neuester Zeit als das probateste Heilmittel gegen das Gift meiner Lehre, die eben der Inhalt dieser meiner Vorlesungen sein wird, angepriesen. Ich habe aber Jakob Böhm erst neuerdings wieder, bei meiner zweiten Auflage, zum Objekt des gründlichsten Studiums gemacht. Mein abermaliges Studium hat mich jedoch zu keinem anderen Resultate geführt als dem schon früher ausgesprochenen, nämlich daß das Geheimnis seiner Theosophie einerseits eine *mystische* Naturphilosophie, andererseits eine *mystische* Psychologie ist; daß also in ihm, geschweige eine Widerlegung, vielmehr eine Bestätigung meiner Anschauung, wonach sich die gesamte Theologie in Natur- und Menschenlehre zerlegt, zu finden ist. Den Schluß in meinem ersten Bande bildet Spinoza. Er ist der einzige unter den neuern Philosophen, der die ersten Elemente zu einer Kritik und Erkenntnis der Religion und Theologie gegeben hat; der erste, der in positiven Gegensatz mit der Theologie trat; der erste, der es auf eine klassische Weise ausgesprochen, daß die Welt nicht als eine Wirkung oder ein Werk eines persönlichen, nach Absichten und Zwecken wirkenden Wesens angesehen werden könne; der erste, der die Natur in ihrer universellen, religionsphilosophischen Bedeutung geltend machte. Ihm habe ich daher meine Bewunderung und Verehrung mit Freuden dargebracht; nur habe ich das an ihm getadelt, daß er das nicht nach Zwekken, nicht mit Willen und Bewußtsein wirkende Wesen, noch befangen in den alten theologischen Vorstellungen, als das vollkommenste, als das göttliche Wesen bestimmte und daher sich den Weg zu einer Entwicklung abschnitt, das bewußte, menschliche Wesen nur als einen Teil, nur als einen Modus, wie sich Spinoza in seiner Sprache ausdrückt, statt als den Gipfel der Vollendung des bewußtlosen Wesens erfaßte.

NACHWORT ZUR NEUAUSGABE

Ludwig Feuerbach gilt in der Geschichte der Philosophie als jener Philosoph, der die bis dahin gründlichste und umfassendste erkenntnistheoretische Kritik der Religion und des als rationalisierte Theologie durchschauten philosophischen Idealismus leistete und gegen dessen höchste Form, die klassische deutsche bürgerliche Philosophie, den Materialismus als die allein wissenschaftliche und wahrhaft humanistische Weltanschauung behauptete. Ein knappes Jahrfünft, von 1839 bis 1843, stand Feuerbach an der Spitze des philosophischen Fortschritts in Deutschland. Er orientierte die Philosophie auf den leibhaftigen Menschen und dessen irdisches Dasein als höchste Schöpfung der Natur und natürliches Glied der menschlichen Gesellschaft . Damit gab er den demokratischen Bestrebungen der produktiven und intellektuellen Schichten des kleinen und mittleren Bürgertums im deutschen Vormärz eine Weltanschauung, die ihm einen bedeutenden Rang in den progressiven politischen, sozialen und kulturellen Bestrebungen seiner Zeit verschaffte. In seiner Philosophie fanden nicht nur zahlreiche Streiter für eine politische Erneuerung, sondern auch die frühe Arbeiterbewegung die ideologische Bestätigung ihrer Ziele. Von Feuerbach empfingen Marx und Engels wichtige Denkanstöße, die kritische Auflösung der religiösen Entfremdung des Menschen auf das politische und ökonomische Leben auszudehnen und den Materialismus in der Gesellschaftstheorie durchzuführen. Dagegen sind Feuerbachs bedeutende Leistungen als Philosophiehistoriker – zu Unrecht – dem heutigen Denken kaum mehr vertraut, obwohl sie zu seiner Zeit stark beachtet und auch von Marx und später von Lenin geschätzt wurden.

Was Marx betrifft, so kannte Feuerbachs Geschichte der neuern Philosophie von Bacon bis Spinoza; 1841 verwandte er die darin enthaltene Epikur-Rezeption Gassendis für seine Doktordissertation und griff dabei auch Feuerbachs Einschätzung auf.[1] Reicher schöpft Marx' historische Skizze der Geschichte des neueren Materialismus in der „Heiligen

Familie"[2] aus Feuerbachscher Quelle; zwar fußt die Einsicht in den Zusammenhang von Materialismus und Kommunismus eher auf Vorleistungen der materialistischen Fraktion im französischen Arbeiterkommunismus (Dezamy u. a.), doch knüpft das Urteil über Bacon und Hobbes offensichtlich an Feuerbach an, und Marx setzt selbst die eigene historische Konzeption laufend in Beziehung zu Feuerbachs systematischer Kritik an Religion und Idealismus. Als Lenin siebzig Jahre später Feuerbachs zweites historisches Werk, die Leibniz-Monographie, las, fand auch er, mit Feuerbachs Materialismus schon durch die russische Rezeption bei Tschernyschewski bekannt, die Darstellung glänzend und den ganzen ersten Teil hervorragend.[3] Er hätte von vielen Partien der voraufgegangenen Geschichte von Bacon bis Spinoza trotz des unterschiedlichen Reifegrades beider Werke Ähnliches sagen können.

Feuerbachs philosophiehistorische Arbeiten fallen freilich in jenes frühe Jahrzehnt seines Wirkens von 1829 bis 1838, in dem er noch um den eigenen Standort ringt, und erst am Ende gelingt es ihm, den Bann des Hegelschen Idealismus abzuschütteln und dem scheinbar aus dem Felde geschlagenen Materialismus wieder zum Sieg zu verhelfen. Auf den Teilstrecken dieses langen Weges, den sich Feuerbach im Verlauf der allmählichen ideologischen Sonderung der demokratischen Kräfte vom großbürgerlichen Liberalismus bahnt, entstehen seine drei großen historischen Arbeiten: 1833 die vorliegende Geschichte der neuern Philosophie von Bacon bis Spinoza und 1837 und 1838/39 die anschließenden Monographien über Leibniz und Bayle. Spuren dieses Weges, sind sie zugleich Wegweiser.

1828 promoviert Feuerbach mit einem Hegelschen Thema, „Über die Einheit, Allgemeinheit und Unendlichkeit der Vernunft", abgehandelt im Hegelschen Geist; und der knapp Fünfundzwanzigjährige, der 1829 als Privatdozent in Erlangen beginnt, liest im nächsten Semester Logik im Sinne Hegels als vernunftgegründete Einheit von Denken

[1] Karl Marx, Friedrich Engels, Werke, Berlin 1956 ff. (künftig zit.: MEW), Erg.-Bd. 1, S. 59, 261.

[2] MEW, B. 2, S. 131 ff.

[3] W. I. Lenin, Werke, Berlin 1955 ff., Bd. 38, S. 65.

und Sein. Dennoch ist Feuerbach bei aller Begeisterung für Hegel, zu dem es ihn nach einem Jahr unbefriedigenden Theologiestudiums in Heidelberg zog und der ihm dann in Berlin ein geistiger Vater wurde, kein orthodoxer Hegelianer. Bereits 1827/28 notiert er über Hegels Panlogismus: „Gäbe es keine Natur, nimmermehr brächte die unbefleckte Jungfer ‚Logik‘ eine aus sich hervor."[4] Auch in der Dissertation geht mit einer verhalten atheistischen Tendenz die Abneigung einher, die Vernunft gleich Hegel als das göttliche Absolute zu akzeptieren; und seinen Studenten trägt Feuerbach die Hegelsche Logik nicht als System des absoluten Idealismus, sondern lediglich als universelle Erkenntnismethode vor. Aus dem Begleitbrief, mit dem er Hegel seine Dissertation übersendet, spricht bei aller Verehrung des Schülers auch das Bewußtsein, daß die Philosophie noch nicht am Ziel ist; zugleich kündigt er eine eigene Art des Philosophierens an, „die noch unabgelöst und unbefreit von mir selbst in diese meine Arbeit nur hineinschimmert, nur noch als Werden in meinem Innern vorhanden ist".[5] Mehr verrät ein nachgelassenes Fragment: „Schon in Berlin nahm ich eigentlich Abschied von der spekulativen Philosophie. Meine Worte, mit denen ich von Hegel Abschied nahm, waren ungefähr: ‚Zwei Jahre habe ich Sie nun gehört, zwei Jahre ungeteilt Ihrer Philosophie gewidmet; nun habe ich aber das Bedürfnis, mich in das direkte Gegenteil zu stürzen. Ich studiere nun Anatomie.‘"[6] Wirklich hört Feuerbach im letzten Studienjahr in Erlangen anatomische Vorlesungen, und in der Folge bezeichnen fortwährende naturwissenschaftliche Studien, neben Anatomie Physiologie, Botanik, Geologie und allgemeine Naturgeschichte, die Richtung, in der er wahre Erkenntnis sucht.

Doch erst 1839 bricht Feuerbach in seinem Aufsatz „Zur Kritik der Hegelschen Philosophie" sowie in seiner Studie über „Das Wunder" zum Materialismus durch, den er in den folgenden Jahren ausbaut und der im „Wesen des Chri-

[4] Ludwig Feuerbach, Gesammelte Werke, hrsg. von Werner Schuffenhauer, Berlin 1967ff., Bd. 10, S. 156.

[5] Ebd., Bd. 17, S. 105.

[6] Karl Grün, Ludwig Feuerbach in seinem Briefwechsel und Nachlaß sowie in seiner philosophischen Charakterentwicklung, Leipzig und Heidelberg 1874, Bd. 1, S. 16.

stentums" von 1841 und in den „Vorläufigen Thesen zur Reformation der Philosophie" und den „Grundsätzen der Philosophie der Zukunft" von 1842/43 seinen Gipfel, wenn auch noch nicht seinen Abschluß erreicht. Übermächtig lastet bis dahin jenes Hegelsche Vorurteil gegen den Materialismus auf dem jungen Feuerbach, wonach es unmöglich sei, den Geist aus der Natur, das Denken, das Raum und Zeit überfliegend das Allgemeine begreift, aus der sinnlichen Anschauung der materiellen Welt abzuleiten, die immer nur das konkrete Einzelne vergegenwärtigt. Wie Hegel meint auch Feuerbach lange, das Allgemeine als das Wesentliche im Denken setze ein allgemeines Wesen voraus, das über den vergänglichen Erscheinungen der sinnlich faßbaren Natur und den einzelnen Menschen stehe. In der Tat kann die besondere Qualität des Denkens aus der bloßen Anschauung der objektiven Realität nicht vollgültig abgeleitet werden. Eben dieser Mangel, an dem auch der spätere Materialismus Feuerbachs leidet, erfährt Kritik zum einen von den Junghegelianern, die den Denkprozeß auf das subjektive Selbstbewußtsein reduzieren, zum anderen von Marx und Engels, deren materialistische Geschichtsauffassung die praktische Aneignung der Welt im materiellen Lebensprozeß der Gesellschaft als die reale Basis des menschlichen Bewußtseins begreift. Zudem erscheint Feuerbach das sensitive Element zunächst auch deshalb als Ausgangspunkt philosophischer Erkenntnis ungeeignet, weil sich ihm Gefühl und Vorstellung im Gegensatz zur Vernunft als wesentliche geistige Form der Religion darbieten, die er gerade als unwissenschaftliche Ideologie aus der Philosophie ausweisen will.

Im Verlaufe dieses Jahrzehnts, in dem Feuerbach an vorderster Front gegen die ideologischen Hauptstützen des halbfeudal-absolutistischen Regimes streitet, die religiöse Orthodoxie und die Schellingsche Offenbarungsphilosophie, und zugleich gegen Hegels kompromißbereite Vernunftverhimmelung den Grund für eine wissenschaftliche Philosophie zu legen strebt, bringen indessen zwei mächtige Triebkräfte Feuerbachs Denken voran; vereint unterhöhlen sie allmählich den Bau des Hegelschen Begriffsidealismus und bringen ihn endlich zum Einsturz: einmal das in Feuerbachs demokratischer Haltung wurzelnde Streben, das Geheimnis der Religion durch Analyse der Glaubensinhalte und des Vorgangs religiöser Ideologiebildung zu entschleiern, um die Philosophie von der Theologie zu befreien und die Menschen zur selbstbewußten Gestaltung ihrer irdischen Verhältnisse zu verhelfen; zum anderen die Beschäftigung mit den Naturwissenschaften, die ihm immer mehr die Autonomie und Priorität der Natur gegenüber der Ideenwelt und die erkenntnistheoretische Bedeutung exakter Naturforschung mittels Beobachtung und Experiment eröffnet. Am Ende kommt er zu dem Ergebnis: Die Religion und der ihr geistesverwandte philosophische Idealismus sind nichts als eine ideologische Entfremdung des Menschen, ihrem Inhalt nach eine subjektiv übersteigerte, in eine transzendente Welt versetzte Verselbständigung seiner natürlichen Gattungseigenschaften, in ihrer Wirkung eine widersinnige und verderbliche Spaltung des Menschen von seinesgleichen und von der Natur – die Religion in der Gefühls-, der Idealismus in der Gedankenwelt.

Mit diesem Entwicklungsgang sind Feuerbachs philosophiegeschichtliche Studien eng verwoben; von ihnen erwartet er Anregungen zur Klärung der ihn bewegenden Fragen; in ihnen reflektiert sich der Prozeß der Befreiung vom Idealismus – bekennt er doch später, er habe in seinen historischen Schriften unter fremden Namen seine eigenen Gedanken ausgesprochen.[7] Sie müssen daher aus der Problematik der vormaterialistischen Periode verstanden werden, denn Feuerbach arbeitet sie auch in späteren Auflagen nicht mehr grundsätzlich um. Noch 1844 erscheinen die zweiten Auflagen der Geschichte von Bacon bis Spinoza sowie des „Leibniz" und des „Bayle" als unveränderter Nachdruck. Erst die Aufnahme in die 1846 begonnene Gesamtausgabe seiner Werke, zu der Feuerbachs materialistische Religionskritik den Auftakt gibt, erfordert eine Überarbeitung. Gleichwohl bleiben die dritten und letzten Ausgaben von Feuerbachs Hand, die 1847 und 1848 als 4., 5. und 6. Band seiner Werke herauskommen, in Anlage und Substanz wesentlich dieselben. Die Änderungen in der Geschichte der Philosophie von Bacon bis Spinoza beschränken sich – ähnlich wie die im „Leibniz" und im „Bayle" –

7 Ludwig Feuerbach, Gesammelte Werke, Bd. 10, S. 185.

neben einzelnen Neufassungen, auch Streichungen kürzerer oder längerer Passagen hauptsächlich auf die Einfügung ganzer Paragraphen (§§ 23, 34, 50, 53, 68 und 100) sowie einiger Fußnoten, meist als spätere, selbstkritisch berichtigende Zutat gekennzeichnet; außerdem ersetzt Feuerbach den – überwiegend fremdsprachigen – Belegstellenanhang durch Quellenverweise im Text, der ohnehin die Hauptschriften inhaltlich wiedergibt.[8] So entspricht auch die Fassung von 1847 nicht durchgängig Feuerbachs inzwischen gewonnenem materialistischem Standpunkt. Allerdings kann Feuerbach im Vorwort seiner Gesamtausgabe von 1846 sagen, die Keime seiner späteren materialistischen Anschauung lägen bereits in seiner ersten philosophiehistorischen Darstellung.[9] Diese Ansätze führt er weiter, getreu seinem Verfahren, das er für die wahre humane Lehrmethode erklärt, „nur die Prämissen auszusprechen, die Konklusionen aber dem eigenen Verstand des Lesers oder Zuhörers zu überlassen".[10] Doch vermeidet solche Kontinuität nicht den Bruch; Ausgangspunkt bleibt jener rationalistische Pantheismus, dem Feuerbach um 1833 zuneigt; die materialistischen Konsequenzen sind lediglich weiterführende Schlußfolgerungen, nicht Grundlage der Untersuchung.

Es mag verwundern, daß Feuerbach seine historischen Werke nicht gründlicher umarbeitet. Allein, er findet dazu weder Zeit noch Lust. Philosophiegeschichte ist ihm kein Selbstzweck, ganz abgesehen davon, daß ihn jedesmal auch naheliegende persönliche Gründe zu rascher Publikation drängen. 1833 möchte er seine Befähigung für ein akademisches Lehramt nachweisen. Wirklich findet seine Geschichte der neuern Philosophie, erwachsen aus seinen Vorlesungen in Erlangen, gute Aufnahme und Anerkennung. Das Lob des Rechtsphilosophen Eduard Gans macht Hegels Nachfolger auf Feuerbach aufmerksam, und ihr Haupt, Leopold von Henning, lädt ihn zur Mitarbeit an den angesehenen „Berliner Jahrbüchern" ein, von wo Feuerbach

[8] Wer den Änderungen genauer nachgehen möchte, sei auf den 2. Bd. der o. a. Ausgabe verwiesen, der die Textvarianten im einzelnen angibt.
[9] Ebd., Bd. 10, S. 187.
[10] Ebd., S. 165

allerdings bald zu Arnold Ruges „Hallischen Jahrbüchern"
überwechselt, ohne darum Linkshegelianer zu werden.
Gans und Henning wollen sich auch um eine Professur für
ihn bemühen. Doch die Laufbahn des Hochschullehrers
und damit die materielle Sicherstellung seiner philosophischen Arbeit hat sich Feuerbach verscherzt, als er 1830 an-
onyme „Gedanken über Tod und Unsterblichkeit" erscheinen ließ, die wegen ihrer Widerlegung des christlichen
Glaubens an eine persönliche Unsterblichkeit konfisziert
wurden und deren Urheberschaft Polizeispitzel bald aus-
mittelten. Sicherlich durch die Julirevolution 1830 angeregt
– er wollte 1831/32 sogar nach Paris emigrieren –, gibt Feuerbach in dieser Streitschrift den demokratischen Bestrebungen in Deutschland nach freier Entfaltung der Persönlichkeit im Dienste der Menschheit eine weltanschauliche
Orientierung. Die ungeteilte Konzentration auf die Anfor-
derungen der Gegenwart statt auf ein imaginäres Jenseits
soll neues Leben, wieder große Menschen, große Gesinnungen und Taten zeugen.[11] Die Reaktion, die in den Kultusmi-
nisterien und Universitätsbehörden das Heft in der Hand
hat, verzeiht es Feuerbach nicht, daß er mit seiner atheistischen Propaganda die radikale Religionskritik im deutschen
Vormärz eröffnete, die mit der herrschenden Ideologie zugleich den politischen Machtanspruch absolutistischen Got-
tesgnadentums treffen muß. Als 1836 sein drittes Gesuch
um eine außerordentliche Professur erfolglos bleibt, legt er
im Sommer 1837 die unbesoldete Privatdozentur nieder,
die er nach 1832 nur noch im Sommersemester 1835 ausge-
übt hat, und zieht sich in die ländliche Stille zurück, die
dunkle Ahnung unausbleiblicher Vereinsamung mit dem
Hochgefühl gewonnener Unabhängigkeit und Naturver-
bundenheit übertäubend. Trotzig und bitter kann er wie
von Bacon, Descartes, Böhme und Spinoza auch von sich
sagen, die Philosophen seien keine Professoren, die Professoren keine Philosophen.[12]
Ähnliche persönliche Gründe bewegen ihn 1846, einer von
seinem Verleger Otto Wigand angeregten Gesamtausgabe
seiner Werke zuzustimmen und ihr ohne großen Verzug

[11] Ebd., S. 159.
[12] Ebd., Bd. 9, S. 241; Bd. 18, S. 22.

seine drei philosophiegeschichtlichen Werke einzuverleiben. Schon ein Jahrzehnt vom wissenschaftlichen und gesellschaftlichen Leben abgeschnitten und in unsicheren Lebensverhältnissen, muß es ihm recht sein, wenn zugleich seine älteren Arbeiten erneut herauskommen, die den glänzenden Kritiker auch als trefflichen Forscher ausweisen. Zu einer gründlichen Überarbeitung, die mehr oder weniger eine Neuerarbeitung bedeuten würde, kann sich Feuerbach allerdings nicht entschließen. Wie alle revolutionären Denker erblickt er in seinen früheren Schriften nur eine „Antiquitätensammlung"; nun er eigenen Boden unter den Füßen hat, scheut er „den unerfreulichen Blick in eine längst entfremdete Vergangenheit".[13] Er möchte vielmehr durch weitere kritische Religionsanalyse in die ideologischen Kämpfe der Gegenwart eingreifen, die sich mit dem Heranreifen der Revolution von 1848 zuspitzen.

Zwar hilft Feuerbach auf seine Weise die Köpfe für die bürgerlich-demokratische Revolution klären, erschüttert er doch mit seiner entschiedenen Kritik der Theologie und zugleich toleranzbemühten Analyse des spontanen religiösen Bewußtseins die meistverbreitete und tiefstverwurzelte Ideologie, mit der König- und Junkertum ihre Herrschaft abschirmen und derer sich bereits das kompromißbereite Großbürgertum bedient, um gegen das erwachende Selbstbewußtsein des Proletariats dem Volke die Religion zu erhalten. Indessen verfestigt sich trotz aufkommender Zweifel seine Meinung, die Emanzipation des Volkes vom religiösen Glauben an ein Jenseits sei eine eigenständige Größe und als solche die Voraussetzung allen politischen und sozialen Freiheitskampfes. Er ist daher bei all seiner Sympathie für die arbeitenden Klassen nicht nur überfordert, wenn Marx und Engels von ihm erhoffen, er werde mit ihnen zu einer materialistischen Analyse und kommunistischen Kritik der Politik der Ökonomie fortgehen; in seiner demokratischen Weltanschauung zeigt sich auch die historische Schwäche des kleinen und mittleren Bürgertums im Deutschland von 1848, das als seinen bedeutendsten philosophischen Vertreter keinen politischen, sondern einen religionskritischen Kopf findet, dem die Politik im

---

[13] Ebd., Bd. 10, S. 182.

Grunde fremd und die Praxis keine konstitutive philosophische Kategorie ist. Jubelnd verläßt er bei Ausbruch der Revolution sein Dorf; allein, er kommt bei keiner revolutionären Volksaktion zum Zuge; überall bleibt er passiver Zuschauer, und sein persönliches Auftreten beschränkt sich darauf, im Winter 1848/49 im Heidelberger Rathaussaal vor Arbeitern und Studenten „Vorlesungen über das Wesen der Religion" zu halten, wenngleich diese, 1851 veröffentlicht, als sein reifstes religions- und tendenziell auch gesellschaftskritisches Werk gelten können. (Den darin enthaltenen Rückblick auf seine erste philosophiegeschichtliche Arbeit geben wir im Anhang wieder.)

Mag man es nun auch bedauern, daß Feuerbach die Untersuchung seiner historischen Gegenstände nicht in allen Punkten so weit führte, wie er es 1847 von seinem materialistischen Standpunkt aus vermocht hätte, so wären sie doch in den Grenzen seines „anthropologischen" Materialismus geblieben. Denn Feuerbach erfaßt den Anthropos, den Menschen, nur als Abstraktum, nicht in seinem spezifischen materiellen Sein, nicht in seinen sich historisch wandelnden sozialökonomischen Verhältnissen; er kommt daher gerade dort, wo es um sozialhistorische Bezüge geht, nicht aus dem Idealismus heraus. In der Geschichtsauffassung – und diese schließt die philosophiegeschichtliche Sicht ein – bleibt Feuerbach letzten Endes Idealist. Einen Konnex der philosophischen Systeme aus dem materiellen Lebensprozeß der Menschen, mit ihren ökonomischen Beziehungen und der jeweiligen sozialen Position und historischen Konstellation sowie mit der sich unter solchen Bedingungen vollziehenden Aneignung der Natur durch Technik und Naturwissenschaft findet man bei Feuerbach kaum.

Gleichwohl unterscheidet sich Feuerbachs Betrachtungsweise nicht nur wesentlich von jenen früheren und späteren Kompilationen, denen echter historischer Sinn abgeht, sondern auch von jener ideenimmanenten Methode in der Philosophiegeschichtsschreibung, die mit Hegel ihren Höhepunkt erreichte. Zwar folgt bei Feuerbach der Entwicklungsgang des philosophischen Denkens ebenfalls aus dessen eigenen, innerlogischen Gesetzen, und das Denken wird letztlich aus sich selbst erklärt; aber Feuerbach legt andere gedankliche Maßstäbe an und spürt anderen geistigen

Entwicklungslinien nach. Es ist daher nicht gerechtfertigt, Feuerbachs Geschichte der Philosophie als unbedeutend, weil von der Hegelschen überschattet, abzuwerten. Selbstredend hinterläßt Hegels Einfluß seine Spuren; schließlich hat Feuerbach nach eigenem Bekunden während der beiden Berliner Studienjahre alle Vorlesungen Hegels mit Ausnahme der Ästhetik gehört,[14] also auch die Vorlesungen über die Geschichte der Philosophie, die Hegel im Wintersemester 1825/26 hielt. Ja, letztlich geht Feuerbachs Philosophiegeschichte auf Hegels großartige Idee zurück, die Geschichte des gesamten philosophischen Denkens der Menschheit als gesetzmäßigen Prozeß aufzufassen, der nicht im Belieben des Philosophen steht, sondern aus innerer Notwendigkeit folgt – eine Leistung, die Feuerbach 1834 und 1835 in seiner Rezension der von Michelet 1833 herausgegebenen zwei Bände von Hegels Vorlesungen über die Geschichte der Philosophie sowie auch in der Kritik des Antihegelianers Bachmann würdigte. Für weitaus gewichtiger als das Gemeinsame halten wir indessen das Selbständige der Feuerbachschen Darstellung, muß diese doch als ein Medium seiner Abkehr von Hegel und seiner Hinwendung zu einer potentiell materialistischen Denkrichtung verstanden werden. Dadurch gewinnt Feuerbach eine eigene, von Hegel unabhängige, ja ihm widerstreitende Anschauung sowohl von der Geschichte des menschlichen Denkens im ganzen wie von jenen Denkern, denen er seine Aufmerksamkeit zuwendet, im einzelnen.

Wie Hegel betrachtet Feuerbach die Geschichte der Philosophie als historischen Prozeß, der das eigene Denken vorbereitet; dementsprechend trägt er sie seinen Studenten als „die angemessenste Einleitung in die Logik" vor.[15] Für Hegel erreicht dabei die Geschichte mit seiner idealistischen Philosophie ihren krönenden Abschluß; Feuerbach hingegen ist als Suchender unterwegs, und zwar nach einem Wege, der ihn vom Idealismus fortführt. Daraus folgen zwei verschiedene Auffassungen von Inhalt und Perspektive der Philosophiegeschichte. Hegel, der sie als das Werden des eigenen Systems betrachtet, spürt nicht wenige Sei-

---

[14] Ebd., S. 155.
[15] Ebd., S. 159.

ten der geschichtlichen Dialektik wie auch des dialektischen Denkens in den verschiedenen voraufgegangenen Lehrmeinungen auf; und die Gedankenfülle der eigenen Philosophie kehrt in der Geschichtsbetrachtung wieder, die die gesamte geistige Entwicklung seit der griechischen Antike einzubeziehen sucht. Da Hegel jedoch sein idealistisches System als vermeintlich absoluten Gipfel- und Endpunkt auch zum absoluten Maßstab nimmt, zwängt er den geschichtlichen Verlauf und die einzelnen Denksysteme in das Prokrustesbett des eigenen Kategorienschemas, und was sich dessen Stufengang nicht einfügt, vor allem die materialistischen Denkrichtungen, steht mißachtet oder mißdeutet im Abseits der Offenbarungsgeschichte des Weltgeistes. Die von Hegel genial entdeckte Einheit des Historischen und des Logischen bleibt bei ihm eine Selbstbespiegelung des eigenen Begriffssystems in der Geschichte. Obwohl nun Feuerbach Hegels Grundgedanken einer inneren Gesetzmäßigkeit in der Geschichte des menschlichen Denkens begeistert verteidigt, sich überhaupt um der gemeinsamen Frontstellung gegen Schelling willen in der Kritik an Hegel noch sehr zurückhält, macht er doch bereits in der genannten Hegel-Rezension leise Bedenken geltend, insofern ihm die innere Einheit der Philosophie über Gebühr zurückzutreten scheint.[16] Dies richtet sich zunächst nur gegen die Abschwächung der Wesensdifferenz zwischen Philosophie und Theologie in Hegels Gedanken der historischen Totalität. Stärkere Vorbehalte gegen den kategorialen Schematismus äußert Feuerbach 1836 in der Rezension von Erdmanns Geschichte der Philosophie, bei dem die inhaltsreiche Hegelsche Dialektik zur Schablone historischer Deduktionen erstarrt.[17] Unausgesprochen findet man sie schon 1833 in Feuerbachs eigener Darstellung.

Feuerbachs Hauptanliegen, gleichsam der rote Faden seiner Philosophiegeschichte, ist die Klärung und Lösung der Grundfrage der Philosophie. Die Vermittlung von Denken und Sein war zwar auch für Hegel das Problem der neueren Philosophie, seine Lösung jedoch wesentlich nur eine me-

---

[16] Ebd., Bd. 8, S. 46.
[17] Ebd., S. 133.

thodische Frage, eine Aufgabe, die theoretisch prinzipiell vorausgesetzte ideelle Identität als dialektische Logik umfassend und allseitig zu entwickeln. Feuerbach dagegen begreift sie wirklich als theoretische Kernfrage, die er von der bisherigen Philosophie einschließlich der Hegelschen für keineswegs erledigt hält und deren historischen Lösungsversuchen er zur Selbstverständigung nachspürt. Rückblickend bemerkt er, in seiner Geschichte der neuern Philosophie spiele, veranlaßt durch die cartesianische Fragestellung, das Verhältnis des Seins zum Denken eine besondere Rolle.[18] „Wenn Du daher", schreibt Feuerbach 1839 seinem Rezensenten Carl Riedel, „meine historischen Arbeiten *gelehrte Kompilationen* nennst, so urteilst Du nur nach dem oberflächlichen *Augenschein*. Das wesentlichste Moment in ihnen ist nicht die Darstellung, sondern die *Entwicklung* des Mittelpunkts der dargestellten Philosophien, der sich stets auf einen einzelnen (sei es scheinbar oder wirklich) *paradoxen* Satz zurückführen läßt, so bei Cartesius auf den Satz: ‚Cogito, ergo sum [Ich denke, also bin ich]' bei Malebranche auf den Satz: ‚Nous voyons toutes choses en Dieu [Wir sehen alle Dinge in Gott]', bei Spinoza auf den: ‚Nicht nur die wesentliche Eigenschaft des Geistes, *Denken*, sondern auch die wesentliche Eigenschaft der Materie, die *Ausdehnung*, gehört zur Wesenheit des absoluten Wesens.' Hätte ich über den *Sinn* dieser Sätze in den vorhandenen Geschichtsbüchern *Aufschluß* gefunden, so wäre es mir nie eingefallen, über Cartesius, Malebranche, Spinoza zu schreiben."[19] Mit dieser Konzentration auf die jeweilige Stellung der philosophischen Grundfrage erfaßt Feuerbach eine fundamentale Problematik der Geschichte der neueren Philosophie. Indem Feuerbach in der theoretischen Klärung dieser Frage eine Determinante der Philosophiegeschichte erblickt und eine schließlich in den Materialismus mündende Anschauungsweise zum Kriterium der einzelnen Systeme nimmt, entwickelt er einen neuen Ansatz philosophiegeschichtlicher Betrachtung, an den namentlich der Marxismus anknüpft. In jenem zweiten Abschnitt seiner Feuerbach-Studie, in dem Engels anläßlich der Feuerbach-

[18] Ebd., Bd. 10, S. 185.
[19] Ebd., Bd. 9, S. 6.

Rezeption in der deutschen Arbeiterbewegung die Erkenntnisse vermerkt, die die wissenschaftliche Philosophie Feuerbach verdankt, bestimmt er die Frage nach dem Verhältnis von Denken und Sein zur großen Grundfrage aller, speziell neueren Philosophie, die in ihrer vollen Schärfe gestellt wurde, als die europäische Menschheit aus dem langen Winterschlaf des Mittelalters erwachte.[20]

Als hauptsächliche Entwicklungslinie der Geschichte der neueren Philosophie gilt Feuerbach die Emanzipation von der Theologie. Für Hegel besteht das Verhältnis der Philosophie zur Religion in der „Aufhebung" der Religion als niederer Stufe der Erkenntnis des Absoluten in die höchste, die philosophisch-begriffliche. Zwar ordnet er damit den Glauben dem Denken unter, doch erhält er ihm eine legitime Funktion, ähnlich wie er in seiner Rechtsphilosophie Monarchie und Ständewesen als Dienerin am liberalen Reformwerk einspannen möchte. Feuerbach will dagegen das von Hegel gefestigte gute Einvernehmen von Philosophie und Religion – ganz zu schweigen von des späteren Schelling erneuter Unterwerfung der Philosophie unter die Theologie – von Grund auf zerstören, die innere Feindschaft wahrhafter Philosophie zur Theologie bloßlegen und nach einer neuen Basis des philosophischen Denkens suchen. Darin sind auch seine historischen Werke ideologische Kampfschriften, obschon er später bekennt, stets das Beste verschwiegen oder in sich verbissen zu haben.[21] Man lasse sich nicht täuschen, wenn Feuerbach den „Gott" seiner Vorgänger 1833 noch nicht unmittelbar angreift. Sein Gott ist der Gott Spinozas, nämlich die in vernunftgemäß faßbarer Gesetzmäßigkeit waltende und im Menschen zu Bewußtsein kommende Natur. Und hat Feuerbach auch in der ersten Fassung, wie er dann schreibt, „keineswegs aus politischer Rücksicht, sondern aus jugendlicher Kaprize und Antipathie, alle unmittelbaren Beziehungen auf die Theologie im Druck ausgelassen"[22], so sind die atheistischen Konsequenzen doch überall angelegt. Im Emanzipationsstreben der Philosophie von der Theologie, in der un-

---

[20] MEW, Bd. 21, S. 274f.
[21] Ludwig Feuerbach, Gesammelte Werke, Bd. 18, S. 38.
[22] Ebd., Bd. 6, S. 12.

befangenen Verfolgung ihrer eigentlichen Aufgabe, die realen Bezüge des Menschen zu seiner natürlichen und gesellschaftlichen Umwelt geistig zu bewältigen, und weniger im Entwicklungsprozeß philosophischer Kategorien, die einander denknotwendig hervorrufen, sieht Feuerbach den Hebel des Fortschritts und die Wurzel der Gesetzmäßigkeit in der Philosophiegeschichte.

Nicht minderes Gewicht mißt Feuerbach der Tendenz der neueren Philosophie bei, sich der Natur und ihrer Erforschung zuzuwenden. Für Hegel ist die Natur nur eine Herablassung der absoluten Idee, durch die sie erst Leben und Bewegung erhält, ebenso wie die empirische Naturforschung erst durch die Philosophie ihre Wahrheit; reaktionäre Schelling-Schüler propagieren gar eine „christliche Medizin" auf der Grundlage des Offenbarungsglaubens. Anders Feuerbach, der schon 1833 gegen Descartes und Hobbes den materialistischen Grundsatz von der Bewegung als immanenter Eigenschaft der Materie vorbringt. Offenbar greift Feuerbach hier eine Traditionslinie der italienischen Renaissancephilosophie auf, meint er doch, die neuere Philosophie fange eigentlich mit den Italienern an, und erklärt 1835 Giordano Bruno für seinen innigsten Freund, seinen nächsten Geistesverwandten.[23] Erkenntnistheoretisch tritt Feuerbach der Natur allerdings noch ganz rationalistisch entgegen, wie er auch der Grundfrage der Philosophie zunächst von einem abstrakt rationalistischen Standpunkt beizukommen sucht, weshalb die Schulen des französischen Rationalismus einen relativ breiten Raum einnehmen. Dies zwingt ihn 1847 zu Korrekturen und Anfügungen über die Bedeutung der Empirie, ohne daß diese durchgängig zur Geltung kommt. Gleichwohl kann Feuerbach rückblickend sagen: „Sosehr du gegen die Väter der Empirie, Bacon, Hobbes, Gassendi, in der Lehre vom Ursprung der Ideen und andern Punkten polemisiertest, so hast du sie doch, vor allem den Bacon, mit besonderer Liebe behandelt und die Empirie bereits für eine ‚Sache der Philosophie' erklärt … Aber gleichwohl war diese Überzeugung selbst zunächst nur noch eine naturwissenschaftliche. Und man kann auf dem Gebiete der Naturwissenschaft die Wahrheit der Sinn-

[23] Ebd., Bd. 17, S. 217.

lichkeit anerkennen, aber sie gleichwohl auf dem Gebiete der Philosophie und Religion verleugnen, man kann sogar zugleich Materialist und Spiritualist, zugleich ein weltlicher Freigeist und geistlicher Obskurant, zugleich ein praktischer Atheist und doch in der Theorie ein vollgläubiger Theist sein. Bacon, Cartesius, Leibniz, Bayle, die neuere und neueste Zeit überhaupt ist ein glänzendes Beispiel dieses Zwiespalts."[24]

Feuerbachs eigene Problematik bestimmt auch den Aufbau der Darstellung. Die kurze Berücksichtigung von Geulincx – der bei Hegel nicht erscheint – wie die ausführliche Behandlung von Gassendi – den Hegel nur beiläufig erwähnt – und zumal von Malebranche – den Feuerbach als Zwischenglied in der Entwicklung vom Cartesianismus zum Spinozismus betrachtet, Hegel dagegen als Seitenstück zum Spinozismus in der Vollendung des Cartesianismus –, ferner die unsichere Stellung Böhmes zwischen Gassendi und Descartes – der bei Hegel als Gegenpol zu Bacon mit diesem noch in den Vorhof der neueren Philosophie fällt, wogegen Feuerbach ihn später wegen seiner kryptomaterialistischen Züge in der Betrachtung von Mensch und Natur sogar als Höhepunkt ganz an den Schluß gerückt wissen möchte –, all das ist aus dem Bestreben zu verstehen, in den verschiedenen historischen Versuchen, die Grundfrage der Philosophie zu klären, eine innere Folgerichtigkeit zu entdecken, die nicht wie bei Hegel auf eine idealistische, sondern auf eine realistischere und letztlich materialistische Vermittlung zielt. Freilich zeigt schon die Problematik der Abfolge, daß die historische Logik nicht aus dem bloßen Entwicklungsgang des Denkens, fernab der ihm zugrunde liegenden realen Bestrebungen und Kämpfe, erschlossen werden kann. Gleichwohl ist es bedeutungsvoll, daß Feuerbach sich nicht allein mit Philosophen beschäftigt, die mehr oder weniger materialistische Elemente entwickeln, sondern – anders als Hegel – diese Elemente in das Zentrum prüfender Betrachtung rückt. In seiner handschriftlichen Vorrede erklärt Feuerbach, das Studium von Böhme, Cartesius, Malebranche und Spinoza, mit denen er sich schon als Student eingehend befaßte, habe seinen „anthropologi-

[24] Ebd., Bd. 10, S. 187 f.

schen Pantheismus" entscheidend beeinflußt;[25] und mit der Auslegung von Descartes und Spinoza – für Feuerbach die Pole einer antitheologischen Entwicklung – begann er seine eigene Lehrtätigkeit. Insgesamt erfaßt Feuerbach charakteristische Marksteine im Herausbildungsprozeß der frühen bürgerlichen Philosophie.

Der atheistische Grundzug und die Erhebung des Naturstudiums in den Rang einer philosophischen Erkenntnisquelle führen zu wesentlich anderen Einschätzungen der einzelnen geschichtlichen Systeme, als sie bei idealistischen Philosophiehistorikern üblich sind. Gewiß berührt sich auch hier manches mit Hegels Auffassungen, etwa in der Abhandlung und Beurteilung Jakob Böhmes. Man vergleiche jedoch die glänzende Bacon-Darstellung bei Feuerbach mit der wegwerfenden Behandlung bei Hegel, der in Bacon nur einen Empiriker sieht, der nicht über den Vorhof der Philosophie hinauskam; man vergleiche die abfälligen Bemerkungen, mit denen Hegel Bacons vermeintlich nur äußerliches, weltmännisches Philosophieren in die Nähe seiner charakterlichen „Verdorbenheit" rückt, und zwar nicht allein mit Feuerbachs verständnisbemühter, wenn auch zu enger „anthropologischer" Deutung, sondern vor allem mit dem viel belangvolleren Nachweis, daß Bacon als Philosoph Atheist, Theist dagegen als Nichtphilosoph war. Man vergleiche ferner die nicht minder treffende Charakteristik der Philosophie Hobbes', den Hegel überhaupt nur als Staatstheoretiker betrachtet, und man wird finden, daß Feuerbachs Philosophiegeschichte nicht nur über weite Strecken gegen Hegels Wertungen auftritt, sondern auch in vielem wahrheitsgetreuer, weil unvoreingenommener urteilt.[26] Unter diesem Aspekt ist auch Feuerbachs Bemerkung im Vorwort zu den ersten beiden Auflagen zu verstehen, er wolle die nach seiner Meinung noch nicht genug entwickelten und erörterten Grundideen der wichtigsten Systeme der

[25] Karl Grün, a. a. O., Bd. 1, S. 38.
[26] Dem im einzelnen nachzugehen, können wir dem Leser überlassen, der dank der verdienstvollen Neuausgabe von Hegels Vorlesungen über die Geschichte der Philosophie bei Reclam, RUB Nr. 491–493, die beiden bedeutendsten Werke vormarxistischer Philosophiegeschichtsschreibung leicht miteinander vergleichen kann.

neuern Zeit zu klarer Anschauung und Erkenntnis bringen.[27] Dies gelingt Feuerbach innerhalb seiner Grenzen vollauf.

Mit der Darstellung der Geschichte der neueren Philosophie als eines Entwicklungsgangs des menschlichen Denkens, das, an wissenschaftlicher Naturbetrachtung orientiert, sich von theologischer Bevormundung befreit, fängt Feuerbach bedeutsame Elemente philosophiegeschichtlichen Fortschritts ein. Die Konzentration auf die Grundfrage der Philosophie, die kritische Prüfung der historischen Vermittlungsversuche von Denken und Sein und die Gruppierung der verschiedenen Philosopheme um diese zentrale Problematik gibt ihm einen Maßstab in die Hand, der dem Anliegen der von ihm behandelten Philosophen weitgehend entspricht und zugleich eine systematische Behandlung aller wichtigen Gedanken in den einzelnen Lehrgebäuden gestattet. Bestrebt, ihren Gedankengängen frei von vorgefaßtem Schematismus sorgfältig nachzugehen und stets eine Kontrolle seiner prägnanten Analyse durch umfassende objektive Darbietung ihrer Ideen zu ermöglichen, tritt Feuerbach ihnen viel unbefangener gegenüber und wird ihnen weit besser gerecht als Hegel, der seinen Vorgängern recht wenig von ihrer historischen Eigenständigkeit läßt. Immer um das Verständnis seiner Hörer und Leser bemüht, bietet Feuerbachs Philosophiegeschichte eine wertvolle Ergänzung nicht nur zu klassischen, sondern auch zu neueren Kompendien, gibt er doch nicht nur zuverlässige Auskunft über die von ihm behandelten Philosophen, sondern regt zugleich in einer Weise zu eigenem Denken an, die noch dem heutigen Leser Genuß und Gewinn verspricht. Und wer nicht auf alle Fragen eine befriedigende Antwort findet, der erinnere sich der Worte Feuerbachs aus jener frühen Periode, in der er seine historischen Werke schrieb: „Du tadelst meine Fehler? Armseliger Kritiker! Nimmst du mir meine Fehler, so nimmst du mir meine Tugenden."[28]

Wir geben hier die letzte Fassung von Feuerbachs Hand, die Ausgabe von 1847, vollständig wieder. Rechtschreibung

---

[27] Ludwig Feuerbach, Gesammelte Werke, Bd. 2, S. 3.
[28] Ebd., Bd. 10, S. 161.

und Zeichensetzung sind heutigem Gebrauch angenähert, offenkundige Druckfehler, soweit im Druckfehlerverzeichnis angegeben oder sonst bemerkt, stillschweigend berichtigt, zum Teil auch schwankender Gebrauch von Abkürzungen bei Quellenverweisen der Deutlichkeit halber vereinheitlicht. Alle Hervorhebungen im Original (dort gesperrt) erscheinen kursiv, ebenso nicht mehr übliche Betonungen durch Großschreibung, wo es der Sinn erfordert (z. B. „Ein" im Sinne von „ein einziger" als *ein*). Den zahlreichen fremdsprachigen Zitaten haben wir [in eckigen Klammern] unmittelbar eine deutsche Übersetzung angefügt, soweit Feuerbach sie nicht selber gibt.

Inhalt

I. FRANZ BACON VON VERULAM

Bacons Gedanken im besonderen, dargestellt aus ihm selbst

II. THOMAS HOBBES

III. PETER GASSENDI

IV. JAKOB BÖHM

Darstellung Jakob Böhms

V. RENÉ DESCARTES

VI. ARNOLD GEULINCX

VII. NIKOLAUS MALEBRANCHE

Darstellung der Philosophie Malebranches

VIII. BENEDIKT v. SPINOZA

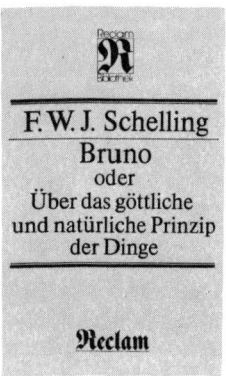

F. W. J. Schelling
Bruno
oder
Über das göttliche
und natürliche Prinzip
der Dinge

Reclam

**F. W. J. Schelling
BRUNO
ODER ÜBER DAS GÖTTLICHE
UND NATÜRLICHE PRINZIP
DER DINGE**

Ein Gespräch

Herausgegeben und mit einem Nachwort „Schellings kurzer Sommer der Identität" von St. Dietzsch. 132 Seiten. Band 1315. 1,50 DM

F. W. J. Schelling (1775–1854) knüpft hier gedanklich und formal an Platon und Bruno an. Die Personen, die sich unterhalten, entschlüsselte die Schelling-Forschung: Anselm vertritt die Leibnizsche Philosophie, Lucian die Fichtes, Alexander einen Materialismus/Panthe-ismus Brunoscher Prägung, und Bruno, der die neue Identitätsphilosophie vorstellt, ist der Meister selbst. Debattiert werden: das Verhältnis von Wahrheit und Schönheit, von Philosophie und Poesie, von Endlichem und Unendlichem, von Identität und Differenzierung.

**EINUNDZWANZIG BOGEN
AUS DER SCHWEIZ**

Herausgegeben
von Georg Herwegh

479 Seiten. Band 1282 (Sonderreihe). 3,50 DM

**Manfred Buhr
IMMANUEL KANT**

Einführung in Leben und Werk

158 Seiten. Band 437. 2,– DM

**Lukrez
VOM WESEN DES WELTALLS**

Übersetzt von Dietrich Ebener

410 Seiten. Band 1292.
3,– DM